Estudos de Direito da Energia

Estudos de Direito da Energia

2023

Francisco Paes Marques
João Marques Mendes
(Coordenação)

ALMEDINA

ESTUDOS DE DIREITO DA ENERGIA
COORDENAÇÃO
Francisco Paes Marques
João Marques Mendes
EDITOR
EDIÇÕES ALMEDINA, S.A.
Avenida Emídio Navarro, 81, 3D
3000-151 Coimbra
Tel.: 239 851 904 · Fax: 239 851 901
www.almedina.net · editora@almedina.net
DESIGN DE CAPA
FBA.
PRÉ-IMPRESSÃO
EDIÇÕES ALMEDINA, S.A.
IMPRESSÃO E ACABAMENTO

Junho, 2023
DEPÓSITO LEGAL

ALMEDINA | GRUPOALMEDINA

A COLEÇÃO ICJP / CIDP

A Coleção ICJP | CIDP constitui um veículo fundamental da produção juscientífica do Instituto de Ciências Jurídico-Políticas da Faculdade de Direito da Universidade de Lisboa. Através desta Coleção partilhar-se-ão com o grande público textos correspondentes a intervenções em eventos organizados pelo ICJP – tais como conferências, cursos de pós-graduação, "workshops", e afins –, mas também textos de outro vulto científico, resultantes do trabalho académico dos docentes associados ao ICJP.

O leitor pode, a partir de agora, acompanhar mais de perto e com maior constância as nossas atividades através do respetivo resultado final vertido em texto, o que é, simultaneamente, responsabilizador para nós e motivo de grande satisfação. É devido um público agradecimento à Editora Almedina, que acreditou que a nossa qualidade científica terá tradução no plano editorial.

Professor Doutor Jorge Miranda, Presidente da Direção do ICJP

O Centro de Investigação de Direito Público do Instituto de Ciências Jurídico-Políticas da Faculdade de Direito da Universidade de Lisboa (CIDP) procura estimular e promover novas orientações de pesquisa na área do Direito Público, assim como a vasta experiência de investigação dos docentes e investigadores da Faculdade nas áreas da Ciência Política, do Direito Constitucional, do Direito Administrativo, do Direito Europeu e do Direito Internacional.

Na notação final atribuída pela Fundação para a Ciência e Tecnologia (FCT) aos Laboratórios e Centros de Investigação que concorreram ao Processo de Acreditação iniciado em 2013, o CIDP obteve a classificação final de "Muito Bom", tendo-lhe sido atribuída a nota de 21,5 valores, numa escala de 0 a 25. Este resultado faz com que o CIDP figure hoje no topo das unidades nacionais de investigação, tendo sido o primeiro classificado de todos os Centros de Investigação em Direito em Portugal, em ex-aequo com apenas um outro Centro de Investigação.

A Coleção ICJP | CIDP constitui mais um passo na afirmação e divulgação da nossa investigação científica, que nos ajudará, não apenas a manter, mas a melhorar o nível que com muito labor já atingimos, para o que é fundamental a partilha com o grande público, da especialidade e não só.

Professor Doutor Carlos Blanco de Morais, Coordenador Científico do CIDP

Obras já publicadas nesta Coleção:

- *Media, Direito e Democracia*, coord. Carlos Blanco de Morais, Maria Luísa Duarte, Raquel Alexandra Brízida Castro, 2014.
- *Direito Administrativo do Mar*, coord. Rui Guerra da Fonseca, Miguel Assis Raimundo, 2014.
- *A Revisão do Regime Jurídico da Urbanização e da Edificação*, coord. João Miranda, Cláudio Monteiro, Jaime Valle, 2015.
- *Questões Fundamentais para a Aplicação do Código do Procedimento Administrativo*, Alexandre Sousa Pinheiro, Tiago Serrão, Marco Caldeira, José Duarte Coimbra, 2016.
- *O Novo Regime Jurídico dos Instrumentos de Gestão Territorial*, coord. João Miranda, Cláudio Monteiro, Jaime Valle, 2016.
- *Comentário ao Regime Jurídico do Património Imobiliário Público*, João Miranda, Miguel Assis Raimundo, Ana Gouveia Martins, Marco Capitão Ferreira, Filipe Brito Bastos, Jorge Pação, Sara Azevedo, David Pratas Brito, 2017.
- *Direito da Proteção de Dados – Perspetivas Públicas e Privadas*, Domingos Soares Farinho, Francisco Paes Marques, Tiago Fidalgo de Freitas, 2023.

INTRODUÇÃO

O setor energético, sendo vital para qualquer sociedade, tem assumido uma importância crescente na economia portuguesa. Porém, o Direito da Energia não tem obtido, entre nós, um desenvolvimento condizente com a magnitude dessa realidade. Os presentes estudos pretendem contribuir para esse aprofundamento, fomentando a investigação e a reflexão doutrinárias sobre alguns dos temas mais atuais do Direito da Energia. Resultam essencialmente das aulas e trabalhos apresentados na Pós-Graduação em Direito da Energia, que em conjunto temos coordenado no Instituto de Ciências Jurídico-Políticas da Faculdade de Direito de Lisboa, bem como de outras iniciativas que temos levado a cabo, nesta instituição, com vista à dinamização da análise e debate do Direito da Energia.

A presente publicação constitui um exemplo ilustrativo das transformações que têm ocorrido no setor energético. Do diversificado conjunto de estudos nela integrados evidencia-se a transversalidade e a multidisciplinariedade do Direito da Energia. A transversalidade desta área da ciência jurídica, e as complexas ponderações que a ela subjazem, encontram um reflexo evidente na circunstância de praticamente todos os estudos aqui apresentados convocarem temáticas que estão na base do mencionado trilema energético (economia, política, ambiente). Mas a valia da presente publicação fica também patenteada no contributo prestado na elaboração de certos filões técnico-jurídicos, suscetíveis de se arvorarem em pilares dogmáticos fundamentais de um moderno Direito da Energia. Que este conjunto de textos franqueie novos horizontes e ajude a trilhar caminhos que aproximem o Direito da Energia português da produção científica que já existe noutros Estados. Logrando encurtar-se essa distância, já larga, cumprir-se-á o objetivo da presente publicação.

FRANCISCO PAES MARQUES
JOÃO MARQUES MENDES

Fundamentos e autonomia dogmática do Direito da Energia

FRANCISCO PAES MARQUES*

1. Introdução

A energia é um recurso estratégico e fundamental para qualquer sociedade, sendo a História testemunha de como esta asserção é válida em qualquer tempo e lugar. Basta pensar que sem a energia solar a vida na terra nem teria sido possível. Sobretudo no século XXI, a energia desempenha um papel fundamental na economia de um qualquer Estado, sendo decisiva para o desenvolvimento económico-social das comunidades, com incidência direta na competitividade, no emprego e no investimento de um país. O nosso nível de vida depende diretamente da disponibilidade dos recursos energéticos, do seu custo e da nossa capacidade técnica e financeira de os explorar de uma forma eficiente. A diferença entre a disponibilidade de recursos energéticos e a efetiva exploração e utilização da energia é, normalmente, o fator diferenciador entre países desenvolvidos e aqueles que não o são[1]. Dificilmente um Estado pode considerar-se soberano se as fontes energéticas das quais depende se encontrarem totalmente fora do seu controlo, isto é, se não puder garantir a segurança do abastecimento. São inúmeros, ao longo da História, os conflitos béli-

* Professor da Faculdade de Direito da Universidade de Lisboa

[1] Cfr. Adrian J. Bradbrook, "Energy Law as an Academic Discipline", Journal of Energy and Natural Resources Law, n.º 2, 1996, p.206.

cos entre Estados que têm a sua origem no acesso às fontes de energia, ameaçando a paz mundial e a segurança internacional.

Surpreendentemente, ainda que o panorama tenha mudado bastante nas últimas décadas[2], a importância de que se reveste o setor energético não tem obtido repercussão suficiente nas áreas da ciência jurídica que o têm por objeto. Tanto assim é que, recentemente, autorizadas vozes na doutrina chamaram a atenção para o facto de existir, nesta área, uma clivagem significativa entre o debate académico e a prática jurídica[3]. Desde logo, o Direito da Energia possui fronteiras nebulosas e dificilmente enquadráveis nos tradicionais ramos do saber jurídico. Tal deve-se, essencialmente, à sua transversalidade, tecnicidade e interdisciplinaridade.

Consequentemente, devemos questionar-nos se o Direito da Energia possui uma especificidade própria, isto é se, do ponto de vista da Ciência Jurídica, tem autonomia dogmática, se pode ser considerado um ramo ou subramo do Direito? Uma resposta positiva apenas pode ser dada caso seja possível extrair princípios jurídicos próprios das normas que têm por objeto a energia ou as fontes de energia, suscetíveis de alicerçar um sistema autónomo no campo da Ciência do Direito. Antes disso, para essa construção, devemos assentar numa definição de Direito da Energia.

2. Características do setor energético

Os fundamentos e a autonomia do Direito da Energia apenas podem ser apreensíveis se tivermos em atenção a realidade empírica sobre a qual incidem. São seis, a nosso ver, as grandes características do setor energético:

i) *Economicidade:* a energia é, naturalmente, um bem económico, e de grande valor. Sobretudo o petróleo, o carvão e o gás natural

[2] Veja-se por exemplo, nos anos 90, o manifesto de Adrian J. Bradbrook, "Energy Law as an Academic Discipline", Journal of Energy and Natural Resources Law, n.º 2, 1996, p. 193 e segs, no sentido da inclusão do Direito da Energia nos planos de estudo académicos face à sua quase inexistência no panorama universitário (p. 212).

[3] Neste sentido, cfr. Raphael J. Heffron/Kim Talus, "The development of energy law in the 21st century: a paradigm shift?", Journal of World Energy Law and Business, 2016, p. 1 e segs.

são bens comerciais que são transacionados a uma escala global ou, pelo menos, a uma escala regional[4]. No século XXI, a energia desempenha um papel fundamental na economia de um Estado, sendo decisiva para o respetivo desenvolvimento económico e social e sustentabilidade financeira, com incidência direta na competitividade, no emprego e no investimento, estando diversos mercados, de produtos e serviços, direta e estritamente ligados aos mercados energéticos e sob a sua dependência. Algumas abordagens economicistas advogam a eliminação de controlos legais neste setor, preferindo uma *light-handed regulation* para os mercados energéticos[5].

ii) *Alcance global*: o investimento e as relações emergentes dos mercados energéticos assentam numa rede global, por exemplo o gás e o petróleo são *global commodities*, cujo preço é determinado pela oferta e procura a uma escala global, sendo o preço do crude o principal fator que determina o preço da gasolina. Os mercados do gás e do petróleo envolvem uma série de atividades (prospeção, extração, transporte) que ocorrem num mercado global, numa estrutura onde interagem vendedores e compradores no âmbito de um mercado financeiro, suportado por uma estrutura física de capital intensivo. O Direito da Energia encontra-se sujeito a uma escala de três níveis (internacional, nacional, local), pelo que um evento ocorrido num dos níveis influenciará ou terá repercussões necessários nos outros níveis[6];

iii) *Dimensão estratégico-política*: a energia assume uma importância crucial para a economia de um país e para a sua capacidade militar, tendo, nessa medida, de revestir uma forte preocupação por parte do poder político. Não por acaso que os serviços energéticos têm sido considerados fundamentais para as populações, e que os Estados, através de empresas por si detidas ou controladas, influen-

[4] Cfr. SEVERIN FISCHER, "Global energy security and EU Energy Policy", in Leal-Arcas/Wouters (Coord.), *Research Handbook on EU Energy Law and Policy*, Elgar, Cheltenham, 2017, p. 150.

[5] Cfr. ADRIAN J. BRADBROOK, "Energy Law...cit., p. 214.

[6] Cfr. RAPHAEL J. HEFFRON/KIM TALUS, "The development...cit., p. 5, denominando este fenómeno de "theory of change".

ciam os mercados energéticos através de políticas de controlo de preços[7]. Esta dimensão acompanha de forma estreita as mudanças verificadas no papel do Estado na economia, particularmente na transição do Estado social para o Estado regulador ou garantidor, antes enquanto prestador de energia, atualmente apenas como regulador;

iv) *Segmentação horizontal:* os mercados energéticos são setores em rede, compreendendo diversas atividades que correspondem ao designado ciclo energético ou cadeia de valor (produção, armazenamento, transporte, distribuição, comercialização). O acesso às redes é o coração da regulação energética (*Herzstück des Energie-Regulierungsrechts*) porque apenas quando os concorrentes têm acesso às infraestruturas, numa base não discriminatória, pode a igualdade de chances concorrenciais ser garantida[8];

v) *Dependência técnico-científica*: o sector energético comporta indústrias de capital intensivo com um elevado grau de complexidade técnica que cria barreiras à entrada de novos competidores, que necessitam de coordenação técnica nas respetivas operações[9]. A questão energética surge estreitamente associada à questão tecnológica, sendo que os avanços em áreas como o fabrico de combustíveis sintéticos ou a capacidade de armazenamento de energia elétrica são dois exemplos de grandes revoluções económicas[10]. A crescente e cada vez mais eficiente exploração de recursos energéticos coloca também novos problemas que, muitas vezes, não encontram disciplina legal[11].

[7] Cfr. Peter D. Cameron, *Competition in Energy Markets*, 2.ª edição, Oxford University Press, Oxford, 2007, p. 7.

[8] Cfr. Mathias Schmidt-Preuss, "Energierecht heute", Recht der Energiewirtschaft, 3-9, 2017, p. 2; Eugenio Bruti Liberati, "Mercati dell'energia e regolazione finalistica: la disciplina delle reti di transporto nel terzo pachetto energia", in M. De Focatiis/A. Maestroni (Coord.), *Libertà di Impresa e Regolazione del Nuovo Diritto Dell'Energia*, Giuffrè, Milão, 2011, p. 32, assinala que o legislador europeu considera a rede de transporte a espinha dorsal do sistema energético e veículo fundamental da integração dos mercados energéticos europeus.

[9] Cfr. Peter D. Cameron *Competition in Energy Markets*...cit., p. 7.

[10] Cfr. Suzana Tavares da Silva, *Direito da Energia*, Coimbra Editora, Coimbra, 2011, p. 16.

[11] Cfr. Adrian J. Bradbrook, "Energy Law...cit., p. 213.

vi) *Externalidades ambientais*: a utilização das fontes de energia, sobretudo energias fósseis, tem um forte impacto sobre as componentes ambientais, pelo que o maior problema com que o setor energético se confronta é o da existência de uma forte evidência de que a combustão de fontes de energia fóssil vai causar o aumento das temperaturas e a subida do nível do mar[12]. De todo o modo, o Direito da Energia dirige o seu foco para as causas dos problemas ambientais, enquanto do Direito do Ambiente tem sobretudo por preocupação os efeitos que daí decorrem[13].

3. O conceito de Direito da Energia

Tem feita escola a definição de Direito da Energia, da autoria de BRADBROOK, para quem este seria "o conjunto de direitos e deveres relativos à exploração de todos os recursos energéticos entre indivíduos, entre os indivíduos e a Administração, entre entidades administrativas e entre os Estados"[14]. Pode, assim, afirmar-se, que o *punctum saliens* desta definição seria a exploração ou a gestão dos recursos energéticos. Será esta a abordagem mais adequada? Podemos divisar cinco grandes orientações sobre este conceito.

i) *Teoria dos recursos energéticos:* o Direito da Energia seria o conjunto normativo cujo objeto consiste na disciplina das fontes ou dos recursos energéticos[15];
ii) *Teoria dos sujeitos*: o Direito da Energia seria o conjunto normativo que regularia a conduta dos sujeitos que se movem nos mercados energéticos[16];

[12] Cfr. F. BOSSELMAN/J. EISEN, J. ROSSI/D. SPENCE/J. WEAVER, *Energy, Economics and the Environment- Cases and Materials*, 3.ª edição, Thompson Reuters, Nova Iorque, 2010, p. 22.

[13] Cfr. ADRIAN J. BRADBROOK, "Energy Law...cit., p. 216.

[14] Cfr. ADRIAN J. BRADBROOK, "Energy Law...cit., p. 194.

[15] Cfr. ADRIAN J. BRADBROOK, "Energy Law...cit., p. 194 e segs; e, numa perspetiva de Direito Internacional, ALEXANDRA WAWRYK, "International Law: An emerging academic discipline", in P. BARBIE and P. LEADBETER (eds), *Life and Law: Essays in Honour of Adrian Bradbrook,* University of Adelaide Press 2013,p. 226-227.

[16] Cfr. WOLFGANG DANNER, "Einführung", in THEOBALD/KUHLING (Coord.), *Energierecht*, Volume I, 16.ª

iii) *Teoria do serviço público:* o Direito da Energia seria o conjunto normativo que disciplinaria os direitos e deveres do serviço público de energia[17];
iv) *Teoria das atividades:* o Direito da Energia seria o conjunto normativo regulador das diversas atividades que compõem o setor energético (produção, transporte, distribuição, comercialização)[18];
v) *Teoria do direito subjetivo à energia*: O Direito da Energia seria o conjunto normativo que gira em torno do direito reconhecido a todos os seres humanos de usufruírem da energia necessária ao seu bem-estar[19].

Sendo o Direito uma ciência normativa, deve uma definição de Direito da Energia, naturalmente, centrar-se nas normas que têm por objeto a energia ou os mercados energéticos, procurando apreender as suas especificidades enquanto conjunto dotado de um substrato comum e funcionalidades operativas. Entender-se, porém, que o Direito da Energia tem por objeto a disciplina normativa da gestão dos recursos energéticos é uma definição vaga e pouco precisa. A energia é muito mais um conceito

atualização, Beck, Munique, 2022, par. 1, sob o enquadramento da relação jurídica: relações dos sujeitos privados de energia, entre si, e entre estes e os sujeitos públicos.

[17] Cfr. Christoph Krolik, "Un code primeur pour la naissance du droit de l'énergie", Revue Juridique de L'Environnement, n.º 4, 2011, p. 485, "O serviço público de energia constitui a instituição mecanismo de referência do Direito da Energia".

[18] Cfr. Rapahel J. Heffron/Kim Talus, "The evolution of energy law and energy jurisprudence: insights for energy analysts and researchers", Energy Research and Social Science, 19, 2016, p. 4, apesar de se referirem aos direitos e deveres dos sujeitos sobre recursos energéticos, destacam que estes existem no ciclo energético.

[19] Cfr. Marie-Anne Frison-Roche, "Droit de l'énergie, droit à l'énergie", Revue de L'Énergie", n.º 509, 1999, p. 617-618, defende que todo o sistema se pode organizar em torno da noção de direito à energia, como bem essencial, à margem do mercado e da noção de serviço público, ligado à soberania do Estado. De forma não tão explícita, mas que cremos poder reconduzir-se a esta ideia, a definição omnicompreensiva e teleológica de Iñigo Del Guayo Castiella. "Concepto, contenidos y princípios del derecho de la enegia", RAP, 212, 2020, p. 313, "aquela parte do ordenamento jurídico que estabelece regras para que o fornecimento final de energia aos utentes seja seguro, economicamente eficiente e sustentável ambientalmente".

do que um objeto[20]. Os objetos naturais são o gás natural, o carvão ou o petróleo, mas é mediante uma operação de abstração, de qualificação e classificação que procedemos a uma ligação unitária destes objetos diversos e os subsumimos ao vocábulo *energia*. Através desta operação intelectual, exprime o Direito uma certa finalidade: o gás natural, o carvão, ou o petróleo convergem na produção de uma força ao serviço do consumidor[21].

O Direito da Energia apresenta-se como uma nova área do Direito, ainda perspetivada como uma subdisciplina, extremamente heterogénea e complexa, com interferência em diversos outros domínios, como a economia, a geografia, as ciências ambientais, a política ou as diversas engenharias[22]. Nessa medida, a *transversalidade* e a *complexidade* do Direito da Energia tornam inadequada a sua perspetivação tendo por base a disciplina normativa das fontes energéticas. Uma visão sob o ângulo das fontes não possui um travejamento dogmático que possa sustentar a sua autonomização, do qual possam, consequentemente, extrair-se princípios cientificamente operativos. Se tal servia ao século XIX e ao início de século XX, nos quais já existia um corpo legislativo regulador das fontes energéticas, atualmente, no mundo globalizado do século XXI, tal conceção apresenta-se desajustada.

Não seria então mais adequado dizer-se que o Direito da Energia tem por objeto a conduta dos sujeitos que operam nesses mercados? Cremos que a consideração dos sujeitos não pode também assumir-se como uma marca distintiva desta área do saber jurídico. Um vislumbre para os intervenientes no SEN mostra-nos que esse elenco contempla sujeitos muito diversos, ora porque exercem atividades do setor (operador da rede de transporte, comercializador), ou porque são simplesmente consumidores, ou ainda porque são uma categoria especial de consumidores,

[20] Cfr. Marie-Anne Frison Roche, "La concurrence, objectif adjacent de la régulation de l'energie", *A Quoi Sert La Concurrence?* Concurrences- Revue des Droits de la Concurrence, 2014, p. 426.

[21] Cfr. Marie-Anne Frison Roche, "La concurrence...cit., p. 426.

[22] Cfr. Raphael J. Heffron, *Energy law: An Introduction*, Springer, Heidelberg, 2015, p. 1 e segs.

que também assumem as vestes de produtores (autoconsumi-dores)[23]. A direta ligação entre as atividades do setor e os sujeitos que as exercem é ainda mais clara no SNG[24]. São sujeitos do sistema porque exercem uma das atividades integradas nesse mesmo sistema, e não inverso.

Quanto à teoria do serviço público, fazer assentar este edifício jurídico numa noção de serviço público afigura-se problemático. Desde há muito se considera que o Estado de bem-estar do século XX deve assegurar aos cidadãos a satisfação de necessidades essenciais que o mercado não consegue prover, através de prestações económicas positivas (abastecimento de água, existência de transportes coletivos, fornecimento de energia elétrica). A teoria do serviço público assumia um papel central no domínio energético[25]. Mas, para além da teoria do serviço público nunca ter conseguido explicar omnicompreensivamente o Direito Administrativo ou a execução de tarefas públicas, o setor da energia sofreu uma liberalização e privatização que o submeteu às regras do mercado. O setor da energia não assenta mais em prestações públicas realizadas fora do mercado. A teoria do serviço público exprime uma relação vertical entre o Estado, onerado com um dever de prestar um serviço ou bem essencial, e os cidadãos ou utentes que deles beneficiam[26]. Exclui, portanto, a existência de uma relação horizontal assente num contrato, com duas partes em igualdade de posições, que negoceiam livremente.

É certo que esta ideia, eivada sobretudo de algum simbolismo, não desapareceu dos diplomas normativos que regem o setor energético. Assim é, desde logo, porque o Direito da União Europeia não deixou de admitir derrogações ao princípio da livre concorrência, reconhecendo que existem determinadas necessidades que o mercado, por si só, não consegue satisfazer. Emerge uma nova noção de serviços de interesse económico geral, como um sucedâneo das antigas obrigações de serviço público, no sentido de que não tem de ser uma entidade pública a asse-

[23] Artigo 8.º, n.º 1 do Decreto-Lei n.º 15/2022, de 14 de janeiro, que estabelece a organização e o funcionamento do Sistema Elétrico Nacional.

[24] Artigo 9.º do Decreto-Lei n.º 62/2020, de 28 de agosto, que estabelece a organização e o funcionamento do Sistema Nacional de Gás.

[25] Cfr. Marie-Anne Frison-Roche, "Droit de l'énergie...cit., p. 617.

[26] Cfr. Marie-Anne Frison-Roche, "Droit de l'énergie...cit., p. 617.

gurar o serviço, mas um privado encarregado de o fazer através de delegação pública. O serviço público deve ser entendido em sentido objetivo, para designar uma atividade de interesse geral, pelo que a sua identificação com uma categoria de empresas não existe mais[27]. Este instituto assume tão-somente uma função residual e secundária porque o princípio geral é sempre a livre concorrência, e a aquisição desses serviços no mercado. Apenas quem excecionalmente não o possa fazer, por motivos económicos ou sociais, acabará por beneficiar desse serviço de interesse económico geral.

De outra parte, as obrigações de serviço público no setor da energia assumem uma natureza muito heterógena, incapazes de, por si só, fornecerem uma unidade de sentido ao sistema. Vão desde a tutela dos consumidores vulneráveis, à proteção ambiente e à segurança do abastecimento[28], para além de que apenas a exploração das redes de transporte e distribuição é que são objeto de uma concessão de serviço público[29]. Apresentam-se como dimensões parcelares de um sistema que se encontra globalmente liberalizado. Daí notar certa doutrina que o termo "obrigações de serviço público" no setor de energia encerra uma ambiguidade, sendo utilizada em dois sentidos diferentes. Uma primeira noção, mais ampla, refere-se à regulação geral orientada a uma concorrência ordenada do mercado, comportando vínculos para os operadores que visam conciliar a iniciativa privada com soluções coerentes de interesse geral[30]. Contrapõe-se a uma segunda noção, mais restrita, que abrange obrigações específicas para os operadores apenas em certos casos ou situações particulares, com vista a assegurar interesses estranhos ou superiores ao ordenamento do mercado[31]. O objetivo do SEN não é a prestação de um serviço público, tendo antes por finalidade, mediante regulação, con-

[27] Cfr. Aldo Travi, "Produzione e vendita di energia elétrica e gas e obblighi di servizio pubblico", in M. De Focatiis/A. Maestroni (Coord.), *Libertà di Impresa e Regolazione del Nuovo Diritto Dell'Energia*, Giuffrè, Milão, 2011, p. 16.

[28] Artigo 9.º, n.º 3 do Decreto-Lei n.º 15/2022, de 14 de janeiro, que estabelece a organização e o funcionamento do Sistema Elétrico Nacional.

[29] Artigo 110.º, n.º 1 do Decreto-Lei n.º 15/2022, de 14 de janeiro, que estabelece a organização e o funcionamento do Sistema Elétrico Nacional.

[30] Cfr. Aldo Travi, "Produzione...cit., p. 18.

[31] Cfr. Aldo Travi, "Produzione...cit., p. 19.

tribuir para assegurar a eficiência e a racionalidade das atividades em termos objetivos, transparentes, não discriminatórios e concorrenciais, através da sua contínua supervisão e acompanhamento, no quadro dos objetivos da realização do mercado interno da eletricidade[32].

Podemos questionar-nos se algumas características do serviço público, tal como elaborado pela doutrina francesa, ainda poderão ter aplicação no setor energético. Mais uma vez, tal apenas pode ser equacionado em função dos vários tipos de atividade que compõem o setor. Por exemplo, a liberdade e igualdade de acesso dos cidadãos às prestações (universalidade e igualdade) deixa de ter sentido quando a atividade de comercialização (gás e eletricidade) é livre, podendo cada empresa fornecedora negociar um preço determinado com os seus clientes em ambiente de mercado. Já não há utentes, mas apenas consumidores. Contudo, este vetor pode ainda encontrar alguma refração nas atividades reguladas (armazenamento de gás, transporte e distribuição, quer de gás, quer de eletricidade), designadamente no princípio da uniformidade tarifária. O mesmo poderá ser dito do objetivo não lucrativo, que não poderá ter expressão nas atividades de comercialização ou produção de eletricidade, muito embora possa ser equacionado quanto às atividades reguladas, designadamente a gestão das redes, ainda que esses operadores possam ser remunerados, mas não a preços de mercado.

Quanto ao direito subjetivo à energia, esta tese enfrenta desde logo problemas quanto ao efetivo reconhecimento normativo de tal direito. A legislação que disciplina o setor energético preocupa-se sobretudo com os direitos dos consumidores em geral. Acresce que, mesmo considerando que o direito à energia é fundamental pois, sem ela, não podem os indivíduos gozar de um nível de bem-estar que lhes permita viver dignamente, sempre se poderia discutir qual seria o nível mínimo e suficiente desse bem-estar[33]. Existe, é certo, um debate sobre se o direito a aceder a serviços energéticos modernos constitui um direito fundamental, e qual o papel que os Estados e os tribunais assumem na garantia deste direito. Todavia, o direito à energia não se encontra reconhecido, em qualquer

[32] Artigo 203.º do Decreto-Lei n.º 15/2022, de 14 de janeiro, que estabelece a organização e o funcionamento do Sistema Elétrico Nacional.

[33] Como reconhece Marie-Anne Frison-Roche, "Droit de l'énergie...cit., p. 618.

instrumento jurídico, como um direito fundamental, no âmbito do Direito interno, ou como direito humano, no domínio do Direito Internacional[34]. A semelhança entre energia e alimentação é tão evidente que, atualmente, fala-se cada vez mais em "pobreza energética" para designar aquelas situações em que os cidadãos veem o acesso à energia limitado ou restringido por motivos económicos ou sociais. Daí que as autoridades públicas coloquem um enfoque cada vez maior na regulação do setor energético, o mesmo é dizer que erigem todo um sistema regulatório para garantir o acesso à energia da população em geral[35]. Mas daí não decorre que essa garantia de acesso se estruture em torno de um direito subjetivo à energia, como eixo de um sistema, assentando antes em fundamentos objetivos suscetíveis de, em certos casos, comportarem prestações de natureza individual[36].

A compreensão do Direito da Energia atual não pode ser alcançada sem uma retrospetiva histórica. Na Europa continental, até à liberalização do setor energético, não existia um Direito da Energia em sentido próprio, encontrando-se essa realidade normativa dissolvida no Direito Administrativo geral[37]. Assim era porque não existia mais do que um operador público em cada Estado nos diversos setores (carvão, eletricidade, petróleo), sendo desnecessária a teorização de um ramo de Direito próprio para a energia. As diversas atividades integrantes do setor energético eram exercidas em regime de monopólio, por tais empresas verticalmente integradas, pelo que, inexistindo concorrência, também não ocorriam conflitos entre os vários sujeitos que se relacionam nestes setores, sendo desnecessário criar-se regras específicas para disciplinar especificamente esses segmentos[38].

[34] Cfr. Iñigo Del Guayo Castiella. "Concepto...cit., p. 327.

[35] Cfr. Francisco de Borga Acha Besga, "Prólogo", *Manual de Derecho y Mercado de Energia*, Tirant lo Blanch, Valencia, 2019, p. 26.

[36] Sobre a forma como o direito subjetivo convive com a regulação energética, cfr. Martin Burgi, "Das subjektive Recht im Energie-Regulierungsverwaltungsrecht", DVBl., 2006, p. 269 e segs.

[37] Cfr. Iñigo Del Guayo Castiella. "Concepto...cit., p. 314, considerando que uma parte importante deste Direito era o relativo aos poderes que o Estado detinha sobre estas empresas, no quadro da organização administrativa.

[38] Cfr. Iñigo Del Guayo Castiella. "Concepto...cit., p. 314.

Os recursos energéticos, enquanto bens apropriáveis, dependem, funcional e permanentemente, de uma atividade complexa (ou conjunto de atividades) que inclui a produção, o transporte, a distribuição e comercialização, só assim se tornado possível a sua acessibilidade[39] e, consequentemente, apenas nessa perspetiva pode emergir a dimensão jurídica do setor energético. Podemos então definir o Direito da Energia como *o sistema regulatório que disciplina as atividades dos setores energéticos com o objetivo de assegurar a sua eficiência económica e a segurança do abastecimento em termos ambientalmente sustentáveis.* Mais à frente, analisaremos com mais detalhe esta definição e os seus elementos.

Devemos, de qualquer forma, analisar mais de perto a sua natureza, uma vez que a maioria da doutrina considera que o Direito da Energia não se esgota no Direito Público, sendo composto por normas de Direito Público e de Direito Privado, ou que, nem sequer, esteja todo ele submetido a regulação.

4. A natureza do Direito da Energia

A ciência do Direito funda-se dogmaticamente numa grande bipartição constituída pelo Direito Público e pelo Direito Privado. Não obstante as múltiplas divergências que esta divisão suscita, especialmente o exato critério que permite distinguir um e outro sector do ordenamento jurídico, a interrogação que se coloca é saber se o Direito da Energia será de qualificar como Direito Público ou Direito Privado. A questão de saber se o Direito da Energia pertence ao Direito Público ou ao Direito Privado tem sido bastante discutida[40]. De qualquer forma, parecem firmar-se respostas no sentido que o Direito da Energia seria um Direito misto, isto é, composto por nomas de Direito Público e de Direito Privado[41]. Assim,

[39] Cfr. Luciano Parejo Alfonso, "La electricidad y su subministro: un reto para el Estado y el mercado", in Prólogo a Jorge Fabra Utray, *Liberalización o Regulación?. Un Mercado para la Eletricidad*, Marcial Pons, Madrid/Barcelona, 2004, p. 29.

[40] Sobretudo na Alemanha, cfr. Mathias Schmidt-Preuss, "Energierecht...cit., p. 9-10.

[41] Cfr. Iñigo Del Guayo Castiella, "Concepto...cit., p. 313; Mathias Schmidt-Preuss, "Energierecht...cit., p. 9.

o regime que estabelece as tarifas de acesso à rede tem inequívoca natureza jurídico-pública, muito embora o acesso de terceiros à rede possa ser exercido quer por meios jurídico-públicos, quer por meios jurídico-privados[42]. Mas, para além destes regimes paralelos, o Direito Privado assumiria também uma função complementar. Os contratos privados são frequentemente utilizados como formas de preenchimento dos espaços deixados vazios pela regulação pública, convertendo-se em instrumentos privados ao serviço da regulação[43]. Direito Público e Direito Privado surgem, assim, numa relação de complementaridade, sem prejuízo de, por vezes, se colocarem problemas de concorrência de normas, devendo o conflito resolver-se pela prevalência das normas de um setor em detrimento do outro[44].

Desde logo podemos questionar-nos se o modelo de regulação dos mercados, especialmente da energia, adotado pela União Europeia, fez emergir uma nova área da ciência jurídica ou, mais profundamente, se tornou obsoleta a distinção entre Direito Público e Direito Privado. A dicotomia poderia considerar-se um esquema classificatório do passado, inadequado para explicar um sistema regulatório multinível, especialmente atendendo aos instrumentos que utiliza: i) envolvimento dos sujeitos privados em sistemas de auto-regulação e co-regulação; ii) fixação de regras contratuais que perseguem objectivos mais amplos que os ambicionados pelos contraentes; iii) previsão de novos processos de resolução de controvérsias da responsabilidade de entidades administrativas independentes[45]. Neste contexto a dicotomia assumia uma natureza diversa, permitindo a resolução da alocação de competências entre o nível nacional e europeu e a gestão dos efeitos distributivos das políticas de integração e liberalização. Por exemplo, a regulação dos preços finais da energia reclamaria uma valoração não só do ponto de vista da eficiência económica como dos efeitos distributivos, ou seja, o de realizar o mer-

[42] Cfr. Mathias Schmidt-Preuss, "Energierecht...cit., p. 9.

[43] Cfr. Mathias Schmidt-Preuss, "Energierecht...cit., p. 10.

[44] Cfr. Mathias Schmidt-Preuss, "Energierecht...cit., p. 10.

[45] Cfr. Giuseppe Bellantuono, "La regolazione del mercati europei: verso una nuova distinzione fra diritto publico e privato", *in* Benachio/Graziei, *Il Declinio della distinzione tra Diritto Publico e Diritto Privato*, Università di Trento, Trento, 2016, p. 266.

cado único da energia, mas também proteger os consumidores que não estão em condições de suportar os preços resultantes da liberalização. A tensão entre liberalização e concorrência *versus* efeitos distributivos refletiria no âmbito europeu a distinção entre Direito Público e Direito Privado[46].

Por via da europeização, o mercado da energia liberalizou-se, abrindo--se à concorrência, determinando-se o fim dos monopólios das grandes companhias estaduais do gás e da eletricidade[47]. O Estado ou a Administração Pública deixou de ser o prestador direto destes bens e serviços, deixando-se o desempenho dessas funções às empresas privadas. Mas será que esta mudança de paradigma provocou a substituição do Direito Administrativo pelo Direito Privado na regulação dos mercados energéticos? O próprio Direito Privado também teria de se adaptar à regulação dos mercados energéticos porque passa a penetrar em domínios que antes apenas pertenciam à esfera do Direito Público[48]. Curiosamente, a emergência de um Direito da Energia suscita uma maior atratividade da *Civil Law* e uma retração da *Common Law*, já que as normas referentes à energia são consagradas através de leis e regulamentos, sendo esta doutrina incapaz de responder aos desafios sociais a que este setor obriga com a necessária rapidez[49]. Ainda que não se perfilhe uma visão burocrática ou dirigista do setor energético, mesmo na perspetiva de um Estado incentivador, não são concebíveis investimentos em larga escala, como frequentemente ocorre neste domínio, sem existir um quadro claro de

[46] Neste sentido, cfr. Giuseppe Bellantuono, "La regolazione...cit., p. 274.

[47] Cfr. Francisco Paes Marques, "O Direito europeu da energia- evolução, fontes e vectores estruturantes", *in* Caio César Cavalcanti (Coord.), *O Direito da Energia no Contexto Ibero--Brasileiro*, Synergia Editora, Rio de Janeiro, 2018, p. 225 e segs; sobre o Direito da União Europeia em matéria de energia, cfr. Christopher Jones, "Introduction", in Jones/Ketlewell (Coord.), *EU Energy Law*, Volume I, 5.ª edição, Claes & Castle Deventer, 2021, p. 1 e segs;, Kim Talus, *Introduction to EU Energy Law*, Oxford University Press, Oxford, 2016, passim; Peter Cameron, *Competition in Energy Markets: Law and Regulation in European Union*, 2.ª edição, Oxford University Press, Oxford, 2007, passim; Mathias Schmidt-Preuss, "Europäische Energiepolitik- Aktulle Entwicklungen und rechtliche Aspekte", *Festschrift für Scholz*, Duncker & Humblot, Berlim, 2007, p. 910 e segs;

[48] Cfr. Adran J. Bradbrook, "Energy Law...cit., p. 213.

[49] Cfr. Adran J. Bradbrook, "Energy Law...cit., p. 217.

direitos e obrigações dirigido aos investidores e sem garantias de segurança jurídica prestadas pela Administração[50].

A liberalização dos mercados não fez recuar o Direito Público, muito pelo contrário. Mesmo um contacto superficial com o setor do gás natural, do petróleo e da eletricidade, revela, de forma evidente, como o Direito Público se apresenta como transcendente para qualquer decisão económica que qualquer dos operadores destes setores possa adotar, verificando-se um contraste acentuado entre a liberdade de empresa e a intensa disciplina estadual que vigora nessas áreas[51]. O Estado e o Direito Público não recuaram nestas áreas, tendo-se antes verificado uma mudança de posicionamento no que respeita à sua intervenção no mercado, passando os privados a ser os protagonistas do funcionamento do sector da energia, enquanto os poderes públicos supervisionam, fiscalizam, controlam ou impõem sanções. Foram instituídas entidades reguladoras para disciplinar a sociedade privatizada, dando o Estado empreendedor lugar ao Estado regulador[52]. São estes os ditames que presidiram à emergência do *Estado incentivador e regulador*, num processo de liberalização e de devolução de funções à sociedade, abandonando o Estado certas atividades de prestação, convertendo-se, sobretudo, num *Estado Garante*[53].

Com efeito, vimos já que um Estado dificilmente pode considerar-se soberano se não conseguir garantir um abastecimento contínuo, regular e suficiente de energia. O princípio da segurança do abastecimento pode ser definido como a garantia de que todo o consumidor que necessite consumir energia pode fazê-lo a qualquer momento[54]. A dimensão estratégico-política do Direito da Energia surge como uma via promissora na busca da autonomização dogmática do Direito da Energia, e explica a

[50] Cfr. Adran J. Bradbrook, "Energy Law...cit., p. 214.

[51] Cfr. Javier Gallego Piñera, "Regimen económico del gas natural", in S. Muñoz Machado /Serrano Gonzalez/ Bacigalupo Saggese (Dir.), *Derecho de la Regulación Economica*, Volume III, Tomo II, Iustel, Madrid, 2009, p. 1439.

[52] Cfr. Sabino Cassese, *Il Diritto Amministrativo: storie e prospettive*, Giuffrè, Milão, 2010, p. 537.

[53] Cfr. Sérvulo Correia/Francisco Paes Marques, *Noções de Direito Administrativo*, Volume I, 2.ª edição, Almedina, Coimbra, 2021, p. 78 e segs.

[54] Cfr. Iñigo Del Guayo Castiella. "Concepto...cit., p. 325.

razão pela qual este é um setor fortemente regulado, talvez o mais intensamente regulado de todos os designados *setores regulados*. Neste sentido, o cerne explicativo do Direito da Energia pode ser colocado na regulação: este sistema normativo centra-se nos problemas jurídicos suscitados pela regulação do sector energético[55]. Esta visão permite responder à questão sacramental do Direito da Energia no século XXI, isto é, se a produção, transporte, distribuição e comercialização de energia cabem, maioritariamente, aos sujeitos privados, por que razão tem o Estado de regular ou subsidiar o sector energético? Mesmo no contexto norte-americano, tratou-se inicialmente de regular a concorrência (monopólios naturais), mas os desenvolvimentos tecnológicos tornaram o sistema mais aberto e transparente, pelo que a necessidade de regulação voltou a colocar-se. Entretanto, a defesa do ambiente suscitou novas questões regulatórias, pelo que as agências estatais começaram a regular o desperdício e a controlar os preços[56].

5. A Autonomia do Direito da Energia

5.1. As dimensões regulatórias

O Direito da Energia confronta-se com um problema de monta que impede a sua teorização e estruturação dogmática. O problema está em saber no que consiste o seu objeto enquanto realidade normativa. Se a tomarmos no seu sentido amplo, verificamos que a energia é dificilmente apreensível enquanto fenómeno jurídico, ou seja, como força em ação que se caracteriza por uma mutação do estado da matéria, que, quando se concretiza, torna-se invisível, inaudível e impalpável. Mesmo que a qualifiquemos como uma mercadoria ou um bem, será sempre uma abordagem restritiva atendendo às suas características físicas[57]. Apenas normas que tenham um objeto delimitado, suscetíveis de serem reconduzidas a

[55] Cfr. Bosselman/Eisen/Rossi/Spence/Weaver, *Energy*...cit., p. 1.

[56] Cfr. Bosselman/Eisen/Rossi/Spence/Weaver, *Energy*...cit., p. 9-10.

[57] Cfr. Christophe Krolik, "Du movement naturel à la production énergetique", RJE, n.º4, 2016, p. 711.

uma integração sistemática servem à teorização e estruturação dogmática do Direito da Energia. Pertencerão ao Direito da Energia normas que tenham a energia como objeto remoto? Podemos pensar na legislação sobre as águas (por causa das centrais hidroelétricas), normas do ordenamento do território (onde são implantadas torres eólicas ou centrais fotovoltaicas), normas de defesa da concorrência, normas sobre direitos dos consumidores, normas ambientais, normas que regem a prospeção de petróleo e gás, normas sobre o transporte de produtos petrolíferos, ou, até, normas sobre segurança de instalações elétricas. A norma prevista no artigo 509.º do Código Civil sobre danos causados por instalações de energia elétrica ou gás é uma norma de Direito da Energia?

A nosso ver, é inegável que o Direito da Energia tem de ir buscar certas soluções a áreas conexas, pois essa interdisciplinaridade é incontornável em face da sua transversalidade. As seis características que apontámos acima ao Direito da Energia evidenciam de forma muito clara essa heterogeneidade e interdisciplinaridade. O alcance global tem de encontrar sustentáculo, em primeiro lugar, no Direito Internacional. A dimensão estratégico-política e a economicidade têm de encontrar sustentação nos fundamentos do Direito Constitucional e do Direito Administrativo, sobretudo no Direito da Concorrência. Obviamente, e inseparável do Direito da Energia, é o Direito do Ambiente, em cujos fundamentos repousam as externalidades ambientais provocadas pela exploração e gestão dos recursos energéticos. Mas a política energética e a política ambiental, tanto nas suas dimensões axiológicas como teleológicas, respondem a exigências distintas, que só em algumas ocasiões podem coincidir[58].

A autonomia de um ramo do Direito afirmar-se-á perante uma área institucionalizada da vida social que se organize num subconjunto normativo "em torno de certos princípios comuns e de certas técnicas regulamentadoras" que lhe confiram certa especificidade[59]. Neste sentido, a sistemática e a dogmática são incindíveis com vista a autonomização

[58] Cfr. Alessio Parente, *Principios, de Derecho Europeu de la Energia*, Aranzadi, Madrid, 2010, p. 30.

[59] João Baptista Machado, *Introdução ao Direito e ao Discurso Legitimador*, Almedina, Coimbra, 1997, p. 65; também Maria do Rosário Palma Ramalho, *Da Autonomia Dogmática do*

de um ramo do saber jurídico, tendo este de se fundar numa ideia de ordenação normativa segundo determinados critérios e num conjunto de valorações axiológicas, compreensivas e informadoras desse sistema[60].

Sem negar essa interdisciplinaridade, parece-nos que a autonomia do Direito da Energia pode ser encontrada através de três filões dogmáticos. Em primeiro lugar, na *regulação das atividades do setor energético* (não apenas no seu âmbito material, mas também espacial ou geográfico), que requer uma abordagem holística autónoma perante questões parcelares ou conexas que se situam a montante ou a jusante da cadeia de valor dos mercados energéticos. Em segundo lugar, na formulação de princípios jurídicos autónomos do Direito da Energia, que podendo reconduzir-se a valores ou a fins mais vastos, integrantes do ordenamento jurídico, encontram um enquadramento contextual específico e uma teleologia própria no quadro do setor energético. Em terceiro lugar em determinadas técnicas regulatórias transversais ao sistema, com incidência sobre as diversas atividades que procuram assegurar e concretizar certos vetores fundamentais, por exemplo concorrência e serviço público. Assim sendo, a autonomia dogmática do Direito da Energia pode ser sustentada com base em três dimensões da regulação energética, que correspondem à existência de princípios autónomos (regulação principiológica), a uma ordenação sistemática própria (regulação horizontal) e a existência de técnicas regulatórias específicas (regulação transversal).

5.2. A regulação principiológica

É a *teoria dos princípios jurídicos*, que tem feito escola na teoria do Direito contemporânea, que se assume como a chave da autonomização dogmática do Direito da Energia. As normas jurídicas com caráter de princípio ordenam que algo seja realizado na maior medida possível, dentro das possibilidades jurídicas e fácticas existentes, constituindo mandatos de

Direito do Trabalho, Almedina, Coimbra, 2000, p. 141 e segs, refere-se a princípios ou valorações materiais específicas.

[60] Cfr. Maria do Rosário Palma Ramalho, *Da Autonomia*...cit., p. 146-147.

otimização que podem ser cumpridos em diferente grau[61]. A norma de princípio denota simultaneamente um elevado nível de generalidade estrutural e uma especial capacidade para sintetizar uma grande quantidade de informação, o que legitima a consideração dos princípios como normas com economia explicativa e ordenadora de um determinado sistema normativo[62]. Nesta medida, estas normas remetem para um juízo de ponderação a realizar pelo órgão administrativo competente, devendo o princípio da proporcionalidade constituir o critério de resolução do conflito entre princípios jurídicos. Ora, por força dos fatores já referenciados, o Direito da Energia é um campo fértil da eclosão destes conflitos, sendo evidente, por exemplo, que o objetivo de promoção das energias renováveis é suscetível de colidir com o objetivo de promover sistemas de alta eficiência energética, não podendo a solução assentar numa lógica de "tudo ou nada"[63]. Caberá aos poderes públicos em geral, e às autoridades reguladoras em particular, realizar as ponderações necessárias com vista à resolução do trilema energético e à harmonização das tensões sempre latentes aos mercados energéticos.

Neste quadro, os desafios regulatórios confrontam-se com o designado *trilema da energia*. O *trilema da energia* é composto pela economia (finanças), política (segurança energética) e ambiente (alterações climáticas), cada um tentando puxar o Direito da energia para o seu lado, sendo nesta ponderação que encontramos o melhor resultado para a sociedade[64]. Autores há que se referem à economia, energia e ambiente, estando a economia no centro destas duas forças: "queremos energia limpa mas não queremos preços elevados de energia"[65]. Existe um consenso científico relativamente alargado de que as formas atuais que utilizamos para explorar e gerar energias não são sustentáveis e vão ter consequências negativas a curto prazo a nível das alterações climáticas. As próximas

[61] Cfr. Robert Alexy, *Theorie der Grundrechte*, Suhrkamp, Frankfurt am Main, 1994, p. 71.

[62] Cfr. Pedro Moniz Lopes, *Princípio da Boa Fé e Decisão Administrativa*, Almedina, Coimbra, 2011, p. 40 e segs

[63] Para uma aplicação da teoria dos princípios no Direito da Energia, cfr. Alessio Parente, *Principios*...cit., p. 92 e segs.

[64] Cfr. Raphael Heffron, *Energy Law*...cit.., p. 3-4.

[65] Cfr. Bosselman/Eisen/Rossi/Spence/Weaver, *Energy*...cit., p. 2.

décadas serão cruciais para o setor energético, porque as formas de investimento e desenvolvimento das novas infraestruturas energéticas serão determinantes no cumprimento das metas das alterações climáticas no período 2020-2050[66]. As políticas regulatórias estaduais terão de ser desenhadas em face desse enquadramento infraestrutural. Será necessário, assim, reforçar o terceiro pilar da sustentabilidade[67]. Mas, a outro tempo, é irrealista não considerar que os consumidores esperam estabilidade de preços e regularidade no fornecimento. Muitas das medidas mais sustentáveis não são as mais adequadas para fazer face à pobreza energética[68].

De que forma a ordem jurídica em geral, e o Direito da Energia em particular, lidam com estes fins contraditórios? A autonomização e a consolidação dogmática do Direito da Energia não poderão emergir sem a construção, modelação e apuramento de alicerces fundamentais, que não podem deixar de se consubstanciar nos respetivos princípios jurídicos estruturantes. Na verdade, despido de um conjunto de pilares estruturantes, o setor energético não será mais do que um universo empírico desordenado sem referenciais axiológicos de dever-ser. E, ainda que densamente povoado de regulações, destituído de padrões orientadores, não será mais do que um caos normativo sem unidade de sentido.

Feito este percurso, a questão última que, naturalmente, pode colocar-se é a seguinte: quais são os princípios jurídicos do Direito da Energia? Haverá princípios jurídicos específicos do Direito da Energia? A este propósito a doutrina alerta para o facto de os princípios jurídicos próprios do Direito da Energia serem escassos e de que a resolução dos litígios no domínio da energia terem sido resolvidos pelos tribunais com recurso a princípios e institutos de ramos ou de áreas vizinhas ao Direito da Energia. Os exemplos seriam numerosos, como no caso *Deepwater Horizon*, derrame de petróleo no golfo do México, cuja solução não foi ditada por princípios de Direito da Energia mas pelo Direito geral da

[66] Cfr. Raphael J. Heffron/Kim Talus, "The development...cit., p. 3-4.

[67] Cfr. Feiler/Varda, "Energy and Environment", in Leal-Arcas/Wouters (Coord.), *Research Handbook on EU Energy Law and Policy*, Elgar, Cheltenham, 2017, p. 432.

[68] Cfr. Feiler/Varda, "Energy and Environment"...cit., p. 432.

responsabilidade civil[69]. O mesmo se diga relativamente ao domínio da instalação e funcionamento de centrais de energia renovável, suscetível de colidir com princípios de Direito ambiental, mas com também com direitos reais ou de personalidade, cujos termos se definem em sede de responsabilidade civil, quer da responsabilidade civil pública, quer da responsabilidade civil privada[70].

Mas esses princípios próprios existem. Será o caso, por exemplo, do princípio da soberania nacional sobre os recursos energéticos, do princípio da justiça energética ou do princípio da segurança do abastecimento energético[71]. Sobretudo, a segurança do fornecimento é vital para a sociedade, tendo de assegurar-se a disponibilidade de energia ao preço mais competitivo possível. Com esta finalidade, diversas obrigações legais impõem aos operadores a realização de investimentos e a manutenção e extensão das infraestruturas. Mas também o princípio da eficiência económica tem um matiz específico no Direito da Energia. Elucidativo que, sob a epígrafe "Princípios Gerais", o n.º 1 do artigo 4.º do SEN estabeleça que "O exercício das atividades abrangidas pelo presente decreto-lei obedece a princípios de racionalidade e eficiência dos recursos assegurando a sustentabilidade económico-financeira do SEN e do acesso universal (...)"[72]. Estas preocupações são objeto de proteção específica por parte das regras relativas ao mercado interno de eletricidade, impondo ao operador de rede "agir sempre de modo que assegure que dispõe dos recursos necessários para exercer a atividade de transporte de forma

[69] Para a exemplificação de alguns desses conflitos, cfr. Carla Amado Gomes, "Instabilidade regulatória no domínio das energias renováveis- apontamentos jurisprudenciais sobre conflitos intraambientais e outros", in Caio Cavalcanti (Coord.), *O Direito da Energia no Contexto Ibero-Brasileiro*, Synergia Editora, Rio de Janeiro, 2018, p. 142 e segs.

[70] Cfr. R. Heffron/A. Ronne/J. Tomain/A. Bradbrook/K. Talus, "A Treatise for Energy Law", Journal of World Energy Law and Business, 11, 2018, p. 36.

[71] Cfr. R. Heffron/A. Ronne/J. Tomain/A. Bradbrook/K. Talus, "A Treatise...cit., p. 39 e segs, consideram a existência de sete princípios de Direito da Energia: princípio da soberania nacional sobre os recursos energéticos próprios, princípio do acesso a serviços energéticos modernos, princípio da justiça energética, princípio do uso prudente, sustentável e racional dos recursos naturais, princípio da proteção ambiental, alterações climáticas e saúde pública, princípio da segurança do abastecimento energético, princípio da resiliência.

[72] Decreto-Lei n.º 15/2022, de 14 de janeiro, que estabelece a organização e o funcionamento do Sistema Elétrico Nacional.

adequada e eficiente e desenvolver e manter uma rede de transporte eficiente, segura e económica"[73]. De outra parte, deve o regulador também "Assegurar que as tarifas de acesso à rede cobradas pelo operador da rede independente incluem uma remuneração do proprietário ou dos proprietários da rede que remunera adequadamente os ativos da rede e quaisquer novos investimentos nela efetuados, desde que tenham sido efetuados de forma economicamente eficiente"[74].

5.3. A regulação horizontal

Coerentemente, se atentarmos nos principais diplomas que disciplinam a matéria no nosso ordenamento, verificamos que estes conjuntos normativos têm por referência um sistema (sistema elétrico nacional, sistema nacional de gás, sistema petrolífero). E tais sistemas delimitam-se em função de um âmbito de aplicação que toma por base as atividades integradas nesse sistema[75]. Sistematicamente, estes diplomas também se

[73] Artigo 47.º, n.º 2, da Diretiva 2019/944, do Parlamento Europeu e do Conselho de 5 de junho de 2019, e que altera a Diretiva 2012/27/EU, relativa ao mercado interno da eletricidade.

[74] Artigo 59.º, n.º 5, d) da Diretiva 2019/944, do Parlamento Europeu e do Conselho de 5 de junho de 2019, e que altera a Diretiva 2012/27/EU, relativa ao mercado interno da eletricidade.

[75] Mais explicitamente o Sistema Elétrico Nacional (SEN): "O presente decreto-lei aplica-se às atividades de produção, armazenamento, autoconsumo, transporte, distribuição, agregação e comercialização de eletricidade, bem como à operação logística de mudança de comercializador e agregador, à organização dos respetivos mercados, à atividade de emissão de garantias de origem, à atividade de gestão de garantias do SEN, aos procedimentos aplicáveis ao acesso àquelas atividades e à proteção dos consumidores" (Artigo 2.º, n.º 1 do Decreto-Lei n.º 15/2022, de 14 de janeiro, que estabelece a organização e o funcionamento do Sistema Elétrico Nacional, transpondo a Diretiva (UE) 2019/944 e a Diretiva (UE) 2018/2001). No caso do Sistema Nacional de Gás (SNG), mais implicitamente: "O presente decreto-lei estabelece, ainda, os regimes jurídicos aplicáveis às atividades de receção, armazenamento e regaseificação de Gás Natural Liquefeito (GNL), de armazenamento subterrâneo de gás, de transporte e de distribuição de gás, incluindo as respetivas bases das concessões, bem como de produção de outros gases, de comercialização de gás, de organização dos respetivos mercados e de operação logística de mudança de comercializador (Artigo 1.º, n.º 2 do Decreto-Lei n.º 62/2020, de 28 de agosto, que estabelece a organização e o funcionamento do Sistema Nacional de Gás e o respetivo regime jurídico e procede à transposição da Diretiva 2019/692).

subdividem em conjuntos normativos mais restritos consoante as atividades da fileira energética. Por exemplo, quanto ao SEN, capítulo II (Produção e Armazenamento), capítulo III (Gestão das redes de transporte e distribuição), capítulo VI (Comercialização de Eletricidade). Nessa medida, apresenta-se como mais fiel uma definição que atenda às atividades desenvolvidas por esses sujeitos, ou seja, sendo os mercados energéticos, na maior parte dos casos, setores verticalmente integrados, será mais rigorosa, e dogmaticamente operativa, uma definição que atenda a esses diversos segmentos, que vão desde a produção de energia até ao respetivo consumo.

No Direito da Energia, segundo o modelo liberalizado que atualmente impera, estabelece-se a distinção entre *atividades reguladas* e *atividades liberalizadas* ou em concorrência. Referimos já que o grande objetivo do mercado comum de energia consiste na liberalização deste mercado. O movimento de liberalização conduziu a uma transformação profunda nos mercados da eletricidade e do gás natural, apresentando-se a coexistência entre atividades concorrenciais e atividades exercidas em regime de monopólio como a marca de água do Direito da energia que rege estes específicos setores[76]. Nesta medida, as atividades exercidas em regime de monopólio necessitariam de uma maior intervenção pública, pelo que se designariam como *atividades reguladas* (transporte e distribuição), ao passo que a produção e comercialização seriam *atividades designadas como livres ou liberalizadas*[77]. Num sentido estrito, quer-se aludir a que estas ati-

[76] Cfr. Marie Lamoureux, *Droit de la Enérgie*...cit., p. 234.

[77] De acordo com o n.º 1 do artigo 7.º do Decreto-Lei n.º 15/2022, de 14 de janeiro, que estabelece a organização e o funcionamento do Sistema Elétrico Nacional (SEN): a) As atividades de produção, armazenamento, de comercialização e de agregação de eletricidade, em regime de livre acesso, nos termos estabelecidos no presente decreto-lei; b) As atividades de gestão técnica global do SEN, de gestão técnica das redes de distribuição, de transporte e de distribuição de eletricidade em regime de concessão de serviço público. Nos termos do Decreto-Lei n.º 62/2020, de 28 de agosto, que estabelece a organização e o funcionamento do Sistema Nacional de Gás (SNG): as atividades de receção, armazenamento e regaseificação de GNL, de armazenamento subterrâneo de gás e de transporte de gás são exercidas em regime de concessão de serviço público e, quanto ao território continental, em regime de exclusivo (artigo 15.º, n.º 1, SNG). A atividade de distribuição regional de gás é exercida mediante a atribuição de concessão de serviço público, em regime de exclusivo nas áreas concessionadas (artigo 15.º, n.º 2). A atividade de comercialização de gás é exercida em regime de livre

vidades estão sujeitas a obrigações regulatórias num quadro de definição tarifária por entidades reguladoras. Também no que respeita ao acesso às infraestruturas (transporte e distribuição), vigora, regra geral, um acesso regulado, ou seja, realiza-se mediante o pagamento de tarifas de acesso, pagas por todos os utilizadores, visando a remuneração dos operadores monopolistas, as quais são, subsequentemente, refletidas no preço final pago por todos os consumidores[78]. Nessa medida, nem todo o Direito da Energia se esgotaria na regulação do setor energético, que seria só uma parte deste ramo do Direito, muito embora a sua parcela mais importante e de maior transcendência económica[79]. Disciplinaria aspetos como a separação de atividades, o acesso às redes, as autorizações necessárias ao exercício de atividades ou a retribuição das atividades prestadas através das redes[80].

Há que ressalvar-se, porém, que, em sentido amplo, todos os segmentos dos mercados energéticos são regulados, devendo ter-se presente a porosidade do conceito de regulação[81]. A diferença entre atividades livres e reguladas é muito mais uma distinção quantitativa do que qualitativa porque todas as atividades do sistema são genericamente reguladas. Não faz a lei distinção, quanto às obrigações de serviço público, entre atividades livres e reguladas, designadamente a regularidade, segurança e qualidade do abastecimento, ou a garantia de um serviço universal,

concorrência, ficando sujeita a registo (artigo 48.º, n.º 1, SNG), com a exceção da atividade de comercialização de último recurso, que está sujeita a licença e a regulação (artigo 48.º, n.º 3, SNG). Este estatuto diferenciado do comercializador de último recurso justifica-se pela circunstância de assumir uma posição monopolista no mercado, pelo que os seus rendimentos são fixados por tarifas fixadas administrativamente pela entidade reguladora.

[78] Cfr. Filipe Matias Santos, "Regulação do setor energético", *in* C. Amado Gomes/R. Pedro/R. Saraiva/F. Maçãs, *Garantia de Direitos e Regulação: uma perspetiva de Direito Administrativo*, AAFDL, Lisboa, 2020, p. 1222-1223.

[79] Cfr. Iñigo Del Guayo Castiella, "Concepto...cit., p. 321.

[80] Cfr. Iñigo Del Guayo Castiella, "Concepto...cit., p. 321.

[81] Cfr. Marie Lamoureux, *Droit de la Enérgie*...cit., p. 339; sobre o conceito de regulação, nas suas diversas facetas, por todos, cfr. Mário Aroso de Almeida, "A regulação como função administrativa do Estado: a complexidade de um conceito", *in* C. Amado Gomes/R. Pedro/R. Saraiva/F. Maçãs, *Garantia de Direitos e Regulação: uma perspetiva de Direito Administrativo*, AAFDL, Lisboa, 2020, p. 25 e segs.

que onera todos os intervenientes do SEN[82]. Também o exercício das atividades de produção e armazenamento de eletricidade, sendo atividades livres, estão sujeitas a procedimentos administrativos de controlo prévio[83]. Mas, sobretudo, todo o sistema é permeado por amplos poderes regulatórios atribuídos à ERSE que visam "assegurar a eficiência e a racionalidade das atividades em termos objetivos, transparentes, não discriminatórios e concorrenciais, através da sua contínua supervisão e acompanhamento, integrada nos objetivos da realização do mercado interno da eletricidade"[84]. Repare-se que, por um lado, se toma aqui por objeto central da regulação "as atividades" do setor elétrico, e, por outro lado, não se procede a qualquer tipo de distinção entre tais atividades, o que equivale a considerar que todas são reguladas, embora com níveis de intensidade diferente[85].

Em primeiro lugar, temos um elemento definitório normativo-institucional, tratando-se de um sistema regulatório. Os setores regulados podem considerar-se subordenamentos jurídico-administrativos que apresentam três características principais:

i) Conjunto normativo primário que disciplina um determinado setor de atividade (energia, telecomunicações, transportes, proteção de dados, comunicação social) no qual o legislador fixou determinados fins gerais a que devia obedecer o seu funcionamento;
ii) Supervisão das regras desse setor de atividade levada a cabo por uma entidade reguladora, habitualmente dotada de um estatuto de independência;
iii) Integração de um conjunto normativo secundário composto pelas regras, de natureza essencialmente técnica, adotadas pela enti-

[82] Artigo 9.º, n.º 1 do Decreto-Lei n.º 15/2022, de 14 de janeiro, que estabelece a organização e o funcionamento do Sistema Elétrico Nacional (SEN).
[83] Artigo 11.º do Decreto-Lei n.º 15/2022, de 14 de janeiro, que estabelece a organização e o funcionamento do Sistema Elétrico Nacional (SEN).
[84] Artigo 203.º do Decreto-Lei n.º 15/2022, de 14 de janeiro, que estabelece a organização e o funcionamento do Sistema Elétrico Nacional (SEN).
[85] Cfr. Francisco Paes Marques/Joao Marques Mendes, *A Distribuição Municipal de Eletricidade*, AAFDL, Lisboa, 2021, p. 51.

dade reguladora, que disciplina transversalmente a conduta dos sujeitos submetidos a regulação nesse setor de atividade.

Em segundo lugar, temos um elemento material normativo, isto é, o objeto de regulação são as atividades integrantes dos setores energéticos (eletricidade, petróleo, gás). Em terceiro lugar, temos um elemento teleológico, ou seja, os fins que se visam atingir com a regulação. Esses fins são aqueles que subjazem ao designado trilema energético: eficiência económica, segurança do abastecimento e sustentabilidade ambiental.

5.4. A regulação transversal

Referimo-nos, neste contexto, a determinadas técnicas regulatórias transversais, com incidência sobre as diversas atividades do setor, que procuram assegurar e concretizar múltiplas finalidades do sistema. O Direito da Energia assenta num modelo que pretende conciliar dois valores primários: a concorrência do mercado e a missão de serviço público, harmonização que nem sempre se afigura pacífica, pois, muitas vezes, contingências forçam uma inclinação para as razões do mercado, noutras fazem prevalecer os valores sociais[86]. Podemos apontar, neste domínio, dois pilares fundamentais que visam, transversalmente, assegurar a concorrência: o acesso de terceiros às redes[87] ou a separação de atividades[88]. Outro exemplo serão as obrigações de serviço público, como, por exemplo, as medidas destinadas a proteger os consumidores vulneráveis[89].

Não obstante a concorrência ser um valor fundamental do Direito europeu da energia, não deixam as respetivas Diretivas de prever derrogações a esse princípio, através da possibilidade e, em alguns casos, até

[86] Cfr. Aldo Travi, "La regolazione ...cit., p. 9.

[87] Artigo 113.º, n.º 1, alínea c) SEN; artigo 17.º, n.º 2, alínea b) SNG.

[88] Artigo 43.º, n.º 1, da Diretiva (UE) n.º 2019/944, do Parlamento Europeu e do Conselho de 5 de junho de 2019.

[89] Artigo 9.º, n.º 2 e 3 do Decreto-Lei n.º 15/2022, de 14 de janeiro, que estabelece a organização e o funcionamento do Sistema Elétrico Nacional.

da obrigatoriedade de os Estados-Membros assumirem obrigações de serviço público[90]. Subsistem determinadas necessidades que o mercado não é capaz de satisfazer por si só. Nasce assim uma intervenção pública, sob a forma de «serviços de interesse geral» e de «obrigações de serviço público», que as autoridades impõem às empresas dos setores liberalizados para salvaguardar os interesses públicos cuja satisfação, por ser irrenunciável, não pode ser deixada ao livre jogo das forças do mercado.

[90] Artigo 9.º da Diretiva 2019/944, do Parlamento Europeu e do Conselho de 5 de junho de 2019, e que altera a Diretiva 2012/27/EU, relativa ao mercado interno da eletricidade.

Evolução histórica e organização do setor elétrico

FILIPE MATIAS SANTOS*

I – A origem do sistema elétrico e a sua ocupação por empresas verticalmente integradas

Há cem anos, a descoberta da lâmpada, do outro lado do Atlântico, tinha acontecido há relativamente pouco tempo. O mesmo se diga da primeira rede de distribuição de eletricidade do mundo, instalada em Manhattan, em 1882, que só foi viabilizada com a descoberta das turbinas a vapor, por Charles Persons, e da corrente alternada, por Nicolas Tesla (1896), que contrapôs com sucesso a corrente contínua do inventor da lâmpada, Thomas Edison[1].

Da origem até aos nossos dias, um longo caminho foi percorrido que teve de ultrapassar não só desafios económicos e tecnológicos, mas também receios de perigo percecionados pelas populações e, nalguns casos, obrigações contratuais com empresas que garantiam o fornecimento de iluminação a gás. A eletrificação, iniciada nos Estados Unidos da América vingou e foi-se difundido para as periferias. Em Portugal, a estreia deu-se em 1878 na cidadela de Cascais por ocasião dos festejos do aniversário do Príncipe herdeiro D. Carlos, promovidos pelo Rei D. Luís I.

As primeiras redes de distribuição no país foram instaladas na última década do século XIX e foram-se desenvolvendo através de múltiplas concessões a privados (portugueses ou sociedades controladas por portugueses) e através da iniciativa local, designadamente através de cooperativas e das autarquias locais. Em 1940 existiam quase 400 distribuidores

* Advogado, Mestre em Direito, Diretor Jurídico da Entidade Reguladora dos Serviços Energéticos (ERSE).
As opiniões e interpretações expressas no presente artigo são pessoais e não vinculam terceiros ou a ERSE.

[1] C. AMADO GOMES e RAQUEL FRANCO, "Produção Descentralizada de energia elétrica: a perspetiva do consumidor", *E-Pública*, Vol. 5, n.º 2, julho de 2018, p. 145.

em baixa tensão (BT), nem sempre de redes contíguas. O que levou o Estado a incentivar fusões sobre a égide de Federações de Municípios e à criação da Companhia Portuguesa de Eletricidade (CPE).

O sistema elétrico foi-se desenvolvendo sobretudo através de centrais hidroelétricas, construídas entre 1944 e 1961, complementadas por unidades termoelétricas de pequena dimensão[2], sem conseguir a eletrificação total do país.

Em 1975, além de terem sido nacionalizadas várias empresas, foi definido que da reestruturação dessas empresas iria resultar a criação de uma "entidade jurídico-económica", à qual seria atribuído "em regime de exclusivo e por tempo indeterminado o exercício de serviço público de produção, transporte e distribuição de energia elétrica em todo o território nacional". Foi, ainda, determinada a transferência para a "entidade económico-jurídica que resultar da reestruturação das empresas nacionalizadas" das "instalações e serviços de produção e distribuição de energia eléctrica actualmente explorados por autarquias locais, directamente ou por intermédio de serviços municipalizados ou por federações de municípios"[3]. A Eletricidade de Portugal – Empresa Pública, EDP, enquanto entidade "económico-jurídica", veio a ser criada em 1976 e é sobre a égide desta empresa pública, já no período democrático, que a eletrificação do país veio a ser alcançada.

O monopólio do Estado no setor reforçou-se ainda com a proibição de acesso da iniciativa privada às atividades de produção, transporte e distribuição de energia elétrica para consumo público[4]. Em Portugal continental o setor elétrico passou, então, a identificar-se com a EDP.

[2] Mário Mariano – *História da Electricidade*, Electricidade de Portugal, Lisboa, 1993, pp. 99-100, José Ribeiro – *História Legislativa do Setor Eléctrico em Portugal*, Lisboa, Entidade Reguladora dos Serviços Energéticos, 2001, Gonçalo Anastácio – "Regulação da Energia", *Regulação em Portugal (novos tempos, novo modelo?)*, Coimbra, Almedina, 2009, Cláudio Amaral, "Uma década de Congressos Nacionais de Electricidade (1923-1930), Ambiente, percepções e representações História", *História – Revista da FLUP*, IV Série, vol. 2, 2012, pp. 161-194, João Figueira, *Distribuição de Eletricidade em Portugal 1976-2000*, EDP Distribuição, 2019.

[3] *Vd.* Decreto-Lei n.º 205-G/75, de 16 de abril e Decreto-Lei n.º 502/76, de 30 de junho.

[4] Lei de Delimitação de Setores aprovada pela Lei n.º 46/77, de 8 de julho.

Nas regiões autónomas a eletricidade, tendo sido introduzida ulteriormente, conheceu fenómeno semelhante. Na Madeira a eletricidade foi introduzida no Funchal em 1897 através de uma concessão que veio a ser exercida pela *The Madeira Electric Lighting Company, Limited,* tendo os grandes desenvolvimentos na ilha sido alcançados através da Comissão Administrativa dos Aproveitamentos Hidráulicos da Madeira (CAAHM)[5] que veio a ser transformada na Empresa de Eletricidade da Madeira (EEM)[6], enquanto empresa pública. Nos Açores as primeiras iniciativas situam-se nos primeitos anos da década de 1900 em São Miguel, Terceira e Faial[7]. Os diversos sistemas elétricos de energia, detidos localmente, vieram a ser integrados na Eletricidade dos Açores (EDA)[8], controlada pela Região Autónoma dos Açores mas participada por privados.

A EDP, tal como a EEM e a EDA, passou a exercer a atividade do setor elétrico enquanto empresa verticalmente integrada, ou seja, ocupando toda a cadeia de valor do setor elétrico, da produção até à venda de energia aos clientes finais.

O panorama do sistema elétrico nos diferentes países do continente europeu não era substancialmente distinto do português. Nos principais países europeus verificava-se, igualmente, o controle estatal das *utilities* no quadro de atividades monopolistas verticalmente integradas (nacionais ou regionais), em resultado de processos ocorridos em momento anterior ao português. Este cenário mantinha os mercados da eletricidade europeus particularmente fechados à concorrência.

[5] Decreto-Lei n.º 33 158, de 21 de outubro de 1943, Decreto-Lei n.º 38 722, de 14 de abril de 1952.

[6] Por via do Decreto-Lei n.º 12/74, de 17 de janeiro, que procedeu à transformação da CAAHM numa empresa pública do Estado: a Empresa de Eletricidade da Madeira (EEM). Mais tarde, o Decreto-Lei n.º 31/79, de 24 de fevereiro, veio determinar que os poderes de tutela do Estado sobre a EEM passavam a ser exercidos pelo Governo Regional da Madeira e o Decreto Legislativo Regional n.º 14/94/M, de 3 de junho, transformou esta empresa em sociedade anónima, com a denominação de EEM – Empresa de Eletricidade da Madeira, S.A.

[7] Madalena San-Bento – *Diário do Grão-Mestre da Luz: a luta pela iluminação elétrica dos Açores,* Fundação Engenheiro José Cordeiro, 2015.

[8] Decreto Regional n.º 16/80/A.

II – A liberalização do sistema elétrico

II.1 – O pacote legislativo nacional de 1995

O movimento estatizante e cerceante do direito de iniciativa económica começou a infletir-se, ainda que timidamente, em resultado da adesão à Comunidade Económica Europeia, tendo passado a permitir-se o acesso de privados às atividades do setor elétrico, mediante alteração da Lei de Delimitação dos Setores[9] e a eliminação do princípio constitucional da irreversibilidade das nacionalizações[10].

Nesta cronologia merece destaque o denominado "**pacote legislativo de 1995**"[11]. O modelo organizativo instituído à data reformulou a composição institucional do Sistema Elétrico Nacional assente na coexistência de dois subsistemas: o Sistema Eléctrico de Serviço Público (SEP) e o Sistema Eléctrico Independente (SEI). O SEP visava a prestação de serviço público, enquanto o SEI era orientado por uma lógica de mercado.

No âmbito do SEP, intervinha a REN – Rede Elétrica Nacional (criada em 1994 no seio do universo empresarial da EDP, enquanto empresa concessionária operadora da rede de transporte) e os produtores e distribuidores de energia eléctrica que se vinculam àquela através de um regime contratual para garantia do fornecimento elétrico do país.

[9] Decreto-Lei n.º 449/88, de 10 de dezembro, que alterou a Lei n.º 46/77. Os primeiros passos foram dados com a aceitação do auto-produtor no setor da pequena produção de energia elétrica e com a devolução aos municípios da competência em matéria de distribuição no continente de energia elétrica em baixa tensão (Decreto-Lei n.º 344-B/82, de 1 de setembro).

[10] Jorge Miranda – *Manual de Direito Constitucional*, Tomo I (Preliminares, o Estado e os Sistemas Constitucionais), 6.ª Edição, Coimbra, Coimbra Editora, 1997. Lei-quadro das Privatizações (Lei n.º 11/90, de 5 de abril).

[11] O "pacote nacional" era composto pelos Decretos-Lei n.ºs 182 a 189/95, de 27 de julho, que veio reorganizar o Sistema Elétrico Nacional criando dois sectores de atividade – o Sistema Elétrico de Serviço Público (SEP) e o Sistema Elétrico Independente (SEI), compreendendo este o Sistema Elétrico Não Vinculado (SENV). Foi então, também, criada a Entidade Reguladora do Sector Elétrico (ERSE) pelo Decreto-Lei n.º 187/95, de 27 de julho, na senda do Decreto-Lei n.º 182/95, de 27 de julho. Sobre este pacote vd. José Ribeiro – "O Tribunal e o Direito Europeu da Concorrência", *A Regulação da Energia em Portugal*, Entidade Reguladora dos Serviços Energéticos, 1997-2007, pp. 33-44.

No âmbito do SEI define-se o denominado Sistema Elétrico não Vinculado (SENV), no qual se integram as entidades titulares de uma licença não vinculada de produção ou de distribuição de energia elétrica em média e alta tensão e cujas atividades se regem por regras de mercado. Este sistema permitiu a abertura da produção à concorrência.

Não obstante, foi também este "pacote legislativo", aprovado quando se ultimava o processo tendente à aprovação do "primeiro pacote" europeu, que levou à celebração dos Contratos de Aquisição de Energia (CAE). Estes foram celebrados entre dezenas de centrais de produção de eletricidade (quase todos detidos pela então Companhia Portuguesa de Produção de Electricidade, S.A. (CPPE) do grupo EDP) e o operador da Rede Nacional de Transporte, para abastecimento do denominado Sistema Elétrico de Serviço Público (SEP). Os CAE, com um longo prazo de vigência, semelhante ao da própria vida útil dos centros electroprodutores (25 a 35 anos no caso de centrais térmicas e mais de 50 anos no caso de aproveitamentos hidroelétricos), implicavam em termos gerais o pagamento por aquele operador de rede de um termo fixo aos produtores, que permitia aos produtores recuperar e remunerar o investimento, e de um termo variável que remunerava a produção da eletricidade.

II.2 – Os "pacotes energéticos" europeus e a evolução do sistema elétrico português

Foram, portanto, essencialmente os denominados "pacotes energéticos" europeus que, efetivamente, conduziram à liberalização do setor elétrico. Tendo em vista a construção do mercado interno da energia foram desde então aprovados até hoje quatro "pacotes", que visam sistemas elétricos concorrenciais, mantendo sob regulação económica as redes monopolistas.

Assim, foi imposto o progressivo abandono do modelo assente em monopólios verticalmente integrados, o que implicou o *unbundlig* das atividades, ou seja, a sua desintegração e separação. As atividades de produção e de comercialização (esta um destacamento da distribuição), nas pontas da cadeia de valor, foram abertas à concorrência. Por seu turno, as redes, centrais na cadeia de valor, foram assumidas como monopólios sujeitos à regulação económica. A liberalização do setor elétrico é, portanto, limitada não abarcando as redes, que garantem o interface entre a produção e o consumo.

A regulação da eletricidade segue, assim, a doutrina das *essential facilities* assente na separação de atividades, no direito de acesso regulado por terceiros às redes (*third-party access*) e na definição regulatória de tarifas de acesso, que pressupõem a atribuição de capacidade segundo regras de mercado (sobretudo nas interligações que podem estar sujeitas a congestionamentos), bem como a definição dos réditos das atividades monopolistas, a interoperabilidade das redes e exigências de qualidade do serviço[12].

Noutra vertente, os pacotes europeus promoveram o apoio às fontes de energia renovável, estabelecendo o binómio energia-ambiente que hodiernamente orienta as políticas públicas setoriais nos diferentes vetores energéticos e que permitiu a transição energética em curso[13].

A primeira Diretiva da eletricidade, que estabeleceu regras comuns para o mercado de eletricidade, aprovada na sequência das Diretivas relativas à transparência dos preços e ao trânsito de eletricidade e gás natural nas grandes redes[14], integrou o denominado "**primeiro pacote**" energético europeu.

A Diretiva n.º 96/92/CE do Parlamento Europeu e do Conselho de 19 de dezembro veio fixar os *basic requirements* para a abertura à concorrência, procurando garantir a criação de sistemas transparentes e não discrimi-

[12] Sally Hunt, Graham Shuttleworth – *Competition and Choice in Electricity*, Wiley, 1996, Peter Cameron – *Competition in Energy Markets, Law and Reguation in the European Union*, Oxford, 2002, pp. 3-34, Pedro Costa Gonçalves – *Regulação, Eletricidade e Telecomunicações*, Coimbra, Coimbra Editora, 2008, pp. 98-99, Suzana Tavares da Silva – *Direito da Energia*, Coimbra Editora, 2011, pp. 73-134, 159-180, 187-204, Filipe Matias Santos – *Reflexões de Direito da Energia*, ERSE, 2021, pp. 22-26, 33-35, 37-62, 121-122 e seguintes, Jean-Michel Glachant, Paul L. Joskow, Michael G. Pollitt – *Handbook on Electricity Markets*, Edward Elgar, 2021, pp. 1-35, 111-155

[13] Filipe Matias Santos – "Transição Energética: enquadramento e desafios", *Revista Videre*, Dourados, Brasil, MS, v.11, n.22, jul./dez. 2019, pp. 143-153.

[14] Diretiva 90/377/CEE do Conselho, de 29 de junho de 1990, que estabeleceu um processo comunitário que assegure a transparência dos preços no consumidor final industrial de gás e eletricidade, e as Diretivas 90/547/CEE do Conselho, de 29 de outubro, e 91/296/CEE do Conselho, de 31 de maio.

natórios de autorizações para novas instalações de produção, a separação (mas apenas) contabilística (e da gestão, no caso dos operadores da rede de transporte de eletricidade) das atividades de produção, transporte e distribuição, a fim de evitar discriminações, subsidiações cruzadas e distorções da concorrência.

Relativamente ao modelo de acesso de terceiros às redes, os Estados-Membros podiam, contudo, estabelecer (apenas) o modelo de *acesso negociado* à rede ou, em alternativa, o modelo do «Comprador único» de *acesso regulado*, através do qual o operador da rede de transporte ficava responsável pela gestão unificada do sistema de transporte e/ou pela compra e venda centralizadas de eletricidade. Sobres estes dois modelos importa esclarecer que, com variações em função do concreto desenho legal aplicável, geralmente, no primeiro caso (*acesso negociado*) os titulares das infraestruturas essenciais estão obrigados a permitir o acesso de terceiros, aplicando preços (e eventuais descontos) que devem tornar públicos, construídos com base na média de preços historicamente praticados ou em metodologias regulatórias fixadas, num quadro de supervisão setorial e de proibição de abuso da posição dominante. No caso do *acesso regulado*, as tarifas de acesso são hétero-fixadas por entidade reguladora independente, sendo assegurado o estabelecimento de condições transparentes, não discriminatórias e de efetiva igualdade entre os agentes utilizadores (*non-discriminatory third-party access to networks*).

Nesta fase, no quadro do início de privatização da EDP[15], o Estado português superando largamente as tendências e imposições comunitárias criou a Entidade Reguladora do Setor Elétrico (ERSE) em 1997[16] e, mais tarde, no ano 2000, iniciou o caminho da separação patrimonial da REN face à EDP[17].

A EDP, enquanto primeiro e destacado ator do setor, veio a assegurou presença em todos os segmentos de produção de eletricidade em Portu-

[15] A primeira das oito fases de privatização da EDP ocorreu em Junho de 1997, com a alienação de 179.960.000 ações representativas de 29.99% do capital da EDP (cf. Decreto-Lei n.º 78-A/97 de 7 de Abril, Resoluções do Conselho de Ministros n.ºs 68/97, 82/97 e 95/97).

[16] Apesar de prevista no "pacote legislativo de 95" os primeiros Estatutos da ERSE são aprovados através do Decreto-Lei n.º 44/97, de 20 de Fevereiro.

[17] Jorge Vasconcelos – *Anos Luz*, 2006, pp. 123-126.

gal: na Produção Vinculada do SEP, através da CPPE, Companhia Portuguesa de Produção de Electricidade, S.A., na Produção Não Vinculada do SEI, através da HDN – Energia do Norte, S.A, da HIDROCENEL – Energia do Centro, S.A. e da TER – Termoeléctrica do Ribatejo; na Produção em Regime Especial do SEI, através da ENERNOVA – Novas Energias, S.A, e da EDP Cogeração – Produção de Electricidade e Calor, S.A.

O "**segundo pacote**" energético europeu integra a Diretiva n.º 2003/54/CE, do Parlamento Europeu e do Conselho, de 26 de junho, que aprofunda o percurso trilhado, eliminando o modelo de "comprador único" como possível. O unbundling passou a exigir a separação dos operadores das redes de transporte e de distribuição, pelo menos, no plano jurídico, da organização e da tomada de decisões (forçando a fragmentação empresarial, ainda que permitindo uma constelação de entidades dentro do mesmo grupo económico). Os operadores de rede deixam de comprar e vender energia para efeitos da sua comercialização e o modelo de acesso de terceiros às redes (TPA) passou a ter de ser sempre regulado.

Foi imposto um calendário para abertura dos mercados, em condições de reciprocidade, e a criação de Entidades Reguladoras independentes com poderes tarifários (o que em Portugal já existia). O aprofundamento das regras de mercado teve ainda como contraponto, por estarem em causa serviços de interesse económico geral[18], o reforço das preocupações em torno da segurança do abastecimento e a permissão para imposição de obrigações de serviço público (*public services obligations*) e de proteção dos consumidores economicamente vulneráveis.

As formas de atribuição de direitos de capacidade passaram a ter de ser baseadas em regras de mercado.

Este «pacote» reflete, ainda, o reforço da influência política dos movimentos ambientalistas iniciada na década de 90 (Rio, 1992 e Quioto, 1997), bem como as dificuldades no acesso às fontes energéticas primárias. A aposta passou pelo desenvolvimento de fontes de energia renovável na

[18] Vital Moreira – «Regulação Económica, Concorrência e Serviços de Interesse Geral», *Estudos de Regulação Pública – I*, Coimbra Editora, 2004, pp. 547-563, Pedro Gonçalves – *A concessão de serviços públicos*, Almedina, 1999, pp. 36 e 37; Pedro Gonçalves, Licínio Lopes MARTINS – «Os Serviços Públicos Económicos e a Concessão no Estado Regulador», *Estudos de Regulação Pública – I*, Coimbra Editora, 2004, pp. 198-224.

produção de eletricidade (Diretiva 2001/77/CE, de 27 de setembro), pelos processos de co-geração (Diretiva 2004/8/CE, de 11 de fevereiro)[19].

Neste período, conheceram-se grandes desenvolvimentos em diferentes fases da cadeia de valor, desde a produção até à comercialização junto do consumidor final de eletricidade.

Ao nível dos mercados, dando sequência ao acordo de Santiago de Compostela de 2004 celebrado entre Portugal e Espanha[20], foi criado, a 1 de julho de 2007, o Mercado Ibérico de Eletricidade (MIBEL), que inclui duas sociedades gestoras de mercado, uma com sede em Portugal, OMI – Pólo Português (OMIP), onde se negoceiam derivados de eletricidade (Futuros, Swaps, Forwards, Opções), e outra com sede em Espanha, OMI – Pólo Espanhol (OMIE), o mercado "spot"[21], por forma a permitir a integração regional eficiente dos sistemas elétricos dos dois países.

Para tanto foi necessário fazer cessar os CAE celebrados com a EDP[22], para viabilizar que a EDP Produção passasse a ter de vender a energia elétrica produzida em mercado. O que, por sua vez, conduziu à instituição dos Custos de Manutenção de Equilíbrio Contratual (CMEC)[23], enquando *competition transaction charges*[24].

No âmbito da produção o destaque vai para a expansão da geração a partir de fontes renováveis, sobretudo produção eólica, através de regimes de apoio[25]. Ao abrigo de regras permitidas pelo direito da União Europeia, os produtores então instalados puderam beneficiar de apoios na modalidade de *feed in tariffs (FIT)*, segundo a qual o titular do cen-

[19] Susana Tavares da Silva – *Direito da Energia*, Coimbra Editora, 2011, pp. 80-81.

[20] Resolução da Assembleia da República n.º 23/2006, de 23 de março.

[21] Este é um operador monopolista, nomeado operador para o mercado elétrico (NEMO) ao abrigo do previsto no Regulamento (UE) 2015/1222 da Comissão, de 24 de julho de 2015.

[22] Os CAE celebrados com a Tejo Energia (central do Pego) e com a Turbogás (central da Tapada do Outeiro) não foram cessados, tendo, contudo, o primeiro terminado em 2021 por caducidade. Por concurso foi recentemente atribuído à Endesa o ponto de ligação da central do Pego.

[23] Decreto-Lei n.º 240/2004, de 27 de dezembro.

[24] Nuno de Oliveira Garcia – "Preços, Tributos e Entidades Reguladoras Independentes: o Caso do Sector da Electricidade", *Ciência e Técnica Fiscal*, n.º 418, Centro de Estudos Fiscais, 2006, pp. 121-155.

[25] *Vd.* Decreto-Lei n.º 189/88, de 27 de maio, alterado entre outros pelo Decreto-Lei n.º 33-A/2005, de 16 de fevereiro.

tro electroprodutor tem prioridade na injeção da energia produzida e recebe um valor fixo (tarifa de aquisição), previamente fixado, por cada unidade injetada independentemente do preço de mercado. A aquisição da energia produzida em regime de *FIT* foi cometida ao comercializador de último recurso, que por sua vez a revende no mercado organizado[26]. O diferencial entre o preço de aquisição, a preços garantidos, e o de venda, a preços de mercado, nos termos definidos pela ERSE, é repercutido pelas tarifas de acesso às redes, na componente dos denominados custos de interesse económico geral (CIEG)[27]. O que valor por dizer que o diferencial é repercutido por todos os consumidores, independentemente do comercializador que os fornece.

Nesta fase, o consórcio ENEOP – constituído por empresas dos grupos EDP, Generg, Finerge, TP e Enercom – assumiu boa parte do protagonismo, na sequência das adjudicações obtidas em concurso público lançado em 2005. Em 10 anos construiu parques com 1.200 megawatts (MW) de potência, que vieram a ser repartidos em 2015 entre empresas do grupo dos fundadores: EDP Renováveis, Enel Green Power (do grupo que controla a Endesa) e a Generg. Em 2007 é criada a EDP Renováveis enquanto empresa subsidiária do Grupo Energias de Portugal que vai assumir um papel importante na produção renovável em diversas geografias. No âmbito do Programa Nacional de Barragens de Elevado Potencial Hidroeléctrico, lançado em 2007, o destaque vai para o denominado complexo formado por três barragens e três centrais hidroelétricas (Alto Tâmega, Daivões e Gouvães) atribuído e desenvolvido pela Iberdrola.

Nesta fase surgiram, concomitantemente, diversos comercializadores de energia elétrica, que passaram a fornecer os clientes de acordo com a liberdade de escolha de comercializador que foi instituída.

O denominado **"terceiro pacote"** energético europeu que integra a Diretiva n.º 2009/72/CE, de 13 de julho, o Regulamento n.º (CE)

[26] Filipe Matias Santos – "O Comercializador de Último Recurso no Contexto da Liberalização dos Mercados de Eletricidade e Gás Natural", *Revista de Concorrência e Regulação*, Ano V, n.º 18, abril – junho 2014, pp. 90-115.

[27] Durante muitos anos o diferencial entre a tarifa de aquisição e o valor de mercado gerou um sobrecusto para os consumidores. O aumento muito expressivo dos preços de mercado permitiu um resultado líquido positivo para os consumidores nas tarifas de 2022.

713/2009, de 13 de julho, institui a Agência de Cooperação dos Reguladores de Energia (ACER), e o Regulamentos n.º (CE) 714/2009, de 13 de julho, que estabelece as condições de acesso à rede para o comércio transfronteiriço e institui a Rede Europeia dos Operadores da Rede de Transporte de eletricidade (REORT-E ou ENTSO-E28, na língua inglesa)[29].

O novo quadro normativo europeu, além de revelar preocupações com a eficiência energética e a gestão da procura e com a proteção da produção descentralizada, reforça a disciplina da separação das atividades de produção e comercialização relativamente à operação das redes de transporte. O aprofundamento do *unbundling* passa por exigir a separação patrimonial dos operadores das redes de transporte, sendo o modelo primordial o *full ownership unbunbling* (*FOU*), ainda que permita a adoção de modelos alternativos (*Independent System Operator* (ISO) e *Independent Transmission Operators* (ITO) sob condição da sujeição a uma regulação mais intrusiva[30]. Os operadores de rede que integram grupos verticalmente integrados ficam sujeitos a programas de conformidade para garantir a independência, prevenir comportamentos discriminatórios, conflitos de interesses, subsidiações cruzadas e transmissão indevida de informação comercialmente sensível.

No plano nacional, a ERSE certificou a REN – Rede Elétrica Nacional, operador da redes de transporte, segundo o modelo de *FOU* e a EDP Distribuição, operador da rede de distribuição que integra um grupo verticalmente integrado, passou a apresentar um programa de conformidade e, entretanto, também por razões regulatórias de diferenciação de imagem, passou a designar-se E-Redes.

À luz deste "pacote" foram, também, aprovados os denominados Códigos de Redes e as Orientações vinculativas (*Network Codes* [NC] e *Guide-*

[28] European Network of Transmission System Operators for Electricity.

[29] Uma referência merece, ainda, o Regulamento (UE) n.º 347/2013, do Parlamento Europeu e do Conselho, de 17 de abril de 2013, relativo às orientações para as infraestruturas energéticas transeuropeias, que visa a integração de infraestruturas energéticas e a integração de redes como meio para alcançar o mercado interno da energia.

[30] José Francisco Veiga – *Overview of unbundling regimes and organizational models of the transmission and distribution networks in the power market and the Portuguese case*, Medreg, 2020 – disponível em http://www.medreg-regulators.org/.

lines [GL]), enquanto Regulamentos UE (de segundo nível) aprovados pela Comissão Europeia, ao abrigo do Regulamento n.º (CE) 713/2009, de 13 de julho, tendo em vista a harmonização dos sistemas elétricos. Na elaboração dos Códigos de Redes intervêm a REORT-E, que é integrada pela REN, bem como a ACER (e, por esta via a ERSE e os reguladores nacionais congéneres, que têm assento no Conselho de Reguladores que emite pareceres por maioria qualificada). Desde então foram aprovados Códigos de Redes de Mercado[31], de Ligação/Conexão[32] e de Operação[33]. Por sua vez, boa parte destes Regulamentos preveem a aprovação de "termos e condições ou metodologias" por decisão conjunta dos reguladores nacionais (regulação multinível[34]) que integram uma determinada região ou da ACER (consultado o Conselho de Reguladores), consoante o seu nível de abrangência.

Os mercados grossistas de energia, por força do Regulamento (UE) n.º 1227/2011, de 25 de outubro, passaram ainda a estar sujeitos a regras relativas à integridade e à transparência (REMIT), tendo sido impostas aos participantes do mercado o registo junto das Entidades Reguladoras nacionais, a quem cabe a supervisão dos mercados grossitas, a publicação de informações privilegiadas (eliminando assimetrias informativas) e o registo de transações, incluindo ordens de negociação realizadas no mercado grossista de energia e de dados fundamentais de mercado (*data collection*), bem como a comunicação à ACER das transações realizadas.

[31] *Capacity Allocation and Congestion Management* (CACM GL), aprovado pelo Regulamento (UE) n.º 1222/2015, da Comissão; *Forward Capacity Allocation* (FCA GL), aprovado pelo Regulamento (UE) n.º 2016/1719, da Comissão; *Electricity Balancing* (EB GL), aprovado pelo Regulamento (UE) n.º 2017/2195 , da Comissão.

[32] *Requirements of Generators* (NC), aprovado pelo Regulamento (UE) n.º 2016/631, da Comissão; *Demand Conection* (NC), aprovado pelo Regulamento (EU) n.º 2016/1388, da Comissão; *High Voltage Direct Current Connections* (NC), aprovado pelo Regulamento (EU) n.º 2016/1447, da Comissão.

[33] *Operations* (GL), aprovado pelo Regulamento UE 2017/1485, da Comissão; *Emergency and Restauration* (NC), aprovado pelo Regulamento UE n.º 2017/2196, da Comissão.

[34] Luís Guilherme Catarino – "O Novo Regime da Administração Independente: Quis custodiet ipsos custodes?", *Revista Concorrência & Regulação,* ano V, número 17 (janeiro – março de 2014), pp. 171-237.

Neste contexto, importa acrescentar que os mercados de eletricidade, tendo em conta o modelo instituído a nível europeu, são hodiernamente constituídos por diferentes mercados sequenciais, quer de energia, quer de capacidade (*transmission markets*). Assim, além dos contratos realizados fora do mercado organizado – i.e. *over the counter*, a exemplo dos power purchase agreement (PPA), internos ou externo ao grupo económico –, existem mercados organizados de energia de longo prazo (negociação de derivados, no OMIP), de curto prazo (*day ahead* e *intraday*, negociados no OMIE) e de muito curto prazo (*balancing* ou equilíbrio, geridos pela REN e que mais recentemente incluem paltaformas pan-europeias), assim como mercados de longo prazo de capacidade (no caso a interligação Portugal-Espanha, negociado no *joint alocation operator* (JAO). A atribuição de direitos de capacidade que inicialmente era feita por leilões explícitos (i.e. a venda de capacidade era separada da venda de eletricidade) e *market splitting*, evoluiu para leilões implícitos e, depois, para o denominado *market coupling* entre as diferentes bolsas de energia, por forma a reduzir o preço entre estas[35].

Nesta fase, parte importante dos produtores com *FIT*, no contexto do plano de assistência financeira, vieram a poder aderir a um regime remuneratório durante um período adicional de cinco ou sete anos após o termo dos períodos iniciais de remuneração garantida em curso, mediante a assunção do compromisso de contribuir para a sustentabilidade do Sistema Elétrico Nacional, através do pagamento de uma compensação entre 2013 e 2020. Os produtores aderentes passaram a receber, a partir de 2020 e pelo período de adesão, o preço de mercado, mas com os limites consagrados no regime remuneratório a que aderisse (*floor* com ou sem *cap*), que conferiam uma substancial proteção face ao risco de mercado.

Além disso, a produção renovável continuou a crescer, quer através do licenciamento geral, quer de novos procedimentos concursais para a produção solar, bem como através da modalidade de acordo entre o interessado e o operador da rede elétrica. Foi, ainda, instalado um produtor eólico *offshore* flutuante ao largo de Viana do Castelo, através de empresa

[35] Leonardo Meeus – *The Evolution of Electricity Markets in Europe*, Edward Elgar, UK, 2020.

detida por uma *joint-venture* que integra designadamente a EDP Renováveis, a a Engie e a Repsol. Uma empresa que tem a Engie como maior acionista veio, também, a adquirir à EDP seis centrais hídricas no Douro.

Por fim, o "**quarto pacote**", mais conhecido por "Clean Energy Package", através de oito diferentes atos legislativos[36], veio atualizar o quadro político-legislativo europeu do setor elétrico, incluindo o enquadramento institucional. Este está orientado no sentido de permitir e de acelerar a transição energética, promover a eletrificação da economia, assente na produção renovável, na eficiência energética e na concretização do mercado interno tornando-o mais efetivo.

No seu conjunto a nova legislação aprovada aprofunda as soluções de mercado, promove a integração regional de larga escala, as fontes renováveis (incluindo de base local), a eficiência energética (incluindo regras próprias para o desempenho energético dos edifícios) e apoia a eletrificação dos transportes e soluções inovadoras (armazenagem, agregação, resposta da procura), estabelecendo regras de *governance* que visam permitir a coordenação necessária para que os objetivos coletivos sejam alcançados.

Este novo "pacote", na construção do caminho para uma sociedade assente numa economia hipocarbónica (assentuadas pelas iniciativas *European Green Deal and Fit for 55*), preconiza tanto o aumento da capacidade das interligações e do comércio interzonal (entre sistemas de transmissão de alta tensão), como o aumento da produção descentralizada

[36] A Diretiva (UE) 2018/844, que altera a Diretiva 2010/31/UE relativa ao desempenho energético dos edifícios e a Diretiva 2012/27/UE sobre a eficiência energética; a Diretiva (UE) 2018/2002, que altera a Diretiva 2012/27/UE relativa à eficiência energética; a Diretiva (UE) 2018/2001, que veio reformular a Diretiva 2009/28/CE, relativa à promoção da utilização de energia proveniente de fontes renováveis; a Diretiva (UE) 2018/2002, que altera a Diretiva 2012/27/UE relativa à eficiência energética; o Regulamento (UE) 2018/1999, relativo à Governação da União da Energia e da Ação Climática; o Regulamento (UE) 2019/941, relativo à preparação para riscos no setor da eletricidade e que revoga a Diretiva 2005/89/CE; Regulamento (UE) 2019/942, que institui a Agência da União Europeia de Cooperação dos Reguladores da Energia (reformulação); o Regulamento (UE) 2019/943, relativo ao mercado interno da eletricidade (reformulação); a Diretiva (UE) 2019/944, relativa a regras comuns para o mercado interno da eletricidade e que altera a Diretiva 2012/27/UE (reformulação).

local e de autoconsumo (individual, coletivo ou através de comunidades de energia), com venda de excedentes[37].

Paralelamente, prevê-se a digitalização do setor em termos que permitam promover a gestão ativa de redes inteligentes e a participação ativa dos consumidores nos mercados, reforçando o poder efetivo dos cidadãos consumidores.

As regras do *unbundling* são estendidas a novas atividades. Assim, os operadores de redes de distribuição, salvo estritas exceções nalguns casos sujeitas a autorização dos reguladores, ficaram proibidos de deter a propriedade, desenvolver, gerir ou explorar tanto as instalações de armazenamento de energia, como pontos de carregamento para veículos elétricos (salvo se privados e para uso próprio). Com efeito, entende-se que tanto a armazenagem, como os pontos de carregamento não devem acarretar custos a socializar nas tarifas de acesso, mas assumir uma natureza de investimento de mercado.

Em Portugal este "pacote" foi transposto e implementado, essencialmente, pelo Decreto-Lei n.º 15/2022, de 14 de janeiro, que além disso veio reunir num único diploma – num espírito de *quasi* codificação – um acervo de matérias referentes ao sistema elétrico nacional que se encontravam dispersos por numerosos diplomas avulsos.

III – Os atuais intervenientes do sistema elétrico e seu regime jurídico

O Decreto-Lei n.º 15/2022, de 14 de janeiro, consagra, clarifica e sistematiza as atividades desenvolvidas pela atual constelação de entidades intervenientes no setor elétrico, que desenvolvem as diferentes atividades que integram a cadeia de valor que em tempos era controlada por uma única empresa pública verticalmente integrada.

Hodiernamente a generalidade das atividades do setor elétrico obedecem, direta ou indiretamente, ao princípio da concorrência, na medida em que ou a atividade é operada em regime de competitivo ou, então,

[37] Para uma análise mais desenvolvida deste "pacote" *vd.* Filipe Matias Santos – "O Binómio Energia-Ambiente – Políticas Públicas de Energia à Entrada dos Novos Anos 20", *E-pública*, Vol. 7 n.º 2, setembro de 2020, pp. 56-72.

através de regimes de exclusividade (concessões e licenças) cuja atribuição (no futuro) deverá depender de procedimentos concorrenciais. Em todo o caso, ao nível do exercício das atividades avulta a distinção entre atividades que são operadas em regime de exclusividade, sujeitas à regulação económica, e as que são operadas em concorrência, sujeitas à supervisão.

No início da cadeia de valor, existem hoje, além de múltiplos produtores, os titulares de instalações de armazenamento e um crescente número de autoconsumidores, individuais ou coletivos, bem como comunidades de energia. As instalações de produção e armazenamento estão sujeitas a procedimentos de controlo prévio e são remuneradas ao preço que for determinado em mercado organizado ou através de contratos bilaterais, podendo ainda beneficiar de regimes de apoio que resultem de procedimentos concorrenciais.

Na ponta oposta da cadeia de valor, estão dezenas de comercializadores, que compram e vendem energia, e mais recentemente os agregadores de eletricidade. Estes últimos são novos agentes que podem desenvolver a atividade de combinação de flexibilidade de consumo, de eletricidade armazenada, produzida ou consumida de múltiplos clientes, para compra ou venda em mercados de eletricidade e/ou por contratação bilateral. Estas atividades, cujo exercício depende (apenas) de registo prévio, são exercidas em regime concorrencial. Existem, concomitantemente, entidades que exerce a atividade de comercialização de último recurso e o agregação de último recurso, titulares de licença (regime de exclusivo), que estão sujeitos à regulação e que garantem, respetivamente, a universalidade do serviço e a aquisição supletiva de eletricidade aos produtores de energia renovável e aos autoconsumidores que injetem energia excedentária na rede pública, bem como a aquisição de eletricidade aos produtores que beneficiem de regimes de remuneração garantida ou outros regimes bonificados de apoio à remuneração (função que vem sido desempenhada pela SU Eletricidade[38])

Paralelamente, tanto a atividade da entidade emissora de garantias de origem (que vem sendo exercido pelo operador da rede de trans-

[38] Sociedade do grupo EDP, anteriormente designada por EDP Serviço Universal e cuja diferenciação de imagem e comunicação foi adotada por razões regulatórias.

porte) – que inclui a emissão, transferência e cancelamento de comprovativos de que a energia é proveniente de fontes renováveis –, como a de mudança de comercializador e de agregador de eletricidade (que vem sendo desempenhada pela ADENE), são atividades operadas em regime de exclusividade e, também por isso, reguladas.

As redes, verdadeiros monopólios naturais, são operadas em regime de concessão. A rede nacional de transporte é tituladas pela REN. A gestão técnica global da rede nacional de transporte, incluindo os serviços de sistema (que asseguram o equilíbrio da rede[39]), está incluída na concessão da rede transporte. Por sua vez, a rede nacional de distribuição (alta e média tensão) é operada pela E-Redes, que também ocupa uma posição hegemónica nas redes de distribuição em baixa tensão no continente[40]. Procurando acautelar a possibilidade de se verificar uma dispersão da titularidade da rede de distribuição em baixa tensão num futuro concurso, que tem como concedentes os municípios do continente, foi prevista a criação do gestor integrado das redes de distribuição[41]. As redes que sejam classificadas como *fechadas* ficam, também, sujeitas à regulação, embora a intervenção do regulador não seja efetuada *ex ante*[42].

O bom funcionamento do sistema, para permitir o encontro eficiente da procura e da oferta, depende dos mencionados operadores de mercados de eletricidade, que integram o MIBEL, como já exposto. Neste âmbito apenas o OMIE, enquanto operador do mercado (físico) de ele-

[39] As redes de eletricidade, por razões técnicas, precisam de garantir um equilíbrio perante entre a energia injetada e a consumida (*balancing*).

[40] No continente existem outros dez operadores de dimensão inframunicipal. Nas regiões autónomas as redes continuam a ser operadas pela EEM e pela EDA.

[41] Filipe Matias Santos – "As Concessões no Sistema Elétrico Nacional no quadro da Regulação Económica Institucionalizada", *RDA – Revista de Direito Administrativo*, Lisboa, AAFDL, set-dez 2019, pp. 52-58. Sobre os concursos para a baixa tensão *vd.* Filipe Matias Santos – "Perspetiva de Concursos na Distribuição em Baixa Tensão (BT)", *Os Municípios e a Distribuição de Energia Elétrica em Baixa Tensão, Braga,* AEDREL, 2019, pp. 17-32, Francisco Paes Marques, João Marques Mendes – *A Distribuição Municipal de Eletricidade,* AAFDL, 2021.

[42] Sobre o tema Filipe Matias Santos – "Redes Fechadas abertas à escolha de comercializador de eletricidade e à liberdade de fornecimento", [...], Instituto Miguel Galvão Teles, 2022 (no prelo).

tricidade "spot", atua em regime monopolista[43]. Por outro lado, dada a natureza pós paga dos respetivos serviços, os comercializadores e demais agentes de mercado têm de prestar garantias sobre o uso das redes e a gestão global do sistema ao denominado gestor de garantias (atividade exercida por sociedade que integra o universo do OMIP), que também é uma atividade regulada.

As atividades económicas reguladas dependem dos réditos que sejam reconhecidos e repercutidos nas tarifas de acesso às redes e serviços regulados, fixadas pela ERSE e pagas por todos os consumidores, independentemente do seu comercializador[44].

Os consumidores de eletricidade, são, naturalmente, a razão de ser do sistema, suportando o seu funcionamento e beneficiando dos serviços prestados. O quadro legal vigente aponta para que os consumidores tenham crescente acesso a um sistema elétrico descarbonizado, assente em redes eficientemente reguladas, operado segundo regras de mercado e por agentes em concorrência à escala europeia, cuja digitalização e democratização lhes permita, de forma individual ou coletiva, agir de forma a ativa no mercado.

[43] Primeiro por força de acordo internacional, e mais recentemente ao abrigo do CACM (Regulamento (UE) 2015/1222 da Comissão, de 24 de julho de 2015), enquanto Nominated Electricity Market Operator.

[44] Filipe Matias Santos – "A Regulação do Setor Energético", *Garantia de Direitos e Regulação: perspectivas de direito administrativo*, AAFDL, Lisboa, 2019, pp. 1213-1246.

A Segurança do Aprovisionamento do Gás Natural na União Europeia* [1]

SOFIA BATALIM**

Resumo: A segurança do aprovisionamento do gás natural na União Europeia é uma preocupação a que, considerando os objetivos comunitários, apenas se pode dar resposta através da construção do mercado da energia na União. Este desígnio continua por cumprir, apesar de traçado há décadas e de as perturbações no aprovisionamento energético constituírem um grave problema para os Estados e regiões dependentes energeticamente de terceiros. As medidas para alcançar aquele desígnio foram sendo teoricamente consagradas, mas a respetiva implementação prática apenas tem ocorrido, de forma limitada, ao nível de *pequenos mercados internos de energia*. A completa realização do mercado interno da energia depende da criação de condições físicas e técnicas que permitam a livre circulação de fontes energéticas e/ou energia entre os Estados-membros. A cooperação e a solidariedade não são capazes de ultrapassar as barreiras existentes entre Estados ou regiões de uma União Europeia ainda fragmentada em matéria de energia.

Palavras-chave: segurança, aprovisionamento, gás natural, União Europeia, mercado interno da energia

Abstract: The security of the natural gas supply in the European Union is a concern that, considering the Community purposes, can only be addressed through the construction of the energy market in the Union. This goal remains unfulfilled, despite the fact it has been outlined decades ago and that disruptions in energy supply cons-

* Este estudo foi elaborado em finais de 2017, no âmbito do Mestrado em Direito e Prática Jurídica – Especialidade de Direito do Ambiente, dos Recursos Naturais e da Energia, da Faculdade de Direito da Universidade de Lisboa. Foram-lhe, contudo, introduzidas pequenas atualizações necessárias relativamente a alguma bibliografia e a segmentos do texto por forma a torná-lo atual.

** Alumna da Faculdade de Direito da Universidade de Lisboa e Advogada. Endereço de e-mail: sofia.batalim@campus.ul.pt.

titute a serious problem for states and regions still dependent on the energy from third parties. The measures to achieve that goal were theoretically enshrined, but their practical implementation has only occurred, to a limited extent, at the level of *small internal energy markets*. The completion of the internal energy market depends on the creation of physical and technical conditions that allow the free movement of energy sources and/or energy between Member States. Cooperation and solidarity are not capable of overcoming existing barriers between States or regions of a still fragmented European Union with regard to energy.

Keywords: security, supply, natural gas, European Union, internal energy market

1. Introdução

Num contexto de crescente escassez dos recursos energéticos e de agravamento da situação de dependência energética de grande parte dos Estados-membros da União Europeia, a segurança energética e a capacidade de dar resposta a perturbações no aprovisionamento de energia são, em geral, uma preocupação cada vez mais sentida pelos Estados e os indivíduos.

Particularmente, em situações como a da atual crise geopolítica que envolve um Estado do qual a União Europeia é ainda energeticamente dependente e do qual esta pretende deixar de importar fontes energéticas a muito breve trecho, a efetiva realização do desígnio europeu de criação de um mercado interno da energia na União regressa à ordem do dia como um dos objetivos que mais urgentemente importa alcançar.

As questões de saber se existe uma efetiva segurança do aprovisionamento do gás na União Europeia ou se aquela segurança é ainda um objetivo da política energética comum por cumprir, ou mesmo insuscetível de ser cumprido, pressupõem o estudo do conceito de segurança do aprovisionamento do gás natural na União e das principais medidas adotadas por esta tendo em vista a garantia daquela segurança.

Para o efeito, opta-se pela apresentação da segurança do aprovisionamento energético, num primeiro momento, como um dos objetivos centrais da política energética comum da União, e, num segundo momento, como uma das dimensões do conceito mais amplo de *segurança energética*; de seguida, pela identificação da possibilidade (ou necessidade) de dimensionar a própria segurança do aprovisionamento energético a realidades *menores* que a possam integrar em cada momento e lugar; posteriormente, pela exposição das principais medidas aprovadas no seio da União Europeia com vista à garantia da segurança do seu aprovisionamento do gás natural; e, por fim, pela introdução de algumas breves notas de reflexão sobre a existência de uma verdadeira segurança do aprovisionamento do gás natural na União Europeia.

2. A energia na União Europeia, da origem do processo de integração à criação de uma política energética comum

Na sua Declaração de 9 de maio de 1950, R. SCHUMAN, propunha a comunitarização da produção do carvão e do aço como um instrumento da construção europeia e de garantia da preservação da paz na Europa:

> "La paix mondiale ne saurait être sauvegardée sans des efforts créateurs à la mesure des dangers qui la menacent.

La contribution qu'une Europe organisée et vivante peut apporter à la civilisation est indispensable au maintien des relations pacifiques. (...)

L'Europe ne se fera pas d'un coup, ni dans une construction d'ensemble: elle se fera par des réalisations concrètes, créant d'abord une solidarité de fait. Le rassemblement des nations européennes exige que l'opposition séculaire de la France et de l'Allemagne soit éliminée (...).

(...)

La mise en commun des productions de charbon et d'acier assurera immédiatement l'établissement de bases communes de développement économique, première étape de la Fédération européenne, et changera le destin des régions longtemps vouées à la fabrication des armes de guerre dont elles ont été les plus constantes victimes.

La solidarité de production qui sera ainsi nouée manifestera que toute guerre entre la France et l'Allemagne devient non seulement impensable, mais matériellement impossible. L'établissement de cette unité puissante de production ouverte à tous les pays qui voudront y participer, aboutissant à fournir à tous les pays qu'elle rassemblera les éléments fondamentaux de la production industrielle aux mêmes conditions, jettera les fondements réels de leur unification économique.

(...)

Par la mise en commun de production de base et l'institution d'une Haute Autorité nouvelle, dont les décisions lieront la France, l'Allemagne et les pays qui y adhéreront, cette proposition réalisera les premières assisses concrètes d'une Fédération européenne indispensable à la préservation de la paix.

(...)."[1]

No seguimento da *Declaração Schuman*, foi, com o Tratado de Paris (1951), criada a Comunidade Europeia do Carvão e do Aço (CECA), com o objetivo de contribuir para a expansão económica, o aumento do emprego e a melhoria do nível de vida nos seus Estados-membros, atra-

[1] Cf. R. Schuman, *Déclaration du 9 mai 1950*, disponível em http://www.centre-robert-schuman.org/robert-schuman/la-declaration-du-9-mai-1950?langue=fr (acedido em 4 de maio de 2022).

vés do estabelecimento de um mercado comum do carvão e do aço[2]. A exploração conjunta do carvão e do aço não era, então, um objetivo em si mesmo da CECA, mas uma *boa razão* (ou um *bom pretexto*) para as Partes Contratantes cooperarem entre si, atendendo aos seus interesses económicos comuns na exploração daqueles recursos[3].

Após a negociação e o posterior abandono dos projetos de criação da Comunidade Europeia de Defesa (1952) e da Comunidade Política Europeia (1953), afigurava-se necessário relançar o processo de integração europeia. E, nesse contexto, surgiram os dois Tratados de Roma (1957): o Tratado CEE, que instituiu a Comunidade Económica Europeia (CEE) e com o qual se visava a criação de um mercado económico comum, sem fronteiras nem direitos aduaneiros e em cujo âmbito poderiam circular livremente mercadorias, serviços, pessoas e capitais[4]; e o Tratado EURATOM, que criou a Comunidade Europeia da Energia Atómica (EURATOM) e lhe atribuiu a missão de contribuir para a melhoria do nível de vida nos seus Estados-membros e para o desenvolvimento das relações com os outros países, através do estabelecimento das condições necessárias à formação e ao crescimento rápidos das indústrias nucleares[5].

A energia nuclear era, então, considerada "(...) um recurso essencial para assegurar o desenvolvimento e a renovação da produção e permitir o

[2] Cf. primeiro parágrafo do artigo 2.º e proémio do artigo 4.º do Tratado que institui a Comunidade Europeia do Carvão e do Aço, 1951, disponível em http://data.europa.eu/eli/treaty/ceca/sign.

[3] "Após a Segunda Guerra Mundial, as indústrias estratégicas, em particular a indústria siderúrgica, necessitavam de ser reorganizadas. O futuro da Europa, ameaçado pelo confronto Leste-Oeste, passava por uma reconciliação franco-alemã. (...) Nessa época, a escolha do carvão e do aço tinha um grande significado simbólico: (...) no início da década de 1950, a indústria do carvão e a indústria siderúrgica desempenhavam um papel fundamental na medida em que constituíam a base do poder económico de um país. Para além de um interesse económico patente, a congregação dos recursos da França e da Alemanha assinalou o fim do antagonismo entre estes dois países." – Cf. I. Sokolska, "Os Tratados Iniciais", *in Fichas técnicas sobre a União Europeia – 2021*, setembro de 2021, disponível em https://www.europarl.europa.eu/ftu/pdf/pt/FTU_1.1.1.pdf (acedido em 4 de maio de 2022), p. 2.

[4] Cf. artigos 2.º e 3.º do Tratado que institui a Comunidade Económica Europeia, 1957, disponível em http://data.europa.eu/eli/treaty/teec/sign.

[5] Cf. parágrafo segundo do artigo 1.º do Tratado que institui a Comunidade Europeia da Energia Atómica, 1957, disponível em http://data.europa.eu/eli/treaty/euratom/sign.

progresso da causa da paz (...)"[6], e a união dos Estados que integravam a EURATOM, não só viabilizaria o investimento (porquanto conjunto) dos mesmos na exploração dessa energia, como lhes permitiria alcançar a sua independência energética face ao exterior. O Tratado EURATOM veio, por isso, denotar uma preocupação assumida quanto à disponibilidade de energia e estabelecer uma política comum de aprovisionamento energético[7]; todavia, o seu objeto circunscrevia-se à energia nuclear, dele não derivando qualquer esboço de uma política energética comum.

E, assim, não obstante ser devido o reconhecimento da importância do Tratado de Paris e dos Tratados de Roma para a adoção, pelas instituições europeias, de (algumas e, em muitos casos, fragmentadas) medidas relacionadas com a energia[8], não pode deixar de observar-se que nenhum daqueles Tratados cuidou de lançar as necessárias bases para uma política energética comunitária[9].

O Ato Único Europeu (1986)[10] veio, entre outros, aditar ao Tratado CEE o artigo 8.º-A, no qual se previa que a Comunidade adotaria as medidas destinadas ao estabelecimento progressivo do mercado interno até 31

[6] Cf. preâmbulo do Tratado EURATOM.

[7] Este tratado dedicou, inclusivamente, um capítulo (Capítulo VI) ao aprovisionamento em minérios, matérias-primas e materiais cindíveis especiais, e estabeleceu que tal aprovisionamento seria assegurado segundo o princípio de igual acesso aos recursos e mediante a prossecução de uma política comum de aprovisionamento – cf. n.º 1 do artigo 52.º do Tratado EURATOM.

[8] Cf., neste sentido, e identificando algumas dessas medidas, M. M. Sánchez Gutiérrez, *La Regulación del Sector del Gas Natural*, Valencia, Tirant, 2006, pp. 134, 136 e 138 a 145, e C. Amado Gomes, "O regime jurídico da produção de electricidade a partir de fontes de energia renováveis: aspectos gerais", *in* J. Miranda e C. Amado Gomes (coord.), *Temas de Direito da Energia, Cadernos O Direito*, N.º 3, Coimbra, Almedina, 2008, pp. 72-75.

[9] Realçando a parca margem de manobra das instituições europeias no domínio da energia, em virtude de os Tratados não estabelecerem quaisquer bases para uma política energética comunitária, cf. L. Hancher e S. Janssen, "Shared Competences and Multi-Faceted Concepts – European Legal Framework for Security of Supply", *in* B. Barton *et al.* (edit.), *Energy Security: Managing Risk in a Dynamic Legal and Regulatory Environment*, Oxford, Oxford University Press, 2005, reimpr., p. 85.

[10] Publicado no Jornal Oficial das Comunidades Europeias (JO) L 169, de 29 de junho de 1987, pp. 1 a 28, disponível em http://data.europa.eu/eli/treaty/sea/sign.

de dezembro de 1992[11]. Este aditamento foi, contudo, a única alteração mais relacionada com a energia que aquele instrumento veio operar (a energia era, ali, perspetivada como um bem cuja livre circulação era permitida pela construção do mercado interno comum).

Através do Tratado UE (Maastricht, 1992)[12], que instituiu a União Europeia, foi aditado ao Tratado CE[13] o artigo 129.º-B[14], no qual se estabelecia que a União contribuiria para a criação e o desenvolvimento de redes transeuropeias nos setores das infraestruturas dos transportes, das telecomunicações e da energia, com vista ao fomento da interconexão e da interoperabilidade das redes nacionais, bem como do acesso a essas redes[15]. Ali, foi ainda alterado o artigo 3.º do Tratado CE, em cuja alínea t)[16] se passou a prever que a criação de um mercado comum e de uma União Económica e Monetária implicaria a adoção de medidas, designadamente no tocante à energia[17] – a introdução, neste Tratado de 1957, de um título relativo à energia deveria ser futuramente examinada com base num relatório a apresentar, pela Comissão ao Conselho, "o mais tardar em 1996", sendo que, até então, a prossecução da ação da União neste domínio assentaria nas disposições dos Tratados constitutivos das Comunidades Europeias[18].

O Tratado de Amesterdão (1996)[19] e o Tratado de Nice (2001)[20], que procederam à alteração do Tratado UE e dos Tratados constitutivos das Comunidades Europeias, não trouxeram nada de novo em matéria de

[11] Cf. artigo 13.º do Ato Único Europeu.

[12] Publicado no JO C 191, de 29 de julho de 1992, pp. 1 a 112, disponível em http://data.europa.eu/eli/treaty/teu/sign.

[13] Segunda designação do Tratado CEE.

[14] Corresponde ao artigo 154.º, desde o Tratado de Amesterdão (1996).

[15] Cf. artigo G, letra B, n.º 38, do Tratado UE.

[16] Posterior alínea u), desde o Tratado de Amesterdão.

[17] Cf. artigo G, letra B, n.º 3, do Tratado de Maastricht, por via do qual foi aditada a alínea j) ao artigo 3.º do Tratado CE.

[18] Cf. Declaração relativa à proteção civil, à energia e ao turismo, em anexo ao Tratado UE (p. 92).

[19] Publicado no JO C 340, de 10 de novembro de 1997, pp. 1 a 144, disponível em http://data.europa.eu/eli/treaty/ams/sign.

[20] Publicado no JO C 80, de 10 de março de 2001, pp. 1 a 87, disponível em http://data.europa.eu/eli/treaty/nice/sign.

energia – nem mesmo depois de, no *Livro Verde Para uma Política Energética da União Europeia* e no *Livro Branco Uma Política Energética para a União Europeia*, ambos de 1995, a Comissão Europeia ter realçado a necessidade de se estabelecer uma política comunitária de energia, atento o previsível aumento da dependência energética dos Estados-membros da União Europeia face ao exterior, bem como os riscos geopolíticos, geoeconómicos, ambientais e tecnológicos associados ao setor energético.

Só com o Tratado de Lisboa (2007)[21] veio a ser introduzido, no Tratado sobre o Funcionamento da União Europeia (TFUE)[22], um título relativo à energia – o Título XX – "A Energia", composto por um único artigo (aquele de que já se falava desde 1992): o artigo 176.º-A[23-24]. Nesse Título, foram inovatoriamente elencados os objetivos centrais da "política da União no domínio da energia": (a) a garantia do funcionamento do mercado da energia; (b) a garantia da segurança do aprovisionamento energético da União Europeia; (c) a promoção da eficiência energética, das economias de energia e do desenvolvimento de energias novas e renováveis; e (d) a promoção da interconexão das redes de energia[25]. E, se, até então, não existia sequer um consenso sobre a existência e a base jurídica de uma política energética comum na União Europeia[26] – ainda que a relevância da energia viesse sendo reconhecida desde a origem do

[21] Publicado no JO C 306, de 17 de dezembro de 2007, pp. 1 a 271, disponível em http://data.europa.eu/eli/treaty/lis/sign.

[22] Terceira designação do Tratado CEE.

[23] Cf. artigo 2.º, letra B, n.º 147, do Tratado de Lisboa.

[24] Atual artigo 194.º do TFUE.

[25] Cf. artigo 176.º-A, n.º 1, do TFUE, na versão introduzida pelo Tratado de Lisboa.

[26] Cf. Amado Gomes, *Temas de Direito da Energia*, p. 72. Veja-se, a título de exemplo, como, para G. Feliu, é possível falar na existência de uma "política energética comunitária" desde o estabelecimento do mercado interno comum e das liberdades comunitárias fundamentais, considerando o autor que tal política se retirava já das demais políticas expressas (económica, ambiental, das grandes redes transeuropeias, de coesão económica e social, e de livre concorrência) da União Europeia, ao passo que, para D. Moreno, a política energética comunitária em sentido estrito não era reconduzível às demais políticas comunitárias, e, apesar das "ações" da União Europeia relacionadas com a energia, não era possível falar-se numa verdadeira "política" energética comum – cf. Sánchez Gutiérrez, *La Regulación*, pp. 147 e 148. Para uma síntese da divergência no seio da doutrina espanhola, *vide* Sánchez Gutiérrez, *La Regulación*, pp. 147 e 148.

processo de integração europeia e crescentemente reforçada nas décadas subsequentes e até ao presente, sobretudo, na sequência dos designados "choques petrolíferos" e "crises energéticas", mas também da progressiva consciencialização sobre os impactos negativos da cada vez maior dependência energética dos países, a finitude dos recursos energéticos, e a necessidade de racionalização dos recursos existentes e/ou de mudança de paradigma relativamente às fontes energéticas utilizadas para a possibilidade de incremento, ou simplesmente manutenção, dos modernos níveis de vida e desenvolvimento dos países e das populações –, a partir de Lisboa, a base jurídica de uma política energética comunitária passou a estar indiscutivelmente positivada no direito primário da União Europeia[27].

3. A segurança do aprovisionamento energético como um dos objetivos da política energética da União Europeia

Como referido, a garantia da segurança do aprovisionamento energético da União Europeia era um dos objetivos expressamente assumidos da política energética comunitária, tal como elencado no n.º 1 do artigo 176.º-A do TFUE. Contudo, o conceito de *segurança do aprovisionamento energético* não resulta definido no Tratado.

São também diversos os documentos internacionais e europeus onde se frisa a necessidade de garantir a segurança do aprovisionamento energético, mas também neles não se fornece qualquer definição[28] ou caracterização que permita densificar aquele conceito de forma mais ou menos segura e unívoca, nem mesmo nos casos em que a segurança do apro-

[27] "A grande novidade no Tratado de Lisboa em relação à política energética [...] foi [...] a de dotar aquela política de uma base jurídica própria." – Cf. A. Faria Girão, "A Política Comunitária do Ambiente e da Energia", *in* J. F. Tavares (dir.), *Revista Jurídica do Urbanismo e do Ambiente*, N.º 31/34, janeiro/dezembro 2009/2010, Coimbra, Almedina, p. 465.

[28] Cf. L. Chester, "Conceptualising energy security and making explicit its polysemic nature", *in Energy Policy*, Vol. 38, N.º 2, fevereiro de 2010, pp. 887-895, disponível em: http://www.sciencedirect.com/science/article/pii/S0301421509007861?via%3Dihub (acedido em 30 de dezembro de 2017), p. 887.

visionamento energético constitui o objeto e o objetivo centrais de tais documentos.

Por vezes, a segurança do aprovisionamento energético é reconduzida à *segurança energética*. Contudo, as duas expressões – ainda que relacionadas, ou mesmo parcialmente coincidentes – não se referem inteiramente à mesma realidade e não deverão, por isso, confundir-se nem ser utilizadas indiferenciadamente.

4. A segurança do aprovisionamento energético como uma das dimensões da segurança energética analisável de diversas perspetivas

O conceito de *segurança energética* é, como referem Barton *et al.*, muito variável:

> "At different times, in different countries the crucial elements of energy security will vary. [...]
>
> An aspect of energy security that may be front and centre in one nation is a non-issue in another. At the same time, many themes are shared by many nations."[29]

O que representa um estado de segurança energética para uns e para outros, ou para um mesmo sujeito em diferentes momentos e/ou lugares, varia, pois, de acordo com distintos fatores. E essa variabilidade é facilmente explicada, desde logo, pelo facto de a segurança energética ser uma das diversas vertentes da *segurança* e de não existir – nem ser possível construir – uma definição unívoca deste último conceito, atentos o seu caráter relativo, subjetivo e *elástico*, e a multiplicidade de perspetivas pelas quais a segurança pode ser encarada[30].

[29] Cf. "Introduction", *in* Barton *et al.* (edit.), *Energy Security: Managing Risk in a Dynamic Legal and Regulatory Environment*, Oxford, Oxford University Press, 2005, reimpr., pp. 5 e 8.

[30] A. McDonald e H. Brollowski, ainda que sob a perspetiva, essencialmente, do Direito Internacional e das Relações Internacionais, apresentam diversas características e o percurso evolutivo do conceito de *segurança* com maior detalhe, em "Security", *in* R. Wolfrum (dir.),

É certo que pode identificar-se um elemento comum a todas as *visões* sobre a segurança: o risco ou a ameaça de perigo[31-32], que surgem sempre como um *leitmotiv* mais ou menos evidente quando o tema é a segurança.

Mas, ainda assim, existe também, na atual *sociedade do risco*, uma multiplicidade de riscos que podem exigir a adoção de medidas de proteção ou garantia das várias dimensões de segurança; e os mesmos riscos, ainda que passíveis de ser sentidos a uma escala global, podem ter repercussões e representar preocupações de diferentes graus consoante, por exemplo, os sujeitos, os momentos e os locais em causa.

Também as ameaças à segurança energética podem ser de diversos tipos: desde as mais evidentes ameaças geológicas (como a possível extinção de recursos energéticos), geopolíticas (decisões políticas de suspensão do abastecimento energético de outros países, guerras, transformações políticas radicais, ataques terroristas às infraestruturas das redes, pirataria e outras formas de violência contra navios transportadores de produtos energéticos, greves no setor energético, etc.), económicas (grandes flutuações nos preços dos produtos energéticos, por exemplo) e técnicas (insegurança das instalações, falhas nos sistemas energéticos face a determinadas condições climatéricas ou a más condições das infraestruturas, etc.), às menos comummente percebidas ameaças ambientais (acidentes nucleares, derramamentos de petróleo, emissões de gases com efeito de estufa, alterações climáticas, catástrofes naturais, violação de compromissos internacionais destinados à proteção do ambiente, etc.) e psicológicas (designadamente, ansiedade e pânico

Max Planck Encyclopedia of Public International Law, 2011, disponível em http://opil.ouplaw.com/view/10.1093/law:epil/9780199231690/law-9780199231690-e399?rskey=hnqIo5&result=23113&prd=OPIL (acedido em 30 de dezembro de 2017).

31 "(...) two aspects have been and remain the key in the evolution of the concept [of security] and its associated legal rules. On the one hand, there are interests to be protected from threats or actual danger and fears to be assuaged. On the other hand, there are the means used to protect interests or soothe anxieties." – Cf. McDonald e Brollowski, *Max Planck Encyclopedia*.

32 "Security, after all, is no more than protection from the risk of harm." – Cf. Barton *et al.*, *Energy Security*, p. 9.

por parte dos consumidores)[33]. E, além disso, as ameaças à segurança energética de um país importador de produtos energéticos e dependente, para esse efeito, de países terceiros são, em muitos aspetos, distintas das sentidas por um país produtor e exportador daqueles produtos, que não depende de terceiros para o seu próprio abastecimento energético, embora possa estar dependente do exterior para o escoamento das suas produções – por exemplo, o primeiro pode correr o risco da perturbação no seu aprovisionamento energético em virtude de uma decisão política de suspensão do abastecimento por parte do segundo[34-35]; simultaneamente, a segurança energética do segundo poderá estar ameaçada pela indisponibilidade de reservas (conhecidas) suficientes no seu território que permitam a manutenção dos níveis de exploração das suas fontes não renováveis de energia[36]; e ambos os países poderão ainda ver ameaçada a

[33] Cf. K. Nakatani, "Energy Security and Japan: The Role of International Law, Domestic Law, and Diplomacy", *in* B. Barton *et al.* (dir.), *Energy Security: Managing Risk in a Dynamic Legal and Regulatory Environment*, Oxford, Oxford University Press, 2005, reimpr., pp. 413 e 414; B. Barton *et al.*, *Managing Risk*, p. 10; e A. Checchi *et al.*, "Long-Term Energy Security Risks for Europe: A Sector-Specific Approach", *CEPS (Centre for European Policy Studies) Working Document*, N.º 309, janeiro de 2009, disponível em http://aei.pitt.edu/10759/1/1785.pdf (acedido em 30 de dezembro de 2017), p. 3.

[34] Situação que já se verificou, por diversas vezes, e mesmo antes do atual conflito Russo-Ucraniano, na Ucrânia – e, inerentemente, nos países do leste da Europa abastecidos, através das infraestruturas em território ucraniano, de gás natural russo (a Ucrânia é o principal corredor de gás natural da Europa) –, quando a Rússia suspendeu o fornecimento do seu gás natural à vizinha Ucrânia, após desentendimentos entre os dois países sobre o preço e as condições de trânsito do gás natural.

[35] A dependência energética externa é, também, um dos problemas com que se defrontam os Estados Unidos da América, que consideram essa dependência como vulnerabilidade a formas de chantagem política exercida pelos países que lhes fornecem energia. – Cf. C. Winzer, "Conceptualizing energy security", *in Energy Policy*, Vol. 46, 2012, disponível em http://www.sciencedirect.com/science/article/pii/S0301421512002029 (acedido em 30 de dezembro de 2017), p. 36.

[36] Num esboço (de 2000) do *Main Provisions of the Russian Energy Strategy to the Year 2020*, foram descritas, como principais ameaças à segurança energética da Rússia, entre outras: "(...) [the] potential deficit in one or more domestic energy resources available for export; [and] insufficient availability of economically recoverable (i.e. proved) non-renewable energy resources and their inefficient use (...)" – Cf. A. Konoplyanik, "Energy Security and the Development of International Energy Markets", *in* B. Barton *et al.* (dir.), *Energy Security:*

sua segurança energética pelo uso ineficiente ou pelo rápido ou imprevisível crescimento do seu consumo interno de energia.

Observa-se, assim, que nem o risco e a ameaça – que podem ser elementos comuns às várias perspetivas de segurança energética – são suficientes para a construção de um conceito único nesta matéria. Mas um tal conceito também não seria inteiramente desejável, uma vez que cada definição de *segurança energética* terá de ser dimensionada a uma realidade concreta e, tanto quanto possível, homogénea, sob pena de poder não se adequar a todas as realidades – por desconsiderar características essenciais e concretas de alguma(s) delas – e de perder o seu sentido útil – ao pretender abarcar demasiadas realidades diferentes.

Daqui, decorre a utilidade de uma primordial repartição da segurança energética em duas principais dimensões: a da segurança do aprovisionamento energético, por um lado, e a da segurança da procura energética, por outro. Esta bipartição parte, essencialmente, de uma perspetiva nacional ou supranacional (de países individualmente considerados ou de conjuntos de países ou regiões)[37], e assenta no critério do sentido (direção) da relação de dependência energética – do exterior para o interior ou vice-versa, consoante esteja em causa, respetivamente, um país importador ou um país exportador de produtos energéticos.

Numa primeira aproximação ao significado destes dois conceitos (segurança do aprovisionamento energético e segurança da procura energética), poderá dizer-se que a expressão *segurança energética* se reconduz, para um país importador de energia e energeticamente dependente do exterior (como é o caso dos Estados Unidos da América e, de um modo geral, dos Estados-membros da União Europeia), ao conceito de *segurança do aprovisionamento energético*; e, para um país produtor e exportador de produtos energéticos (como a Rússia), ao conceito de *segurança da procura energética*[38].

Managing Risk in a Dynamic Legal and Regulatory Environment, Oxford, Oxford University Press, 2005, reimpr., p. 62.

[37] A segurança energética pode ser analisada de uma perspetiva individual ou de pequenos grupos, nacional, ou regional. Sobre estas perspetivas, *vide* Barton *et al.*, *Energy Security*, p. 9.

[38] Neste sentido, M. F. Smith e N. Htoo afirmam que a *segurança energética*, para países como os Estados Unidos da América, significa diminuir a sua dependência de fontes energéticas

A segurança do aprovisionamento energético é frequentemente definida como a disponibilidade ininterrupta de fontes de energia[39] a preços acessíveis. Esta consiste, precisamente, na definição avançada pela Agência Internacional de Energia para a expressão *segurança energética*[40], embora tendo, notoriamente, por referência a perspetiva dos países importadores de energia sobre esta segurança e, consequentemente, se reconduza ao conceito de *segurança do aprovisionamento energético*.

É também nesta aceção que a segurança do aprovisionamento do gás natural tem vindo a ser referida no seio da União Europeia, nomeadamente na Diretiva 2009/73/CE, do Parlamento Europeu e do Conselho, de 13 de julho de 2009 (*Diretiva Gás*), que estabelece regras comuns para o mercado interno do gás natural[41]; no Regulamento (UE) 994/2010, do Parlamento Europeu e do Conselho, de 20 de outubro de 2010 (*Regulamento Gás I*)[42], e no mais recente Regulamento (UE) 2017/1938, do Parlamento Europeu e do Conselho, de 25 de outubro de 2017 (*Regulamento Gás II*)[43], ambos relativos a medidas destinadas a garantir a segurança do aprovisionamento do gás natural.

externas, ao passo que, para a Rússia, se traduz em restringir os investimentos estrangeiros nos seus gás natural e petróleo – cf. "Energy Security: Security for Whom?", *in Yale Human Rights and Development Law Journal*, Yale Law School, 2008, disponível em https://1.next.westlaw.com/Document/I4ee90c4573ba11ddba45ead008c6b935/View/FullText.html?originationContext=tableOfAuthorities&transitionType=Document&contextData=(sc.Search)&docSource=2bb5d4416c34422f8c526ae14749b4ca&rank=33&rulebookMode=false (acedido em 30 de dezembro de 2017), pp. 17 e 18.

39 "(...) the continuity of energy supplies relative to demand" – cf. Winzer, *Energy Policy*, p. 36.

40 "The IEA defines energy security as the uninterrupted availability of energy sources at an affordable price" – lê-se, ainda hoje, no *site* da referida Agência na Internet, no separador "Energy security", disponível em http://www.iea.org/topics/energysecurity/ (acedido em 4 de maio de 2022).

41 Publicada no JO L 211, de 14 de agosto de 2009, pp. 94 a 136, disponível em http://data.europa.eu/eli/dir/2009/73/oj.

42 Publicado no JO L 295, de 12 de novembro de 2010, pp. 1 a 22, disponível em http://data.europa.eu/eli/reg/2010/994/oj, e, entretanto, revogado pelo Regulamento (UE) 2017/1938 (*Regulamento Gás II*).

43 Publicado no JO L 280, de 28 de outubro de 2017, pp. 1 a 56, disponível em http://data.europa.eu/eli/reg/2017/1938/oj.

Geralmente, a segurança do aprovisionamento energético é associada à mencionada disponibilidade física ininterrupta de fontes de energia, nem sempre se referindo a necessidade de os preços daquele fornecimento contínuo serem razoáveis ou acessíveis aos consumidores. Convoca-se, a este respeito, a título exemplificativo, a definição de *segurança do aprovisionamento* construída por HANCHER e JANSSEN, num estudo sobre o enquadramento legal da segurança do aprovisionamento energético na União Europeia:

> "Security of supply may refer to those measures enacted to secure or guarantee physical access to certain fuels for the continued generation of electricity or to guarantee certain sources of gas or oil supply or a certain level of penetration of each fuel."[44]

Apesar de, num primeiro momento, se poder considerar que a razoabilidade dos preços do fornecimento das fontes de energia constitui um elemento essencial da definição de *segurança do aprovisionamento energético*, dever-se-á ter em conta que, diversamente, tal segurança implica apenas a disponibilidade contínua de fontes de energia, sendo que a mesma será, ao contrário do que comummente se afirma, não somente física, mas também uma disponibilidade material, efetiva, em termos que permitam o acesso economicamente viável dos consumidores à energia.

A *segurança da procura energética*, por sua vez, pode ser definida como a capacidade para satisfazer a procura de fontes de energia. Naturalmente, a satisfação dessa procura terá de ser adequada às necessidades dos importadores, designadamente em termos de qualidade e de viabilidade económica.

Em sentido próximo, veja-se a definição de *segurança energética* para a Rússia, país exportador de fontes de energia:

> "[A] state of protection of the country (region), its citizens, society, state, economy from threats to sustainable fuel and energy supplies. Under usual conditions such state of protection is adequate fully to cover demand for fuel

[44] Cf. HANCHER e JANSSEN, *Energy Security*, p. 88.

> and energy resources of the needed quality and at economically appropriate prices (...)."[45]

Tendo em vista a facilitação do seu estudo e a adoção das medidas mais adequadas a, diante de cada realidade, garantir a segurança energética, poderão ainda distinguir-se outras dimensões dessa segurança. Barton *et al.* mencionam quatro dessas dimensões: a segurança do aprovisionamento, a segurança da procura, a fiabilidade do abastecimento e a segurança física das infraestruturas e do pessoal[46].

Com o mesmo intuito, ainda poderá apertar-se a malha de conceitos para identificar duas dimensões da própria segurança do aprovisionamento energético: a segurança do aprovisionamento do gás natural, segundo o critério da fonte energética (gás natural), e, dentro dela, a segurança do aprovisionamento do gás natural na União Europeia, que tem por referência o gás natural enquanto fonte de energia cuja disponibilidade ininterrupta deverá ser garantida aos países ou regiões da União Europeia importadores de fontes de energia.

A *ratio* da autonomização do primeiro destes últimos conceitos (segurança do aprovisionamento do gás natural) prende-se, essencialmente, com as características do gás natural e dos respetivos mercados:

> "(...) energy security in a natural gas supply system will depend to some degree on the capacity for storage of gas near the main consumption regions."[47]
>
> "Gas (...) is not yet a global commodity and international gas markets do not always equilibrate. For example, it is possible to have a natural gas supply shortage in North America without causing a disruption in Europe or elsewhere."[48]

[45] Cf. *Russian Energy Strategy of the Year 2020*, de 2000, *apud* Konoplyanik, *Energy Security*, p. 60.

[46] Cf. B. Barton *et al.*, "Energy Security in the Twenty-First Century", *in* B. Barton *et al.*, *Energy Security: Managing Risk in a Dynamic Legal and Regulatory Environment*, Oxford, Oxford University Press, 2005, reimpr., pp. 459 e 460.

[47] Cf. Barton *et al.*, *Energy Security*, p. 7.

[48] Cf. Konoplyanik, *Energy Security*, p. 58.

"Gas security is best viewed in terms of risk management, which is primarily a matter for companies and their customers, to be managed through contractual relations; but also acknowledged is the significant international dimension to gas security (including the need for a secure framework for investment and trade) and the need for periodic monitoring by the Government concerned."[49]

Já a autonomização do conceito de *segurança do aprovisionamento do gás natural na União Europeia* justifica-se em virtude, por um lado, da grande dependência dos Estados-membros da União Europeia em relação ao gás natural proveniente de países terceiros, e, por outro, da existência de dois grandes objetivos comuns no seio daquela Organização: o de garantir a segurança do aprovisionamento energético em geral e do aprovisionamento do gás natural em particular, e o de criar um mercado interno de energia (o qual engloba o gás natural).

Não obstante, o conceito de segurança do aprovisionamento do gás natural na União Europeia, enquanto não existir um mercado interno de energia na União Europeia, não será um conceito operativo e não poderá servir de referência a qualquer política verdadeiramente comum e integrada nesta matéria, tendo em conta as diferentes características dos vários Estados-membros no tocante, designadamente, à dependência de gás natural do exterior, à diversificação das fontes energéticas e às respetivas rotas de abastecimento de gás natural (mar *versus* gasodutos, Rússia *versus* Argélia, etc.).

5. As principais medidas aprovadas para garantir a segurança do aprovisionamento do gás natural na União Europeia

As principais medidas destinadas a garantir a segurança do aprovisionamento de gás natural adotadas pela União Europeia estão atualmente plasmadas no já referido Regulamento (UE) 2017/1938 (*Regulamento Gás*

[49] Cf. C. Redgwell, "International Energy Security", *in* B. Barton *et al.*, *Energy Security: Managing Risk in a Dynamic Legal and Regulatory Environment*, Oxford, Oxford University Press, 2005, reimpr., p. 33.

II), que entrou em vigor em 1 de novembro de 2017[50] e veio revogar o Regulamento (UE) 994/2010 (*Regulamento Gás I*), o primeiro a estabelecer as principais medidas neste domínio.

Como principais medidas destinadas a garantir a segurança do aprovisionamento do gás natural nos Estados-membros da União Europeia incluídas no *Regulamento Gás I*, cabe destacar:

a) A responsabilidade partilhada pela segurança do aprovisionamento de gás entre as empresas de gás natural, os Estados-membros e a Comissão Europeia, segundo uma abordagem a três níveis e de elevada cooperação[51]; não obstante partilhada, esta responsabilidade não deixa de dever observar um princípio de subsidiariedade entre as entidades responsáveis, preferindo a reação dos intervenientes no mercado, através de medidas baseadas no mercado[52], sobre a intervenção dos Estados-membros e, só subsequentemente, da Comissão, mediante a aplicação de medidas não-baseadas no mercado[53-54];
b) A avaliação integral, por cada Estado-membro, e até 3 de dezembro de 2011, dos riscos que afetavam a segurança do seu aprovisionamento de gás[55];
c) A elaboração de planos preventivos de ação, nacionais ou conjuntos, com as medidas necessárias para eliminar ou atenuar os ris-

[50] Cf. artigo 22.º do *Regulamento Gás II*.

[51] Cf. considerando 24 e artigo 3.º, n.º 1, do *Regulamento Gás I*.

[52] As medidas baseadas no mercado encontram-se elencadas no Anexo II do *Regulamento Gás I*, e caracterizam-se pela voluntariedade das mesmas. São exemplos: do lado da oferta, a diversificação das fontes e das vias de aprovisionamento de gás, e os investimentos em infraestruturas, incluindo em capacidade bidirecional; do lado da procura, a redução voluntária dos consumos contratados e a maior utilização de fontes de energia renováveis.

[53] As medidas não-baseadas no mercado estão listadas no Anexo III do *Regulamento Gás I* e caracterizam-se pela não-voluntariedade. Como exemplos, podem ver-se: do lado da oferta, a utilização das reservas estratégicas de gás, a utilização obrigatória de reservas de combustíveis alternativos, o aumento obrigatório dos níveis de produção de gás, e a retirada obrigatória do armazenamento; do lado da procura, a redução obrigatória da procura.

[54] Cf. considerando 24 do *Regulamento Gás I*.

[55] Cf. artigo 9.º, n.º 1, do *Regulamento Gás I*.

cos identificados na avaliação integral de riscos referida na alínea anterior[56];

d) A elaboração de planos de emergência, nacionais ou conjuntos, com as medidas necessárias para eliminar ou atenuar o impacto de uma perturbação efetiva no aprovisionamento de gás[57]; estes planos deveriam ter por base os três níveis de crise definidos no artigo 10.º, n.º 3, do *Regulamento Gás I*: alerta precoce, alerta e emergência;

e) A possibilidade de declaração de emergência, ao nível da União Europeia ou a nível regional para uma região geográfica especificamente afetada; esta situação de emergência apenas poderia ser declarada a pedido de uma autoridade competente que tivesse declarado uma emergência e após as verificações previstas no artigo 10.º, n.º 8, do *Regulamento Gás I*[58];

f) A obrigação dos Estados-membros dependentes de apenas um gasoduto de importação, uma instalação de armazenamento subterrânea ou um outro tipo de infraestrutura essencial de assegurar que, em caso de interrupção da principal infraestrutura de importação de gás, teriam capacidade de satisfazer a procura total de gás durante um dia de procura excecionalmente elevada cuja probabilidade estatística de ocorrência fosse uma vez em vinte anos[59] (ou seja, em dias de temperatura extremamente baixa) – trata-se da designada *Regra N-1 para o gás*[60];

[56] Cf. artigo 4.º do *Regulamento Gás I*.

[57] Cf. artigo 4.º do *Regulamento Gás I*.

[58] Cf. artigo 11.º, n.º 1, do *Regulamento Gás I*.

[59] Cf. artigo 6.º do *Regulamento Gás I*.

[60] O Tribunal de Contas Europeu reforçou, contudo, que "(...) a utilização da regra N-1 é limitada para analisar as necessidades de infraestruturas de gás, uma vez que, nos casos em que o ponto de entrada alternativo fornece gás a partir da mesma fonte nacional que o principal ponto de entrada, não promove necessariamente a concorrência e surte poucos efeitos na segurança do aprovisionamento energético. Por exemplo, a Finlândia e a Letónia, não obstante possuírem individualmente mais do que um ponto de entrada, continuam, na realidade, dependentes de um único fornecedor de gás, visto que todo o gás que entra nesses pontos provém da mesma fonte nacional" – cf. *Relatório Especial – Melhoria da segurança do aprovisionamento energético através do desenvolvimento do mercado interno da energia: são necessários mais esforços*, 2015, disponível em https://www.eca.europa.eu/Lists/ECADocuments/SR15_16/SR_ENERGY_SECURITY_PT.pdf (acedido em 30 de dezembro de 2017).

g) A dotação, pelos operadores das redes de transporte, de todas as interligações transfronteiriças entre os Estados-membros de capacidade bidirecional permanente, "o mais rapidamente possível e, o mais tardar, em 3 de dezembro de 2013"[61-62]; e
h) A garantia do aprovisionamento de gás natural aos clientes protegidos[63] (clientes domésticos e prestadores de serviços indispensáveis ao funcionamento de cada Estado-membro[64]).

Entendendo que "a situação atual é o resultado de uma variedade de problemas de diferentes magnitudes, incluindo preconceitos comportamentais (abordagem puramente nacional quanto à segurança do aprovisionamento), fatores externos (comportamento dos fornecedores de países terceiros) e questões técnicas (falta de infraestruturas adequadas ou proteção inadequada das infraestruturas)"[65], a Comissão Europeia propôs a adoção de um novo Regulamento dedicado à segurança do aprovisionamento do gás natural na União Europeia e que, segundo a Comissão, estabeleceria:

a) Uma melhor cooperação e coordenação regionais[66];
b) Obrigações mais pormenorizadas para garantir a disponibilidade das infraestruturas necessárias[67];
c) Melhor avaliação e prevenção dos riscos[68];

[61] Cf. artigo 6.º, n.º 5, do *Regulamento Gás I.*

[62] Segundo o Tribunal de Contas Europeu, o facto de as capacidades técnicas das infraestruturas energéticas transfronteiriças, tais como os fluxos bidirecionais de gás, não serem utilizadas tem contribuído negativamente para a realização do mercado interno da energia – cf. *Relatório Especial.*

[63] Cf. artigo 8.º, n.º 1, do *Regulamento Gás I.*

[64] Cf. considerando 10 e artigo 2.º, n.º 1, do *Regulamento Gás I.*

[65] Cf. Comissão Europeia, *Proposta de um novo Regulamento,* 2016, disponível em http://eur-lex.europa.eu/resource.html?uri=cellar:33516200-d4a2-11e5-a4b5-01aa75ed71a1.0001.02/DOC_1&format=PDF.

[66] Cf. Comissão Europeia, *Proposta,* pp. 10 e 11.

[67] Cf. Comissão Europeia, *Proposta,* p. 11.

[68] Cf. Comissão Europeia, *Proposta,* pp. 11 e 12.

d) Reforço da supervisão das obrigações de aprovisionamento de gás a determinadas categorias de consumidores, mesmo em condições exigentes (norma de aprovisionamento)[69];
e) Um "novo princípio da solidariedade"[70];
f) A obrigação dos Estados-membros de adotarem medidas no âmbito dos seus planos, a fim de abordar as questões técnicas e evitar que clientes não-elegíveis consumissem gás destinado a clientes protegidos[71].

Neste contexto, foi aprovado o Regulamento (UE) 2017/1938 (*Regulamento Gás II*), que, face ao *Regulamento Gás I*, veio prever, de forma inovatória:

a) A definição de grupos de risco com base nos principais riscos transnacionais para a segurança do aprovisionamento de gás na União Europeia, devendo tais grupos servir de base a uma cooperação regional reforçada para aumentar a segurança do aprovisionamento de gás e permitir o acordo, sobre medidas transfronteiriças adequadas e eficazes, de todos os Estados-membros em causa, no âmbito dos grupos de risco ou fora deles, ao longo dos corredores de aprovisionamento de emergência[72];
b) A avaliação conjunta de riscos, no âmbito de cada grupo de risco identificado[73]; do considerando 11 do *Regulamento Gás II*, resulta que esta avaliação conjunta de riscos conexos por grupo de risco, "que é simultaneamente mais abrangente e mais precisa, garantirá que os Estados-membros estejam melhor preparados para enfrentar eventuais crises";
c) A inclusão de "capítulos regionais" nos planos preventivos de ação e nos planos de emergência, elaborados conjuntamente por todos os Estados-membros do grupo de risco antes de serem inte-

[69] Cf. Comissão Europeia, *Proposta*, p. 13.
[70] Cf. Comissão Europeia, *Proposta*, p. 13.
[71] Cf. Comissão Europeia, *Proposta*, p. 13.
[72] Cf. artigo 3.º, n.º 8, do *Regulamento Gás II*.
[73] Cf. artigo 7.º, n.º 2, do *Regulamento Gás II*.

grados nos respetivos planos nacionais[74], "a fim de assegurar um nível máximo de preparação e de evitar, assim, uma perturbação do aprovisionamento de gás ou de atenuar os seus efeitos caso essa perturbação venha apesar de tudo a ocorrer"[75];

d) Uma "medida de solidariedade", cuja execução pode ser solicitada por um Estado-membro a outro que com ele esteja interligado diretamente (ou através de uma ligação com um país terceiro, contanto que os fluxos que transitam por este último não sejam reduzidos[76]), e que implica a adoção, pelo Estado-membro que presta a solidariedade, e, tanto quanto possível, sem criar situação de insegurança, das medidas necessárias para garantir que o aprovisionamento de gás a outros (seus) clientes que não os (seus) clientes protegidos por razões de solidariedade no seu território seja reduzido ou interrompido na medida do necessário; esta medida apenas será executada enquanto o aprovisionamento de gás aos clientes protegidos por razões de solidariedade no Estado-membro requerente não for assegurado[77], e mediante a verificação das condições previstas no artigo 13.º, n.º 3, do *Regulamento Gás II*; esta solidariedade é prestada mediante uma justa compensação a pagar pelo Estado-membro requerente ao prestador da solidariedade[78].

6. Notas finais sobre a (in)existência de uma efetiva segurança do aprovisionamento do gás natural na União Europeia

Não obstante a previsão de medidas legislativas relevantes no âmbito do *Regulamento Gás I* e do *Regulamento Gás II*, a segurança do aprovisionamento do gás natural na União Europeia continua a ser um objetivo por alcançar, porquanto não existe ainda um mercado interno de

[74] Cf. artigo 8.º, n.º 3, do *Regulamento Gás II*.

[75] Cf. considerando 17 do *Regulamento Gás II*.

[76] Cf. artigo 13.º, n.º 2, do *Regulamento Gás II*.

[77] Cf. artigo 13.º, n.º 1, do *Regulamento Gás II*.

[78] Cf. artigo 13.º, n.º 8, do *Regulamento Gás II*.

energia na União, capaz de integrar soluções comuns para todos os Estados-membros.

A realização de um mercado interno da energia, no qual a energia poderá circular livremente, sem fronteiras entre os Estados-membros, apenas será possível quando os Estados-membros estiverem fisicamente interconectados por uma rede europeia de infraestruturas energéticas. Até esse momento, não poderá falar-se num mercado interno da energia na União Europeia.

Neste contexto, certas medidas poderão revelar-se particularmente importantes, conquanto permitam dar alguma resposta aos problemas com que os Estados-membros se vão defrontando. Duas dessas principais medidas são a definição de grupos de risco, formados por Estados-membros tendo em conta a conexão dos riscos neles identificados para a segurança do aprovisionamento do gás, e a inclusão de capítulos regionais nos planos preventivos de ação e de emergência, com base naqueles grupos de risco, uma vez que, até à construção do mercado interno da energia na União Europeia, as mesmas permitirão que os Estados-membros, coordenados em pequenos grupos mais homogéneos no que toca aos riscos a que se encontra sujeito o aprovisionamento do gás nos seus territórios, tenham maior capacidade de resposta em situações de perturbação de tal aprovisionamento.

Não obstante, e atendendo a que a segurança do aprovisionamento do gás natural será tanto maior quanto maior for a interligação efetiva dos Estados-membros num verdadeiro mercado interno da energia, a procura de soluções deverá ser encontrada na implementação integrada de todas as medidas delineadas pela União, à escala comunitária, e não apenas regional, e, particularmente, das medidas que permitam a livre circulação da energia entre os Estados-membros.

Também a "medida de solidariedade" consiste num importante passo no sentido da segurança do aprovisionamento do gás natural. Mas, ainda assim, com um impacto prático muito limitado, dado que, por um lado, apenas é executável entre Estados-membros geograficamente interligados, e, por outro, apenas se destina a assegurar o abastecimento de gás aos clientes protegidos, não garantindo plenamente a segurança do aprovisionamento do gás natural na União Europeia.

Verifica-se, assim, que as medidas até aqui implementadas no seio da União constituem, no fundo, medidas em pequena escala, que têm em vista a melhoria da segurança do aprovisionamento do gás na União Europeia, mas através de soluções direcionadas a pequenos grupos de Estados-membros ou regiões, numa tentativa de ultrapassar as falhas da inexistência de um mercado interno da energia por via da criação de *pequenos mercados internos da energia* na União.

7. Conclusão

Os conceitos de *segurança energética*, de *segurança do aprovisionamento energético*, de *segurança do aprovisionamento do gás natural* e de *segurança do aprovisionamento do gás natural na União Europeia* não encontram qualquer definição unívoca, sendo mesmo, por vezes, confundidos e indevidamente usados de forma indiferenciada. Mas todos se encontram intrinsecamente relacionados, numa espécie de sistema de *matrioskas*, em que o primeiro engloba o segundo, o segundo engloba o terceiro e o terceiro engloba o quarto, caminhando-se, do primeiro para o quarto numa relação de especialidade crescente.

A segurança do aprovisionamento do gás natural na União Europeia é, antes de mais, um objetivo (positivado) da política energética comum da União Europeia. Todavia, esse objetivo encontra-se longe de (poder) ser alcançado, porquanto as concretas medidas aprovadas no seio da União – não obstante a referência persistente aos princípios da cooperação e da solidariedade entre os Estados-membros –, não podem (pelo menos, de imediato) ser aplicadas numa Europa verdadeiramente integrada: por ora, a cooperação e a solidariedade só são possíveis entre alguns Estados-membros contíguos e interconectados por pequenas redes, e, ainda assim, de forma limitada.

É certo que, atualmente, a construção do desígnio europeu da construção do mercado interno da energia está, uma vez mais, a ser debatida, e já não como um objetivo *a ir sendo concretizado*, mas como uma *medida* urgente, com impactos a vários níveis, que não apenas o da energia.

Contudo, enquanto esse desígnio não for efetivamente alcançado, as preocupações quanto à segurança energética em geral e à segurança do aprovisionamento do gás natural na União Europeia continuarão a existir e a demandar a passagem da teoria à prática para que a União Europeia se cumpra também em matéria de energia, em prol dos Estados-membros e do fortalecimento da posição da própria União face ao exterior.

A hibridização de centros eletroprodutores no novo regime do Sistema Elétrico Nacional (Decreto-Lei n.º 15/2022, de 14 de janeiro)

TELMO COUTINHO RODRIGUES*

1 – Introdução

Desde há largos anos que o Sistema Elétrico Nacional (SEN) assenta a produção de eletricidade em torno de dois polos. Por um lado, temos a produção baseada em fontes não-renováveis, como a proveniente do carvão (entretanto descontinuado) e do gás natural, que, embora especialmente poluente, tem a vantagem de permitir uma injeção estável e controlada de eletricidade na Rede Elétrica de Serviço Público (RESP). No polo oposto, temos a produção através de fontes renováveis (solar, hídrica, eólica, etc.)[1] que, sendo consideravelmente menos poluente, ou até mesmo limpa, apresenta-se intermitente, ficando a eletricidade

* «Advogado; Assistente Convidado na Faculdade de Direito da Universidade de Lisboa (Grupo de Ciências Jurídico-Políticas). Agradeço ao Tiago Corrêa do Amaral os valiosos comentários e discussões relativamente ao tema deste estudo. Naturalmente, quaisquer omissões ou incorreções são da inteira e exclusiva responsabilidade do autor».

assim produzida com a respetiva injeção na RESP dependente das condições climatéricas / atmosféricas (mais ou menos exposição solar, mais ou menos caudal hídrico, mais ou menos vento, etc.).

As opções políticas em matéria de produção elétrica encontram-se, assim, e em traços gerais, diante de um necessário equilíbrio entre as fontes limpas, mas intermitentes, e as fontes poluentes, mas estáveis. Do ponto de vista jurídico, tal redunda numa constante ponderação entre, por um lado, os princípios da proteção ambiental e do combate às alterações climáticas (este último especialmente alicerçado no princípio da justiça intergeracional[1]), e, por outro, o princípio da segurança energética[2].

[1] Entende-se por fontes de energia renováveis "*as fontes de energia não fósseis renováveis, nomeadamente eólica, solar, aerotérmica, geotérmica, hidrotérmica, oceânica, hídrica, biomassa e gases renováveis*", cfr. alínea hh) do artigo 3.º do Decreto-Lei n.º 15/2022.

[1] De resto, bem patente na alínea m) do artigo 81.º da Constituição. Sobre o preceito e as tensões com outras disposições constitucionais, entre outros, J. J. Gomes Canotilho / Vital Moreira, *Constituição da República Portuguesa Anotada*, I, 4.ª ed., Coimbra, Coimbra Editora, 2007, pp. 967, 971-972; Manuel Afonso Vaz / Manuel Fontaine, «Anotação ao artigo 81.º», *in* Jorge Miranda / Rui Medeiros, *Constituição Portuguesa Anotada*, II, 2.ª ed., Lisboa, Universidade Católica Editora, 2018 (pp. 28-36), p. 36. Ainda de interesse, os comentários da autoria de Rui Guerra da Fonseca em Paulo Otero (coord.), *Comentário à Constituição Portuguesa*, II, Coimbra, Almedina, 2008, pp. 193-195. Sobre as tensões entre política energética e a justiça intergeracional, por todos, Jorge Pereira da Silva, «Justiça Intergeracional: Entre a Política e o Direito Constitucional», *in* Jorge Pereira da Silva / Gonçalo de Almeida Ribeiro (coords.), *Justiça entre Gerações – Perspetivas Interdisciplinares*, Lisboa, Universidade Católica Editora, 2017 (pp. 93-137), pp. 110-115.

[2] Extraível também da alínea m) do artigo 81.º da Constituição, e expressamente previsto na alínea b) do n.º 1 do artigo 194.º do Tratado sobre o Funcionamento da União Europeia, no quadro da competência partilhada com os Estados-Membro. A nível do direito derivado da União, a Diretiva (UE) 2019/944 do Parlamento Europeu e do Conselho, de 5 de junho de 2019, estabelece na alínea v) do n.º 1 do seu artigo 59.º, que "*as entidades reguladoras* [em Portugal, a Entidade Reguladora dos Serviços Energéticos (ERSE)] *têm as seguintes obrigações: (...) Monitorizar o investimento em capacidades de produção e de armazenamento, tendo em atenção a segurança do abastecimento*". No direito interno, a segurança do abastecimento é caracterizada a cada biénio no Relatório de Monitorização da Segurança do Abastecimento (RMSA), previsto no artigo 247.º do Decreto-Lei n.º 15/2022. Na doutrina nacional, cfr. Pedro Costa Gonçalves, *Regulação, Eletricidade e Telecomunicações – Estudos de Direito Administrativo da Regulação*, Coimbra, Coimbra Editora, 2008, pp. 145-148; sobre a segurança no abastecimento energético na União Europeia, por todos, William Webster, «Security of Supply», *in* Christopher Jones

Com a crescente atenção que as alterações climáticas têm merecido por parte dos vários Estados, a ponderação começa a pender decisivamente em favor da produção a partir de fonte renovável e o abandono das fontes não-renováveis, o que implica que os governos têm de esforçar-se por equilibrar a balança de interesses com novas formas de garantir, através de eletricidade de fonte renovável, a continuidade e controlo da injeção de eletricidade na RESP.

A hibridização da produção existente e a criação de centros electroprodutores híbridos é precisamente um dos meios de garantir a finalidade de continuidade de injeção da produção elétrica renovável. Por exemplo, e em traços muito largos, numa central que combine energia solar e eólica, e sempre utilizando a mesma capacidade de injeção, teremos as unidades de produção fotovoltaica a injetar de dia, quando há sol, e as unidades de produção eólica a injetar de noite, quando há mais vento e aquelas não estão a injetar. Entre outras vantagens que se possam equacionar, é esta possibilidade de continuidade na injeção o que torna a hibridização um verdadeiro *game-changer* da política energética.

De facto, para além de se afigurar como uma solução para o equilíbrio entre a segurança energética e a proteção do ambiente / combate às alterações climáticas, a hibridização constitui ainda um meio de racionalizar o uso do solo no âmbito da política do ordenamento do território[3] e de

/ William-James Kettlewell (eds.), *EU Energy Law*, I, 5.ª ed., Deventer / Leuven, Claeys & Casteels, 2021 (pp. 691-733), *passim*.

[3] O caso da Índia é paradigmático. Uma transição energética assente num expressivo recurso à instalação de parques solares e eólicos, soluções intensivas do ponto de vista do uso do solo, levou a problemas de ordenamento do território e escassez de solo (*land shortage*). No panorama indiano, e de acordo com dados de 2017, um projeto solar ocuparia tipicamente entre 1,5 ha a 3,5 ha de solo por MW instalado e um projeto eólico entre 1,25 ha a 1,5 ha por MW instalado (Fonte: https://shaktifoundation.in/wp-content/uploads/2018/01/Study-Report-Addressing-Land-Issues-for-Utility-Scale-Renewable-Energy-Deployment-in-India.pdf, pp. 63, 67). No sentido de racionalizar o uso do solo para aproveitamentos elétricos de fonte renovável, a Índia aprovou, em maio de 2018, a Estratégia Nacional para a Hibridização Solar-Eólico (*National Wind-Solar Hybrid Policy*) que visava ainda uma utilização mais eficiente das infraestruturas de rede já que, como veremos, as soluções híbridas utilizam apenas um ponto de injeção. A Estratégia Nacional para a Hibridização Solar-Eólico indiana encontra-se disponível em https://mnre.gov.in/img/documents/uploads/2775b59919174bb7aeb00bb1d5cd269c.pdf.

otimizar a utilização da infraestrutura de rede, assim mitigando o risco de capacidade ociosa da mesma[4].

2 – Hibridização (de centros electroprodutores) e (centros electroprodutores) híbridos: distinção

A matéria que nos ocupa lida com duas noções fundamentais que devem ser claramente distinguidas: a hibridização (de centros eletroprodutores) e (os centros eletroprodutores) híbridos.

O legislador define como hibridização a "*adição a centro eletroprodutor (...) já existente de novas unidades de produção que utilizem diversa fonte primária de energia renovável, sem alterar a capacidade de injeção do centro eletroprodutor (...) preexistente*". Por sua vez, define como centro electroprodutor híbrido aquele que "*no procedimento de controlo prévio, apresenta em simultâneo mais do que uma unidade de produção que utiliza diversas fontes primárias de energia renováveis*"[5].

Diante destas definições, e com uma certa dose de simplismo que julgamos ser permitida nesta secção ainda introdutória, pode dizer-se que, pela hibridização, um centro eletroprodutor existente – chamemos-lhe "simples" – *torna-se híbrido*; o centro eletroprodutor híbrido, *nasce híbrido*.

[4] Em Portugal, as soluções de hibridização surgem legalmente previstas pela primeira vez em 2019, no n.º 3 do artigo 4.º do Decreto-Lei n.º 172/2006, de 23 de agosto, com a redação dada pelo Decreto-Lei n.º 76/2019, de 3 de junho, em cujo preâmbulo se lê, precisamente, que "*o presente decreto-lei, vem ainda, numa perspetiva de otimização do sistema, permitir o licenciamento de unidades de produção em centros eletroprodutores preexistentes, que utilizando diversa fonte de energia renovável, não requeiram aumento de capacidade de injeção na RESP, assim se assegurando maior produção com base na mesma infraestrutura sem onerar os consumidores de novos investimentos em infraestruturas de rede*". No entanto, é com o atual regime do SEN, aprovado pelo Decreto-Lei n.º 15/2022, que a hibridização e os híbridos surgem como verdadeiro desígnio de política energética. No preâmbulo deste novo diploma lê-se que, "*para efeitos da produção de eletricidade a partir de fontes renováveis e maximização das infraestruturas da RESP, estabelece-se um enquadramento jurídico que facilita e promove a utilização do mesmo ponto de injeção na RESP, por diversas tecnologias com diferente fonte primária, permitindo-se a constituição de híbridos ab initio ou posteriormente, seguindo um procedimento de controlo prévio bastante simplificado de alteração da licença de produção*".

[5] Respetivamente, alíneas nn) e oo) do artigo 3.º do Decreto-Lei n.º 15/2022.

Embora possa parecer um mero jogo de palavras, a verdade é que, ao contrário do que ocorrerá com os híbridos, no caso da hibridização lidamos com a modificação ampliativa de algo existente e com condições de funcionamento já prévia e devidamente tituladas. Naturalmente, o regime jurídico de um guardará algumas especificidades relativamente ao do outro[6].

Das definições legais apresentadas conseguimos retirar três notas fundamentais que contribuem à boa caracterização destas tipologias de centros eletroprodutores.

Em primeiro lugar, no caso da hibridização, aditam-se unidades de produção a um centro eletroprodutor. Assim, não será correto afirmar que passam a existir dois ou mais centros eletroprodutores em razão da hibridização.

Em segundo lugar, quer se trate de centro eletroprodutor híbrido, quer se trate de centro eletroprodutor hibridizado, as várias unidades de produção do centro eletroprodutor utilizam um mesmo ponto de injeção, pois que de outro modo não se compreenderia nem a razão-de-ser de ter um centro eletroprodutor híbrido em vez de dois ou três centros eletroprodutores autónomos, nem, muito menos, a salvaguarda constante da definição de hibridização: "*sem alterar a capacidade de injeção do centro eletroprodutor (...) preexistente*".

Consequentemente com o dito, há ainda que afirmar – e não será demais frisá-lo – que a capacidade de injeção do ponto a utilizar permanece exatamente a mesma. Conforme teremos oportunidade de ver adiante, as novas unidades de produção acomodam-se num mesmo ponto de injeção através da gestão da injeção de eletricidade coordenada nos termos do acordo de hibridização que o novo titular celebra com o titular da licença de produção preexistente.

Finalmente, todas as unidades de produção do centro eletroprodutor híbrido têm fonte primária renovável. Esta conclusão não parece valer para

[6] Conforme evidenciado no título deste estudo, o foco de análise é a hibridização e não os híbridos, pelo que trataremos apenas de distingui-los conceptualmente na presente secção. De facto, as maiores dificuldades na caracterização do regime encontram-se mais marcadas relativamente à primeira e já não tanto aos segundos, o que justifica, a par da necessária economia de exposição, que nas secções seguintes nos refiramos apenas à hibridização.

os centros eletroprodutores hibridizados, já que nada impede que a unidade de produção preexistente (*rectius*, o centro eletroprodutor) tenha sido licenciado para funcionar a partir de fonte primária não-renovável. Esta leitura, para além de não afrontar a letra da lei, desde logo a da definição legal de hibridização, parece ser ainda a que melhor cumpre a teleologia que subjaz a esta nova solução. De facto, se os centros eletroprodutores que usam fonte não-renovável ficassem fora do universo dos que podem aditar unidades de produção renováveis ao seu centro eletroprodutor só pelo facto de terem sido licenciados *a priori* para utilizarem fonte não-renovável, o objetivo de transição energética e rentabilização de infraestrutura e de uso do solo ficaria, sem justificação aparente, diminuído.

Concretizando agora este último ponto, os centros eletroprodutores híbridos combinam unidades de produção que utilizam fontes renováveis (*eólico – solar*, *hídrico – eólico*, etc.), mas os centros eletroprodutores hibridizados tanto podem resultar numa combinação de fonte não-renovável com fonte renovável (por exemplo, *gás natural – eólico*), como numa combinação de fonte renovável com fonte renovável: tudo dependerá da preexistência à hibridização.

Note-se ainda que a hibridização pode ocorrer aditando mais do que uma nova unidade ao centro existente; o mesmo vale, com as devidas adaptações, para os centros híbridos. De um ponto de vista estritamente jurídico nada impede a existência de um centro eletroprodutor com três ou mais unidades de produção que usem fontes primárias inteiramente distintas entre si, desde que todas elas sejam renováveis. Exceção seja feita, como dito, aos casos de hibridização em que o centro eletroprodutor preexistente utiliza fonte não-renovável, caso em que poderemos ter o esquema *Fonte não-renovável – Fonte renovável*$_1$ *– Fonte renovável*$_2$ *– Fonte renovável*$_n$.

3 – A génese do regime; ideias e conceitos-chave

Apesar de nunca ter sido designada por "hibridização", a primeira configuração desta solução surge no Decreto-Lei n.º 76/2019[7], embora ali

[7] Não dos híbridos, já que a sua primeira consagração legal expressa só ocorre com o Decreto-Lei n.º 15/2022. Cfr., ainda, o n.º 6 do artigo 4.º do Decreto-Lei n.º 172/2006, na redação dada pelo Decreto-Lei n.º 76/2019.

fosse bem menos densificada. Neste sentido, e partindo do pressuposto de que existe uma continuidade na consagração e disciplina da hibridização desde que foi criada até ao presente, referir-nos-emos, conforme conveniente, ora ao regime anterior, ora ao regime atual, como forma de melhor compreender a figura. Na secção seguinte trataremos especificamente do regime vigente.

O n.º 3 do artigo 4.º do Decreto-Lei n.º 172/2006, na redação dada pelo Decreto-Lei n.º 76/2019[8], estabelecia que "*a instalação em centro eletroprodutor já existente de novas unidades de produção que utilizem diversa fonte primária, ainda que se mantenha a potência de injeção na rede atribuída na licença de produção preexistente, está sujeita à obtenção de licença de produção e de exploração autónomas que serão averbadas à licença do centro eletroprodutor*".

De acordo com o regime de 2019, e embora o preâmbulo do dito Decreto-Lei n.º 76/2019 apontasse em sentido diverso, não se falava em fonte primária renovável, mas apenas em "*diversa fonte primária*", o que abria a porta à instalação de novas unidades que utilizassem fonte não-renovável. Naturalmente, o licenciador estaria habilitado a negar uma tal solução ao abrigo dos critérios gerais que eram previstos para atribuição de licença de produção[9].

Note-se ainda que o preceito estabelecia a necessidade de um procedimento de licenciamento autónomo, sendo certo que, como se referiu, a capacidade de injeção no ponto a utilizar sempre seria a mesma[10].

3.1 – A autonomia das licenças na hibridização

Relativamente a este procedimento de controlo prévio autónomo é de questionar se estamos diante de um procedimento modificativo da

[8] Doravante simplesmente referido como Decreto-Lei n.º 172/2006.

[9] Cfr., em especial, as alíneas b), c) e g) do n.º 1 do artigo 6.º do Decreto-Lei n.º 172/2006.

[10] É certo que, nas palavras da lei, o n.º 3 do artigo 4.º do Decreto-Lei n.º 172/2006 apresentava na redação a expressão "*ainda que se mantenha a potência de injeção na rede atribuída na licença de produção preexistente*", o que parecia indicar que podia haver hibridização mesmo sendo alterada a capacidade de injeção atribuída. Julgamos, como aliás se veio a confirmar com o novo Decreto-Lei, que se trata de uma infelicidade na redação. O sentido a atribuir à disposição

licença de produção do centro eletroprodutor preexistente ou diante de um verdadeiro procedimento de licenciamento autónomo.

Nesta última opção, que defendemos, o procedimento de licenciamento autónomo teria por objeto não uma qualquer alteração ao centro eletroprodutor preexistente, mas sim a nova unidade de produção[11], tanto considerada em si mesma, como enquanto parte a integrar operacionalmente um centro eletroprodutor já licenciado. A correção desta interpretação é desde logo indiciada pelo facto de o legislador distinguir entre, por um lado, a(s) licença(s) de produção e de exploração "*autónomas*" e, por outro, a licença do centro eletroprodutor à qual aquela(s) seria(m) "*averbadas*"[12]. Vejamos mais em detalhe porque é de seguir esta segunda hipótese interpretativa.

A primeira hipótese partiria de uma leitura enviesada da letra do n.º 3 do artigo 4.º do Decreto-Lei n.º 172/2006, segundo a qual as ditas licenças autónomas, seriam, no fim de contas, o resultado de um procedimento modificativo da licença do centro eletroprodutor já existente, sendo tal modificação motivada pela adição de novas unidades de produção.

Como dito, esta hipótese parece ser de descartar, na medida em que, para além de afrontar a letra da lei, deixaria por explicar a própria existência de uma licença autónoma. De facto, de um tal procedimento resultaria uma licença modificada com um objeto que abrangeria o centro eletroprodutor preexistente e as novas unidades entretanto aditadas. Acresce que, relacionado com o que acaba de se dizer, uma tal interpre-

parece antes ser o de que, mesmo que se mantivesse a potência de injeção (nota que define a figura da hibridização), ainda assim o licenciamento autónomo seria necessário.

[11] O n.º 6 do artigo 4.º do Decreto-Lei n.º 172/2006 estabelecia que "*a cada centro eletroprodutor corresponde uma licença de produção de eletricidade quando as unidades de produção utilizem a mesma fonte primária*", pelo que será possível afirmar, em interpretação sistemática com as disposições relativas à hibridização, que se um centro eletroprodutor não utilizar uma mesma fonte primária, terá mais licenças de produção associadas. Não obstante, fica a dúvida, não inteiramente esclarecida pela letra da lei, sobre se, afinal, a cada fonte primária deveria efetivamente corresponder uma licença de produção.

[12] Por "*licença*" na parte final do preceito deve entender-se "*licença de produção*" já que a licença de exploração, assim que emitida, integra a licença de produção. Cfr. a parte final do n.º 6 do artigo 20.º-B do Decreto-Lei n.º 172/2006 e, correspondentemente, a parte final do n.º 7 do artigo 33.º do Decreto-Lei n.º 15/2022.

tação deixaria ainda por explicar a necessidade de averbamento posterior à emissão da licença autónoma, para além de inquinar a própria possibilidade de um tal averbamento: se só houvesse uma licença modificada, deixaria de haver "licença autónoma" a averbar na licença modificada que, de qualquer forma já abrangia essa modificação.

A segunda hipótese interpretativa, que adotamos, passa por considerar o procedimento e a respetiva licença autónoma efetivamente como um novo procedimento de licenciamento relativo a uma nova unidade de produção e que convocaria o regime do licenciamento de centros eletroprodutores. Parece ser esta a melhor hipótese interpretativa já que, dando melhor cumprimento à letra da lei, assegura a utilidade do predicado de "autónomo" aplicável à licença que resulta do novo procedimento e, ainda, a possibilidade e utilidade de se proceder ao averbamento de tal licença ao título de controlo prévio do centro eletroprodutor. De qualquer modo, esta interpretação parece ser corroborada pelo novo regime.

3.2 – O averbamento da licença autónoma na licença do centro eletroprodutor

Surge agora a questão de saber qual o alcance da referência ao averbamento da licença autónoma (de hibridização) à licença do centro eletroprodutor, contida tanto no n.º 3 do artigo 4.º do Decreto-Lei n.º 172/2006, como no atual n.º 8 do artigo 11.º do Decreto-Lei n.º 15/2022. Antes de avançar para uma resposta, parece seguro afirmar que o averbamento não requer qualquer diligência do particular, dando-se oficiosamente pelos serviços do licenciador com a emissão da licença autónoma.

Os averbamentos constituem inscrições em documentos públicos (mais comummente, de registo) que dizem respeito a vicissitudes dos atos neles contidos ou, em termos mais gerais, dos factos neles descritos[13]. Sem limitar ou entrar no campo específico do direito dos registos,

[13] Sobre a figura do averbamento, definida como "*anotação feita à margem de um ato, de qualquer facto que envolva aceitação, confirmação, alteração ou extinção de seu conteúdo*", cfr. A. Luís Gonçalves, «Averbamento», *in* José Pedro Fernandes (dir.), *Dicionário Jurídico da Administração Pública*, I, 2.ª ed., Lisboa, [s/n], 1990 (pp. 648-650), *passim*.

encontramos exemplos no âmbito do Regime Jurídico da Urbanização e Edificação, no qual se define o averbamento como meio de dar nota de vicissitudes objetivas ou subjetivas relativamente aos títulos das obras licenciadas (extensão de prazos de execução, alterações de titularidade, etc.[14]).

Note-se ainda que os averbamentos podem ter natureza constitutiva (quando a modificação dos atos alvo de averbamento ocorre por via deste) ou declarativa (quando a modificação dos atos alvo de averbamento ocorre por força de outro ato que é eficaz por si, tendo o averbamento, deste modo, uma função sobretudo informativa e, por isso, optimizadora do princípio da segurança jurídica)[15].

Para que o averbamento da licença autónoma fosse constitutivo seria necessário que a licença do centro eletroprodutor fosse alvo de algum tipo de alteração (aqui, a eventual integração da licença autónoma na licença do centro eletroprodutor por via do dito averbamento[16]). Ora, salvo melhor opinião, não estamos diante de um caso de integração ou expansão do conteúdo da licença do centro eletroprodutor, já que a licença da nova unidade de produção é, na letra da lei, *autónoma*. Este dado da letra

[14] Cfr., por exemplo, o n.º 7 do artigo 77.º e o n.º 8 do artigo 58.º, ambos da redação atual do Decreto-Lei n.º 555/99, de 16 de dezembro, que aprova o referido Regime.

[15] Encontramos construção semelhante, a propósito dos atos verificativos em geral, em Marcelo Rebelo de Sousa / André Salgado de Matos, *Direito Administrativo Geral*, III, 2.ª ed., Alfragide, D. Quixote, 2010, reimp., p. 97. Será ainda de colocar a hipótese da função integrativa de eficácia dos averbamentos, intermédia às duas apresentadas em texto, nos casos em que a alteração averbada se dá por um outro ato que não o próprio averbamento, mas que só se torna eficaz após ocorrência deste, podendo o mesmo estar ou não sujeito a determinado prazo para que ocorra o efeito modificativo. Relativamente ao que designámos em texto por averbamento declarativo, veja-se no direito italiano a figura da *documentazione*, "*através da qual a Administração Pública regista certos factos ou verifica certas qualidades de que tomou conhecimento através de meios oficiosos ou informação de particulares, anotando-os nos próprios documentos (atas, registos, etc.), com vista a pré-produzir prova oficial daqueles*", Pietro Virga, *Diritto Amministrativo*, II, 6.ª ed., Milano, Giuffrè, 2001, p. 23. Cfr. ainda, Aldo M. Sandulli, *Manuale di Diritto Amministrativo*, I, 13.ª ed., Napoli, Jovene, 1982, pp. 564-565; Vicenzo Cerulli Irelli, *Lineamenti del diritto amministrativo*, 7.ª ed., Torino, Giappichelli, 2021, reimp., pp. 455-458.

[16] Lugar paralelo de uma alteração deste tipo, embora não inteiramente sobreponível porque não existe aqui qualquer averbamento, temo-la no facto de a licença de exploração integrar, com a sua emissão, a licença de produção, cfr. nota de rodapé 12, *supra*.

da lei parece-nos intransponível, para além de que nenhum indício suficiente existe de que a licença autónoma venha a integrar o conteúdo da licença do centro eletroprodutor. Assim, e porque tal integração não tem acolhimento normativo, a única alteração que o licenciamento autónomo de unidades de produção poderia eventualmente ter na licença do centro eletroprodutor seria o estabelecimento de uma obrigação de cumprir o acordo de hibridização / regulamento interno de hibridização[17], obrigação essa que seria incluída na licença autónoma, mas também na licença do centro eletroprodutor, que assim seria modificada por aditamento de uma nova condição[18].

Esta construção parece forçada, na medida em que o acordo de hibridização é elemento instrutório do procedimento da licença autónoma, em lado algum a lei referindo a relevância específica de tal acordo para a licença do centro eletroprodutor, muito menos a ponto de a modificar. O que parece é que, do ponto de vista do titular da licença do centro eletroprodutor, este apenas se compromete perante a sua contraparte do acordo – acordo esse com natureza privada, embora com evidente relevância regulatória – e que, portanto, tal acordo não o vinculará, pelo menos diretamente[19], perante a Direção-Geral de Energia e Geologia (DGEG), enquanto entidade licenciadora.

[17] Doravante, salvo quando o contexto o indicie de outra forma, a utilização da expressão acordo de hibridização abrangerá tanto os casos de acordo propriamente dito, como os casos de regulamento interno.

[18] Sobre o acordo de hibridização, cfr. subsecção 3.4, *infra*.

[19] Dizemos diretamente uma vez que, de modo indireto, o titular do centro eletroprodutor será obrigado a cumpri-lo, pois é precisamente o cumprimento do acordo de hibridização que permitirá que aquele garanta, nas novas condições de produção, a fiabilidade e a segurança da rede elétrica durante a exploração. De notar que a existência do acordo constitui um requisito para atribuição da licença (cfr., alínea h) do n.º 1 do artigo 6.º do Decreto-Lei n.º 172/2006; no atual regime, esta exigência é subsumível na alínea d) do n.º 1 do artigo 27.º do Decreto-Lei n.º 15/2022) e o seu cumprimento, pelo menos de modo mediato, parece ser uma condição de exploração do centro eletroprodutor (cfr. alíneas f) a h), o) e p) do n.º 1 do artigo 20.º do Decreto-Lei n.º 172/2006; no atual regime, cfr. as alíneas f), g), n) e o) do n.º 2 do artigo 31.º do Decreto-Lei n.º 15/2022). Para o titular da licença do centro eletroprodutor, o cumprimento do acordo trata-se, assim e em rigor, de um meio para cumprimento de obrigação legal (cláusula *juris* ou *conditio juris*, como também são conhecidas estas obrigações), logo não advinda do próprio ato administrativo. Por outras palavras, tal obrigação não decorre do conteúdo do

Assim sendo, salvo melhor opinião, o averbamento não terá natureza constitutiva já que a licença do centro eletroprodutor não é modificada. Temos assim que o averbamento tem natureza declarativa, cumprindo uma função informativa e de otimização do princípio da segurança jurídica. De facto, o averbamento serve, sobretudo e antes de mais, para (i) informar quem venha ao caso de que existe uma hibridização e (ii) de que o centro eletroprodutor inicial e as novas unidades carecem de uma gestão da injeção coordenada por forma a dar garantias de fiabilidade e segurança de injeção na RESP.

3.3 – Os títulos de reserva de capacidade na RESP como atos administrativos prévios e constitutivos de direitos

Analisando agora outros caracteres da hibridização, desta vez especialmente voltados ao procedimento do licenciamento autónomo das unidades de produção a aditar, há que notar que a primeira fase do procedimento previsto para a obtenção de licença de produção – obtenção prévia do título de reserva de capacidade (TRC)[20] – era (e é) inaplicável neste caso[21].

Uma vez que a nova unidade de produção se vai ligar a um ponto de injeção já em utilização pelo centro eletroprodutor no qual se vai integrar operacionalmente, é apenas necessário obter o consentimento desse uti-

próprio ato, que se mantém tal qual foi emitido originariamente, mas pode constituir uma das consequências legais da sua existência (cfr. nota de rodapé 56, *infra*). Sobre o tema, cfr. Carla Amado Gomes, *Risco e Modificação do Ato Autorizativo Concretizador de Deveres de Proteção do Ambiente*, Coimbra, Coimbra Editora, 2007, p. 594; Mário Esteves de Oliveira / Pedro Costa Gonçalves / J. Pacheco de Amorim, *Código do Procedimento Administrativo Comentado*, 2.ª ed., Coimbra, Almedina, 2010, reimp., p. 569; Filipa Urbano Calvão, *Os atos precários e os atos provisórios no direito administrativo – Sua natureza e admissibilidade. As garantias do particular*, Porto, Universidade Católica Portuguesa, 1998, pp. 97, 177-178; Afonso Rodrigues Queiró, «Condição», *in* José Pedro Fernandes (dir.), *Dicionário Jurídico da Administração Pública*, II, 2.ª ed., Lisboa, [s/n], 1990 (pp. 561-563), pp. 562-563.

[20] Cfr. n.º 1 do artigo 5.º-A do Decreto-Lei n.º 172/2006, e n.º 1 do artigo 18.º do Decreto-Lei n.º 15/2022.

[21] Cfr. n.º 18 do artigo 5.º-A e § 2 do Anexo I, ambos do Decreto-Lei n.º 172/2006. No Decreto-Lei n.º 15/2022, cfr. alínea b) do n.º 3, do artigo 18.º.

lizador através do já referido acordo de hibridização. De modo a garantir a segurança na injeção, o novo utilizador deve recolher o consentimento do anterior utilizador, consentimento esse que corresponde ao TRC em situações de hibridização[22].

A existência do referido acordo é talvez o ponto axial para se compreender a hibridização de centros eletroprodutores. Antes de mais, trata-se sobretudo de uma declaração de vontade do titular da licença do centro eletroprodutor, consentindo que o ponto de injeção que utiliza possa ser utilizado por outrem (§ 2 do Anexo I do Decreto-Lei n.º 76/2019 e § 3 do Anexo I do Decreto-Lei n.º 15/2022).

Perante estas notas do acordo de hibridização, cabe perceber qual a natureza jurídica dos TRC, pois de outro modo não se perceberá plenamente o alcance da referida declaração de vontade do seu titular.

O TRC no Decreto-Lei n.º 172/2006 surgia regulado no artigo 5.º-A do referido diploma, constando agora o regime destes atos dos artigos 18.º a 22.º do Decreto-Lei n.º 15/2022. O novo diploma dispõe que "*o TRC confere ao seu titular o direito à utilização do ponto de injeção na RESP com a capacidade que lhe for atribuída, de forma firme ou com restrições, enquanto vigorar a licença de exploração que lhe corresponde*"[23].

Cabe questionar se o TRC é um ato constitutivo de direitos já que, se o for, melhor se compreende a necessidade do acordo de hibridização. Diante da disposição acabada de citar e de acordo com a ampla definição legal de ato constitutivo de direitos[24], só a precariedade do ato adminis-

[22] Cfr. §§ 2 e 3 do Anexo I do Decreto-Lei n.º 172/2006 e §§ 3 e 4 do Anexo I do Decreto-Lei n.º 15/2022.

[23] Cfr. n.º 5 do artigo 18.º do Decreto-Lei n.º 15/2022. Note-se que a definição legal só releva para os TRC que cheguem à fase da licença de exploração. Até lá, naturalmente, não estamos diante de uma permissão de utilização do ponto. Conforme se detalhará melhor adiante, desde a emissão do TRC até à licença de exploração o direito titulado é uma verdadeira reserva de capacidade, o que não se pode estranhar a um ato administrativo prévio como é o TRC.

[24] Entende-se por atos constitutivos de direitos aqueles que "*atribuam ou reconheçam situações jurídicas de vantagem ou eliminem ou limitem deveres, ónus, encargos ou sujeições, salvo quando a sua precariedade decorra da lei ou da natureza do ato*", cfr. n.º 3 do artigo 167.º do Código do Procedimento Administrativo, aprovado pelo Decreto-Lei n.º 4/2015, de 7 de janeiro, na sua redação atual (CPA). Sobre os atos constitutivos de direitos, ao abrigo do CPA, *inter alia*, Luiz S. Cabral de Moncada, *Código do Procedimento Administrativo Anotado*, 2.ª ed., Lisboa, Quid Juris, 2017, pp. 531-532; Diogo Freitas do Amaral, *Curso de Direito Administrativo*, II, 3.ª ed.,

trativo vantajoso faria perigar tal classificação, cabendo, pois, questionar se o TRC é ou não ato precário.

Os atos precários são atos administrativos sujeitos a uma "*condição resolutiva potestativa pública*"[25], devendo entender-se a expressão condição resolutiva em sentido lato, uma vez que se tem aceitado que "*o evento condicionante constitua um outro ato administrativo que venha regular com um conteúdo diferente (simplesmente revogatório ou então mais restritivo ou mais alargado do que o primeiro) a situação jurídica objeto do ato precário*"[26].

Nem sempre é fácil perceber se um ato é ou não precário, i.e., se está ou não sujeito a ser *potestativamente* revogado, modificado ou substituído por um segundo ato, seja este igualmente provisório ou definitivo. As dificuldades de qualificação tornam-se especialmente presentes no que toca aos TRC, pelo que antes de determinar se é ou não ato precário, convém estabelecer as notas essenciais destes atos.

O TRC tem por conteúdo a atribuição de capacidade de injeção na RESP, tendo, portanto, um conteúdo eminentemente permissivo. Mas essa permissão, de certa forma, não se esgota em si mesma, já que a atribuição / reserva de capacidade de injeção, por si, não permite o início da injeção, que só ocorrerá com a emissão de licença de exploração e consequente entrada em exploração industrial (*commercial operation*)[27]. O TRC é o primeiro ato administrativo num procedimento escalonado e complexo que passa pela licença de produção e culmina na obten-

Coimbra, Almedina, 2016, pp. 387-389; Mário Aroso de Almeida, *Teoria Geral do Direito Administrativo*, 6.ª ed., Coimbra, Almedina, 2020, reimp., pp. 411-414. Em geral, sobre a figura dos atos constitutivos de direitos, cfr. Pedro Costa Gonçalves, «Revogação (de atos administrativos)», *in* José Pedro Fernandes (dir.), *Dicionário Jurídico da Administração Pública*, VII, Lisboa, [s/n], 1996 (pp. 303-325), pp. 313-315, 319-320; José Robin de Andrade, *A revogação dos atos administrativos*, 2.ª ed., Coimbra, Coimbra Editora, 1985, pp. 93 e ss.

[25] A expressão é de Giuseppe Greco, *L'atto amministrativo condizionato*, Padova, CEDAM, 1993, pp. 295-296, *apud* Filipa Urbano Calvão, *Os atos precários...*, cit. (nt. 19), pp. 86-87.

[26] Filipa Urbano Calvão, *Os atos precários...*, cit. (nt. 19), pp. 105-106. No mesmo sentido, Afonso Rodrigues Queiró, «Condição», cit. (nt. 19), p. 562. Em sentido próximo, caracterizando os atos precários como aqueles que estão intrinsecamente "*sujeitos a ser revogados, substituídos ou modificados pela administração a qualquer momento*", Marcelo Rebelo de Sousa / André Salgado de Matos, *Direito Administrativo Geral*, III, cit. (nt. 15), p. 100.

[27] Cfr. alínea ll) do artigo 2.º e n.º 8 do artigo 4.º, ambos do Decreto-Lei n.º 172/2006. No Decreto-Lei n.º 15/2022, cfr. a alínea b) do n.º 6 do artigo 11.º e o n.º 1 do artigo 33.º.

ção da licença de exploração, sendo certo que a reserva da capacidade é isso mesmo: uma reserva para utilização após emissão da licença de exploração.

Podemos, assim, classificar o TRC como um ato administrativo prévio, na medida em que faz parte das chamadas pré-decisões, i.e., dos atos administrativos que "*ocorrem em procedimentos autorizativos nos quais, por força da complexidade das matérias envolvidas, a lei determina que a decisão final sobre uma pretensão particular seja decomposta em decisões de âmbito menor a adotar em momentos sucessivos (procedimentos escalonados)*" sendo que, nesse contexto, se configuram na submodalidade de ato administrativo prévio, categoria reservada àquelas pré-decisões que "*se limitam a decidir sobre questões de cujo desfecho depende juridicamente a adoção da decisão final, mas sem resolverem ainda qualquer parcela desta e, por isso, sem permitirem ao interessado desenvolver, ainda que em parte, a atividade por si pretendida*"[28].

Já do ponto de vista da sua justificação, como bem se compreende, tais atos servem para "*diminuir o risco de investimento dos particulares*", funcionando "*como pré-aviso em relação ao que poderá suceder no final do procedimento*[, havendo], *portanto, um objetivo de transparência e previsibilidade da atuação administrativa*"[29]. Recordando que o próprio TRC constitui elemento instrutório para requerer a licença de produção[30], tem aqui plena aplicabilidade a ideia segundo a qual o ato prévio "*resolve questões isoladas de que depende a posterior decisão da pretensão autorizatória ou licenciatória formulada pelo particular*"[31].

Pois bem, tratando-se de um ato prévio, o TRC é um ato que resolve a questão relativa à reserva de capacidade. Mas é precisamente por ser um ato prévio, necessariamente conexo com atos a obter na sua sequên-

[28] MARCELO REBELO DE SOUSA / ANDRÉ SALGADO DE MATOS, *Direito Administrativo Geral*, III, cit. (nt. 15), pp. 103-104. Cfr., ainda, HARTMUT MAURER, *Derecho Administrativo – Parte General*, Madrid, Marcial Pons, 2011, p. 253; FILIPA URBANO CALVÃO, *Os atos precários...*, cit. (nt. 19), pp. 47-53.

[29] FILIPA URBANO CALVÃO, *Os atos precários...*, cit. (nt. 19), p. 46. Cfr. também, VASCO PEREIRA DA SILVA, *Em Busca do Ato Administrativo Perdido*, Coimbra, Almedina, 2003, reimp., pp. 461-466.

[30] Cfr. alínea c) do § 1 do Anexo I do Decreto-Lei n.º 172/2006. No Decreto-Lei n.º 15/2022, cfr., igualmente, a alínea c) do § 1 do Anexo I.

[31] DIOGO FREITAS DO AMARAL, *Curso de Direito Administrativo*, II, cit. (nt. 24), p. 242.

cia, que, não sendo possível avançar para as fases seguintes, o TRC vai caducar[32]. Nestes termos, não se afasta a possibilidade de o ato prévio resolver as referidas questões em termos que ponham fim ao respetivo procedimento, mas que o faça a nível precário, já que as categorias dos atos prévios e dos atos precários não são necessariamente sobreponíveis.

Conforme já aflorado, o ato precário é aquele que está, por definição, sujeito a uma condição resolutiva potestativa pública de revogação, modificação ou substituição, "*se vierem a verificar-se determinados pressupostos que o justifiquem ou imponham*"[33], o que implicará reconhecer que um ato administrativo apenas sujeito a condição resolutiva casual – i.e., não potestativa – não é precário, mas meramente condicionado. Quanto aos indícios de tal condição podem os mesmos ser expressos ou implícitos, e podem constar tanto da lei[34], como do teor do próprio ato[35]. Já quanto aos pressupostos para preenchimento da condição eles devem estar de algum modo ligados ao interesse público dinamicamente prosseguido pela entidade competente e que justifica tal atribuição de competência, a revelar, entre outros a apurar casuisticamente por interpretação do ato administrativo, pelo quadro legal das suas causas de indeferimento

[32] Cfr. alínea a) do n.º 13 e n.º 14, ambos do artigo 5.º-A do Decreto-Lei n.º 172/2006, bem como a alínea b) do n.º 6 do artigo 18.º do Decreto-Lei n.º 15/2022, que preveem como causa de caducidade do TRC a não obtenção da licença de produção em prazo, à qual está funcionalmente ligado: trata-se de um caso que podemos reconduzir à chamada caducidade por conexão. Sobre a figura, no âmbito do direito privado, mas com conclusões que se julgam transponíveis para o direito administrativo, CARLOS FERREIRA DE ALMEIDA, *Contratos*, VI, Coimbra, Almedina, 2020, reimp., p. 89. Note-se que esta modalidade de caducidade tanto pode ocorrer pela não obtenção de um determinado título como pela cessação de eficácia de um título já emitido: o que importa é que exista uma determinada conexão por dependência, pouco importando se o ato dependente está lógica ou cronologicamente situado antes ou depois do ato subordinante. Cfr. ainda nota de rodapé 92, *infra*.

[33] MÁRIO AROSO DE ALMEIDA, *Teoria Geral...*, cit. (nt. 24), p. 267.

[34] Cfr., por exemplo, o artigo 1.º do Decreto 22059, de 2 de janeiro de 1933, que determina que "*enquanto não for definida a rede elétrica nacional, todas as licenças para estudo de aproveitamentos hidroelétricos sejam dadas a título precário, sem direito a indemnizações caso tais aproveitamentos não venham a ser englobados naquela rede*".

[35] É o que decorre da parte final do já citado n.º 3 do artigo 167.º do CPA. No mesmo sentido, JOSÉ CARLOS VIEIRA DE ANDRADE, *Lições de Direito Administrativo*, 5.ª ed., Coimbra, Imprensa da Universidade de Coimbra, 2018, p. 176.

(especialmente se o elenco for taxativo) e de cessação de eficácia do tipo de atos administrativos em questão.

Tendo em conta as especificidades dos TRC obtidos por via de procedimento concorrencial, cujos termos são especialmente plásticos[36], consideraremos agora para análise apenas os TRC emitidos na modalidade geral e na modalidade de acordo, com a ressalva de que estes últimos não são atos administrativos, mas verdadeiros contratos (n.º 1 do artigo 21.º do Decreto-Lei n.º 15/2022), pelo que se deverão fazer as necessárias adaptações.

Na modalidade geral, e ao abrigo do anterior regime, constituíam causas de indeferimento a ausência de capacidade de rede e a ausência de prestação de caução (n.º 6 do artigo 5.º-A), estando esta última relacionada com a falta de demonstração firme de vontade em cumprir todas as fases juridicamente previstas até início de exploração[37]. Pois bem, a capacidade de rede é uma realidade verificável à data da emissão do ato[38], não justificando a emissão de um TRC a título precário; de igual modo ocorre com a prestação da caução, que devia ser feita em momento prévio ao surgimento do ato[39]. As causas de indeferimento no novo diploma encontram-se no n.º 12 do seu artigo 19.º (faltas de pagamentos tempesti-

[36] Cfr. os n.ºs 3, 7 e 8 do artigo 5.º-B do Decreto-Lei n.º 172/2006, e os n.ºs 4, 8 e 9 do artigo 22.º do Decreto-Lei n.º 15/2022, que lhes correspondem.

[37] É também o que justificava a intransmissibilidade do TRC até obtenção da licença de exploração, cfr. n.º 17 do artigo 5.º-A do Decreto-Lei n.º 172/2006. Isto mesmo surge no preâmbulo do Decreto-Lei n.º 76/2019, que constitui a última alteração profunda ao Decreto-Lei n.º 172/2006 e nele incluiu a figura dos TRC: "*numa perspetiva de otimização das infraestruturas de rede e de promoção efetiva da produção de energia, estabelece-se a intransmissibilidade dos títulos de reserva de capacidade de injeção na RESP até efetiva entrada em exploração dos centros eletroprodutores a que respeitam*". Apesar de a referida justificação se manter, a solução legal foi aligeirada no novo regime, cfr. n.º 8 do artigo 18.º e n.º 2 do artigo 36.º, ambos do Decreto-Lei n.º 15/2022.

[38] O n.º 7 do artigo 5.º-A do Decreto-Lei n.º 172/2006 constituía norma definitória a este respeito: "*verifica-se ausência de capacidade de rede disponível quando, tendo em conta os compromissos de ligação existentes, a potência a injetar exceda a capacidade disponível no ponto de interligação ou de receção, não existam condições técnicas que permitam implementar a ligação à rede, ou possa afetar-se a segurança e fiabilidade da RESP*".

[39] Cfr. n.º 11 do artigo 5.º-A do Decreto-Lei n.º 172/2006 e n.º 1 do artigo 13.º do Decreto-Lei n.º 15/2022.

vos e falta de condições técnicas de ligação), valendo, com as necessárias adaptações, os mesmos argumentos.

Quanto à modalidade de acordo, só uma análise casuística permitiria aceder à natureza eventualmente precária dos TRC na medida em que, pese embora a intervenção da DGEG prevista no n.º 2 do artigo 21.º do Decreto-Lei n.º 15/2022, o seu conteúdo dependerá em grande medida da vontade das partes (operador de rede e interessado).

Vejamos agora as causas de cessação de eficácia (caducidade, nas palavras da lei). Encontram-se como tal previstas na lei a não obtenção de licenças em prazo[40], o incumprimento dos TRC emitidos na modalidade de acordo e a extinção de licenças[41].

Ora, ressalvados os casos concretos em que o TRC seja emitido com restrições[42] ou com outras particularidades que possam revelar a sua precariedade, em princípio as outras causas de cessação de eficácia previstas na lei reconduzem-se a casos da chamada caducidade-sanção[43] (i.e., caducidade por incumprimento imputável ao interessado). Nestes casos não teremos a nota de "*condição resolutiva potestativa pública*"[44] de revogação, modificação ou substituição que caracteriza um ato precário, mas apenas e eventualmente a vontade do ente administrativo de declarar a caducidade-sanção, o que nos parece ser assunto distinto[45]. Além disso, parece possível afirmar-se que, em termos genéricos e com as ressalvas

[40] Cfr. artigo 14.º do Decreto-Lei n.º 15/2022.

[41] Cfr. n.º 6 do artigo 18.º do Decreto-Lei n.º 15/2022. Vale aqui autonomizar a hipótese em que uma central hidroelétrica é objeto de um título de utilização dos recursos hídricos em que se encontra uma condição resolutiva potestativa pública que, sendo acionada, implicará a extinção da licença de produção e, daí, nos termos da alínea e) do n.º 6 do artigo 18.º do Decreto-Lei n.º 15/2022, a extinção do TRC. Indiretamente, poder-se-ia questionar se não teríamos aqui um TRC precário.

[42] Cfr. n.º 5 do artigo 18.º e n.º 2 do artigo 51.º do Decreto-Lei n.º 15/2022.

[43] Sobre a figura, na doutrina nacional, Maria Fernanda Maçãs, «A caducidade no direito administrativo: breves considerações», *in* AAVV, *Estudos em Homenagem ao Conselheiro José Manuel Cardoso da Costa*, II, Coimbra, Coimbra Editora, 2005 (pp. 121-174), pp. 129 e ss.

[44] Filipa Urbano Calvão, *Os atos precários...*, cit. (nt. 19), p. 177.

[45] Pietro Virga, *Diritto Amministrativo*, II, cit. (nt. 15), pp. 140-141, em especial, a nota de rodapé 41, onde o Autor esclarece que "*a declaração de caducidade* [*decadenza*] *diferencia-se da revogação uma vez que não comporta uma nova valoração dos factos que deram lugar à emissão do ato, mas dizem respeito apenas a eventos posteriores à emissão*".

já apontadas, todas as causas de caducidade independem da vontade da autoridade administrativa em extinguir, modificar ou substituir as posições jurídicas previamente tituladas, o que também impede que consideremos os TRC como atos precários.

Termos em que estamos em condições de negar, em princípio e em termos genéricos, a natureza precária aos TRC, o que parece, pela inversa, permitir a classificação deste tipo de atos como verdadeiramente constitutivos de direitos, na aceção do n.º 3 do artigo 167.º do CPA.

3.4 – O acordo de hibridização

Como já referido, o acordo de hibridização constitui, antes de mais, uma declaração de vontade do titular da licença do centro eletroprodutor, consentindo que o ponto de injeção que utiliza possa ser utilizado por outrem.

O Decreto-Lei n.º 172/2006 estabelecia nos §§ 2 e 3 do seu Anexo I que "*no caso de instalação em centro eletroprodutor já existente de novas unidades de produção que utilizem diversa fonte primária mantendo a potência de injeção na rede atribuída na licença de produção preexistente é dispensada a apresentação do* [TRC] (...) *que é substituído por autorização do titular da licença preexistente a quem foi atribuído o ponto de injeção na rede a utilizar*" constituindo "*regulamento interno ou acordo, que estabeleça a gestão da injeção de energia elétrica da RESP, consoante a nova unidade a instalar seja detida ou explorada pela entidade titular do centro eletroprodutor preexistente ou por terceiro*"; as referidas disposições foram praticamente reproduzidas como §§ 3 e 4 do Anexo I do Decreto-Lei n.º 15/2022.

Vimos já que o TRC corresponde, em princípio, a um ato prévio constitutivo de direitos. Acrescente-se ainda que o TRC, logo que seja emitida a licença de produção integra-se nesta, confirmando-se também por esta via a sua natureza de ato prévio[46].

[46] Poderíamos ir mais longe e dizer que, mais do que uma integração nas condições da licença de produção, tínhamos aí, pelo menos ao abrigo do anterior regime, uma verdadeira perda de autonomia do TRC face à licença de produção. A tanto apontava a parte final do n.º 17 do artigo 5.º-A e o n.º 3 do artigo 15.º do Decreto-Lei n.º 172/2006, bem como a devolução da

Aqui chegados, cabe agora questionar qual a função do acordo de hibridização.

A função do acordo de hibridização compreende-se à luz da natureza do TRC enquanto ato constitutivo de direitos[47]. Em termos gerais, estes

caução prevista na alínea c) do n.º 15 do artigo 5.º-A do Decreto-Lei n.º 172/2006 e o facto de o TRC ser indicado na lei como um elemento instrutório essencial do pedido de licença de produção (n.º 1 do artigo 8.º e alínea c) do § 1 do Anexo I do mesmo diploma), surgindo ainda referenciado, embora com alcance que se disputa por confundir pressuposto com elemento instrutório essencial de ato administrativo, como um critério de atribuição da licença de produção (alínea f) do n.º 1 do artigo 6.º). De facto, ou o TRC constituía um elemento instrutório essencial cuja falta redundaria numa extinção precoce do procedimento de obtenção da licença de produção devido a desconformidade da base instrutória (cfr. n.º 3 do artigo 9.º do Decreto-Lei n.º 172/2006) ou constituiria antes um critério para emissão da licença, sendo mobilizável a nível de uma eventual decisão de indeferimento ao abrigo do artigo 11.º do mesmo diploma, já no fim do procedimento. De um ponto de vista mais geral, enquanto a falta de elemento instrutório essencial dá origem a uma decisão de rejeição de análise do pedido, já a falta de pressupostos (de mérito) para emissão do ato pressupõe essa análise. Embora a Autora não se refira expressamente à falta de elementos instrutórios essenciais como causa de extinção precoce do procedimento administrativo por falta de pressupostos procedimentais objetivos, cfr. Fernanda Paula Oliveira, «As causas de extinção do procedimento administrativo (no novo CPA)», *in* Carla Amado Gomes / Ana Fernanda Neves / Tiago Serrão (coords.), *Comentários ao Novo Código do Procedimento Administrativo*, I, 3.ª ed., Lisboa, AAFDL, 2016 (pp. 795-820), pp. 805-808. Cfr. ainda, María Zambonino Pulito, *El deber de la Administración de no resolver materialmente el procedimiento*, Valencia, Tirant lo Blanch, 2018, pp. 130-138. Já no âmbito do Decreto-Lei n.º 15/2022 pode refutar-se a ideia de perda de autonomia do TRC por via da integração, tanto no que toca à licença de exploração, como ao TRC, por apelo, por exemplo, ao n.º 2 do artigo 37.º. Do que se trataria – poder-se-ia objetar – era antes de um caso de conexão entre atos autónomos (cfr. última parte da nota de rodapé 32, *supra*), e não de uma perda de autonomia de uns relativamente a outros. Tal objeção sempre seria aparente: a perda de autonomia a que se alude não equivale à cessação da existência de nenhum dos atos integrados, mas refere-se, precisamente, ao facto de que passa a existir uma relação tão próxima entre aqueles atos que a perda de uns pode levar à perda dos outros, pois todos eles são, cumulativamente, condições para a exploração do centro eletroprodutor; também por esta via se indicia e confirma a natureza de ato prévio do TRC.

[47] Mesmo quando o caso concreto aponte para a precariedade do TRC, a verdade é que sempre haveria justificação para continuar a considerar a necessidade do acordo. De facto, haja ou não direitos constituídos, seja ou não trazida à liça a questão indemnizatória que anda de mãos dadas com os atos constitutivos, os motivos que justificam a existência do acordo e que melhor veremos em texto, sempre seriam válidos porque um ato precário, ainda que não se discuta que o faça sob condição resolutiva potestativa, atribui uma posição ativa que vigora

atos constituem a criação de vantagens para os seus titulares, adquirindo para os efeitos do presente estudo especial acuidade a função tituladora do ato administrativo[48].

Aí onde o TRC se afirma como título de reserva/utilização de um ponto de receção para o seu titular[49], a hibridização vai funcionar como um evento externo ao ato que prejudicará essa plena titularidade nas vantagens, naturalmente sempre exercíveis nos termos da lei e dos termos do ato. A licença autónoma relativa à nova ou às novas unidades de produção comprimirá as vantagens tituladas pela licença do centro eletroprodutor. Daí que a prestação de consentimento na partilha do ponto e envolvimento do titular da licença do centro eletroprodutor seja fundamental já que, de certa forma e como estamos diante de ato constitutivo de direitos, vemos aplicar-se aqui a máxima *volenti non fit iniuria*[50].

em pleno até que a Administração acione tal condição. Cfr. Paulo Otero, *Manual de Direito Administrativo*, I, Coimbra, Almedina, 2019, reimp, p. 240; Mário Esteves de Oliveira, *Direito Administrativo*, I, Coimbra, Almedina, 1980, pp. 360-361.

[48] O ato administrativo cumpre essa função de "*título legitimador (...) permitindo opor à administração ou a terceiros as situações jurídicas dele decorrentes*", Marcelo Rebelo de Sousa / André Salgado de Matos, *Direito Administrativo Geral*, III, cit. (nt. 15), p. 90. Cfr., ainda, Eduardo García de Enterría / Tomás-Ramón Fernández, *Curso de Derecho Administrativo*, II, 15.ª ed., Madrid, Civitas, 2017, pp. 129-130.

[49] Por não se justificar no âmbito do presente estudo, não entraremos aqui no tema de perceber se essa utilização se refere a bens dominiais (da titularidade do Estado) ou a bens privados sujeitos a regulação (na medida em que não se reconheça à RESP o estatuto de bem ou bens do domínio público). A favor da primeira tese, Paulo Dias Neves, «Atravessamento aéreo de estradas nacionais com linhas elétricas», *in* e-Pública, vol. 2, n.º 1, 2015 (pp. 199-239), pp. 208-209; a favor da segunda, Ana Raquel Gonçalves Moniz, *O Domínio Público – O Critério e o Regime Jurídico da Dominialidade*, Coimbra, Almedina, 2005, pp. 243-251; Pedro Costa Gonçalves, *Regulação...*, cit. (nt. 2), pp. 129-130; Rui Chancerelle de Machete, «O domínio público e a rede elétrica nacional», *in* Rui Chancerelle de Machete, *Estudos de Direito Público*, Coimbra, Coimbra Editora, 2004 (pp. 207-250), *passim*.

[50] É a mesma justificação que preside à consagração da primeira parte da alínea b) do n.º 2 do artigo 167.º do CPA. Somos tentados a afirmar que se a hibridização se desse por forma autoritária (hipótese que não parece ter qualquer base nem no regime de 2019, nem no atual), em que a Administração obrigasse o utilizador inicial do ponto de injeção a aceitar uma certa "contitularidade" forçada na utilização do ponto de injeção, então teríamos aí uma modificação de um ato constitutivo de direitos, convocando, nos termos do n.º 1 do artigo 173.º do CPA, o regime da revogação, com tudo o que isso implica, desde logo o eventual pagamento

Mas mais do que um mero ato de consentimento, o acordo constitui uma forma de coresponsabilização de ambos os titulares (da licença autónoma e da licença do centro eletroprodutor) na gestão do ponto de injeção de modo fiável e seguro. Sob este ponto de vista, o acordo é um instrumento de autorregulação, o que nos permite perceber que se o acordo de hibridização é o ponto-chave do regime, então também se afigura nele central a ideia de autorregulação ou de autocomposição de interesses[51]; vejamos em que medida vale esta afirmação.

A doutrina tem chamado a atenção para a existência de fenómenos em que o Estado "*confia aos privados a regulação e o controlo das suas próprias atividades, remetendo-se a Administração a um papel de «controlador dos controladores»*"[52-53]. Julgamos que o acordo de hibridização é enquadrável

de indemnizações (n.º 5 do artigo 167.º do CPA). Porém, se tal hipótese estivesse legalmente prevista, provavelmente estaríamos já diante de um TRC qualificável como ato precário, uma vez que o licenciador podia a todo o tempo retirar a plenitude das vantagens ao titular inicial para as redistribuir também pelo segundo titular, sem lugar a compensações.

[51] Utilizamos aqui o conceito de (autor)regulação no seu sentido mais imediato e não no sentido hoje também disseminado de regulação setorial ou ligado ao chamado direito da regulação. Utilizando o sentido adotado, cfr. António Francisco de Sousa, *Manual de Direito Administrativo*, Porto, Vida Económica, 2019, pp. 581-582; Pedro Moniz Lopes, *Derrotabilidade Normativa e Normas Administrativas – O Enquadramento das Normas Regulamentares na Teoria dos Conflitos Normativos*, I, Lisboa, AAFDL, 2019, pp. 191-193.

[52] José Eduardo Figueiredo Dias, *A Reinvenção da Autorização Administrativa no Direito do Ambiente*, Coimbra, Coimbra Editora, 2014, p. 629. Cfr. ainda, Pedro Costa Gonçalves, *Entidades Privadas com Poderes Públicos*, Coimbra, Almedina, 2008, reimp., pp. 170 e ss.; sobre a intervenção administrativa de controlo, no âmbito dos espaços de autorregulação dos privados, Paulo Otero, *Legalidade e Administração Pública – O sentido da vinculação administrativa à juridicidade*, Coimbra, Almedina, 2017, reimp., pp. 805-807. Referindo-se à regulação autoritária como uma assunção de responsabilidade do próprio regulador, e – inferimos nós – à autorregulação como um compromisso de (autor)responsabilização dos destinatários da mesma perante a Administração, Eberhard Schmidt-Assmann, *La teoría general del derecho administrativo como sistema*, Madrid, Marcial Pons, 2003, pp. 318-319; sobre a chamada administrativização do contrato privado, Pedro Costa Gonçalves, *Reflexões sobre o Estado Regulador e o Estado Contratante*, Coimbra, Coimbra Editora, 2013, pp. 100 e ss., em especial, pp. 115-119.

[53] Note-se que o modelo de regulação em matéria de fiabilidade e segurança técnica das redes é executado pela REN, ao abrigo da concessão da RNT (cfr., entre outros, a Base III das Bases do Contrato de Concessão da RNT, aprovado como Anexo II do Decreto-Lei n.º 15/2022), mas é à DGEG quem cabe, em último plano, supervisionar o cumprimento dos termos da dita concessão (cfr. Base XXVI/1 das referidas Bases). Imputando à DGEG "*a responsabilidade*

como instrumento desta realidade, em que a Administração confere aos interessados (titular da licença do centro eletroprodutor e interessado na obtenção de licença autónoma) a possibilidade de comporem os seus próprios interesses, desde que garantam a fiabilidade e segurança na utilização do ponto de injeção diante do licenciador (e é este o seu papel essencial), tanto em abstrato por via da existência de um acordo vocacionado para o efeito, como em concreto por via da sua boa e pontual execução[54]. Vistas bem as coisas, porém, esta afirmação deve ser bem escalpelizada, tomando por referência as partes do acordo.

Como já notado até aqui, o acordo de hibridização tem uma dupla relevância: uma administrativa e outra privada.

Tomando por referência o futuro titular da licença autónoma temos o seguinte esquema: (i) do ponto de vista administrativo, o cumprimento do acordo de hibridização deverá constituir uma condição da própria licença[55]; (ii) do ponto de vista privado, o acordo de hibridização consti-

de garantir a segurança técnica e o abastecimento de eletricidade, cabendo-lhe, nesse âmbito, acompanhar os planos de expansão e investimento em infraestruturas, coordenar e propor relatórios de monitorização", Pedro Costa Gonçalves, *Regulação...*, cit. (nt. 2), p. 119.

[54] Sobre as vantagens destes instrumentos para a regulação de condutas, no âmbito do direito ambiental, mas transponíveis para este âmbito, cfr. Mark Bobela-Mota Kirkby, *Os Contratos de Adaptação Ambiental – A concertação entre a Administração Pública e os particulares na aplicação de normas de polícia administrativa*, Lisboa, AAFDL, 2006, reimp., pp. 28-29.

[55] Embora não surja expresso, consideramos que o cumprimento do acordo de hibridização deverá constituir uma condição da licença, seja ao abrigo do n.º 3, em interpretação extensiva, seja ao abrigo da alínea g) do n.º 1, ambos do artigo 15.º do Decreto-Lei n.º 172/2006, em coordenação com a alínea g) do n.º 1 do artigo 20.º do mesmo diploma (correspondentemente, cfr. o n.º 3 e alínea h) do n.º 1 do artigo 29.º, bem como a alínea g) do n.º 2 do artigo 31.º, todos do Decreto-Lei n.º 15/2022). Se assim não for, o acordo de hibridização tem uma relevância regulatória diminuta para o titular da licença autónoma. É certo que o acordo constitui elemento instrutório essencial da licença de produção autónoma, mas é igualmente certo que, assim que seja emitida a licença de produção, a verdade é que não parece existir na lei nenhuma obrigação específica quanto ao cumprimento de tal acordo. O que existe, isso sim, é uma obrigação de garantir a todo o momento a injeção segura na rede, i.e., garantir que essa determinada finalidade é atingida, sendo certo que tal obrigação é solidária relativamente a ambas as partes do acordo, cfr. n.º 5 do artigo 69.º, *ex vi* artigo 75.º do Decreto-Lei n.º 15/2022. Assim, no limite, cabe às partes do acordo decidir se cumprem ou não o acordo, desde que a injeção segura na rede se consiga por qualquer outro meio. Ora, esta posição parece ir contra a visibilidade e relevância regulatória que claramente a lei pretende reservar

tui um verdadeiro contrato, pelo que aquele responderá civilmente, nos termos gerais, pelo seu cumprimento perante o titular da licença do centro eletroprodutor.

Por seu turno, por referência ao titular do centro eletroprodutor temos o seguinte: (i) do ponto de vista administrativo, o acordo constitui uma diretiva cujo cumprimento será o meio mais adequado para que sejam cumpridas as obrigações legais relativamente à finalidade de injeção segura na rede a que está adstrito enquanto titular de uma licença de produção de eletricidade[56]; (ii) do ponto de vista privado, o acordo de hibridização tem, naturalmente, a mesma relevância que tem para o futuro titular da licença autónoma, i.e., relevância contratual.

Quanto à preferência do acordo de hibridização enquanto instrumento regulatório, justifica-se o mesmo em detrimento de uma solução puramente impositiva e unilateral por parte da Administração, já que a hibridização tem por efeito a criação de uma relação de verdadeira convivência de sujeitos na gestão de bens com particular interesse público onde até aí só havia um promotor com um direito constituído a gerir, por si, a capacidade do ponto de injeção que lhe havia sido atribuída em exclusivo por via do TRC. Por isso, o acesso à capacidade de injeção, nos casos de hibridização, concretiza-se por via de acordo do titular da licença do centro eletroprodutor, não surgindo na lei, pelo menos de forma expressa e imediata, mecanismos de oposição a tal manifestação de vontade, eventualmente com potencial invalidante, quer por parte do licenciador, quer por parte do operador de rede[57].

ao acordo de hibridização nos casos do licenciamento autónomo, que parece guiar o licenciador no sentido de estabelecer o cumprimento do acordo como uma verdadeira condição da licença. Sem o estabelecimento de uma condição na licença de produção, o acordo seria pura e simplesmente uma diretiva (*directive / technical norm*, no sentido dado em Georg Henrik von Wright, *Norm and Action – A Logical Enquiry*, London, Routledge & Kegan Paul, 1963, pp. 9-11, 170-171), cujo cumprimento, como dito, parece nem ser obrigatório pela lei. De qualquer forma, consideramos que o acordo deverá constar como anexo da licença de produção, por aplicação correspondente da alínea a) do n.º 4 do artigo 29.º do Decreto-Lei n.º 15/2022 aos casos da licença autónoma (de hibridização).

[56] Cfr. nota de rodapé 19, *supra*.

[57] Diferente seria o caso de o licenciador ou o operador de rede, que também participará do procedimento de licenciamento (cfr. artigo 10.º do Decreto-Lei n.º 172/2006 e artigo 26.º

Idêntico raciocínio vale para o regulamento interno de hibridização, modalidade que será utilizada quando o titular da licença do centro eletroprodutor seja o mesmo que pretende aditar novas unidades de produção em hibridização[58]. Aqui a ideia de autocomposição de interesses, desta vez unilateralmente pelo próprio titular da licença do centro eletroprodutor, está igualmente presente, assim como está a ideia fundamental de proporcionalidade e subsidiariedade da intervenção da Administração, que perpassa neste tema de modo muito claro[59].

Não existiam no Decreto-Lei n.º 172/2006 indicações suficientemente densificadas sobre os termos que deviam reger o acordo. No entanto, por apelo à figura da "*separação*", que mais não é do que a possibilidade de a licença autónoma poder ser titulada por pessoa diferente daquela que é titular da licença do centro eletroprodutor, o Decreto-Lei n.º 15/2022 oferece-a no seu artigo 75.º.

Dispõe o artigo 75.º do novo diploma, que remete para o regime da separação previsto para o sobre-equipamento, que "*a hibridização pode ser concedida a requerente distinto do titular do centro eletroprodutor ou UPAC a hibridizar, ainda que não em relação de domínio com este, aplicando-se com as necessárias adaptações o estabelecido no artigo 69.º*".

Conforme já vimos, o acordo de hibridização, pelo menos no sentido lato que temos vindo a utilizar, acomoda as modalidades de acordo e de regulamento interno. Ora, de acordo com o artigo 75.º, as situações em que o acordo reveste a modalidade de regulamento interno não são elegíveis para a separação: todas as unidades de produção (preexistentes e a aditar) pertencem ao mesmo titular. Mas tal não quer dizer que a den-

do Decreto-Lei n.º 15/2022), considerarem que o acordo e a proposta de gestão do ponto de injeção não apresentam suficientes garantias de fiabilidade e segurança de rede. Nesse caso, porém, não seria um problema relativo a um qualquer poder público de oposição à manifestação de vontade propriamente dita, mas, em bom rigor, de (falta de) condições para o licenciamento autónomo.

[58] Naturalmente só em sentido impróprio se pode falar aqui em acordo. O que existe, em rigor, é um compromisso perante a Administração.

[59] Mário Aroso de Almeida, «A regulação como função administrativa do Estado: a complexidade de um conceito», *in* Carla Amado Gomes / Ricardo Pedro / Rute Saraiva / Fernanda Maçãs (coords.), *Garantia de Direitos e Regulação – Perspetivas de Direito Administrativo*, Lisboa, AAFDL, 2020 (pp. 25-68), pp. 39, 49.

sificação prevista para o acordo *stricto sensu* não possa servir de modelo, quer para a Administração, quer para os interessados, relativamente ao conteúdo que tal regulamento deverá revestir.

Já relativamente ao acordo de hibridização *stricto sensu*, e em termos mais diretos, a remissão do artigo 75.º constitui-se como ponte para um regime que permite uma importante densificação dos limites que a autocomposição de interesses pode aqui revestir[60]. Com as necessárias adaptações, e para além de quanto já se disse, nele se preveem as seguintes linhas de força:

a) O acordo de hibridização deve definir os termos e condições da hibridização, nomeadamente os direitos e obrigações de cada uma das partes no respeitante à produção de eletricidade, à injeção de eletricidade na rede, à contagem e faturação, à propriedade das instalações e equipamentos e à partilha de informações[61];
b) As partes do acordo de hibridização asseguram o regular funcionamento das respetivas instalações, em conformidade com a lei e os regulamentos aplicáveis e as boas regras da indústria, bem como o cumprimento das instruções de interrupção, o pagamento da energia consumida pelos serviços auxiliares, o controlo da energia reativa transitada pelo ponto de receção e o pagamento dos respetivos desvios à programação[62];
c) Sem prejuízo de, em princípio, caber ao titular da licença do centro eletroprodutor assegurar a interlocução perante as entidades licenciadora e fiscalizadoras, os operadores de rede ou o gestor global do SEN em tudo o que respeite ao cumprimento dos deveres e obrigações legais e regulamentares decorrentes do controlo prévio e inerentes à instalação e exploração da hibridização e res-

[60] Naturalmente, os desvios a esse programa acarretarão a nulidade do acordo, nos termos do n.º 1 do artigo 280.º do Código Civil. Sobre o tema, Carlos Ferreira de Almeida, *Contratos*, V, 2.ª ed., Coimbra, Almedina, 2020, pp. 173-174; Carlos Alberto da Mota Pinto, *Teoria Geral do Direito Civil*, 4.ª ed., Coimbra, Coimbra Editora, 2012, reimp., p. 557; Luís A. Carvalho Fernandes, *Teoria Geral do Direito Civil*, II, 5.ª ed., Lisboa, Universidade Católica Editora, 2010, p. 160. Cfr., ainda, Pedro Costa Gonçalves, *Reflexões...*, cit. (nt. 52), pp. 106-107.

[61] Cfr. n.º 3 do artigo 69.º, *ex vi* artigo 75.º do Decreto-Lei n.º 15/2022.

[62] Cfr. n.º 4 do artigo 69.º, *ex vi* artigo 75.º do Decreto-Lei n.º 15/2022.

petiva ligação à rede, as partes do acordo de hibridização respondem solidariamente perante elas[63].

Terminamos salientando que, tal como decorre do artigo 75.º, a hibridização pode ocorrer em unidade de produção para autoconsumo (UPAC) ou em qualquer centro eletroprodutor (seja a capacidade inferior ou superior a 1 MW, assim incluindo também as antigas unidades de pequena produção – UPP).

4 – O regime da hibridização no Decreto-Lei n.º 15/2022

Analisados os aspetos fundamentais da hibridização, estamos agora em melhores condições de descrever a figura à luz do novo regime do SEN, tanto no que toca ao seu regime procedimental, como no que toca ao seu regime substantivo. Ressalte-se que, tal como ocorria no âmbito do anterior diploma, uma compreensão mais completa do regime da hibridização carece de ser encontrada nos interstícios do que se encontra expressamente previsto. Tal como já referido, tratando-se sobretudo de um desenvolvimento, e não de um corte com o anterior regime, agora cabe sobretudo fazer precisões.

4.1 – O procedimento de licenciamento autónomo

Se até aqui trabalhámos a caracterização da hibridização a partir do n.º 3 do artigo 4.º do Decreto-Lei n.º 172/2006, agora trabalharemos com o n.º 8 do artigo 11.º do Decreto-Lei n.º 15/2022, preceito que lhe corresponde, e que dispõe que "*a instalação em centro eletroprodutor já existente de novas unidades de produção que utilizem diversa fonte primária (...) está sujeita ao controlo prévio que lhes seja aplicável nos termos definidos nos n.ºs 2 e 3, sendo os respetivos títulos averbados aos títulos preexistentes relativos ao centro eletroprodutor*".

[63] Cfr. n.ºs 5 e 6 do artigo 69.º, *ex vi* artigo 75.º do Decreto-Lei n.º 15/2022.

Em primeiro lugar, conforme se verifica, a ideia de licenciamento autónomo continua presente através da remissão para os n.ºs 2 e 3 do artigo 11.º. Sem prejuízo, facto é que cai a distinção expressamente prevista no regime anterior entre licença autónoma e licença do centro eletroprodutor. Atualmente, a hibridização segue o regime que seria aplicável caso fosse um centro eletroprodutor autónomo, regime, como dito, a apurar nos termos dos n.ºs 2 e 3 do artigo 11.º do novo diploma[64]. Deste modo, no termo do procedimento de licenciamento, o centro eletroprodutor terá uma licença, à qual se somará uma outra: a da hibridização. Isto dito, julgamos que se continua a justificar a utilização da distinção entre licença autónoma e licença de centro eletroprodutor que temos utilizado até aqui.

Em segundo lugar, o preceito limita-se a referir "*unidades de produção que utilizem diversa fonte primária*", o que implicará distinguir a hibridização com fonte renovável e a hibridização com fonte não renovável. Uma vez que a norma definitória de hibridização exige que ela se faça com recurso a fontes renováveis[65], podemos separar a partir do n.º 8 do artigo 11.º a hibridização em sentido próprio (aquela em que as novas unidades de produção são de fonte renovável) e a hibridização em sentido impróprio (aquela em que as novas unidades de produção são de fonte não renovável). Esta última, embora contida na letra do n.º 8 do artigo 11.º, não configura uma verdadeira hibridização no sentido da definição do Decreto-Lei, e por isso não a analisaremos.

Em terceiro lugar, o averbamento da licença autónoma ocorrerá relativamente aos títulos preexistentes, conjunto que pode até já incluir outras licenças autónomas (de hibridização). Certo é que não existe motivo para considerar que as conclusões tiradas ao abrigo do regime anterior estão agora postas em causa, já que no atual regime os vários títulos do centro eletroprodutor mantêm autonomia entre si[66] e o averbamento é também ele, ao que tudo indica, meramente declarativo.

[64] Cfr. n.º 1 do artigo 74.º, e n.º 8 do artigo 11.º, ambos do Decreto-Lei n.º 15/2022.

[65] Cfr. secção 2, *supra*.

[66] Por exemplo, tal como já sucedia no anterior regime (cfr. alínea f) do n.º 1 do artigo 25.º do Decreto-Lei n.º 172/2006), mantém-se inexistente a possibilidade expressa de revogação de

O que se torna claro – embora já assim parecesse ser no anterior regime[67] – é o caminho de progressiva irrelevância da unidade operacional "centro eletroprodutor", que é tratada de forma cada vez menos unitária, cedendo lugar ao conceito, mais jurídico, de unidade de produção que utilize a mesma fonte[68]. À luz do regime da hibridização, é este, verdadeiramente, o conceito que passa a importar ter em conta.

Vejamos agora os termos do procedimento de licenciamento autónomo.

Ao invés do que ocorre no procedimento para obtenção da licença de produção, o primeiro passo não é a obtenção de um TRC[69], mas sim o próprio pedido de licença, aí se apresentando o acordo de hibridização que substituirá aquele título, que de outro modo seria necessário[70]. É ainda de interesse o n.º 4 do artigo 24.º, que, equiparando para estes efeitos[71] a hibridização a uma alteração substancial do centro eletroprodutor, estabelece que "*no caso de pedidos de nova licença de produção para alteração substancial do centro eletroprodutor ou para hibridização, a entidade licenciadora informa o requerente dos elementos instrutórios já entregues e existentes no âmbito do licenciamento inicial que se mantêm válidos*"[72].

uma licença de hibridização por incumprimentos só apuráveis relativamente a outros títulos do mesmo centro eletroprodutor, cfr. n.º 1 do artigo 39.º do Decreto-Lei n.º 15/2022.

[67] Cfr. nota de rodapé 11, *supra*.

[68] Basta verificar a parca relevância da definição de "*centro eletroprodutor*" que constava da alínea f) do artigo 2.º do Decreto-Lei n.º 172/2006 ("*a designação genérica de central hidroelétrica, central elétrica que utilize fontes renováveis ou o processo de cogeração ou central termoelétrica*"); repare-se ainda que tal definição sequer existe no elenco do artigo 3.º do Decreto-Lei n.º 15/2022.

[69] Cfr. alínea b) do n.º 3 do artigo 18.º do Decreto-Lei n.º 15/2022.

[70] Cfr. §§ 3 e 4 do Anexo I do Decreto-Lei n.º 15/2022.

[71] Dizemos para estes efeitos (e apenas para estes efeitos) porque, do ponto de vista jurídico e em termos gerais, uma hibridização constitui realidade distinta de uma alteração substancial, não devendo ser confundidas. O preceito refere-se conjuntamente a uma e a outra pelo simples facto de terem em comum a necessidade de seguirem um procedimento de licenciamento autónomo, mas em que, a nível instrutório, é elevada a probabilidade da existência nos arquivos do licenciador de elementos já entregues no procedimento de licenciamento do centro eletroprodutor que será sujeito a alteração substancial ou a hibridização.

[72] Este artigo configura uma redundância relativamente à hibridização, na medida em que o n.º 5 do artigo 74.º consagra a mesma solução. Este último preceito padece, porém, de erro material: onde nele se lê "*números anteriores*" deve ler-se "n.º 1", na medida em que só o n.º 1 se

Uma última questão ocorre a nível da coordenação com os regimes de salvaguarda dos valores ambientais, particularmente o da Avaliação de Impacte Ambiental (AIA). De facto, coloca-se a questão de saber, para efeitos do regime de AIA[73], em especial do seu artigo 1.º, se a hibridização[74] constitui um (i) projeto, (ii) uma alteração a um projeto, ou (iii) uma ampliação do projeto[75]. Como do ponto de vista estritamente jurídico o RJAIA equipara alteração a ampliação[76], trabalharemos apenas com a definição de alteração, em sentido lato, ao lado da de projeto.

O disposto nos artigos 42.º a 47.º do Decreto-Lei n.º 15/2022 não se refere à hibridização e respetivas licenças autónomas, antes regulando apenas as licenças de centros eletroprodutores, bem como as respetivas alterações, as UPAC e as licenças de armazenamento. Assim, a resposta não é imediatamente encontrada no Decreto-Lei n.º 15/2022.

Por sua vez, o RJAIA define como projeto "*a realização de obras de construção ou de outras instalações, obras ou intervenções no meio natural ou na paisagem, incluindo as intervenções destinadas à exploração de recursos naturais*", conceito que é de tal forma amplo que não auxilia na tarefa de distinguir um projeto das suas alterações.

refere a um procedimento de controlo prévio. De facto, os n.ºs 3 e 4 do artigo 74.º referem-se à eficácia de atos administrativos e o n.º 2 refere-se às consequências da conexão entre a licença autónoma e o TRC do centro eletroprodutor. Este erro material não foi, como não foram tantos outros, retificados na Declaração de Retificação n.º 11-A/2022, de 14 de março, que procede à retificação de erros materiais do Decreto-Lei n.º 15/2022. Admitindo a interpretação corretiva em casos de erros materiais, dando exemplo em tudo idêntico ao que acaba de se expor, Diogo Freitas do Amaral, *Manual de Introdução ao Direito*, II, Coimbra, Almedina, 2019, pp. 176-177.

[73] Decreto-Lei n.º 151-B/2013, de 31 de outubro, na sua redação atual (RJAIA).

[74] Questão semelhante se pode ensaiar a propósito do sobre-equipamento e do reequipamento.

[75] Aparentemente o tema colocar-se-ia em termos semelhantes também em sede de Avaliação de Incidências Ambientais (AIncA). Sucede que que o conceito operativo do regime do artigo 10.º do Decreto-Lei n.º 140/99, em especial da alínea a) do seu n.º 6 – expressamente convocada pelo n.º 2 do artigo 44.º do Decreto-Lei n.º 15/2022 – é apenas, e de forma lata, o de "*ação, plano ou projeto*", não havendo aqui dúvidas de que a hibridização configura ou uma ação ou um projeto, distinção que verdadeiramente pouco importa para a economia de tal regime.

[76] Cfr. n.º 4 do artigo 1.º do RJAIA.

Uma vez que, analisado o RJAIA, se pode concluir que o conceito de projeto lida de perto com o conceito de tipologia, estando estas previstas nos Anexos I e II do RJAIA, temos que uma hibridização, genericamente, se afigura como um projeto e não como uma alteração (ou ampliação) a um projeto preexistente.

Vistas bem as coisas, (i) se as tipologias dizem respeito à fonte e aos meios técnicos específicos de cada fonte em relação com o impacte que causam (se são torres eólicas, se são painéis fotovoltaicos, se são barragens, etc.; de igual modo, cada fonte / tecnologia traz associada limiares específicos)[77], e (ii) se a hibridização se caracteriza por novas unidades de produção com fonte diversa da já existente no centro eletroprodutor, *então* estamos diante de um novo projeto para efeitos do artigo 1.º do RJAIA, precisamente porque estamos diante de uma nova tipologia.

Ainda no âmbito da salvaguarda ambiental, coloca-se a questão de saber como funciona o plano de encerramento quando falamos de centrais hibridizadas.

Em termos gerais, sempre que tenha havido lugar a AIA, o plano de encerramento é aprovado no âmbito da Declaração de Impacte Ambiental (DIA) ou da Declaração de Conformidade Ambiental do Projeto de Execução (DCAPE)[78]; caso contrário, será aprovado no âmbito da licença de produção[79]. Deste modo, seja devido a tratar-se de projetos distintos sob o ponto de vista do RJAIA, seja por carecer de licença autónoma do ponto de vista do Decreto-Lei n.º 15/2022, segue-se que cada titular da licença de produção (seja autónoma, seja a do centro eletroprodutor) terá de encerrar a parte que lhe diz respeito de acordo com os respetivos

[77] Cfr. § 2 do Anexo I (centrais térmicas com potência calorífica de 300 MW ou mais; centrais nucleares) e § 3 do Anexo II, onde, para além das instalações de produção de vapor e de água quente, se incluem as centrais destinadas à produção elétrica, em geral e onde se incluem as centrais fotovoltaicas (alínea a)); centrais destinadas à produção hidroelétrica (alínea h)); centrais eólicas (alínea i)). Cada uma destas tipologias, claramente desenhadas a partir da fonte, têm os seus limiares específicos, também eles desenhados a partir delas e dos impactes de cada tipo de fonte no meio.

[78] Cfr. n.º 5 do artigo 40.º do Decreto-Lei n.º 15/2022. Há ainda a considerar os casos em que é aplicável o regime da prevenção e controlo integrados da poluição (PCIP), atualmente previsto no Decreto-Lei n.º 127/2013, de 30 de agosto.

[79] Cfr. n.º 6 do artigo 40.º do Decreto-Lei n.º 15/2022.

planos de encerramento (por exemplo: para centrais com uma hibridização, em princípio haverá dois planos de encerramento; com duas hibridizações, três planos, e assim sucessivamente).

Note-se ainda que o n.º 8 do artigo 40.º[80] fornece uma margem de discricionariedade considerável à DGEG ou às entidades ambientais que aprovaram os planos de encerramento para atualizar e fazer coordenar os vários planos aplicáveis no sentido de assegurar que, no seu conjunto, as respetivas finalidades se cumprem efetivamente.

Finalmente, a nível da nova figura das cedências aos municípios previstas no artigo 49.º (que funcionam na mesma linha das chamadas "contrapartidas regionais" que eram exigidas em alguns procedimentos concorrenciais das últimas décadas para atribuição de capacidade de injeção), diga-se apenas que na hibridização tal não é aplicável, conforme o n.º 8 do preceito.

O referido artigo 49.º estabelece que a celebração do protocolo de cedência constitui requisito para a emissão da licença de exploração do centro eletroprodutor[81], pelo que encontra-se aqui uma dispensa de um requisito para emissão de licença de exploração de hibridização: nisto reside o interesse desta referência em sede de regime procedimental do controlo prévio da figura em análise.

4.2 – O regime substantivo da hibridização

Também a nível substantivo, a hibridização conta com algumas especificidades de regime.

Quanto ao regime remuneratório, vale o artigo 17.º, que estabelece a regra da remuneração de mercado. Assim, inexiste a possibilidade de remuneração garantida[82], à parte regimes especiais de incentivo even-

[80] "*O plano de encerramento é atualizado quando determinado pela DGEG, oficiosamente ou a pedido das entidades que o aprovaram*". Cfr. ainda o artigo 279.º do novo regime do SEN quanto à aplicação no tempo da obrigação de dispor de um plano de encerramento aprovado.

[81] Cfr. n.º 5 do artigo 49.º do Decreto-Lei n.º 15/2022.

[82] Esta solução consta do próprio preâmbulo do Decreto-Lei n.º 15/2022: "*O presente decreto-lei prevê, ainda, a eliminação dos regimes de remuneração garantida por oposição ao regime de remuneração*

tualmente aprovados pelos órgãos competentes, com especial enfoque na modalidade de *feed-in-premium* a atribuir em procedimentos concorrenciais[83].

Embora não surja expresso na nova lei, consideramos que continua a valer no âmbito do novo regime a regra que constava do n.º 9 do artigo 4.º-A do Decreto-Lei n.º 172/2006: "*podem coexistir no mesmo centro eletroprodutor os regimes da remuneração geral e da garantida, ou diferentes tarifários da remuneração garantida, quando o mesmo seja composto por unidades de produção diferentes*"[84]. O que é certo é que novas hibridizações, em princípio, terão acesso apenas à remuneração de mercado, com a venda efetuada em "*mercados organizados ou através de contratos bilaterais*"[85].

Passando agora a aspetos de maior relevância, o n.º 2 do artigo 74.º estabelece que "*na hibridização o título de controlo prévio subsequente identifica expressamente a capacidade de injeção na RESP alocada à nova unidade de produção e implica a alteração em conformidade do título de reserva de capacidade de injeção na RESP preexistente, a promover pela DGEG ou,* [nos] *casos de modalidade de acordo com o operador da RESP, pelo respetivo operador*". Para bem interpretar o preceito, há que recordar o ponto fundamental da hibridi-

geral, optando-se por estabelecer um único regime remuneratório assente no preço livremente determinado em mercado. Sem embargo dessa opção, consagra-se a possibilidade, ao abrigo do disposto nas diretivas da União Europeia, de atribuir regimes de apoio à produção a partir de fontes de energia renováveis que permitam a recuperação do custo de oportunidade do investimento, mas sempre condicionados à realização de procedimentos concorrenciais".

[83] Cfr. n.ºs 2 e 3 do artigo 17.º do Decreto-Lei n.º 15/2022. Sobre esta modalidade de incentivo à produção renovável, em comparação com os tradicionais esquemas de *feed-in-tariff*, cfr. Pedro Linares / Carlos Batlle / Ignacio J. Pérez-Arriaga, «Environmental Regulation», *in* Ignacio J. Pérez-Arriaga (ed.), *Regulation of the Power Sector*, London, Springer-Verlag, 2013 (pp. 539-579), pp. 563-565; sobre estes instrumentos no âmbito da política energética europeia, cfr., ainda, Kim Talus, *Introduction to EU Energy Law*, Oxford, Oxford University Press, 2016, pp. 123-126; Leigh Hancher / Francesco Salerno, «State Aid», *in* Christopher Jones (ed.), *EU Energy Law*, II, 5.ª ed., Deventer, Claeys & Casteels, 2019 (pp. 665-905), p. 825.

[84] Cfr. o n.º 10 do artigo 32.º do Decreto-Lei n.º 15/2022, que estabelece a possibilidade de o centro eletroprodutor entrar em exploração faseada, sendo cada unidade de produção ("*suscetíveis de funcionamento autónomo*") que entre em exploração sequencial remunerada consoante a modalidade "*que lhe corresponda*".

[85] Cfr. n.º 1 do artigo 17.º do Decreto-Lei n.º 15/2022.

zação: a adição das novas unidades de produção não pode ter por efeito modificar a capacidade alocada na licença de produção do centro eletroprodutor, independentemente de o ponto de injeção acomodar mais capacidade do que aquela que foi alocada nesta última. Assim, e de modo a analisar melhor o preceito, vejamos com exemplos.

Com a emissão de uma licença autónoma, o respetivo titular vai ver a si alocada uma determinada capacidade de injeção (x). No entanto, o ponto de injeção já se encontra em utilização pelo titular da licença do centro eletroprodutor, a quem foi alocada uma determinada capacidade de injeção (y). Para efeitos de raciocínio, existe uma outra variável a ter em conta: a capacidade do próprio ponto de injeção (z).

Imagine-se que o ponto de injeção acomoda 500 MVA; o centro eletroprodutor *A* encontra-se a utilizar o ponto de injeção, tendo-lhe sido alocada capacidade de injeção de 300 MVA. Posteriormente, o titular da licença do centro eletroprodutor *A* encontra um parceiro para produção de eletricidade, que pretende implementar um projeto fotovoltaico de 200 MVA e pretende ainda ligar-se àquele mesmo ponto de injeção, tendo em conta o facto de a capacidade de injeção na RESP ser um bem escasso e esse parceiro não querer sujeitar-se aos procedimentos de alocação de capacidade previstos no artigo 18.º.

Aqui, a capacidade do ponto de injeção acomodava exatamente a capacidade de injeção de uma e de outra: 200 MVA + 300 MVA = 500 MVA ($x + y = z$). Mas não é este o ângulo que importa. Para haver hibridização, a capacidade de injeção alocada às novas unidades de produção tem de obedecer à regra $x \leq y$. Se estivermos diante de uma situação em que $x > y$, já estamos fora do âmbito de uma hibridização, entrando, consequentemente, na produção em centros eletroprodutores necessariamente autónomos, cada um com o seu TRC, sem prejuízo de poderem os mesmos proceder à partilha dos encargos de construção ou reforço da infraestrutura de rede, quando aplicável[86].

O acordo de hibridização surge como especialmente necessário porque a capacidade de injeção alocada na licença do centro eletroprodutor está já, por natureza, integralmente atribuída. O que a hibridização pros-

[86] Cfr. n.º 3 do artigo 21.º e n.º 2 do artigo 53.º do Decreto-Lei n.º 15/2022.

segue é – relembre-se – a redução da capacidade ociosa e a valorização permanente da infraestrutura de rede: é necessário garantir que, a todo o momento, a eletricidade injetada pelas várias unidades de produção se situe sempre abaixo da capacidade, não do ponto de injeção, mas daquela que foi alocada na licença do centro eletroprodutor (i.e., na notação do exemplo, *y*).

Se, como vimos, existe imutabilidade da capacidade inicialmente alocada e se o acordo de hibridização visa garantir que as novas unidades de produção não alteram essa regra, pergunta-se que tipo de "*alteração em conformidade*" poderá ocorrer relativamente ao TRC (n.º 2 do artigo 74.º). Essa alteração só poderá ocorrer se perspetivarmos que o TRC continua emitido em nome do titular da licença do centro eletroprodutor, hipótese que é confirmada pela lei[87]. Assim, a "*alteração em conformidade*" consistiria, na prática, numa reprodução mais ou menos exata dos termos do averbamento na licença de produção do centro eletroprodutor a que se refere a parte final do n.º 8 do artigo 11.º. Nesta sequência, poderíamos ainda pensar no TRC assim alterado como tendo um titular principal (titular da licença do centro eletroprodutor) e um titular secundário, subordinado[88] (titular da licença autónoma).

Uma outra hipótese será considerar que o preceito contém uma erro material, e onde se lê "*título de reserva de capacidade de injeção na RESP preexistente*" se deve ler "título de controlo prévio preexistente", i.e., a licença do centro eletroprodutor. Esta possibilidade, a verificar-se, constituiria uma redundância parcial relativamente à já aludida parte final do n.º 8 do artigo 11.º, o que não deve surpreender[89]. De facto, por redundância não se deve reconhecer necessariamente uma falha no *design* legislativo, na medida em que as redundâncias servem também o propósito de melhor informar o destinatário das normas sobre a existência destas[90].

[87] Cfr., por exemplo, a primeira parte do n.º 3 do artigo 78.º do Decreto-Lei n.º 15/2022.

[88] Cfr., nota de rodapé 103, *infra*.

[89] Cfr. nota de rodapé 72, *supra*.

[90] "*As redundâncias podem servir para evitar dúvidas interpretativas, para excluir certas interpretações prováveis, (...), para facilitar a descoberta de material normativo, para demonstrar a continuidade no funcionamento de normas mais gerais*", Silvia Zorzetto, «La redundancia lingüística y las normas especiales. Algunos usos del principio lex specialis», *in* Doxa – Cuadernos de Filosofia del Derecho, n.º 36, 2013 (pp. 387-415), p. 413. Este desígnio de política legislativa surge

Avancemos agora para os n.ºs 3 e 4 do artigo 74.º. Estes preceitos devem ser coordenados com o artigo 76.º, pelo que os analisaremos em conjunto.

Tal como o procedimento de controlo prévio se faz por recurso a remissão para o regime da atividade de produção, também o regime da cessação da hibridização se faz por remissão para os termos gerais (n.º 1 do artigo 76.º), muito embora tais termos se devam coordenar, por sua vez, com os artigos 75.º e 78.º, que analisaremos adiante.

O regime previsto nos n.ºs 2 a 4 do artigo 76.º encontra-se vocacionado para permitir que a unidade de produção continue a produção, transformando-se em centro eletroprodutor autónomo / independente após termo da hibridização por cessação da licença do centro eletroprodutor. De facto, cessando a referida licença, será assegurada a capacidade de injeção alocada na licença autónoma, tal implicando a emissão de um TRC em nome do titular desta última, que substituirá o anterior TRC em nome do titular da licença do centro eletroprodutor, ficando o remanescente da capacidade disponível para nova atribuição (n.ºs 2, 3 e 4 do artigo 76.º).

Por exemplo, num caso em que a licença autónoma preveja a capacidade de injeção de 200 MVA e a licença do centro eletroprodutor preveja 300 MVA de capacidade injeção, será cancelado o TRC de 300 MVA em nome do titular da licença do centro eletroprodutor, sendo emitido novo TRC em que se alocam 200 MVA. A capacidade remanescente no ponto – e não a diferença entre a alocação do centro eletroprodutor e a alocação das unidades de produção aditadas – ficará disponível para nova atribuição (se o ponto tiver capacidade para 500 MVA, a disponibilidade será de 300 MVA, valor que resulta da diferença entre a capacidade total do ponto e a capacidade alocada no novo TRC, que corresponde, em última instância, à alocada na licença autónoma).

Pelo contrário, se a licença autónoma cessar, há averbamento dessa extinção na licença do centro eletroprodutor, que continua a produzir os seus efeitos: se o início da hibridização é averbado na licença do

enunciado no preâmbulo do Decreto-Lei n.º 15/2022 onde se assume o objetivo de "*garantir uma melhor articulação dos regimes jurídicos e, bem assim, uma mais fácil apreensão dos mesmos pelos respetivos destinatários e aplicadores*".

centro eletroprodutor (n.º 8 do artigo 11.º), então a extinção (ou "cancelamento") da hibridização deve ocorrer também (n.º 5 do artigo 76.º). Estamos agora em condições de densificar o conteúdo dos n.ºs 3 e 4 do artigo 74.º.

Antes de mais, o disposto nos n.ºs 2, 3 e 4 do artigo 76.º deve ser coordenado com os casos dos n.ºs 3 e 4 do artigo 74.º, o que resulta da expressão "*sem prejuízo do disposto nos n.ºs 3 e 4 do artigo 74.º*"[91].

O n.º 4 do artigo 74.º não estabelece particulares dificuldades interpretativas, na medida em que se limita a estabelecer a regra geral de que qualquer título de controlo prévio cessa os seus efeitos a partir do momento em que os pressupostos dos quais depende deixam de se verificar[92]. Em particular, sempre que a hibridização dependa de um título de utilização de recursos hídricos (TURH) – ou título de utilização de recursos marítimos, tipologia que é conhecida pela sigla TUPEM (título de utilização privativa do espaço marítimo nacional[93]) –, logo que a eficácia deste cesse, cessará igualmente a hibridização.

Temos no âmbito desta conexão entre atos três possibilidades que importa identificar: só a licença do centro eletroprodutor carece de TURH, só a licença autónoma carece de TURH ou ambas carecem do

[91] Cfr. n.º 2 do artigo 76.º do Decreto-Lei n.º 15/2022, em conjugação com o facto dos n.ºs 3 e 4 deste artigo se referirem ao caso do citado n.º 2.

[92] Constitui causa de cessação de eficácia dos atos administrativos o "*desaparecimento de algum elemento que a Lei considere que é requisito da eficácia do ato*" (cfr. Raúl Bocanegra Sierra, *Lecciones sobre el acto administrativo*, 4.ª ed., Cizur Menor, Civitas, 2012, p. 140), podendo tal requisito ser a existência, válida e eficaz, de um outro ato administrativo. Expressando ideia semelhante, a doutrina refere-se ainda aos casos em que o ato administrativo cessa "*por terem deixado de se verificar os pressupostos da sua aplicação*", Marcello Caetano, *Manual de Direito Administrativo*, I, 10.ª ed., Coimbra, Almedina, 1980, reimp., p. 530. De acordo com a alínea g) do n.º 1 do artigo 38.º do Decreto-Lei n.º 15/2022, constitui causa de caducidade da licença de produção "*a extinção do título de utilização dos recursos hídricos*", do qual aquela "*é dependente*". Trata-se, aqui, de um caso claro de caducidade por conexão (*simul stabunt simul cadent*), cfr. nota de rodapé 32, *supra*.

[93] Cfr. capítulo III da Lei n.º 17/2014, de 10 de abril, na sua redação atual, que estabelece as Bases da Política de Ordenamento e de Gestão do Espaço Marítimo Nacional, e o Decreto-Lei n.º 38/2015, de 12 de março, na sua redação atual, que desenvolve as referidas Bases. Por motivos de economia, referir-nos-emos doravante apenas à figura do TURH e às questões dele emergentes.

mesmo TURH. Se ambas carecerem de TURH, ambas caducam; se só uma depender de TURH, só essa caduca. Aí, consoante a licença que tenha caducado, é certo que a hibridização se extingue, mas as regras gerais de subsistência de títulos, designadamente as do artigo 76.º, continuam a ser abstratamente aplicáveis. Assim, cessando a licença autónoma que carece de TURH, é aplicável o n.º 5 do artigo 76.º; cessando a licença do centro eletroprodutor que carece de TURH, é aplicável o disposto nos n.ºs 2, 3 e 4.

Falta agora considerar a hipótese do n.º 3 do artigo 74.º, provavelmente a disposição mais complexa do regime da hibridização: "*Nos casos em que a hibridização ocorra em centro eletroprodutor ou UPAC que disponha de título de utilização dos recursos hídricos ou de título de utilização do espaço marítimo, o título de controlo prévio subsequente pode subsistir, para além do título de controlo prévio preexistente, com a capacidade de injeção respetiva desde que seja assegurada a prioridade de injeção ao centro eletroprodutor preexistente*".

De acordo com o preceito, será possível que a licença autónoma continue a produzir os seus efeitos, com a capacidade de injeção respetiva, mesmo tendo a licença do centro eletroprodutor cessado os seus efeitos por algum motivo. Sucede que – e nisto reside a especialidade do n.º 3 do artigo 74.º face ao disposto no n.º 2 do artigo 76.º –, se a hibridização ocorrer num centro eletroprodutor com dependência de um TURH (mormente uma central hidroelétrica), então a subsistência da licença autónoma só ocorre "*desde que seja assegurada a prioridade de injeção ao centro eletroprodutor preexistente*", i.e., desde que as unidades de produção objeto da licença do centro eletroprodutor tenham prioridade de injeção assegurada.

Esta disposição, algo confusa, pode dar origem, segundo nos parece, a duas interpretações, havendo, pois, dois sentidos candidatos a ser a norma extraível do preceito.

O primeiro sentido é o de que a manutenção da licença autónoma só vai ocorrer com a cessação da licença do centro eletroprodutor se *durante* a hibridização se tiver garantido prioridade de injeção às unidades de produção do centro eletroprodutor original.

O segundo sentido é o de que a licença autónoma pode continuar desde que, *para o futuro*, se garanta prioridade de injeção às unidades de produção ditas preexistentes. Uma tal interpretação depende de nos encontrarmos diante de uma hipótese em que a hibridização como que se "suspende" desde que a licença do centro eletroprodutor cessou até que as unidades preexistentes obtenham nova licença de produção; só aí voltaremos a estar diante de uma hibridização, com duas licenças. Assim, quando se afirma que a prioridade de injeção só vale para o futuro, tal quer dizer que a prioridade de injeção é obrigatória com a "retoma" da hibridização. Pensamos, naturalmente, nos casos em que, por exemplo, a licença de produção do centro eletroprodutor cessou com a extinção dos efeitos do TURH, mas as unidades de produção originais não foram desmanteladas nessa sequência[94-95], tendo antes sido objeto de novo concurso para atribuição de TURH[96] e de nova licença de produção, eventualmente com um outro titular. Neste caso, as unidades de produção aditadas na hibridização continuam a ter um estatuto secundário na economia daquele centro eletroprodutor.

De modo a perceber qual dos sentidos deve ser escolhido, cabe olhar para a *ratio legis*.

Pode pensar-se que a prioridade de injeção se encontra aqui ligada à atribuição de remuneração garantida de que os centros eletroprodutores possam beneficiar: primeiro escoa-se a energia com remuneração garantida ou qualquer outro esquema remuneratório não reconduzível ao preço livremente fixado em mercado, depois a restante (cfr. artigo 77.º). Se esta é de facto a *ratio legis*, o n.º 3 do artigo 74.º abrange mais casos do que o que a sua justificação permite[97]: de facto, não existe nenhuma relação necessária entre a atribuição de TURH e o benefício de remuneração garantida.

[94] Cfr. n.º 4 do artigo 40.º do Decreto-Lei n.º 15/2022.

[95] Note-se que a licença de produção do centro eletroprodutor pode ter cessado por qualquer outro motivo juridicamente admissível, mormente os previstos nos artigos 38.º e 39.º do Decreto-Lei n.º 15/2022. De qualquer forma, nesses casos juridicamente admissíveis em que a cessação ocorre por outro motivo que não a extinção do TURH, sempre estaríamos diante de uma situação de não-desmantelamento da infraestrutura da central hidroelétrica.

[96] Cfr. artigos 35.º e 36.º do Decreto-Lei n.º 226-A/2007, de 31 de maio.

[97] Nesse caso, trata-se de norma sobreinclusiva, cfr. Frederick Schauer, *Thinking like a lawyer – A new introduction to legal reasoning*, Cambridge, Harvard University Press, 2009, pp. 26-27.

Sucede que a *ratio legis* pode ser outra, levando-nos o elemento teleológico noutra direção. Pode ocorrer que a prioridade de injeção se justifique, não nos mesmos moldes que surge no artigo 77.º, mas simplesmente tendo em conta eventuais especificidades da implementação de centrais hidroelétricas. Mas, mesmo aí, temos casos a mais a ser abrangidos: em termos abstratos e do ponto de vista da legislação relevante, nada impede que um parque eólico se situe em terrenos do domínio hídrico, cuja implementação também carece de um TURH (cfr., entre outros aplicáveis, os artigos 4.º e 62.º do Decreto-Lei n.º 226-A/2007). Compreendendo esta "versão" da *ratio legis* de modo mais hábil, diríamos que não terá tanto a ver com as especificidades da implementação de centrais hidroelétricas, mas antes, e em geral, com as especificidades da adjudicação de direitos de utilização privativa do domínio hídrico[98].

Se considerássemos a primeira hipótese explicativa da prioridade de injeção prevista no n.º 3 do artigo 74.º (elemento teleológico ligado à remuneração garantida), então, e utilizando tal critério, seríamos levados a considerar igualmente que a primeira parte da disposição não devia referir-se à existência de TURH, mas sim – tal como ocorre no artigo 77.º – à existência de remuneração garantida. Mas, ainda assim, há que considerar contra esta primeira opção interpretativa o próprio artigo 77.º, que constitui uma condicionante do acordo de hibridização. Assim, estaríamos diante de outra redundância ao considerar, novamente, que a remuneração garantida implica prioridade de injeção: ora, como dito, tal já terá de constar do acordo e de qualquer hibridização que instancie o artigo 77.º, o que reflexamente acabaria a esvaziar o n.º 3 do artigo 74.º de conteúdo útil, em termos tais que não se podem considerar pretendidos pelo legislador (*verba cum effectu sunt accipienda*).

Já se considerarmos como correta a segunda interpretação (elemento teleológico ligado às especificidades da adjudicação de direitos de uti-

[98] Sobre elas, com enfoque na produção hidroelétrica e notando-se a especial complexidade do procedimento de adjudicação de direitos de utilização privativa previsto na legislação relativa aos recursos hídricos, Ana Raquel Gonçalves Moniz, «Energia e fontes renováveis. A produção de energia elétrica a partir de recursos hídricos revisitada», *in* Suzana Tavares da Silva (org.), *Estudos de Direito da Energia*, n.º 0, Coimbra, Imprensa da Universidade de Coimbra, 2017 (pp. 359-413), pp. 386-406.

lização privativa do domínio hídrico), parece que temos terreno mais seguro. O n.º 3 do artigo 74.º parece conter a regra segundo a qual o novo concessionário das infraestruturas construídas em domínio hídrico deve continuar a beneficiar de prioridade de injeção, sob pena de a licença autónoma caducar, i.e., sob pena de a hibridização não poder subsistir. A ser assim, o preceito afirma-se, não como uma norma voltada ao passado, mas como uma verdadeira norma de proteção do eventual novo concessionário do centro eletroprodutor ou, se quisermos, das unidades de produção preexistentes.

Deste modo, podemos concluir que, no âmbito da nova licença de produção (do centro eletroprodutor), o acordo de hibridização deverá garantir a prioridade de injeção. Por outras palavras, as unidades de produção aditadas não passam a constituir o *core* do centro eletroprodutor pelo facto de a licença do centro eletroprodutor ter cessado efeito: alguém tomará a infraestrutura "principal" e continuará a ser protegido pela lei nesses precisos termos.

Cabe agora olhar às restantes vicissitudes dos títulos de controlo prévio na hibridização, que se encontram a partir da conjugação do regime geral (em especial, os artigos 35.º e 36.º, aos quais não nos referiremos diretamente), do artigo 78.º e dos n.ºs 7 a 11 do artigo 69.º, *ex vi* artigo 75.º.

O artigo 78.º estabelece os termos que regem a transmissão das licenças autónomas, com duas especificidades face ao regime geral[99].

Enquanto no regime geral a transmissão de uma licença deve ser precedida de autorização da DGEG[100], na transmissão da licença autónoma deve haver também consentimento do titular da licença do centro eletroprodutor. Assim, a primeira especificidade, que bem se compreende, é a de que não há transmissão válida da licença autónoma sem prévio consentimento do titular da licença de produção do centro eletroprodutor, autorização essa que deve conter já o acordo de hibridização a vigorar na relação com o transmissário[101]. Deste modo, desejavelmente em momento prévio ao início do procedimento previsto no artigo 36.º, os interessados devem estar já munidos de um novo acordo (ou de uma

[99] Constante do n.º 1 do artigo 78.º do Decreto-Lei n.º 15/2022.

[100] Cfr. artigo 36.º do Decreto-Lei n.º 15/2022.

[101] Cfr. n.º 2 do artigo 78.º do Decreto-Lei n.º 15/2022.

"adesão" sem reserva por parte do transmissário ao acordo de hibridização que vigorava) para apresentar à DGEG, uma vez que a transmissão da licença só é autorizada pelo licenciador se estiverem reunidos os "*requisitos legais da sua atribuição*"[102], onde se incluirá o acordo de hibridização.

A segunda especificidade, que na verdade nada tem de específico[103], é uma chamada de atenção de que (i) o TRC se mantém na titularidade do titular da licença do centro eletroprodutor após a transmissão da licença autónoma e que (ii) o TRC só cessa efeitos com a cessação de efeitos da licença de produção, sem prejuízo das situações já analisadas e previstas no artigo 76.º, com respeito à subsistência das unidades de produção para além das unidades de produção originais e consequente emissão de novo TRC em nome do "hibridizador".

Resta agora completar a análise da remissão prevista no artigo 75.º (i.e., o chamamento dos n.ºs 7 e ss. do artigo 69.º para regulação da figura da hibridização). Com as necessárias adaptações, podemos afirmar a vigência das seguintes normas:

a) A cessação da hibridização por via de integração completa das novas unidades de produção no centro eletroprodutor[104], bem como a transformação das novas unidades de produção em centro eletroprodutor autónomo / independente, que podem dar-se a todo o tempo, "*constituem alterações ao título de controlo prévio e seguem o respetivo procedimento*"[105];

[102] Cfr. n.º 1 do artigo 36.º do Decreto-Lei n.º 15/2022.

[103] A norma é redundante com a do n.º 5 do artigo 18.º conjugada com o facto de inexistir qualquer norma que estabeleça que a hibridização altera a titularidade original do TRC (daí nos termos referido *supra*, no âmbito da análise do n.º 2 do artigo 74.º, que a alteração em conformidade seria o aditamento de um titular secundário, subordinado). Trata-se, precisamente, de um caso que integra as situações a que Silvia Zorzetto se refere quando defende que as redundâncias podem servir o propósito de exprimir que as regras gerais se continuam a aplicar, mesmo em certos contextos mais específicos e onde, por isso, abundam regras especiais. Cfr. nota de rodapé 90, *supra*.

[104] Nesta situação, passamos a ter um centro eletroprodutor híbrido. Cfr. secção 2, *supra*.

[105] Cfr. n.º 7 do artigo 69.º, *ex vi* artigo 75.º do Decreto-Lei n.º 15/2022. Fica por clarificar se a integração (que poderíamos designar "fusão") ou a transformação (que designaríamos "cisão") constituem alterações substanciais, na aceção da alínea c) do artigo 3.º, seguindo o n.º 9 do artigo 11.º, ou se constitui alteração não substancial, seguindo o artigo 35.º. O Decreto-

b) Tanto podem cessar só os efeitos da licença autónoma como só os efeitos da licença do centro eletroprodutor[106];
c) A licença autónoma cessa quando, tendo cessado o acordo de hibridização, nomeadamente nos termos nele previstos[107], não se proceda, em 30 dias úteis, à integração das novas unidades no centro eletroprodutor ou à sua transformação em centro eletroprodutor autónomo[108];
d) Se a cessação dos efeitos da licença do centro eletroprodutor for seguida de transformação das novas unidades em centro eletroprodutor autónomo, é assegurada a capacidade de injeção na RESP relativa às novas unidades de produção, com emissão de novo TRC em nome do "hibridizador", ficando a capacidade remanescente disponível para nova atribuição[109].

-Lei n.º 15/2022 considera alteração substancial aquela que se refira à "*tecnologia de produção, do combustível ou fonte de energia primária utilizada, e no caso de centros produtores termoelétricos ou hidroelétricos o número de grupos geradores, bem como as respetivas caldeiras, turbinas e geradores*". Somos de opinião de que se trata de alteração não substancial uma vez que, face ao que existirá à altura de uma "fusão" ou de uma "cisão" – quer no que diz respeito às unidades preexistentes à hibridização, quer às unidades entretanto aditadas –, não ocorre, pelo menos a nível fáctico e operacional, qualquer alteração da tecnologia, do combustível, do número de grupos geradores, etc. Trata-se, segundo cremos, de uma mera operação jurídica.

[106] Cfr. n.º 8 do artigo 69.º do Decreto-Lei n.º 15/2022. No que toca à hibridização, a remissão para este preceito nada traz de novo porque essa possibilidade decorre já do artigo 76.º.

[107] Que podem até incluir, pelo menos em hipótese, direitos de denúncia *ad libitum* a favor do titular da licença do centro eletroprodutor. Cfr., *inter alia*, PEDRO ROMANO MARTINEZ, *Da Cessação do Contrato*, 3.ª ed., Coimbra, Almedina, 2020, reimp., pp. 60-62; PEDRO PAIS DE VASCONCELOS, *Teoria Geral do Direito Civil*, 6.ª ed., Coimbra, Almedina, 2012, reimp., pp. 774-775. Naturalmente, tais direitos, por trazerem uma certa instabilidade ao contrato, poderão servir de fundamento para não aceitação do acordo de hibridização pelo licenciador, desde que nos termos dos critérios legalmente previstos. Cfr., notas de rodapé 57 e 60, *supra*.

[108] Cfr. n.º 9 do artigo 69.º do Decreto-Lei n.º 15/2022.

[109] Cfr. n.ºs 10 e 11 do artigo 69.º. A remissão para esta disposição é, também ela, dispensável, na medida em que tal já decorre dos n.ºs 2 a 4 do artigo 76.º. Consideramos, porém, que a referência à emissão de "*novo título de controlo prévio*" constante do n.º 11 do artigo 69.º não é aplicável à hibridização na medida em que, justificando-se para o sobre-equipamento porque não existe aí licença autónoma (mas antes uma alteração da licença de produção do centro eletroprodutor, cfr. alínea sss) do artigo 3.º), já não se justificará para a hibridização onde tal licença existe.

Vimos já que a separação – e o regime do artigo 75.º – não é aplicável sempre que o acordo de hibridização se faça na modalidade de regulamento interno em virtude de o titular da licença autónoma ser o mesmo da licença do centro eletroprodutor. No entanto, algumas das regras do artigo 69.º, depois de adequadas às situações de hibridização pelo titular da licença do centro eletroprodutor, devem ser tidas em conta para aplicação nestes casos. A título de exemplo e sem pretensões de exaustão, não vemos qualquer obstáculo em aplicar a solução prevista no n.º 7 do artigo 69.º, desde que conscientes que se fará já nos termos gerais das alterações aos títulos de controlo prévio e não por via do citado preceito.

De qualquer modo, sempre que a hibridização cesse nos termos do n.º 7 do artigo 69.º, o n.º 5 do artigo 76.º é aplicável, de modo a que a licença do centro eletroprodutor veja o averbamento da hibridização efetivamente cancelado. É ainda digno de nota que, nos casos de transformação, a licença autónoma ("*título de controlo prévio subsequente*", na linguagem da lei) passa a ser uma licença de centro eletroprodutor. Finalmente, e ainda nos casos de transformação, será necessário apresentar TRC próprio[110].

Terminando o capítulo do regime substantivo da hibridização, relativamente à contagem da eletricidade produzida por cada uma das unidades de produção, a divisão das quantidades provenientes das unidades aditadas na hibridização ou do centro eletroprodutor original é assegurada por via de "*sistemas de medição e telecontagem*"[111].

5 – Conclusões

Após a análise empreendida impõem-se quatro ideias que permitem caracterizar, no essencial, a hibridização de centros eletroprodutores à luz do novo regime do SEN.

Primeira: a hibridização de centros eletroprodutores, consagrada no ordenamento português em 2019, cumpre a função de permitir um aproveitamento mais racional da infraestrutura de rede, ao mesmo tempo

[110] Cfr. primeira parte do n.º 2 do artigo 35.º, *ex vi* parte final do n.º 7 do artigo 69.º, *ex vi* artigo 75.º, todos do Decreto-Lei n.º 15/2022.

[111] Cfr. artigo 93.º do Decreto-Lei n.º 15/2022.

que constitui um instrumento que visa contribuir para a superação do modelo de intermitência próprio da exploração da produção energética de fonte renovável.

Segunda: a hibridização caracteriza-se pela adição de novas unidades de produção de fonte renovável diversa a um centro eletroprodutor preexistente, a serem licenciadas como se se tratasse de centro eletroprodutor autónomo, com a particularidade de que tal procedimento não carece da prévia obtenção de TRC porque os limites da capacidade de injeção (e o próprio ponto de injeção) a utilizar pelas novas unidades de produção são os mesmos do centro eletroprodutor a hibridizar.

Terceira: a injeção da produção elétrica proveniente das novas unidades de produção será gerida nos termos de um acordo a celebrar com o titular do centro eletroprodutor (ou nos termos de regulamento interno, caso o titular seja o mesmo), de modo a que a injeção efetiva de todas as unidades de produção, incluindo as resultantes de hibridização, nunca ultrapasse a capacidade de receção alocada no TRC do centro eletroprodutor.

Quarta: a todo o tempo a hibridização pode cessar, sem prejuízo de outras causas que também o tenham por efeito, por via de integração das unidades de produção autónomas no centro eletroprodutor ("fusão") ou por via da transformação daquelas em centro eletroprodutor autónomo, deste modo se efetivando a separação das unidades autónomas do centro eletroprodutor preexistente ("cisão").

A Produção de Eletricidade no Espaço Marítimo

FRANCISCO HORTA CAETANO

Resumo: O autor analisa o quadro administrativo aplicável à produção de eletricidade no espaço marítimo, com um foco especial no regime de utilização privativa dos recursos hídricos gizado pelas Bases da Política de Ordenamento e de Gestão do Espaço Marítimo (Lei n.º 17/2014, de 10 de abril) e pelo regime jurídico aplicável à produção de eletricidade com base na energia das ondas (Decreto-Lei n.º 5/2008, de 8 de janeiro), em linha com as tendências políticas europeias.

Palavras-Chave: Ordenamento do Espaço Marítimo; Recursos Hídricos; Energia Azul;

Abstract: The author analyzes the administrative framework applicable to the production of electricity in maritime space, with a special focus on the regime of private use of water resources established by the Bases of the Maritime Planning and Management Policy (Law no. 17/2014, of 10 April) and by the legal regime applicable to the production of electricity based on wave energy (Decree-Law no. 5/2008, of 8 January), in line with European political trends.

Keywords: Maritime Spatial Planning, Water Resources; Blue Energy

1. O Mar e o seu potencial

Até recentemente, a atividade económica no mar era algo reduzida e limitada a um leque fechado de atividades, operando cada um dos setores segundo a sua tradição e valores próprios – culminando na criação de um quadro jurídico e regulatório à medida, bem como na atribuição das respetivas tutelas a diversos ministérios diferentes (Koivurova, 2009 p. 173; Wright, 2013 p. 30). Adicionalmente, ainda não existia uma consciencialização do impacto ambiental das diversas atividades nos oceanos, sendo que as limitações e as imposições de proteção dos recursos marinhos surgiam no âmbito dos próprios setores económicos (Neves, 2014 p. 40 e ss.). Contudo, recentemente, os mares e oceanos têm sido palco de inúmeras atividades em ascensão, como a exploração de recursos minerais ou, com uma especial relevância neste texto, a produção de energia elétrica – aumentando a pressão ambiental e a competição pela utilização do mar e dos seus recursos (Calado, 2015 pp. 202, 203).

A resposta a estas novas questões tornou-se difícil, considerando a multiplicidade de políticas setoriais com prioridades e objetivos próprios, muitas vezes contraditórias entre si, e a falta de coordenação entre as mesmas. Tornou-se premente uma alteração de atuação e a criação de uma voz coerente e una para responder às questões marítimas. Neste contexto, a União Europeia, que tem vindo a acolher dentro das suas competências várias matérias relacionadas com o mar (como a poluição marinha e a segurança marítima), aprova, como resposta comum a estas questões, a Política Marítima Integrada (adiante "PMI")[1]. Defendendo uma abordagem colaborativa e integrada, a PMI estabelece diversas prioridades para juntar progressivamente não só os setores económicos fragmentados que estão presentes no mar, mas também as políticas divergentes dos Estados-Membros.

A unificação dos vários setores económicos através de uma política marítima única é vital. Ainda que as atividades existentes no oceano sejam largamente diferentes, a exploração do espaço marítimo assenta na utilização de um espaço interdependente, onde as necessidades de coordenação são basilares caso se pretendam atingir níveis ideais de sustentabilidade ambiental e viabilidade económica. Consequentemente, o aproveitamento de sinergias entre as várias atividades é uma boa forma de fomentar o crescimento das mesmas – sem sacrificar alguma independência destes setores[2].

[1] Comunicação da Comissão ao Parlamento Europeu, ao Conselho, ao Comité Económico e Social Europeu e ao Comité Das Regiões: *Uma política marítima integrada para a União Europeia*, COM (2007) 575, de 10 de outubro.

[2] Leia-se, não se propõe a substituição e estabelecimento das prioridades e objetivos dos mesmos, mas sim a organização dos mesmos de acordo com uma estrutura de base comum, em nome do crescimento económico e da sustentabilidade – sem sacrificar, igualmente, a soberania e o poder de decisão dos Estados-Membros.

1.1. Ordenamento do Espaço Marítimo

Nestes moldes, para além da sua preocupação com a sustentabilidade ambiental, a Política Marítima Integrada assenta numa outra linha de atuação, orientada para o desenvolvimento económico. Enquanto ferramenta primordial para a sua implementação desta sua segunda vertente, surge o conceito de Ordenamento do Espaço Marítimo (doravante "OEM"). Esta iniciativa pretende criar um sistema de organização do território marítimo, de forma similar ao que já acontece no território terrestre, a fim de evitar os conflitos de uso no mar, de gerir a utilização dos seus recursos de forma responsável e de gerar confiança com a agilização e uniformização de procedimentos do lado dos privados, através da criação de princípios comuns de atuação na União (Noronha, 2013 p. 78).

A verdade é que a falta de governação dos oceanos, ou governação fragmentada e setorial, que acabámos de mencionar, conseguiu servir os ordenamentos cuja presença no mar é reduzida e reveste pouca relevância, mas hoje revela-se altamente inadequada para responder aos desafios de uma economia azul – com o aumento progressivo dos agentes económicos que têm presença no mar, entre eles, o setor da produção de eletricidade no mar. Tal sucede pelas próprias particularidades inerentes ao espaço marítimo, para as quais a aplicação de sistemas tradicionais de ordenamento do território terrestre não asseguram uma resposta eficaz, quando consideramos:

- A interdependência e inextricabilidade das várias zonas e atividades marítimas, sendo que a sua divisão por fronteiras ou jurisdições poderá não ser o meio idóneo à sua gestão (Noronha, 2015 p. 162);
- A necessidade de utilização de infraestruturas comuns – como portos ou vias de navegação;
- A necessidade de assegurar um ordenamento tridimensional (dada a possibilidade de exercer atividades em toda a coluna do mar, desde que conciliáveis entre si);
- O facto de as atividades marítimas assentarem na utilização de bens de domínio público – aumentando a necessidade da sua boa gestão em nome do interesse público (Becker-Weinberg, 2016 p. 11).

Nesta lógica, a criação de um sistema de ordenamento para o espaço marítimo torna-se uma prioridade, tendo sido dado o primeiro passo nesta matéria com o Roteiro para o Ordenamento do Espaço Marítimo[3]. O diploma veio representar uma primeira abordagem política ao OEM, estabelecendo 10 princípios – em linha com uma *abordagem ecossistémica* – a seguir pelos Estados-Membros, como o envolvimento de *stakeholders* na criação dos planos e a necessidade de coordenação entre os membros da União[4]. Todavia, apesar de surtir efeito, sendo vários os planos de ordenamento concebidos, diversos problemas surgiram. O caráter não vinculativo da comunicação, a vaguidade dos princípios que a compuseram e a falta de um calendário de implementação efetivo levaram à criação de planos de OEM na União Europeia que se revelaram descoordenados, tanto a nível dos estados de desenvolvimento como das suas concretizações práticas. Assim, apesar de ter sido aberto o caminho para o OEM, o mesmo revelou-se substancialmente descoordenado e fragmentado[5], prejudicando uma abordagem uniforme à temática.

Estas preocupações foram cedo realçadas pela Comissão Europeia, que decidiu pela criação de uma proposta vinculativa de implementação do OEM. Pese embora alguma apreensão em relação em relação à iniciativa relacionada com a competência da União nesta temática (Zervaki, 2015 pp. 104, 105; Qiu, et al., 2013 pp. 188, 189) – viria a ser aprovada a Diretiva 2014/89/UE (doravante "DOEM")[6]. O resultado foi um diploma que se afastou dos objetivos iniciais da UE, tornando-se essencialmente procedimental, ficando os Estados-Membros incumbidos de desenhar planos de OEM até março de 2021 – artigo 15º/n.º 3. Além disso, as disposições relativas ao conteúdo dos mesmos ficaram largamente indefinidas, não densificando, em larga escala, os princípios que constavam do Roteiro de 2008. Mesmo em relação às atividades que devem constar dos planos,

[3] Comunicação da Comissão: *Roteiro para o ordenamento do espaço marítimo: definição de princípios comuns na UE*, COM (2008) 791, de 25 de novembro

[4] *Ibidem*, pp. 9 e 10

[5] Comunicação da Comissão ao Parlamento Europeu, ao Conselho, ao Comité Económico e Social Europeu e ao Comité das Regiões: *Ordenamento do Espaço Marítimo na UE – Balanço e Perspetivas*, COM (2010) 771, de 17 de dezembro, pp. 6 e 10

[6] Diretiva 2014/89/UE do Parlamento Europeu e do Conselho, de 23 de julho

enunciadas no artigo 8º, apenas se cria uma lista meramente exemplificativa. Não se dá especial relevância a setores promissores, por um lado, e não se colocam entraves a setores que não se alinham com os objetivos das políticas da União, por outro, como é o caso da exploração de combustíveis fósseis *offshore* e de outras atividades potencialmente danosas para o ambiente.

Por estas razões, a coerência, a coordenação de atividades e a proteção ecológica visadas pela UE necessitavam de um quadro jurídico mais apertado para vingar de forma eficaz. A autonomia na definição dos planos, a indefinição do seu conteúdo (da própria diretiva, bem como dos planos que seriam aprovados), ainda que proteja a soberania dos Estados-Membros, acaba por invalidar o propósito original deste instrumento – a eliminação de divergências no ordenamento marítimo europeu (Zervaki, 2015 pp. 109, 110).

Apesar da existência de todas estas barreiras práticas, o Ordenamento do Espaço Marítimo não deixa de ser um mecanismo promissor no que concerne à organização das atividades do mar, à maximização e proteção dos recursos que nele residem. Ainda que, inicialmente, possa ter sido apresentado com uma faceta ambiental, olhar para o OEM somente numa ótica de proteção dos recursos marinhos deve ser considerado redutor perante as potencialidades económicas presentes no oceano. A própria Política Marítima Integrada segue este raciocínio, quando propõe o OEM conjugando estas duas vertentes, tornando possível a *maximização do uso sustentável dos mares e dos oceanos*[7].

Ademais, a falta de OEM acaba por ter efeitos adversos sobre quem pretende investir no mar. O desordenamento, a indeterminação e a falta de informação do território sobre a sua utilização para certos fins – nomeadamente, as incertezas relativas à viabilidade económica, à sustentabilidade ambiental e à sua compatibilidade com outras utilizações – coloca os potenciais investidores em terreno desconhecido[8]. Por conseguinte, o OEM pode facilitar o caminho para outras atividades inova-

[7] Comunicação (...): *Uma política marítima integrada para a União Europeia*, COM (2007) 575, de 10 de outubro, p.7

[8] Comunicação (...): *Roteiro para o ordenamento do espaço marítimo: definição de princípios comuns na UE*, COM (2008) 791, de 25 de novembro, p. 3

doras e promissoras com externalidades positivas, como pode ser o caso da produção de energia no espaço marítimo[9], em articulação com objetivos e políticas públicas abrangentes.

1.2. O quadro português

O Ordenamento do Espaço Marítimo em Portugal conhece duas particularidades interessantes. Em primeiro lugar, a competição pela utilização do espaço marítimo português é mais acentuada[10], tornando as exigências de coordenação ainda maiores. Em segundo lugar, Portugal ocupa um lugar de destaque em relação a esta matéria, uma vez que foi um dos países que cedo adotou medidas para garantir o planeamento e o Ordenamento do Espaço Marítimo, mesmo antes do impulso legislativo europeu.

Neste sentido. a criação de um sistema mais prático e concreto, que inventarie as diversas atividades e que implemente o seu ordenamento espacial foi um dos objetivos referidos no Plano Nacional do Mar de 2006[11], que veio a dar lugar, em 2012, ao primeiro Plano de Ordenamento do Espaço Marítimo – integrando todos os usos do mar numa única demonstração de ordenamento e concretizando também avaliações de viabilidade económica e sustentabilidade ambiental das várias atividades (Casimiro, 2015 p. 29). Todavia, tal instrumento apenas acabou publicado enquanto estudo, sem que tenha um efeito vinculativo (Noronha, 2013 pp. 9, 10; Becker-Weinberg, 2016 p. 40).

Mais tarde, com alguma influência por parte da liderança europeia na aprovação de regras de OEM e pela crescente necessidade de investi-

[9] Cfr. Relatório da Comissão ao Conselho, Parlamento Europeu, ao Comité Económico e Social Europeu e ao Comité das Regiões: *Relatório sobre o progresso na Política Marítima Integrada da UE*, COM (2009) 540, de 15 de outubro, p. 8, em que este ponto foi reforçado, sendo o OEM uma ferramenta chave para o desenvolvimento sustentável do setor eólico *offshore*, em conjunto com outras energias.

[10] Em virtude de a plataforma continental do Atlântico – sendo esta a parte do oceano com uma profundidade menor e mais apelativa para o desenvolvimento de atividades – ser mais reduzida do que em outras regiões marítimas (veja-se o caso do Mar do Norte).

[11] Resolução do Conselho de Ministros n.º 163/2006, de 12 de dezembro, p. 27

mento no setor marítimo, viria a ser aprovada a Lei de Bases da Política de Ordenamento e de Gestão do Espaço Marítimo – Lei n.º 17/2014, de 10 de abril (adiante "LBOGEM"), que trataremos amplamente adiante. Este diploma foi o primeiro instrumento jurídico de OEM aplicável a todo o território marítimo português, resultante de uma evolução progressiva de *soft law* para *hard law* nesta temática, tal como sucedeu a nível europeu (Zervaki, 2015 p. 96). Com a sua aprovação meses antes da entrada em cena da DOEM, o diploma veio colocar Portugal na vanguarda neste domínio, incorporando, em grande parte, os aspetos que viriam a ser acolhidos na diretiva europeia (Becker-Weinberg, 2015 pp. 46, 47).

1.3. Economia azul e a energia do mar

Em sintonia com as crescentes preocupações ambientais e em linha com as tendências que temos vindo a referir, a Comissão Europeia procurou novas formas de criar crescimento económico em linha com os baluartes do desenvolvimento sustentável[12], da inovação e da criação de emprego (Schultz-Zehden, et al., 2019 p. 123)[13]. Surge a política de Crescimento Azul da União Europeia[14], que se propõe a tomar partido do potencial económico inexplorado de diversos setores que podem beneficiar de sinergias no espaço marítimo, auxiliadas por um OEM eficiente – através da simplificação de procedimentos, da remoção de obstáculos administrativos e da criação de estabilidade regulatória para os agentes económicos destas atividades – concretizando os objetivos da PMI.

[12] A adoção do princípio do desenvolvimento sustentável enquanto orientador do crescimento económico teve bastante relevância a nível europeu, sendo um traço marcante da estratégia Europa 2020 – cfr. Comunicação da Comissão: *Europa 2020, Estratégia para um crescimento inteligente sustentável e inclusivo*, COM (2010) 2020, de 3 de março pp. 14 e ss. e Comunicação (...): *Uma política marítima integrada para a União Europeia*, COM (2007) 575, de 10 de outubro, pp. 7 e ss.

[13] Comunicação da Comissão ao Parlamento Europeu, ao Conselho, ao Comité Económico e Social Europeu e ao Comité das Regiões: *Crescimento Azul: Oportunidades para um crescimento marinho e marítimo sustentável*, COM (2012) 494, de 13 de setembro, p. 3

[14] *Ibidem*

O setor da energia do mar (ou "*Energia Azul*") ganha em algum destaque dentro dos setores elencados na comunicação, não só pelo seu surgimento relativamente recente, como pelas suas possibilidades para assegurar os compromissos assumidos a nível europeu para o plano energético[15]. A instabilidade e imprevisibilidade das energias renováveis tradicionais (como a eólica e solar)[16] tem levado à busca de energias renováveis mais estáveis e previsíveis, que permitam alcançar novos patamares no que toca à quota de renováveis no *mix* energético dos países da União, libertando-os da necessidade de recorrer a combustíveis fósseis e estrangeiros[17]. Nesta senda, a energia do mar representa um setor relativamente inovador, podendo consubstanciar-se numa forte arma no arsenal europeu.

No entanto, este tipo de energia também conhece diversos desafios à sua implementação. Primeiramente, a produção de eletricidade no mar poderá localizar-se em locais que conhecem instabilidade marítima e que são relativamente remotos, o que pressupõe o transporte da energia até à costa através de cabos submarinos – com todos os respetivos custos que daí decorrem, sendo um dos impedimentos ao rápido progresso do setor[18]. De seguida, também são elevados os custos de manutenção, pela necessidade de resistência dos materiais à agitação marítima (Ferrão, 2011 p. 216 e ss.). Além disso, a forte competição pelo uso do espaço marítimo também significa que a sua utilização para a produção de energia concorre diretamente com outros usos do oceano, como é o caso da pesca ou

[15] A criação de objetivos de quotas de energia renovável no *mix* energético dos Estados Membros tem sido a prática regular da UE por forma a combater as alterações climáticas e alcançar a independência energética. Foi o caso da meta de atingir 32% até 2030, com o pacote *Clean Energy for All Europeans.*

[16] A implementação das energias renováveis tradicionais (como a energia eólica e solar) sempre pressupôs o recurso a energias de origem fóssil para responder aos picos de consumo (que tipicamente não coincidem com os maiores níveis de produção das energias limpas), o que tem impedido uma adoção de um sistema energético totalmente renovável.

[17] Comunicação da Comissão ao Parlamento Europeu, ao Conselho, ao Comité Económico e Social e ao Comité das Regiões: *Energia Azul: Materializar o potencial da energia oceânica nos mares e oceanos da Europa no horizonte de 2020 e mais além,* COM (2014) 8, pp. 2 e 3

[18] Cfr. Documento de trabalho da Comissão: *Report on the Blue Growth Strategy: Towards more sustainable growth and jobs in the blue economy,* SWD (2017) 128, p. 9

da navegação marítima (Moniz, 2017 p. 365). Finalmente, a dinamização do setor lida com algumas limitações jurídicas, tendo em conta que o seu estabelecimento pressupõe a utilização do domínio público marítimo e de áreas mais protegidas a nível ambiental, o que torna os procedimentos administrativos mais burocráticos e complexos.

Em Portugal, cedo se notaram as possibilidades da utilização do mar para a produção de energia renovável, desde logo no Plano Nacional do Mar de 2006, em que se colocou a ênfase na investigação e desenvolvimento, bem como na simplificação de procedimentos, com o intuito de atrair investimento estrangeiro e de contribuir para objetivos ambientais e energéticos do país[19]. A posterior Estratégia Nacional do Mar 2013/2020 reiterou este entendimento, dando um maior destaque aos benefícios ambientais do setor para atingir a descarbonização[20] (Gomes, 2014 p. 402).

Neste âmbito, devemos notar a produção de energia no mar não conhece uma única forma de desenvolvimento. Primeiro, a energia eólica *offshore* baseia-se na sua congénere terrestre e tem sido alvo de ampla aplicação no espaço marítimo, em especial no Mar do Norte. Uma vez que tira partido da maior intensidade e estabilidade dos ventos e beneficia da possibilidade de instalação de turbinas de maior dimensão no mar, permite uma maior capacidade de produção dos equipamentos – tornando-se especialmente apelativa. Ainda assim, a sua aplicação no restante território europeu tem conhecido alguns atrasos, devido ao facto de apenas ter sido passível de implementação em águas pouco profundas[21]. Todavia, desenvolvimentos tecnológicos recentes visam alterar essa realidade, através da utilização de infraestruturas flutuantes, permitindo uma maior aplicação desta energia[22]. Portugal é um dos líderes no desenvolvimento desta tecnologia, tendo instalado uma das primeiras turbinas

[19] Resolução do Conselho de Ministros n.º 163/2006, de 12 de dezembro, p. 17

[20] Resolução do Conselho de Ministros n.º 12/2014, de 12 de fevereiro, p. 53

[21] Comunicação da Comissão ao Parlamento Europeu, ao Conselho, ao Comité Económico e Social Europeu e ao Comité das Regiões: *Energia Eólica Marítima: Ações necessárias para a realização dos objetivos da política energética para 2020 e mais além*, COM (2008) 768, p. 4

[22] Comunicação (...): *Energia Azul: Materializar o potencial da energia oceânica nos mares e oceanos da Europa no horizonte de 2020 e mais além*, COM (2014) 8, p. 4

eólicas flutuantes da Europa com o projeto *WindFloat,* atualmente em atividade na zona de Viana do Castelo.

No caso da energia oceânica, estamos perante uma realidade bastante diferente, tanto pelo seu surgimento tardio como pelo seu desenvolvimento mais demorado. Na busca por energias renováveis de caráter mais estável e previsível, têm sido criadas diversas soluções para usufruir da energia dos mares e dos oceanos, seja através da força das ondas, das marés, das mudanças de temperatura nas águas ou mesmo das diferenças de salinidade entre água doce e salgada (conhecida como energia osmótica). Estes vários tipos de aproveitamentos ainda se encontram numa fase bastante prematura de desenvolvimento, sendo a energia das ondas a que se encontra na linha da frente em termos de progresso tecnológico[23].

2. O regime aplicável à produção de eletricidade no mar

O aproveitamento dos recursos hídricos para diversos fins, incluindo a produção de eletricidade no mar, não é livre, carecendo da aprovação de títulos de utilização privativa, atenta a sua escassez e fragilidade ambiental (Moniz, 2017 p. 386; Gonçalves, 2011 pp. 11, 12). De modo a impulsionar estas atividades, torna-se necessário um sistema de licenciamento que seja orientado tanto pelas necessidades de interesse público em assegurar a gestão correta dos recursos, bem como pelas necessidades de agilização e desburocratização, com o intuito de criar um quadro apelativo e pouco oneroso para o estabelecimento de atividades económicas – tarefa que se pode revelar bastante árdua[24].

[23] No âmbito da Energia Azul, a Comissão decidiu pela criação de um Fórum de Energia Oceânica – por forma a envolver os diversos *stakeholders* na discussão pública, em linha com os valores do OEM. O seu trabalho culminaria na criação do *Roadmap* de Energia Oceânica, onde se exploraram as dificuldades relativas ao OEM e aos procedimentos administrativos, cuja agilização se revela essencial. Cfr. Ocean Energy Forum, *Ocean Energy Strategic Roadmap: Building Ocean Energy for Europe,* 2016, disponível em https://webgate.ec.europa.eu/maritimeforum/sites/maritimeforum/files/OceanEnergyForum_Roadmap_Online_Version_08Nov2016.pdf (última consulta a 06.04.2023)

[24] Sobre as vantagens e dificuldades inerentes à criação de um quadro de licenciamento agilizado, cfr. o relatório elaborado pelo *Wave Energy Centre* – Centro de Energia das Ondas em

Com estes objetivos em mente, surge, em 2014, a LBOGEM. Como referimos este diploma veio incorporar muitos dos aspetos inovadores trazidos pelo OEM[25], mas acabou por também criar regras específicas para a utilização do domínio público marítimo, sobrepondo-se ao regime da Lei da Água (Lei n.º 58/2005 de 29 de dezembro adiante "LA") e indo além do impulso europeu. A LBOGEM veio então criar um regime aplicável a todo o espaço marítimo, na aceção dada pelo artigo 2º, envolvendo não só o domínio público marítimo, mas também as restantes áreas em que o Estado português exerce controlo por via dos instrumentos do Direito Internacional – sendo o primeiro instrumento jurídico que abarca e trata todas as áreas do espaço marítimo num único diploma, onde ainda é incluída a Plataforma Continental além das 200 milhas, que conhece atividade muito reduzida[26].

2004: *Potencial e Estratégia de desenvolvimento da energia das ondas em Portugal*, p. 40, disponível em www.energiasrenovaveis.com/images/upload/Relatorio_DGGE_ondas.pdf (última consulta a 06.04.2023).

[25] O regime não veio entrar em conflito com o sistema criado para o ordenamento terrestre, pelo que o regime que aqui tratamos cria um sistema de ordenamento especialmente desenhado para o mar e apenas aplicável a este – caminho este que também foi seguido em países como Espanha, China ou Reino Unido (Noronha, 2013 p. 67 e 68). São vários os autores que demonstram alguma apreensão em relação à criação de regimes distintos para o plano terrestre e marítimo (Galvão, 2016 pp. 814, 815) – considerando que a separação pode levar a uma complicação dispensável e ainda poderá levar à criação de conflitos entre os instrumentos, caso a articulação e compatibilização entre os mesmos não se revele suficiente e adequada (Calado, 2015 pp. 210, 211; Miranda, 2016 pp. 12, 13). Adicionalmente, a junção seria uma melhor solução para o estabelecimento de prioridades coerentes no que diz respeito à prossecução do interesse público e ao desenvolvimento sustentável (Moniz, 2014 p. 116) (Noronha, 2015 pp. 10, 11; Becker-Weinberg, 2016 pp. 34, 35).

[26] A união de ambas as categorias no mesmo diploma, domínio público marítimo e águas sobre as quais o Estado português exerce direitos soberanos, é bastante interessante. Apesar de parecer o caminho mais racional atenta a improdutividade da criação de fronteiras administrativas, o exercício de poderes por parte do Estado costeiro nestas zonas encontra a sua base em fundamentos jurídicos divergentes. Primeiramente, o domínio público marítimo constitui território nacional do Estado costeiro, tal como definido na delimitação das águas territoriais no artigo 3º da Lei n.º 54/2005, de 15 de novembro e alínea a) do artigo 84º/n.º 1 da Constituição da República Portuguesa, pelo que este define todas as prerrogativas e estabelece os termos da exploração dos recursos existentes até às 12 milhas náuticas contadas da linha de base (Bastos, 2014 pp. 19, 20). Ultrapassada essa fronteira, e até às 200 milhas

2.1. O Ordenamento do Espaço Marítimo na LBOGEM

Qualquer análise do novo regime de utilização do domínio público marítimo tem de começar pelo OEM, pela sua enorme pertinência para os procedimentos de atribuição de títulos de utilização privativa. Tal sucede porque, ao contrário do que ocorria na Lei da Água, as utilizações privativas na LBOGEM deixam de assentar num sistema de atribuição autónoma sem uma coordenação de topo que assuma a gestão de todos os títulos atribuídos – não visando apenas a garantia da compatibilidade entre usos. Este sistema visa evitar uma lógica de fragmentação por setores e uma abordagem isolada a cada um dos usos que referimos anteriormente, prevenindo conflitos entre os mesmos e potencializando uma utilização do espaço que venha maximizar a sua proteção ambiental e o seu aproveitamento económico sustentável (Noronha, 2014 p. 22). Consequentemente, a nova legislação impõe a previsão de todas as utilizações do espaço marítimo nos instrumentos jurídicos de OEM previstos neste diploma, que passam a formar a base para o estabelecimento das diversas atividades no mar português.

O plano de situação é o primeiro dos instrumentos de Ordenamento do Espaço Marítimo previstos no novo regime – alínea a) do artigo 7°/n.° 1. Assumindo uma posição central neste domínio, este plano visa criar um retrato cartográfico do mar em todas as suas vertentes, descrevendo as suas diversas áreas, as vias de navegação, cabos submarinos, zonas protegidas e, por via de exclusão, as áreas disponíveis para serem utilizadas. Para a alocação das áreas disponíveis, existem dados técnicos relativos

contadas da linha de base, já não estamos perante o território de um Estado, mas sim águas internacionais (Raimundo, 2014 p. 125). Assim, quaisquer direitos de exploração e controlo não decorrem de direitos inerentes ao Estado sobre o seu território soberano, mas do Direito internacional, exercendo o Estado costeiro um poder de jurisdição sobre o mesmo. Logo, a natureza dos próprios poderes exercidos pelos Estados varia, pelo que a escolha por um regime que não cria nuances em torno dessa condicionante poderá causar algumas dúvidas (Noronha, 2014 pp. 26, 27; Gomes, 2014 p. 405 e ss.). Este paradigma não veda a possibilidade de emissão de títulos de utilização privativa na ZEE, uma vez que também nas águas internacionais é garantido o direito soberano à exploração dos recursos, mas há que compatibilizar essa prerrogativa com o estatuto jurídico da ZEE e os direitos de Estados terceiros (Becker-Weinberg, 2016, pp. 26, 27; Bastos, 2014, pp. 22, 23; Bastos, 2007, pp. 414, 415).

à sua caracterização, com o intuito de criar uma distribuição espacial e temporal dos usos que maximize a rentabilização e a proteção ambiental dos recursos (Noronha, 2014 pp. 13, 14). Desta forma, este instrumento traduz toda a realidade económica existente no mar, a fim de criar uma gestão coordenada e sustentável, contribuindo ainda para o conhecimento relativo à viabilidade ambiental e económica da exploração do mar para os fins visados[27]. Por estas razões, a previsão e o cumprimento do disposto no plano de situação passa a constituir requisito prévio para qualquer utilização do espaço marítimo por particulares – artigos 49º e 50º do Decreto-Lei n.º 38/2015, de 12 de março.

Todavia, os particulares poderão estar interessados em utilizações que não estejam previstas no plano de situação – tanto por estar em causa uma utilização não estabelecida, como por incidir sobre uma área que não foi alocada para a utilização pretendida. Para esses casos, não se prevê uma alteração ao plano de situação através de iniciativa privada em sentido próprio. Assim, a fim de possibilitar alterações cirúrgicas ao instrumento central de ordenamento, surgem os planos de afetação – alínea b) do artigo 7º/n.º 1 da LBOGEM. Estes planos secundários, que tanto podem surgir por iniciativa privada[28] – denominados de *contratos para ordenamento* – como podem surgir por iniciativa pública, são uma das vias de alteração do plano de situação, incorporando-se neste após a sua aprovação, como refere o artigo 38º/n.º 1 do D.L. n.º 38/2015.

Os planos de afetação surgem assim como alterações ao retrato do espaço marítimo encetado pelo plano de situação. Consequentemente, como refere o artigo 27º do D.L. n.º 38/2015, sempre que a aprovação de

[27] Estando sujeito, enquanto plano, à avaliação ambiental estratégica, nos termos do Decreto-Lei n.º 232/2007, de 15 de junho, a alocação de frações do espaço marítimo a diversas utilizações assenta numa análise prévia relativa à afetação de áreas protegidas e à proteção do espaço marítimo, o que fundamenta a confiança e prepara o terreno para os utilizadores quanto à possibilidade de instalação dos seus projetos do ponto de vista ambiental (Moniz, 2014, p. 121).

[28] A existência de instrumentos de ordenamento de iniciativa privada reveste alguma importância numa perspetiva de envolvimento de todos no aproveitamento do mar. Nesta lógica, não são apenas os órgãos públicos a definir a abordagem e o mapeamento das utilizações, podendo os particulares apresentar outras alternativas que não tenham sido previstas pelos criadores do plano de situação (Becker-Weinberg, 2016 p. 43).

um plano de afetação entre em conflito com um uso previsto no plano de situação, deverá ser dada prioridade à utilização que assegure a *maior vantagem social e económica* ou que permita a *máxima coexistência de usos ou de atividades*. Ousada foi a opção de não incluir qualquer ponderação do ponto de vista ambiental[29], à semelhança da solução prevista no n.º 1 artigo 64º da Lei da Água para a *utilização economicamente mais equilibrada, racional e sustentável, sem prejuízo da proteção dos recursos hídricos*, pelo que ficam algumas dúvidas sobre as prioridades facultadas à proteção dos recursos marítimos neste domínio (Noronha, 2015 pp. 23, 24).

Na eventualidade de se garantir prioridade à nova utilização, é garantido ao utilizador anterior, nos termos do artigo 28º e em alternativa à renúncia ao direito de utilização prevista no n.º 4 (cuja compensação é a indemnização ao titular pelos investimentos realizados e em linha com o prazo restante no título), a possibilidade de relocalização da utilização em questão para uma outra área, a custo do interessado na nova utilização (Becker-Weinberg, 2016 p. 48)[30].

Por fim, devemos também notar que, em virtude de um relativo isolamento entre o OEM e a utilização privativa do espaço marítimo, a aprovação de planos de afetação de iniciativa particular não obriga o promotor do procedimento a desencadear um pedido de utilização com o mesmo objeto, nem está prevista qualquer tipo de reversão das alterações causadas no plano de situação se este não o fizer. Nesta eventualidade, estas mudanças, realizadas somente no interesse do particular, acabam por se tornar definitivas, mesmo que não se concretizem em qualquer utilização prática.

[29] Ainda que na temática dos conflitos de usos não tenha sido consagrado um critério ambiental, os planos de afetação não deixam de passar pelo crivo da avaliação ambiental. Curiosamente, embora revistam as características de um plano, o seu âmbito relativamente reduzido e o facto de se referirem apenas a uma utilização específica faz com que o artigo 23º considere os planos de afetação enquanto projetos sujeitos à avaliação de impacto ambiental – e não à avaliação ambiental estratégica – tendo por base a avaliação realizada ao plano de situação.

[30] Como consta do n.º 6, nem no caso de impossibilidade da relocalização do uso existente deixa de haver a instalação da nova utilização, pelo que, para esses casos, prevê-se que a indemnização identificada no n.º 5 inclua os lucros cessantes – o que se entende, uma vez que nestes casos não existe uma escolha voluntária de cessar a utilização, ao passo que, quando a relocalização é possível, há uma escolha entre a renúncia do direito de utilização e a relocalização.

2.2. A utilização do espaço marítimo por particulares

No que concerne à exploração do espaço marítimo, a LBOGEM retoma o princípio básico da *necessidade do título* para a utilização de recursos hídricos. Assim, qualquer atividade com *impacto significativo no estado das águas* apenas pode ser exercida com base num título de utilização – artigo 56º da Lei da Água e n.º 1 do artigo 17º da LBOGEM. Nestes moldes, a nova lei classifica *a reserva de uma área ou volume, para um aproveitamento do meio ou dos recursos marinhos ou serviços dos ecossistemas superior ao obtido por utilização comum e que resulte em vantagem para o interesse público* como uma utilização privativa de recursos hídricos (Noronha, 2014 p. 38)[31].

Nestes termos, qualquer utilização privativa deverá ser baseada num Título de Utilização Privativa do Espaço Marítimo ("TUPEM"), que poderá adotar a forma jurídica de licença, concessão ou autorização (Becker-Weinberg, 2016 pp. 48, 49). Nas suas disposições, a LBOGEM adota um critério bastante inovador para distinguir as atividades sujeitas a cada um dos títulos. Ao invés de listar as inúmeras atividades possíveis e de as repartir entre os títulos, o novo regime distingue o título aplicável consoante a duração da atividade do particular. Desta forma, as utilizações de curta duração – que se considerem temporárias, intermitentes ou sazonais – estão sujeitas a licença e as utilizações prolongadas – de duração superior a 12 meses – carecem da celebração de um contrato de concessão (artigos 19º e 20º) (Miranda, 2016 p. 20).

O rumo da duração da atividade como fundamento para a escolha do título aplicável é, no mínimo, curiosa[32]. No regime da Lei da Água, a descrição de cada uma das atividades e a sua repartição entre os títulos aplicáveis foi alvo de uma ponderação cuidada pelo legislador, considerando os riscos ambientais, os investimentos, as necessidades de estabilidade

[31] A utilização comum, que não preenche os requisitos apresentados, não requererá qualquer título, nos termos do artigo 15º/n.º 2 LBOGEM e artigo 46º/n.º 2 do D.L. n.º 38/2015, estando apenas adstrita ao cumprimento da lei e ao respeito pelo bom estado ambiental do espaço marítimo.

[32] Todavia, como sabemos, esta não se trata de uma solução totalmente inovadora, uma vez que também serve de base à distinção entre procedimentos de atribuição direta e procedimentos sujeitos a concurso para a emissão de licenças ao abrigo do regime anterior, como fica claro da leitura da alínea b) do artigo 21º/n.º 1 do D.L. n.º 226-A/2007.

da posição do particular e outras condicionantes que se revelem típicas para aquele tipo de atividade[33]. Por isso, submetia-se, *a priori*, as utilizações a um regime mais aberto ou apertado, através da sujeição à licença ou concessão e ainda através de diversas disposições especiais para as várias utilizações, densificadas no Capítulo II do Decreto-Lei n.º 226-A/2007, de 31 de maio. Neste novo diploma tal não sucede, sendo que as condicionantes aplicáveis apenas deverão ser acauteladas nas condições individuais e concretas de cada um dos títulos, aumentando a discricionariedade da entidade emissora dos TUPEM[34].

Aplicando esta repartição às energias renováveis no mar, podemos desde logo descurar a aplicabilidade da licença, quando notamos que a produção de energia no espaço marítimo pressupõe a sua utilização prolongada. Esta é uma mudança por oposição ao regime anterior, sendo que a energia eólica *offshore* e a energia das ondas com capacidade instalada inferior a 25 MW, ficam agora sujeitas à celebração de um contrato de concessão, nos termos do artigo 19º, sendo-lhes garantida uma posição mais estável e duradoura[35] – quando estavam sujeitas ao regime da licença, nos termos da LA.

A autorização acaba por ser uma exceção a esta linha de pensamento, uma vez que quanto a esta há uma maior densificação das atividades que nela se incluem, existindo um critério material (Moniz, 2014 p. 123). Inicialmente vista como um título aplicável ao aproveitamento de águas par-

[33] A distinção dos títulos necessários era feita pelos artigos 60º e 61º da LA, complementados pelos artigos 19º e 23º do D.L. n.º 226/2007, sendo estabelecido um critério material.

[34] No caso espanhol, por exemplo, parece que estas preocupações ficaram ligeiramente mais acauteladas, ainda que se mantenha um critério relativamente generalista e fechado. Neste sentido, será necessária a celebração de um contrato de concessão sempre que estão em causa estruturas fixas ou usos que impliquem a realização de obras, sendo que as restantes utilizações com impacto nas águas estão sujeitas a mera autorização. Cfr. artigos 51º e 64º da *Ley de Costas* (Lei n.º 22/1998, de 28 de julho, na sua redação atual de dezembro de 2015).

[35] No regime da Lei da Água, a energia eólica *offshore* parecia enquadrar-se no regime da licença, porquanto assenta na ocupação do domínio público hídrico através da instalação de equipamentos flutuantes, nos termos da alínea j) do n.º 1 do artigo 60º da LA. Em relação à energia das ondas e, de certo modo, às restantes energias oceânicas, a o legislador criou uma resposta direta, podendo estar sujeita a licença ou a concessão, consoante a potência instalada do empreendimento seja inferior ou superior a 25 MW, respetivamente – alínea b) do artigo 19º e alínea d) do n.º 1 do artigo 23º (Moniz, 2017, p. 389).

ticulares e, por isso, com o objetivo de legitimação do exercício de direitos privados e preexistentes, é agora aplicável a *projetos piloto relativos a novos usos ou tecnologias ou atividades sem caráter comercial*, escapando à repartição segundo o critério *supra* descrito[36]. Por essa razão, assume bastante relevância nesta sede. Sendo a produção de eletricidade no espaço marítimo uma indústria recente, cujas aplicações comerciais são muito reduzidas, a autorização torna-se adequada a muitos dos empreendimentos que ainda não atingiram a viabilidade comercial e que ainda estão numa fase de implementação. Se olharmos para as modalidades de exercício de atividade que foram gizadas pelo artigo 47º do D.L. n.º 226-A/2007, que trata diretamente esta temática[37], podemos notar como a produção de energia para os fins de investigação e desenvolvimento tecnológico se encaixa claramente no regime da autorização, restando poucas dúvidas relativamente à sua aplicação a estes projetos[38].

[36] A inclusão da figura da autorização no leque de títulos de utilização do espaço marítimo causa algumas inquietações. De acordo com a opinião largamente maioritária, a autorização estaria vedada aos casos em que *alguém é titular de um direito subjetivo, mas a lei estabelece que esse direito só pode ser exercido mediante autorização prévia*, sendo que esta foi desde logo a lógica subjacente à sistematização do regime da Lei da Água (Moniz, 2017 p. 388; Freitas do Amaral, 2020 pp. 239, 240). Não existindo grande controvérsia em afirmar que a utilização privativa do espaço marítimo, tal como descrita na LBOGEM, se deve inserir no leque de atividades relativamente proibidas por lei e que os particulares não dispõem de um direito preexistente para o exercício destas atividades, parece-nos que a autorização, ainda que ganhe uma autonomia formal perante os restantes títulos, se deva enquadrar na mesma categoria material da licença, pela sua caracterização enquanto ato administrativo.

[37] O artigo 47º do D.L. n.º 226/2007 delimita as modalidades investigação e desenvolvimento tecnológico, avaliação pré-comercial e produção de energia em regime comercial através da potência dos empreendimentos. Contudo, o preceito causa variadas dúvidas, uma vez que não estabelece qualquer relação entre as modalidades nele criadas e o critério dos artigos 19º e 23º, que distingue os títulos necessários e apenas têm em consideração a potência dos aparelhos. De igual modo, também não fica clara qual a relação entre a potência e a finalidade dos aparelhos, uma vez que não parece descabida a existência de um empreendimento comercial com uma produção relativamente baixa – indo essa hipótese contra o preceito, que coloca o limiar mínimo da produção comercial nos 25 MW.

[38] Quanto ao regime pré-comercial, previsto no nº 3 do artigo 47º, a prática da Direção Geral de Recursos Naturais, Segurança e Serviços Marítimos ("DGRM"), enquanto entidade emissora dos títulos, tem sido inequívoca a enquadrá-lo no regime da autorização, em virtude da ausência de fins lucrativos. Cfr. as autorizações emitidas à AW-Energy Oy, à Companhia de

a) A atribuição de títulos de utilização privativa do espaço marítimo

Os procedimentos aplicáveis à atribuição de títulos de utilização privativa de recursos hídricos divergem ligeiramente dos procedimentos relativos a outras utilizações do domínio público. Ainda que no Direito Administrativo tenham vindo a surgir tendências de desmaterialização e simplificação administrativa que tornam a utilização destes bens mais acessível, a utilização de recursos hídricos por particulares tem ficado distante destes movimentos, continuando a assentar em procedimentos tendencialmente mais complexos e concursais – sendo o caráter frágil e escasso dos recursos hídricos a grande barreira contra essa evolução.

Por esta razão, os procedimentos desta natureza não excluem a iniciativa privada, mas raramente adotam um *open door procedure*, através do qual os operadores económicos iniciam a sua atividade com limitações relativamente reduzidas. Existe, assim uma preocupação por parte dos órgãos públicos em realizar uma verdadeira *administração da escassez*, diligenciando a fim de assegurar que apenas os utilizadores merecedores ficam legitimados na utilização dos recursos hídricos, obedecendo aos princípios da concorrência, da igualdade e da transparência nos procedimentos (Gonçalves, 2011 p. 11 e ss.; Moniz, 2017 pp. 401, 402; Raimundo, 2014 pp. 142, 143).

Nesta linha, os procedimentos de atribuição de um TUPEM são especialmente regulados na LBOGEM, divergindo, em certa medida, dos previstos no regime da LA. Ainda assim, é adotado um procedimento único, não existindo diferenciação consoante se trate de uma autorização, licença ou concessão. Esta é uma escolha questionável, quando olhamos para a variação dos títulos existentes. Numa primeira leitura do diploma, a autorização aparenta ser revestida de uma maior simplicidade por comparação aos restantes títulos, não apenas no que toca ao seu conteúdo, mas também em relação ao procedimento (Miranda, 2016 pp. 20, 21). No entanto, tal não aconteceu, pelo que acaba por seguir o mesmo regime criado para os restantes títulos – o que causa alguma perplexidade, uma

Energia Oceânica S.A. e Corpower Ocean Portugal, Unipessoal Lda., disponíveis para consulta em www.psoem.pt/tupem-2/ (última consulta a 06.04.2023).

vez que o mesmo procedimento leva à criação de posições jurídicas largamente divergentes no que concerne à sua duração e à precariedade da posição do particular.

Por conseguinte, a valorização dos princípios subjacentes ao OEM e à rentabilização da económica do mar fica algo fragilizada pela escolha de um procedimento unitário, especialmente quando até no regime de 2007 gizado pela LA se previa uma tramitação agilizada para utilizações do domínio público hídrico com duração inferior a um ano. Em nossa opinião, parece que faz falta um procedimento específico para utilizações privativas de curtas duração e de risco ambiental reduzido – como a prospeção e pesquisa de áreas do espaço marítimo a fim de averiguar o potencial da produção de energia elétrica. Desta forma, parece excessivo submeter estes casos à intervenção de todas as entidades cuja consulta está prevista e à necessidade de passagem pela vertente concorrencial dos procedimentos.

Em relação ao procedimento aplicável, continua a ser possível encontrar diversos pontos comuns entre o regime da LA e esta nova legislação. Em primeiro lugar, podemos notar que as fases do procedimento não são particularmente inovadoras. No caso de iniciativa privada, à submissão do pedido do particular junto da Direção Geral de Recursos Naturais, Segurança, e Serviços Marítimos sucede a fase de apreciação liminar e a ronda de consultas às diversas entidades competentes, determinadas consoante o uso em causa[39]. Finda a intervenção destas entidades, procede-se à apreciação final do pedido e à fase de consulta pública – artigos 58º a 63º do D.L. n.º 38/2015. O mesmo acontece quando está em causa um procedimento de iniciativa pública (artigo 64º), no qual não existem alterações de fundo quando é comparado com o procedimento atinente à atribuição de uma licença sujeita a concurso ao abrigo do regime estabelecido no artigo 21º/n.º 4 do D.L. n.º 226-A/2007 – sendo garantida à

[39] Quando está em causa a exploração de energias renováveis no espaço marítimo, será necessário proceder à consulta de praticamente todas as entidades descritas no Anexo II do D.L. n.º 38/2015, assumindo especial relevância a consulta à Agência Portuguesa do Ambiente, à Direção Geral de Energia e Geologia, ao Instituto da Conservação da Natureza e Florestas e, ainda, à Autoridade Marítima Nacional.

entidade emissora dos títulos alguma discricionariedade nos termos que o concurso deve conhecer.

Quanto aos traços gerais do sistema gizado pela LBOGEM, em primeiro lugar, o diploma impõe a obrigação de publicação de todos os pedidos de utilização do espaço marítimo que tenham iniciativa particular. Ou seja, qualquer pedido apresentado por um particular com vista à emissão de um TUPEM pressupõe uma fase de 30 dias para que outros particulares se apresentem e concorram com o particular na emissão do título em causa – garantindo assim uma concorrência efetiva na sua atribuição. No caso da LA, não existia qualquer necessidade de publicação para licenças cujo prazo não excedia um ano – garantindo assim uma maior agilidade nos processos (como prevê o artigo 20º do D.L. n.º 226-A/2007). Apesar de opção seguida pela LBOGEM garantir a concorrência na atribuição de todos os títulos, poderá causar alguma burocracia excessiva para algumas utilizações sem grande impacto nas águas (Gonçalves, 2011 pp. 21, 22).

Esta fase de publicitação no procedimento iniciado a pedido do interessado conhece duas nuances interessantes. Primeiro, à semelhança da LA, é estipulado o prazo de 30 dias para a publicação do pedido, independentemente do título em causa. A escolha de um prazo com a mesma duração é algo criticável. Estando em causa títulos diferentes, garantindo a concessão uma posição jurídica mais estável e duradoura (atendendo aos prazos maiores pelas quais podem ser outorgadas, por comparação aos prazos aplicáveis às licenças), a estipulação do mesmo prazo não tem em conta a variação que existe no investimento a que os interessados se propõem, nem considera a possível variação do impacto no estado das águas que as utilizações podem causar. Por este motivo, somos da opinião que um prazo mais alargado, ou diferenciado consoante o título seria mais adequado para proteger a concorrência nestes casos[40].

Segundo, enquanto que, no regime da LA, a fase de publicação para permitir com que outros particulares concorram na atribuição do título ocorria antes de existir uma avaliação aprofundada do pedido (devendo o vencedor desencadear um novo procedimento, com vista à emissão do

[40] No caso espanhol, a título de exemplo, para a reserva de uma parcela do espaço marítimo para a exploração de energias renováveis, o pedido é publicado por 90 dias, dando uma maior margem para a apresentação de outros candidatos à utilização do espaço para o mesmo fim.

título), no novo diploma a apresentação de novas propostas no seguimento de um pedido decorre durante a fase de consulta pública, findas as consultas às diversas entidades e após uma decisão favorável em relação ao pedido por parte da DGRM – alínea a) do n.º 1 do artigo 61º. Esta última mudança causa algumas dúvidas na eventualidade de surgirem novos interessados e de os mesmos virem a ser os vencedores do concurso previsto no n.º 5 do artigo 61º, sem prejuízo da agilização administrativa que cria. Como se previa no regime anterior, no artigo 21º/n.º 4 e 5 do D.L. n.º 226-A/2007, o candidato escolhido teria de efetuar, na sequência do concurso, um pedido de título de utilização privativa, onde subsequentemente seria tramitado todo o procedimento descrito no artigo 20º – com vista à atribuição direta do título. Todavia, nesta nova realidade, onde não há separação entre os procedimentos, caso seja escolhido um novo concorrente no concurso gizado na LBOGEM, já decorreu toda a tramitação, tendo a proposta ora vencida sido alvo de consultas e apreciações que agora se revelam supérfluas. Uma vez que esta situação não ficou diretamente regulada, parece-nos que a única hipótese seria repetir toda a experiência com o novo concorrente, excluindo a fase de publicação do pedido, de modo a evitar a atribuição de um título sem que haja uma apreciação concreta daquele pedido e utilizador. Ainda que este possa ser um cenário residual num contexto de reduzida competição pelo espaço marítimo, poderá tornar-se relativamente frequente com a progressiva intensificação da exploração dos recursos marítimos, um dos principais objetivos da LBOGEM.

Não obstante as dúvidas relativas a este último caso, denotam-se algumas tentativas de modernização e agilização dos procedimentos que são de aplaudir, como a intenção de criação do balcão único eletrónico, sendo que os pedidos são entregues no mesmo e todo o procedimento é tramitado em formato digital – desde as consultas às entidades relevantes à publicação dos pedidos (artigos 60º/n.º 1 e alínea a) do 61º/n. 1). Igualmente, a possibilidade da pronúncia favorável tácita consagrada no n.º 2 do artigo 61º, quando o prazo de apreciação estipulado no n.º 1 não seja respeitado – em que a entidade competente fica obrigada a dar início à fase da consulta pública, na ausência de pronúncias vinculativas negativas, também poderá ser uma mudança positiva neste âmbito.

b) A articulação do regime da LBOGEM com outros procedimentos aplicáveis à produção de eletricidade no mar

A pluralidade de regimes aplicáveis continua a ser um forte obstáculo à simplificação e agilização de procedimentos necessários à utilização privativa do espaço marítimo, uma vez que o particular necessita de interagir com diversas entidades, dotadas de competências próprias, com procedimentos díspares, implicando muitas vezes a repetição de passos, devido à incomunicabilidade entre os órgãos públicos competentes. Esta realidade, ainda patente no Direito Administrativo, torna-se frustrante e demasiado burocratizada para os particulares, quando consideramos que estes têm de lidar com diversas entidades isoladas entre si para implementar uma única atividade, quando deveriam ser as próprias a assegurar a articulação necessária e a responder de forma coerente às necessidades subjacentes aos procedimentos que são interdependentes, garantindo eficiência e harmonia na interação com o particular (Becker-Weinberg, 2016 p. 28)[41].

Como sabemos, o procedimento atinente à atribuição do TUPEM não é o único aplicável à setor da eletricidade no mar. Neste sentido, o artigo 18º da LBOGEM esclarece que o TUPEM *não concede ao seu titular o direito à utilização ou exploração de recursos do espaço marítimo nacional.* Ainda que pudesse merecer uma redação mais feliz, fica claro que a atribuição de um TUPEM não pretende, de modo algum, substituir os restantes procedimentos administrativos aplicáveis e necessários à instalação de atividades, como sucede com o quadro jurídico aplicável à produção de eletricidade ou os decorrentes da legislação ambiental aplicável.

Esta foi uma dificuldade que assumiu prioridade no que toca ao OEM e à política de economia azul da União Europeia, em que a criação de

[41] A multiplicidade de procedimentos não é, todavia, uma dificuldade encontrada em todos os ordenamentos jurídicos com a mesma intensidade. No caso da Bélgica, por exemplo, excetuando os casos dos licenciamentos de cariz ambiental e os que visam a colocação de cabos submarinos, os procedimentos atinentes à ocupação do domínio público marítimo e os relativos à produção de eletricidade são tramitados de forma conjunta. Assim, existe um procedimento relativamente unitário e específico para legitimar a produção de eletricidade no espaço marítimo – que acautela diretamente as especificidades desta atividade – com todos os benefícios para os particulares que daí decorrem (Noronha, 2013, pp. 69, 70).

iniciativas como a *one stop shop* assumem um papel fulcral para criar um espaço marítimo facilmente acessível por todos e apenas limitado por razões de segurança e proteção ambiental.

A LBOGEM não ficou aquém destas preocupações relativas à pluralidade de procedimentos, daí que inovou com a criação de um balcão único eletrónico para o mar, capaz não só de lidar com os procedimentos relativos aos títulos de utilização, bem como articular com as restantes instituições competentes cujo envolvimento é necessário para legitimar as atividades em causa. Desta forma, o particular deixa de ter de se dirigir a cada uma das instituições que devam ser envolvidas para implementar a sua atividade, apresentando o pedido junto da DGRM com os elementos necessários aos vários procedimentos, cabendo a esta servir de interlocutor principal do particular e das restantes entidades competentes – n.º 2 do artigo 18º da LBOGEM e artigo 62º do D.L. n.º 38/2015. No caso específico da exploração de energias renováveis, a Direção Geral de Energia e Geologia ("DGEG") assiste a DGRM na tramitação do procedimento aplicável à produção de energia elétrica após a atribuição do TUPEM, a fim de garantir a celeridade e o andamento dos atos permissivos necessários, como refere o n.º 7. Em suma, a criação deste balcão único apresenta grandes potencialidades para melhorar a navegação do particular pelas limitações administrativas criadas para certas atividades, sem implicar a perda da independência destas instituições ou a junção dos procedimentos.

c) O conteúdo dos TUPEM

A diversidade de utilizações possíveis no espaço marítimo e a necessidade de atender às carências específicas de cada utilização concreta, que fazem variar a dinâmica da relação entre utilizador e entidade competente, e ainda as condições concretas dos títulos, impediram a adoção de um quadro abrangente de regulação aplicável a todos os usos previstos na LBOGEM. Tal impõe o exercício, por parte desta entidade, de uma análise casuística de cada uma das utilizações no que toca à proteção do ambiente, os benefícios económicos e todos os outros fatores que se revelem importantes. Por isso, a lei remete em larga medida para as condições concretas dos títulos emitidos, independentemente de estar em causa uma licença ou concessão (Raimundo, 2014 pp. 136, 137)[42]

Ainda assim, qualquer que seja o título, em linha com o regime da Lei da Água, ao utilizador é garantida a exclusividade no uso. Esta vantagem espelha-se, por outro lado, no dever de utilização efetiva na esfera do interessado. A criação de uma obrigação desta natureza não é difícil entendimento, quando olhamos para o número limitado de recursos disponíveis. Nos termos do preceito, todas as utilizações devem ter início no prazo de 18 meses a contar da data de emissão do título, não podendo ser interrompidas por períodos superiores a dois anos, sob pena de revogação do título – alínea b) do artigo 72º/n.º 2. Caso contrário, seria possível a qualquer particular requerer a emissão de diversos títulos para si, assumindo a exclusividade no uso dos mesmos, e reservar esses títulos para exploração futura, impedindo outros particulares de realizarem atividades concorrentes no domínio público hídrico – conhecido como fenómeno das *concessões em carteira* (Moniz, 2017 pp. 391, 392).

A nível da proteção ambiental, além da necessidade de cumprimento dos instrumentos de OEM, é de salientar a obrigação de *adoção das medidas necessárias para a obtenção e manutenção do bom estado ambiental do meio ambiente e bom estado das águas*, prevista no n.º 4 do artigo 17º da LBOGEM, que acaba por se traduzir numa responsabilidade constante e inerente ao aproveitamento do espaço marítimo, em linha uma abordagem ecossistémica e ambientalmente consciente à exploração do mesmo[43], em troca do benefício económico retirado pelo particular na sua utilização com uma relativa exclusividade (Moniz, 2014 pp. 126, 127; Noronha, 2014 pp. 38, 39). Igualmente, as preocupações mantêm-se quando decorrer o prazo do título em causa, sendo necessária a reconstituição das *condições*

[42] No regime da Lei da Água, prevêem-se algumas disposições na legislação complementar – apresentadas no capítulo II do D.L. n.º 226-A/2007 – que visam regular utilizações específicas, como é o caso da captação de águas. Porém, a produção de eletricidade que não se enquadre na categoria de aproveitamento hidroelétrico está fora do âmbito dessas disposições específicas – com exceção do artigo 47º.

[43] Esta obrigação também acaba refletida em diferentes tipos de monitorização ambiental impostos de acordo com os riscos ambientais concretos de cada uma das utilizações. Dentro dos títulos atribuídos para a produção de eletricidade no mar, tornam-se essenciais, nomeadamente, a monitorização do ruído submarino e do impacto na vida marinha envolvente.

físico-químicas que tenham sido colocadas em causa pela essa utilização, pelo disposto no nº3 do artigo 73º, sob pena da perda da caução prestada nos termos do artigo 66º (Becker-Weinberg, 2016 p. 52; Moniz, 2014 pp. 127, 128; Costa Gomes, 2017 p. 964).

Relativamente aos prazos, estes são atribuídos com base no investimento económico, no prazo para a amortização do mesmo, na dimensão do projeto e consoante as circunstâncias que rodeiam o caso concreto – como refere expressamente o n.º 3 do artigo 53º para as concessões. Todavia, por comparação ao regime da Lei da Água, os prazos máximos são mais reduzidos, o que cria algum impacto para as atividades de produção de eletricidade no mar, uma vez que a concessão, aplicável a todas as atividades comerciais do setor, vê o seu prazo máximo reduzido para 50 anos, por oposição aos anteriores 75 anos[44]. Quanto à autorização, que passa a abarcar as restantes modalidades de exercício da produção de eletricidade no espaço marítimo, fica vinculada ao prazo máximo de 10 anos (Becker-Weinberg, 2016 pp. 49, 50)[45].

Quanto à produção de eletricidade no mar em concreto, a necessidade do transporte dos engenhos até à área objeto do TUPEM e as preocupações com a segurança e navegação marítima levam à concretização de algumas condições específicas nos títulos emitidos. Na prática, torna-se essencial a coordenação com as capitanias locais, o estabelecimento de avisos prévios para a realização de trabalhos de transporte e ainda a articulação com a Autoridade Marítima Nacional, que deverá aprovar um projeto de assinalamento marítimo para se proceder à instalação de infraestruturas no espaço marítimo português. Estas tendências acabam por se repetir, igualmente e na medida do aplicável, às operações de remoção e aos trabalhos de manutenção destas estruturas[46].

[44] No caso da Lei da Água, o prazo máximo era de 10 anos, no caso da licença, e de 75 anos, no caso da concessão – n.º 2 do artigo 67º e n.º 6 do artigo 68º.

[45] A duração de 10 anos para estes títulos relativamente precários, ainda que algo reduzida, continua a ser mais prolongada que o regime jurídico espanhol que já mencionámos, que limita as autorizações ao prazo de 1 ano – cfr. n.º 4 do artigo 52º da *Ley de Costas* (Lei n.º 22/1998, de 28 de julho, na sua redação atual de dezembro de 2015).

[46] Cfr. o contrato de concessão celebrado com *Windplus*, S.A. (Cláusulas 5ª e 9ª) e a autorização emitida à Corpower (Ponto II), disponíveis para consulta em www.psoem.pt/tupem-2/ (última consulta a 06.04.2023).

No que concerne à extinção dos títulos, devemos salientar, pela sua relevância, a revogação por maior necessidade de proteção dos recursos hídricos replicada no n.º 4 do artigo 72º e herdada do regime geral de utilização privativa. Quando as necessidades de proteção dos recursos hídricos deixem de ser compatíveis com a manutenção do título, e não existindo a possibilidade de revisão ou de relocalização da área abrangida pelo título, está aberto o caminho para a revogação[47]. Ainda que se trate de uma medida de *ultima ratio*, sujeita a um juízo de proporcionalidade e apenas aplicável na impossibilidade de revisão das condições, desta prerrogativa da Administração podemos notar a forma como a posição do utilizador, ainda que disponha de uma expectativa legítima em manter a utilização durante o prazo estipulado – baseada no título de utilização – cede sempre em nome da proteção dos recursos hídricos quando esta esteja em causa, em nome da sua preservação para fins ambientais e para futuras utilizações.

Numa nota final, realçamos a forma como os efeitos positivos e o interesse público nas utilizações sem fins lucrativos, em especial no que diz respeito à exploração de novas tecnologias e à investigação científica, levam a que o n.º 2 do artigo 76º isente todas as autorizações do pagamento de taxas de ocupação do espaço marítimo. Esta particularidade da autorização é de fácil entendimento. A escolha do mar português para a condução de investigações sobre usos futuros e para fins de aprofundamento do conhecimento sobre o espaço marítimo, contribuindo para o valor intrínseco dos oceanos e do nosso território marítimo, sem que se retire um benefício económico direto dessas mesmas atividades, conhece significativas externalidades positivas, pelo que apenas parece lógico isentar esta categoria de atividades do pagamento de taxas de utilização. Este é um aspeto bastante atrativo quando comparado com o regime espanhol que, mesmo nos casos de autorização, sujeita as utilizações às taxas apli-

[47] No caso de existir uma conduta imputável ao particular que coloca em causa os recursos hídricos, poderá estar em causa o incumprimento das condições de proteção ambiental que constem dos títulos (quer as previstas diretamente no título no que diz respeito a ruído e afetação da vida marinha ou as densificadas na legislação ambiental aplicável). Neste caso, perante uma conduta imputável ao utilizador não nos parece aplicável uma possibilidade de relocalização ou alteração do título.

cáveis aos restantes títulos de utilização, existindo uma clara vantagem competitiva do espaço marítimo português neste âmbito. Quanto à parte que nos toca, a produção de energia elétrica no mar insere-se de forma clara nesta sede quando está em causa a demonstração de conceito destas novas tecnologias, tendo em conta a sua imaturidade e a necessidade de condução de testes de viabilidade dos projetos. Logo, a isenção prevista no n.º 3 do artigo 76º favorece os particulares e torna o espaço marítimo português mais apelativo para potenciais investidores, ajudando à criação de uma plataforma de lançamento destes projetos.

2.3. A Relevância da LBOGEM para a Energia Azul

Com a sua aprovação, a LBOGEM foi fundamental para deixar para trás uma visão do ordenamento e da utilização dos recursos hídricos centrada no território terrestre e para colmatar o relativo vazio normativo que caracterizava o oceano (Galvão, 2016 p. 814). Em geral, a concretização do ordenamento do espaço marítimo (que veio garantir o conhecimento e organização básica à sua exploração[48]), o esforço de colmatação decorrente da multiplicidade de procedimentos, através de uma *one-stop shop* (que promoverá uma articulação entre os vários atos permissivos relevantes) poderá beneficiar a expansão de diversas atividades com presença no mar e que se encontram em expansão, como é o caso da produção de energia no mar[49]. Ademais, certos aspetos, como um prazo

[48] Assim, garante-se, em primeira linha, o conhecimento efetivo do mar, que será o primeiro passo para que nele se instalem atividades económicas com uma relativa facilidade. Caso as expectativas relativas à economia azul portuguesa se venham a concretizar, esta visão de planeamento duradouro poderá vir a ser central para evitar conflitos de uso e permitir a coexistência dos vários utilizadores do espaço marítimo.

[49] Ainda assim, é premente e central a necessidade de harmonização de procedimentos no seio da União Europeia. A DOEM veio, de facto, impor a necessidade de elaboração de planos aplicáveis ao espaço marítimo. Todavia, a diretiva não versou diretamente sobre a utilização privativa dos recursos marítimos, pelo que os Estados continuam a ter livre escolha na matéria. Não obstante as preocupações dos Estados com a perda de soberania neste domínio, este poderá ser um próximo passo a dar a nível europeu. Tal esforço irá não só facilitar a implementação de projetos em diversos territórios nacionais, como tornará o quadro apli-

relativamente dilatado de 10 anos e a isenção do pagamento de taxas de ocupação do espaço marítimo para as utilizações sujeitas a autorização, que não se encontram replicadas de um modo tão apelativo num regime como o existente em Espanha, poderão vir a tornar Portugal um verdadeiro incubador destas energias na Península Ibérica.

Ainda assim, adotando uma tramitação relativamente uniforme, o novo regime aplicável ao espaço marítimo tende a ignorar a variação que existe nas diversas atividades do mar, pecando por não criar facilidades de regime consoante a finalidade dos usos e as posições jurídicas em causa. No caso da produção de eletricidade, as necessidades de proteção dos recursos hídricos decorrentes de uma curta utilização para demonstração de conceito não são necessariamente equivalentes às da exploração comercial duradoura destas atividades, seja devido à duração da posição garantida ao seu titular, seja pelo impacto que a utilização tem nos recursos utilizados. Desta forma, parece que deveriam ter sido criadas algumas nuances consoante a finalidade dos projetos, à semelhança do que sucedia na Lei da Água para utilizações de reduzida duração – que poderão revelar-se úteis para atividades de investigação e desenvolvimento por parte dos particulares, evitando um procedimento moroso e complexo, quando não existe uma utilização tão intensa dos recursos hídricos[50].

3. O Regime Jurídico da Zona Piloto

Em 2008, o Governo português visou criar um regime específico para a exploração destas energias, consubstanciado no Decreto-Lei

cável a projetos transfronteiriços muito mais coerente. A este propósito, no Mar Báltico, a Dinamarca, a Suécia e a Alemanha desenvolveram em comum um projeto desta natureza, constituindo um parque eólico – "*Kriegers Flak Offshore Wind Farm*" – que inclui pontos de ligação aos vários países (Fernandes, 2007 p. 68).

[50] Caso os interessados visem estudar o potencial além do esforço já realizado pelos órgãos públicos com o plano de situação, ainda que com uma duração substancialmente reduzida, será necessária, para o efeito, a emissão de um TUPEM para esses particulares – sendo aplicável toda a burocracia do procedimento correspondente. Atenta a disparidade entre estas situações, parece que poderia ter sido criada uma via de acesso simplificada para este tipo de utilizações.

n.º 5/2008, de 1 de agosto (Regime Jurídico da Energia das Ondas, ou "RJEO"), orientado pela necessidade de simplificação, agilização administrativa e de incentivo ao desenvolvimento tecnológico, que permitisse dissipar a imaturidade do setor[51] e que fosse aplicável a uma zona piloto (previamente estudada, no que concerne ao seu potencial energético e impacto ecológico) – com o intuito de incentivar a concentração geográfica deste tipo de projetos, promovendo a criação de sinergias entre investidores, o desenvolvimento tecnológico e uma redução progressiva de custos (Ferrão, 2011 p. 222).

Em concreto, o fomento de um *cluster industrial de competências nacionais*[52] permite a criação de infraestruturas comuns e partilháveis entre diversos utilizadores, possibilitando a partilha de custos, e incita a criação de uma cadeia de valor focada no abastecimento de materiais e na angariação de recursos humanos especializados – procurando responder a muitas dificuldades do setor, como a imaturidade das tecnologias, a dimensão dos custos de entrada e a consequente dificuldade no acesso ao financiamento. No entanto, balizar a aplicação de um regime especialmente benéfico a uma zona geográfica também traz algumas limitações à autonomia garantida aos particulares na escolha do local adequado para a produção elétrica, dado que a escolha de uma localização com condições previamente determinadas poderá não se revelar ideal para todos os investidores[53] [54].

[51] A previsão de um regime específico de produção de eletricidade a partir da energia das ondas ficou desde logo vincada no n.º 2 do artigo 86º do D.L. n.º 226-A/2007, que antevia a sua criação. Igualmente, em 2014, nem a entrada em vigor da LBOGEM, igualmente aplicável à energia das ondas, veio interferir na vigência deste regime de 2008, uma vez que o artigo 105º D.L. n.º 38/2015 ressalva expressamente a sua continuidade.

[52] Cuja importância foi enfatizada na Estratégia Energia 2020 e na Estratégia Industrial para as Energias Renováveis Oceânicas (Resolução do Conselho de Ministros n.º 174/2017, de 24 de novembro.), sendo a concretização da zona piloto fundamental para o atingimento do objetivo de 250 MW de capacidade instalada até ao ano de 2020 (Gomes, 2014 pp. 403, 404). Cfr. Resolução do Conselho de Ministros n.º 29/2010, de 15 de abril, p. 13. e Resolução do Conselho de Ministros n.º 174/2017, de 24 de novembro, anexo I, ponto 4.

[53] Tal poderá ser o caso da zona piloto portuguesa, em razão de a mesma apenas acolher projetos que visem a exploração em zonas com profundidade superior a 30 metros, expurgando-se do seu âmbito outros projetos que possam vir a ser promissores (Gomes, 2014 p. 415).

[54] No que concerne à escolha da localização deste projeto, é algo curioso que não tenha

A utilização do espaço conhece um sistema bastante diferente quando comparado com o regime da LBOGEM. Assim, em primeiro lugar, o Estado atribui a uma entidade gestora, através de um contrato de concessão de serviço público, os poderes necessários à exploração da zona piloto (Ferrão, 2011 p. 222)[55]. De seguida, caberá a esta última autorizar e gerir a relação com os promotores de projetos, pelo que os investidores deixam de necessitar de se articular com diferentes entidades e passam apenas a interagir com a entidade gestora.

Aplicando a lógica subjacente à utilização dos recursos hídricos, ainda que esteja em causa um verdadeiro regime *ad hoc*, parece que a entidade gestora goza de um direito de utilização privativa *primário*[56], que engloba os poderes de atribuição de direitos de utilização aos promotores, a título *secundário* (Gomes, et al., 2014 p. 388). Os promotores, por sua vez, devido às agilizações previstas no regime, ficam dispensados da necessidade de obter títulos de utilização privativa em sentido formal que estejam previstos no regime geral de utilização dos recursos hídricos[57]. Deste modo, forma-se uma verdadeira relação tripartida, em que o Estado, enquanto

havido nenhuma avaliação ambiental oficial. Considerando que se trata de um empreendimento onde serão instalados diversos projetos, poder-se-ia julgar aplicável o instituto da Avaliação Ambiental Estratégia – cfr. artigo 3° do D.L. n.° 232/2007, de 15 de junho. No entanto, a ausência de planos e programas aplicáveis ao espaço marítimo que pudessem englobar a zona piloto fez este projeto ficasse fora do âmbito de aplicação da AAE. Apenas aquando da aprovação do plano de situação em 2018, em que foi prevista esta alocação do espaço marítimo, é que existiu uma avaliação dos impactos ambientais da zona. Não obstante as considerações que estiveram por detrás da escolha da localização do espaço, parece que deveria ter existido uma avaliação ambiental rigorosa *ad initio*, até porque os próprios promotores e os projetos poderiam ter iniciado a atividade, submetendo-se eles próprios a uma avaliação ambiental, sem que existisse qualquer controlo ambiental da zona em si, tornando tal avaliação dos projetos concretos algo infundada (Gomes, 2014 pp. 409, 410).

[55] Atenta a necessidade de ligação dos projetos às infraestruturas necessárias à injeção de energia na rede pública, à entidade gestora também são conferidos poderes sobre a faixa que liga a zona piloto ao território terrestre (Moniz, 2017 pp. 411, 412).

[56] A natureza jurídica da utilização da entidade gestora e, consequentemente, da utilização dos promotores, enquanto utilização privativa não oferece grandes dúvidas, uma vez que constitui claramente um aproveitamento do espaço superior aquele que seria obtido através de uma utilização comum (Moniz, 2009 p. 55).

[57] Cfr. Considerando C) da minuta do contrato de concessão – Resolução do Conselho de Ministros n.° 49/2010, de 1 de julho (adiante "contrato de concessão").

titular originário dos direitos de utilização e exploração, atribui os mesmos a promotores através de uma entidade gestora.

No que diz respeito à entidade gestora, esta além das suas competências de licenciamento, de fiscalização e de gestão da relação contratual com os promotores que mencionámos *supra*, a entidade gestora assume um papel fulcral no desenvolvimento da zona a seu cargo através de outras incumbências. Entre elas, são de mencionar a elaboração da caracterização geofísica e ambiental da zona piloto, que ajudará a um melhor conhecimento da sustentabilidade ambiental e potencial económico da zona piloto, a promoção de criação de infraestruturas comuns para utilização dos promotores, para assegurar uma maior rentabilidade dos projetos através da repartição de custos, e, em geral, a promoção do espaço e a sua dinamização. Em geral, a entidade gestora assume um papel de *one stop shop* para a implementação dos projetos de energia das ondas, atribuindo, em simultâneo, os direitos de ocupação de parcelas da zona piloto, mas também certificando as instalações elétricas a instalar pelos promotores, evitando as burocracias decorrentes da articulação entre diversas entidades, dificuldade que salientámos no ponto anterior (Sousa, 2015 p. 219).

Pelas suas características interessantes, é de referir o sistema de pagamentos financeiros ao Estado a título de contrapartida pela outorga da concessão gizado pelo artigo 37º. Com efeito, o n.º 2 do artigo 37º prevê que parte da renda anual recebida pelas ocupações dos promotores deverá ser paga ao Estado, enquanto compensação pela utilização privativa do espaço. Todavia, o n.º 1 da cláusula 19º do contrato de concessão veio concretizar este preceito, condicionando a aplicabilidade do pagamento à decorrência de 5 anos da outorga do contrato de concessão e a uma taxa de ocupação do espaço concessionado – sendo necessário que 25% da exploração esteja ocupada por promotores que exerçam atividade com uma relativa maturidade económica, ou seja, em regime pré-comercial ou comercial – utilizando as definições avançadas pelo artigo 47º do D.L. n.º 226-A/2007 (Ferrão, 2011 pp. 224, 225; Gomes, 2014 p. 418). Apenas reunidas estas duas condições, e em proporção às rendas dos promotores, é que haverá lugar ao pagamento, estando a sua exigência altamente dependente do sucesso da zona piloto – o que, em nossa opinião, poderá criar algum desequilíbrio entre a entidade gestora, apenas sujeita a encargos financeiros adicionais mediante o cumprimento destes requisitos, e os promotores, sempre sujeitos ao pagamento de taxas de ocupação, independentemente da finalidade da exploração.

3.1. Os Promotores da Zona Piloto

Na legislação que regula a zona piloto estão previstos três tipos de atividades distintas, de acordo com a maturidade dos projetos e com o benefício económico retirado pelos promotores – o regime de demonstração de conceito (n.º 2 do artigo 21º), o regime pré-comercial (n.º 3) e o regime comercial, que visa a venda de eletricidade em termos de relativa paridade com outras fontes de produção elétrica de energia renovável – n.º 4 (Ferrão, 2011 pp. 222, 223). Após uma breve leitura destes preceitos, torna-se evidente que estas classificações encontram uma clara inspiração no artigo 47º do D.L. n.º 226-A/2007. Todavia, deixa de ser referido enquanto linha orientadora do regime de exercício a potência instalada dos projetos, sendo que apenas a maturidade da tecnologia e a viabilidade comercial revestem relevância nesta matéria – o que nos parece o caminho mais acertado, se olharmos para a variação que existe entre as tecnologias e o espectro de potência instalada que os diversos projetos podem ter.

Ainda que exista a distinção entre as várias formas de exploração, o RJEO prevê, para todos os casos, a necessidade de uma dupla licença, à semelhança do sistema existente para o acesso à atividade de produção de eletricidade – artigo 22º do RJEO. Assim, em primeira linha, é exigida uma licença de estabelecimento, que permite a instalação dos equipamentos, e, seguidamente, uma licença de exploração, que visa legitimar a instalação do projeto e a injeção de energia na rede elétrica, caso exista tal pretensão por parte do promotor. De longe, a grande inovação do RJEO diz respeito ao facto de não serem necessárias autorizações adicionais no que respeita à utilização privativa do espaço marítimo. Ao contrário do regime da LBOGEM, o RJEO dispensa a necessidade de recorrer aos procedimentos aplicáveis à produção de eletricidade, uma vez que as licenças previstas para a zona piloto já legitimam esta atividade. Adicionalmente, os promotores também beneficiam do facto de existir apenas uma entidade a tramitar os procedimentos necessários à obtenção das licenças – pelo que este modelo de *one-stop-shop* vem cumprir uma das prioridades que ficariam subjacentes aos princípios de OEM.

a) Acesso à atividade

Não obstante os diferentes regimes de atividade previstos no RJEO, os procedimentos continuam a obedecer a uma lógica tendencialmente uniforme, apenas existindo nuances consoante a finalidade da instalação em reduzidos aspetos, com o intuito de assegurar igualdade, não discriminação e concorrência no acesso.

Para garantir o acesso a esta zona especializada, os promotores e os respetivos projetos deverão comprovar, no pedido submetido junto da entidade gestora, a sua capacidade técnica, económica e financeira para desempenhar as suas funções, a segurança do projeto e ainda o potencial do mesmo para atingir custos competitivos e a escala industrial – em linha com o artigo 23º. Deverá ainda ser apresentado um estudo de incidências ambientais que demonstre que a instalação não causa impacto ambiental não minimizável (Gomes, 2014 p. 411 a 413). Nesta sede, nota-se que, ao contrário dos regimes anteriores, há um controlo bastante apertado no que diz respeito ao mérito dos projetos, tanto que os candidatos não devem apenas cumprir as condições impostas pela utilização do espaço, mas também demonstrar que irão utilizar o espaço para uma atividade que irá contribuir para os fins da própria zona piloto. Tendo em consideração os objetivos do espaço, nomeadamente, a criação de sinergias entre os projetos e de um *cluster* de competências e serviços, poderá entender-se que exista um maior escrutínio dos projetos em si, por forma a garantir a máxima rentabilização da zona, ainda que tal se traduza numa perda de autonomia dos promotores.

Após a submissão do pedido, a entidade gestora aprecia os elementos entregues pelo candidato, apenas podendo indeferir liminarmente o pedido quando estejam em causa circunstâncias externas que impeçam o acolhimento do projeto, tais como a indisponibilidade de espaço, a possibilidade de criação de um conflito com outros empreendimentos existentes ou ainda, caso se pretenda realizar a venda de energia, a falta de potência de ligação das infraestruturas elétricas existentes – n.º 2 do artigo 23º. Atenta a necessidade de coexistência dos projetos na zona piloto, as limitações geográficas que a caracterizam e a necessidade de proteção das posições jurídicas garantidas aos promotores já existentes, claramente se entende uma recusa liminar dos pedidos nestes casos.

Tal procedimento conhece alguma variação, porém, caso estejamos perante um promotor que se candidate ao regime comercial, uma vez que se prevê a necessidade de concurso para o acesso a este regime – artigo 31º. Por conseguinte, nestes casos, um pedido de um promotor que pretenda exercer atividade na zona piloto não passa de imediato à fase de apreciação. Por estes motivos e replicando os regimes de utilização privativa dos recursos hídricos, prevê-se que os pedidos de licença que sejam apresentados por eventuais candidatos sejam publicados pelo período de 30 dias, a fim de outros interessados poderem concorrer pelo mesmo lugar – artigo 31º – apenas se abrindo um concurso caso surjam novos pedidos relativos à mesma licença. Adicionalmente, o RJEO prevê ainda a possibilidade de lançamento de um concurso para a produção comercial pela própria entidade gestora, no artigo 30º, qualquer que seja o regime de exercício[58]. Para os restantes regimes de exercício – demonstração de conceito e pré-comercial – não se prevê qualquer vertente concorrencial no acesso à zona piloto, o que torna a entrada na mesma mais facilitada, mas também coloca a competição pelo espaço dependente da ordem de chegada dos particulares. Esta particularidade poderá ajudar os concorrentes, mas ficam algumas dúvidas se levará ao aproveitamento dos recursos por parte dos melhores particulares, preocupação que levou à consagração de concursos para todas as utilizações privativas na LBOGEM.

Findo o prazo de publicação sem que surjam novos candidatos, no caso de iniciativa privada, ou na sequência da escolha do vencedor do concurso, procede-se com a apreciação do pedido escolhido através da recolha de pareceres de várias entidades (Fernandes, 2007 p. 127). O leque de entidades que deverão ser consultadas é bastante semelhante ao que é exigido para a atribuição de um TUPEM ao abrigo do regime

[58] O diploma não prevê os termos a que deverá obedecer o concurso, sendo que é garantida larga autonomia à entidade gestora nesta matéria, devendo apenas ser respeitados os princípios aplicáveis à contratação pública e existir a aprovação das suas condições pelo Governo – n.º 3 e 4.

da LBOGEM – artigo 60º/n.º 2 e anexo II do D.L. n.º 38/2015 – sendo de notar a intervenção da DGEG, da Autoridade Marítima Nacional, da Direção Geral de Pescas e Aquicultura e da Agência Portuguesa do Ambiente[59], entre outras. Recebidas todas as consultas ou decorrido o prazo em que as mesmas deveriam ter sido entregues, seguindo-se aqui também a presunção de favorabilidade no caso de silêncio das entidades, deverá a entidade gestora decidir sobre o deferimento ou indeferimento do pedido, no prazo de 10 dias.

Não obstante a existência de uma relativa margem de discricionariedade na decisão final, a lei consagra alguns motivos de recusa do licenciamento no artigo 24º. Quando se trate de um candidato à utilização em regime de demonstração de conceito, a entidade gestora poderá recusar o licenciamento quando a tecnologia já possua maturidade para ser explorada num dos regimes mais avançados, ou seja, caso considere que o mérito do projeto se enquadra noutra modalidade de exercício, quando o projeto assente numa tecnologia que não se encontre bem fundamentada ou quando existam dúvidas quanto à segurança ou potencial do projeto. Quanto a estes últimos fundamentos relativos à segurança ou potencial do projeto – pontos ii) e iii) da alínea b) do n.º 2 – deverão apenas estar em causa razões que não tenham se tenham tornado evidentes na fase de apresentação do pedido, onde tais aspetos já foram densificados através dos documentos requeridos no Regulamento de Acesso e já terão sido objeto de uma apreciação formal, pelo que parece que poderá existir alguma redundância nestes motivos de recusa. Quanto aos regimes pré-comercial e comercial, esta lógica mantém-se nas alíneas a), b) e c) do n.º 3, uma vez que replicam os motivos de indisponibilidade de espaço na zona piloto, da falta de capacidade de ligação ou pela possibilidade de criação de conflitos com outros projetos. No limite, tais motivos serão úteis caso a indisponibilidade ou o possível conflito seja posterior à apresentação do pedido, mas tal hipótese parece de difícil concretização.

Caso o pedido seja deferido, será emitida a licença de estabelecimento, permitindo a instalação do engenho dentro do prazo estabelecido

[59] Cfr. n.º 3 do artigo 8º do Regulamento de Acesso à Zona Piloto nos Regimes de Demonstração de Conceito, Pré-Comercial e Comercial (adiante "Regulamento de Acesso"), disponível em https://www.oceanplug.pt/pt-PT (última consulta a 06.04.2023).

na mesma. Porém, como referimos, apenas com a licença de exploração pode o promotor dar início à atividade, pelo que, para o efeito, este deverá solicitar uma vistoria final às instalações, a fim de certificar a sua qualidade e segurança – artigo 35º do RJEO. Na eventualidade de se tratar de um projeto que não pretenda injetar energia na rede pública, apenas haverá lugar a uma vistoria *simplificada* por parte da DGEG, através da qual se verifica a conformidade da instalação com as condições estipuladas na licença de estabelecimento (Gomes, 2014 p. 420). Caso contrário, à DGEG caberá realizar uma análise mais cuidada, aplicando-se as condições aplicáveis a uma instalação elétrica convencional que pretenda iniciar uma exploração desta natureza – n.º 6. Apenas com uma vistoria favorável poderá o projeto receber o aval que é a licença de exploração, sendo que a realização de duas vistorias desfavoráveis – existindo uma segunda vistoria, caso a primeira seja desfavorável – implica a revogação da licença de estabelecimento emitida inicialmente – n.º 8.

b) Conteúdo das licenças

Apesar de não estar amplamente regulado no RJEO, o legislador estabeleceu algumas normas relativas ao conteúdo dos títulos. Em primeiro lugar, no artigo 25º, cria prazos máximos de utilização da zona piloto nos vários regimes existentes – onde se notam algumas diferenças em relação ao estabelecido na LBOGEM. Assim, a exploração em regime de demonstração de conceito apenas poderá durar 5 a 7 anos, o que é um período temporal relativamente mais curto do que os 10 anos previstos para as autorizações da LBOGEM. Já o regime pré-comercial ou comercial poderá ter uma duração máxima de 25 anos, podendo existir duas prorrogações por períodos de 5 anos, por oposição aos 50 anos previstos nas concessões aplicáveis ao restante espaço marítimo português. Em suma, parece que os prazos previstos para a zona piloto revestem uma maior precariedade, o que poderá ser um ponto criticável por parte dos utilizadores.

Considerando a homogeneidade das atividades previstas neste diploma, também se regulam em maior detalhe alguns pontos relativos à ligação e injeção de energia na rede. Para o efeito, serão necessárias duas ligações energéticas (Gomes, 2014 p. 422). A primeira é a ligação dos engenhos dos promotores às infraestruturas de receção de energia instaladas em terra, que deverão ser operacionalizadas e financiadas pelos próprios promotores – artigo 8º artigo 15º/n.º 1 do Regulamento de Acesso. De facto, a entidade gestora poderá e deverá promover a cooperação entre os operadores no sentido de se criarem sinergias e partilhas de custos nessas ligações, que podem consubstanciar um investimento volumoso e pressupõem a colocação de cabos submarinos, como refere a alínea e) do artigo 11º e o n.º 2 do artigo 8º – pelo que a criação de corredores únicos poderá ser altamente benéfica. Tal competência, contudo, não se traduz num dever de suportar os custos destes empreendimentos. Já fora da responsabilidade dos promotores está a criação das infraestruturas de receção de energia, que deverão ser criadas e geridas pelas concessionárias da Rede Nacional de Distribuição e Rede Nacional de Transmissão – artigo 7º, sendo também estas entidades que irão assegurar o transporte dessa energia desde as suas estações em terra até ao consumidor final, através da rede pública (Fernandes, 2007 p. 124).

Além da ligação às infraestruturas de apoio, os promotores estão ainda sujeitos ao pagamento de taxas de ocupação, consoante a área ocupada e a potência dos aparelhos – n.º 1 do artigo 37º. Apesar de estes parâmetros permitirem uma distinção entre operadores de maior e menor dimensão, parece ser de criticar o facto de o regime de exploração não influenciar a determinação da renda anual aplicável[60]. No caso dos regimes em que os projetos se encontram numa fase de estudo de viabilidade, parecia ser útil criar um regime mais favorável para o acolhimento de promotores, como sucedeu na LBOGEM com a isenção de taxas de ocupação para títulos atribuídos sob a forma de autorização.

No que diz respeito ao fim de vida das licenças, além da caducidade pelo decurso do prazo, a cessação das licenças dos promotores poderá ainda decorrer da revogação por parte da entidade gestora – n.º 3 do artigo 36º. Tal poderá suceder caso exista uma situação de incumprimento da lei ou das condições previstas na licença, mas poderá ainda ocorrer quando se verifique o *insucesso ou insuficiência da solução do conceito*

[60] Igualmente, a existência da injeção de energia na rede pública também é um critério bastante diferenciador no que toca aos benefícios económicos retirados por parte dos promotores, tanto que poderia ser outro fator a considerar.

em causa – alínea c) do n.º 3. Dada a sua atipicidade, esta causa de revogação poderá criar algumas reticências na esfera dos promotores, uma vez que se trata de uma formulação bastante ambígua[61], poderá criar um poder de controlo excessivo da entidade gestora sobre o projeto e poderá ainda levar, hipoteticamente, a uma revogação de base comparativa, por via de aparecimento de um conceito mais promissor e cujo acolhimento pressuponha a necessidade de libertação de espaço na zona piloto[62].

3.2. Um Balanço do RJEO e da sua Implementação Prática

O escopo relativamente limitado, tanto a nível setorial como a nível de dimensão geográfica, do RJEO veio seguir a tendência criada por diversas experiências de sucesso realizadas em diferentes países. Todavia, atenta a morosidade na progressão tecnológica dos projetos, esta forma de produção de energia foi sendo ultrapassada por outras tecnologias mais promissoras que temos vindo a mencionar (como é o caso da energia eólica *offshore*). Estas mudanças de fundo no setor da energia marítima, entre outras alterações de paradigma que marcaram o setor da eletricidade, acabaram por abrandar o ritmo de implementação do RJEO. A sucesso desta energia ficou muito aquém das previsões iniciais, tanto que o objetivo de atingir 250 MW de potência instalada até 2020, estabelecido na Estratégia Nacional para a Energia 2020[63], dependia quase totalmente da

[61] Se as menções relativas ao potencial do projeto e à capacidade de a tecnologia convergir em custos competitivos poderão criar alguma ambiguidade na fase de adesão à zona piloto, nesta sede as preocupações podem intensificar-se.

[62] Esta causa de revogação poderá vir a concretizar-se, na prática, numa espécie de regra de conflito de usos, funcionando de forma análoga à que está estabelecida na LBOGEM. Consequentemente, parece que todas as licenças são emitidas com uma espécie de *reserva implícita de revogação*, em que qualquer projeto poderá ser forçado a retirar-se da zona piloto caso se determine, num juízo comparativo realizado principalmente pela entidade gestora, que o mesmo já não consegue acompanhar as potencialidades trazidas por potenciais promotores da zona piloto. Parece-nos que esta faculdade garante uma margem de liberdade demasiado larga à entidade gestora, com consequências claras para a segurança da posição dos promotores, que têm alguma espectativa em como o prazo da sua licença continuará até ao seu término.

[63] Resolução do Conselho de Ministros n.º 29/2010, de 15 de abril.

implementação do RJEO, razão pela qual tal objetivo não passou de uma miragem.

No entanto, existem algumas soluções jurídicas acolhidas pelo RJEO que não devem ser descartadas abruptamente. Antecipando-se à LBOGEM, o regime da zona piloto veio desde logo acolher certos aspetos que também servem de base ao OEM, como a avaliação prévia do potencial económico e da sustentabilidade ecológica do local, que permitem um maior conhecimento da área onde os projetos se podem instalar. Além disso, algumas facilidades administrativas presentes no RJEO, como a desnecessidade de concurso para o acesso em regime de demonstração de conceito e pré-comercial, bem como a criação de uma única entidade competente para os licenciamentos, são soluções relevantes do ponto de vista de agilização administrativa. Já a regulação específica de alguns aspetos alusivos à produção de energia, como a previsão da implementação de cabos de ligação e o mecanismo de vistorias aos engenhos, também contribuem para uma determinação prática do regime aplicável que poderá ser mais obscura e díspar na LBOGEM, atenta a sua maior abrangência e à necessidade de recurso a outros regimes.

Quando comparado com a LBOGEM, porém, notamos que alguns aspetos são relativamente menos favoráveis à exploração económica. A necessidade de pagamento de taxas de ocupação, independentemente do regime de exploração, prevista no RJEO parece criar alguns encargos adicionais aos utilizadores da zona piloto, que se encontram isentos de encargos desta natureza caso decidam explorar outras áreas do espaço marítimo. O mesmo se diga da falta de mecanismos de deferimento tácito na tramitação do procedimento. Considerando que este género de inovações viriam a ser consagradas na lei de bases, algumas disposições do RJEO também poderiam ser alteradas em conformidade com este novo paradigma. Deste modo, as potencialidades inerentes a um modelo de zona piloto, conjugadas pelas particularidades jurídicas presentes no regime, mantêm possível e desejável uma revitalização do RJEO. A importância de um *cluster industrial de exportador de energias renováveis* continua a ser patente na Estratégia Industrial para as Energias Renováveis Oceânicas de 2017.

Tais foram os indícios deixados pelas Resoluções do Conselho de Ministros n.º 81/2016, de 9 de dezembro, e n.º 12/2018, de 19 de fevereiro, que incumbiram o Ministro do Mar da proposição das alterações necessárias ao RJEO. Alterações estas que deverão visar a abertura do regime a outras formas de produção elétrica e a articulação com o projeto *Windfloat*. A referida incumbência, todavia, ainda não se concretizou na alteração do regime, pelo que este ainda conhece, com exceção das alterações de 2012, a sua redação original, o que é de lamentar. Restará saber se os objetivos ambiciosos previstos para o futuro, entre eles, atingir, 370 MW de potência instalada em energia desta natureza até 2030[64] e 1.3 GW de potência instalada de energia eólica offshore até 2050[65], serão efetivamente cumpridos ou se não passarão de uma mera miragem.

Numa nota final, devemos referir que, pese embora o panorama económico menos positivo em torno deste tipo de energia, tal não deverá obstar à evolução do quadro administrativo nesta matéria. O legislador poderá não conseguir garantir o sucesso destas atividades e a sua implementação, dada a flutuação dos incentivos financeiros conhecida no setor da eletricidade. Poderá, porém, criar uma estrutura agilizada que incentive a instalação de projetos no plano administrativo – dando a conhecer aos interessados o potencial do nosso espaço marítimo através de um OEM eficaz, garantindo procedimentos relativamente simplificados e estáveis – com as limitações necessárias a assegurar a boa gestão da escassez dos recursos hídricos, em linha com a sua fragilidade ambiental – evitando burocracias ineficientes ou abordagens sectárias ao espaço marítimo.

Bibliografia

Bastos, Fernando Loureiro. 2007. A evolução futura da cooperação transfronteiriça nos domínios do ambiente e do ordenamento do território nas zonas costeiras e no espaço marítimo. [autor do livro] António Menezes Cordeiro, Luís Menezes Leitão e Januário da Costa Gomes. *Prof. Doutor Inocêncio Galvão*

[64] *Plano Nacional de Energia e Clima 2021-2030,* Resolução do Conselho de Ministros n.º 53/2020, de 10 de julho, p. 140

[65] *Roteiro para a Neutralidade Carbónica 2050,* Resolução do Conselho de Ministros n.º 107/2019, de 1 de julho, p. 33

Telles: 90 Anos – Homenagem da Faculdade de Direito de Lisboa. Coimbra : Almedina, 2007, pp. 405-450.

—. 2014. O Direito Internacional do Mar e os Poderes dos Estados Costeiros. [autor do livro] Rui Guerra da Fonseca e Miguel Assis Raimundo. *Direito Administrativo do Mar*. Coimbra : Almedina, 2014, pp. 15-31.

Becker-Weinberg, Vasco. 2016. *Ordenamento e Gestão do Espaço Marítimo Nacional: Enquadramento e Legislação*. Lisboa : Quid Juris, 2016.

—. 2015. Portugal's legal regime on marine spatial planning and management of the national maritime space. *Marine Policy*. Novembro de 2015, Vol. 61, pp. 46-53.

Calado, Helena. 2015. Primeiras reflexões críticas da abordagem da Lei de Bases da Política de Ordenamento e de Gestão do Espaço Marítimo Nacional. [autor do livro] Marta Chantal Ribeiro. *20 anos da entrada em vigor da CNUDM: Portugal e os recentes desenvolvimentos no Direito do Mar*. Porto : Faculdade de Direito da Universidade do Porto, 2015, pp. 201-213.

Casimiro, Daniela Tomás. 2015. *O ordenamento e gestão do espaço marítimo português: a articulação com o regime terrestre e o contexto europeu*. Lisboa : Tese de mestrado, Faculdade de Ciências, Universidade de Lisboa, 2015.

Costa Gomes, Manuel Januário da. 2017. Direito Marítimo Português. *Revista de Direito das Sociedades*. 2017, 4, pp. 963-977.

Fernandes, Beatriz de Sousa. 2007. *As energias renováveis no espaço marinho : contributo para a apreciação do seu regime jurídico*. Lisboa : Tese de mestrado, Faculdade de Direito, Universidade de Lisboa, 2007.

Ferrão, Marisa Caetano. 2011. A produção de energia em ambiente marinho. [autor do livro] Carla Amado Gomes, e Tiago Antunes. *Actas do Colóquio: Ambiente & Energia*. Lisboa : ICJP, 2011, pp. 215-227.

Freitas do Amaral, Diogo. 2020. *Curso de Direito Administrativo*. Coimbra : Almedina, 2020. Vol. II.

Galvão, Sofia de Sequeira. 2016. A articulação entre os instrumentos de ordenamento do espaço marítimo nacional e os instrumentos de gestão territorial. [autor do livro] Marcelo Rebelo de Sousa e Eduardo Vera-Cruz Pinto. *Liber Amicorum – Fausto de Quadros*. Coimbra : Almedina, 2016, Vol. II, pp. 813-835.

Gomes, Carla Amado. 2014. Ondas renováveis: Sobre o DL 5/2008, de 8 de Janeiro e outras considerações na sua orla. [autor do livro] Rui Guerra da

Fonseca e Miguel Assis Raimundo. *Direito Administrativo do Mar.* Coimbra : Almedina, 2014, pp. 399-423.

Gomes, Carla Amado, Franco, Raquel e Calado, Diogo. 2014. Energias Renováveis em Portugal: Evolução e Perspetivas. *E-Pública: Revista Eletrónica de Direito Público.* Janeiro de 2014, 1, pp. 366-398.

Gonçalves, Pedro Costa. 2011. Liberdade de Produção de Eletricidade e Administração da Escassez dos Recursos Hídricos do Domínio Público. *CEDRIPRE ONLINE.* Julho de 2011, 8.

Koivurova, Timo. 2009. A Note on the European Union's Integrated Maritime Policy. *Ocean Development & International Law.* Maio de 2009, Vol. 40, 2, pp. 171-183.

Miranda, João. 2016. *Estudos de Direito do Ordenamento do Território e do Urbanismo.* Lisboa : AAFDL, 2016.

Moniz, Ana Raquel. 2009. Do aproveitamento dos recursos naturais da orla costeira. *RevCEDOUA.* 2009, Vol. A.12, 24, pp. 37-56.

—. 2017. Energia e fontes renováveis. A produção de energia eléctrica a partir de recursos hídricos revisitada. [autor do livro] Suzana Tavares da Silva. *Estudos de Direito da Energia.* Coimbra : Imprensa da Universidade de Coimbra, 2017, pp. 359-414.

—. 2014. O regime jurídico dos títulos de utilização privativa à luz da lei de bases da política de ordenamento e de gestão do espaço marítimo nacional. *AB Instantia.* Outubro de 2014, 4, pp. 111-129.

Neves, Ana Fernanda. 2014. O Mar no Direito Europeu. [autor do livro] Rui Guerra da Fonseca e Miguel Assis Raimundo. *Direito Administrativo do Mar.* Coimbra : Almedina, 2014, pp. 33-68.

Noronha, Francisco. 2013. *O ordenamento do espaço marítimo – subsídios para um (futuro) regime legal.* Porto : Tese de mestrado, Faculdade de Direito, Universidade do Porto, 2013.

—. 2014. O que há de novo no mar? Primeiro comentário à lei de bases da política de ordenamento e de gestão do espaço marítimo nacional. *RevCEDOUA.* 2014, 34, pp. 23-44.

—. 2015. Os instrumentos de ordenamento do espaço marítimo e os conflitos de uso ou atividades na nova Lei de Bases da Política de Ordenamento e de Gestão do Espaço Marítimo Nacional. [autor do livro] Marta Chantal Ribeiro. *20 anos da entrada em vigor da CNUDM: Portugal e os recentes desenvolvimentos no*

Direito do Mar. Porto : Faculdade de Direito da Universidade do Porto, 2015, pp. 157-171.

Qiu, Wanfei e Jones, Peter J.S. 2013. The emerging policy landscape for marine spatial planning in Europe. *Marine Policy.* Dezembro de 2013, 39, pp. 182-190.

Raimundo, Miguel Assis. 2014. Títulos de utilização e exploração do domínio público marítimo. [autor do livro] Rui Guerra da Fonseca e Miguel Assis Raimundo. *Direito Administrativo do Mar.* Coimbra : Almedina, 2014, pp. 119-153.

Schultz-Zehden, Angela, Weig, Barbara e Lukic, Ivana. 2019. Maritime Spatial Planning and the EU's Blue Growth Policy: Past, Present and Future Perspectives. [autor do livro] Jacek Zaucha e Kira Gee. *Maritime Spatial Planning: Past, present, future.* Cham : Palgrave Macmillan, 2019, pp. 121-149.

Sousa, Tiago Andrade e. 2015. Zona Piloto das Ondas: Enquadramento e Novos Desafios. [autor do livro] Marta Chantal Ribeiro. *20 Anos da Entrada em Vigor da CNUDM: Portugal e os Recentes Desenvolvimentos no Direito do Mar.* Porto : Faculdade de Direito da Universidade do Porto, 2015, p. 215 a 231.

Wright, Glen. 2013. Ocean Energy: A legal perspective. *The Journal of Ocean Technology.* 2013, Vol. 8, 1, pp. 26-32.

Zervaki, Antonia. 2015. Introducing Maritime Spatial Planning Legislation in the EU: Fishing in Troubled Waters? *Maritime Safety and Security Law Journal.* 2015, 1, pp. 95-114.

Autoconsumo e comunidades de energia

JOÃO MARQUES MENDES* **

I. Definição e enquadramento da produção para autoconsumo

Dá-se o nome de produção de energia elétrica renovável para autoconsumo à situação em que um ou mais consumidores produzem energia elétrica para consumo próprio, numa ou mais instalações elétricas de utilização (**IU**) a que a unidade de produção para autoconsumo (**UPAC**) está ligada.

São, assim, duas as características deste tipo de produção:

a) O produtor e o consumidor são a mesma pessoa (*prosumer*);
b) A produção da UPAC satisfaz, prioritariamente, consumos elétricos de uma instalação de consumo (a IU) do próprio autoconsumidor.

A produção para autoconsumo é um dos enquadramentos possíveis para a produção de energia elétrica, ao lado da figura mais clássica, que é a produção para injeção e venda total através da rede elétrica (dir-se-á, o regime comum da produção de energia elétrica).

A produção para autoconsumo recebe, hoje, uma parte da sua disciplina através do direito europeu, por via da Diretiva n.º 2018/2001, de 11 de dezembro (**RED II**), que regula a produção de energia com origem em fontes renováveis. O enquadramento europeu orienta e condiciona a regulação dada pela lei nacional, ao abrigo do princípio do primado do direito europeu. A nível nacional, a atividade de produção para autoconsumo vem hoje tratada no Decreto-Lei n.º 15/2022, de 14 de janeiro, em especial nos artigos 81.º e seguintes.

* Este artigo foi escrito antes do lançamento pela ERSE da consulta pública para adaptaçao do Regulamento de Autoconsumo ao Decreto-Lei n.º 15/2022, de 14 de janeiro

** Advogado e sócio da PLMJ. O presente artigo com feito com a colaboração de Joana Campelo, Telmo Coutinho Rodrigues, Rui Vasconcelos Pinto e António Patrício de Mendonça.

A nível regulamentar, a produção de eletricidade para autoconsumo é regulada:

a) No Despacho n.º 46/2019, de 30 de dezembro, do Diretor-Geral de Energia e Geologia (**DGEG**), no que respeita à concretização dos processos de licenciamento (este despacho ainda não está atualizado em face da revisão legal de 2022);
b) Pelos Regulamento de Inspeção e Certificação (**RIC**) e Regulamento Técnico e de Qualidade (**RTQ**), ambos da DGEG, que regulam os aspetos mais técnicos da instalação e dimensionamento de UPAC, ambos aprovados pelo Despacho n.º 4/2020, de 3 de fevereiro, da DGEG;
c) Pelo Regulamento n.º 373/2021, de 5 de maio, da Entidade Reguladora dos Serviços Energéticos (**ERSE**), que aprovou o regulamento do autoconsumo de energia elétrica, e regula a atividade do ponto de vista do relacionamento comercial entre as várias entidades intervenientes;
d) Pela demais regulamentação da ERSE, incluindo o Regulamento das Relações Comerciais ou o Regulamento Tarifário, que regulam transversalmente todas as atividades exercidas no setor energético e que consubstanciem a utilização da rede elétrica de serviço público (**RESP**).

Conceptualmente, a produção para autoconsumo poderia ter origem em qualquer fonte de energia, renovável ou não renovável. Contudo, a nível de lei portuguesa, apenas o autoconsumo de energia renovável vem enquadrado e permitido (sem prejuízo do que adiante se dirá acerca da cogeração), o que tem subjacente uma opção política de favorecimento das fontes de energia renováveis.

A produção para autoconsumo é, talvez, a figura mais característica da atual transformação que os modelos energéticos vivem em Portugal e na generalidade dos países europeus (e, em grande medida, em todo o mundo). São congregadas nesta figura as três principais linhas que definem esta transformação:

a) Descarbonização, pela produção de energia a partir de fontes renováveis;

b) Descentralização, que caracteriza a proliferação de pequenos polos produtores de energia, descentralizados e próximos do consumo, que normalmente injetam excedentes de energia na rede de distribuição (*produção distribuída*), por oposição à natureza centralizada do sistema elétrico tradicional; e
c) Digitalização, já que o autoconsumo encontra na tecnologia uma das principais condições para a sua afirmação, em particular quando evoluímos para modelos de autoconsumo coletivo ou comunidades de energia, que agregam no seu seio diversos consumidores que partilham energia de acordo com regras pré-definidas e operacionalizadas por sistemas de informação.

Ao mesmo tempo, a produção para autoconsumo contribui para, pelo menos, dois dos três principais vértices que constituem o chamado trilema da energia (*energy trilemma*), que caracterizam os valores, nem sempre conciliáveis, que uma política energética sustentável deve prosseguir:

a) Sustentabilidade ambiental, por via, mais uma vez, da produção de energia através de fontes renováveis, e tipicamente com impacte ambiental mais reduzido por utilizar espaços de outra forma inutilizados (p. ex., telhados); e
b) Segurança de abastecimento, por reforçar a resiliência do sistema elétrico por via da redução das necessidades energéticas dos edifícios a abastecer através da rede pública, embora traga também desafios ao nível da gestão da rede por força do aparecimento de múltiplos pontos que anteriormente apenas recebiam energia da rede e, agora, passam também a injetar energia na mesma em certos momentos.

Por outro lado, dependendo do enquadramento legal, este tipo de produção pode ser desafiador da equidade energética, já que um autoconsumidor poderá consumir menos eletricidade a partir da rede pública e, assim, pagar uma menor porção dos custos fixos de rede, que incidirão em proporção superior sobre os demais consumidores. Tal só será assim, porém, quando o autoconsumo seja feito por rede privada (*behind-the-meter*), pois se o for pela rede pública haverá lugar – sem prejuízo dos descontos tarifários que sejam aplicados, e que o têm sido, conforme adiante se detalhará – ao pagamento de tarifas de uso da rede.

II. Antecedentes

O autoconsumo tem uma tradição antiga no direito português, embora nem sempre aquilo que os regimes definiam como autoconsumo, ou autoprodução, o fosse verdadeiramente.

Assim, o Decreto-Lei n.º 20/81, de 28 de janeiro consagrava a figura do autoprodutor, definido como aquele que produzia energia elétrica para consumo próprio nas suas instalações industriais ou outras. Foi um dos primeiros regimes de produção de energia elétrica independente, isto é, por produtores privados.

Este regime veio a ser revogado em 1988, através do Decreto-Lei n.º 189/88, de 27 de maio, que regulava a produção de energia elétrica independente e que foi o diploma precursor da promoção da produção de energia elétrica renovável no quadro legal português. Tal marcou um afastamento do regime legal do autoconsumo, em prol de um regime de produção para injeção total na RESP.

Viriam, desde então, a vigorar regimes de fomento de pequenos produtores, muitas vezes apoiados por tarifas administrativas (*feed-in-tariffs*), e que tinham em comum visarem a injeção total de energia elétrica na RESP. Foi o caso do Decreto-Lei n.º 68/2002, de 25 de março, do Decreto-Lei n.º 363/2007, de 2 de novembro, que criou a figura do microgerador, e do Decreto-Lei n.º 34/2011, de 8 de março que contemplou a figura do miniprodutor.

Foi apenas em 2014, com o Decreto-Lei n.º 153/2014, de 20 de outubro, que se regressou a um modelo de autoconsumo para a pequena produção acoplada a instalações consumidoras de energia elétrica. Este foi, como confirmam os números de crescimento da potência instalada, o diploma que maior impacte teve, até hoje, no crescimento da produção elétrica para autoconsumo em Portugal. A potência total de produção descentralizada cresceu de cerca de 165 MW, em 2014, para 430 MW, em 2021, dos quais 256 MW resultam da produção de energia elétrica através de UPAC (os restantes referem-se, principalmente, a instalações de microgeração e miniprodução).

Em 2019, surgiu o Decreto-Lei n.º 162/2019, de 25 de outubro, que transpôs a Diretiva RED II e consagrou legalmente as figuras do autoconsumo coletivo e comunidades de energia (ambas previstas na diretiva), tendo ainda, pela primeira vez, permitido e regulado o autoconsumo através da RESP, quando até então apenas o autoconsumo por rede elétrica de serviço particular era permitido.

Pelas várias e relevantes novidades introduzidas, este regime representou uma grande transformação, mesmo ao nível conceptual, do quadro legal nacional. Acabou por não ter uma grande relevância prática, por via do tempo necessário à compreensão, regulamentação e aplicação dos novos conceitos introduzidos e do respetivo regime jurídico, e em virtude de algumas incertezas legais associadas ao âmbito territorial possível dos modelos de autoconsumo coletivo. Contudo, este regime teve o mérito de colocar estas novas figuras numa onda de dinamismo, em prol da discussão com vista à sua implementação.

O Decreto-Lei n.º 15/2022 viria a revogar o Decreto-Lei n.º 162/2019 (tal como inúmeros outros regimes, dentro da ideia de criar uma lei única a regular a grande parte das matérias dispersas do sistema elétrico nacional) e a esclarecer alguns aspetos importantes do regime do autoconsumo, tais como as distâncias máximas entre instalações de utilização no autoconsumo coletivo, introduzindo algumas alterações pontuais, permitindo, de forma inovadora, o autoconsumo remoto para clientes eletrointensivos, de que se falará adiante.

III. Distinção de figuras próximas

A produção para autoconsumo distingue-se da produção de energia elétrica para injeção total na RESP – que é, diríamos, o *regime comum* da produção de eletricidade em Portugal. Até 2022, este regime comum separava-se entre produção em regime ordinário (caracterizando os produtores a partir de centrais termoelétricas a partir de energia com fontes não renováveis e as grandes centrais hidroelétricas) e produção em regime especial (as restantes energias renováveis). Atualmente, existe um único regime comum para a produção de energia elétrica, e a produção para autoconsumo ocupa, de alguma forma, o lugar de *regime especial* de produção de eletricidade.

O Decreto-Lei n.º 15/2022 distingue, aliás, as definições de centro electroprodutor (referindo-se à produção de energia elétrica para injeção na RESP) e de UPAC (que se refere à produção de energia elétrica para autoconsumo, sem prejuízo da injeção da RESP da energia não autoconsumida). Conceptualmente, não há dúvida disso, a UPAC é um centro electroprodutor. Porém, na economia da lei vigente, a UPAC é tratada como se não o fosse, por receber da lei um regime próprio (o do autoconsumo). Em grande medida, o regime jurídico dos centros electroprodutores e UPAC é comum, mas há aspetos em que não o é – por exemplo, a nível de sujeição ao pagamento de contrapartidas aos municípios, o que está regulado no artigo 49.º do Decreto-Lei n.º 15/2022, que se aplica a centros electroprodutores, mas não a UPAC.

A produção para autoconsumo distingue-se, ainda, da cogeração, que consiste na produção simultânea de energia elétrica e de calor útil. A cogeração tem sido promovida pela lei nacional, mesmo nos casos em que não tem na sua origem uma fonte de energia renovável, por ser um importante veículo de eficiência energética, por via da maximização da energia final produzida (compreendendo eletricidade e calor) a partir da mesma quantidade de energia primária. A cogeração vem disciplinada no Decreto-Lei n.º 23/2010, de 30 de agosto, diploma que foi já objeto de diversas alterações. Também o atual regime jurídico da produção de eletricidade a partir da biomassa fomenta, na verdade, uma produção com cogeração de calor (regulada pelo Decreto-Lei n.º 74/2017, de 21 de junho, também objeto de diversas alterações e pela Portaria n.º 267/2022, de 3 de novembro).

É importante notar que, dentro do regime da cogeração, admitem-se modalidades de produção para autoconsumo, o que acontece quando (para além do calor, que por norma é autoconsumido) a eletricidade produzida é autoconsumida em instalações de utilização contíguas ou associadas à cogeração. Assim, pode dizer-se que, para além do regime geral da produção de eletricidade para autoconsumo (que consta do Decreto-Lei n.º 15/2022), existe um segundo regime que permite esta forma de produção (neste caso, sem que a fonte seja necessariamente renovável), que é o da cogeração.

As UPAC distinguem-se, ainda, das pequenas centrais electroprodutoras, que, desde o Decreto-Lei n.º 153/2014 (que as regulava, ao lado das UPAC), se convencionaram designar como unidades de pequena produção (**UPP**), embora a lei atual assim já não as identifique. Trata-se de pequenas centrais, de potência instalada até 1 MW (mas que a realidade tem mostrado que se agregam, depois, em *clusters* de muito maior dimensão, criados pela gestão comum de UPP situadas em determinado local, usualmente com ligação comum à RESP), que produzem energia para injeção total na RESP. Embora na sua génese as figuras sejam próximas, são conceptualmente distintas, já que:

a) A produção para autoconsumo não limita as UPAC numa medida de potência instalada, podendo as UPAC ter potência instalada superior a 1 MW, com a ressalva de que o seu dimensionamento tem de estar alinhado com a dimensão do consumo que visam primordialmente abastecer;
b) As UPP injetam a totalidade da energia produzida na rede, ao passo que as UPAC, tipicamente, apenas injetarão na rede os excedentes correspondentes à energia elétrica que não seja consumida, num determinado momento, pela instalação de consumo associada.

Contudo, uma vez que, atualmente, a maioria das UPAC tem menos de 1 MW, e se antevê que o seu caso base continuará a passar por geradores de pequena dimensão, alinhados com focos locais específicos de consumo, as UPAC e as UPP continuarão a ter em comum o serem, eminentemente, formas de produção distribuída de energia.

Finalmente, a figura do autoconsumo distingue-se, ainda, dos consumos auxiliares dos centros electroprodutores, que são os consumos necessários para o seu funcionamento. Assim, uma central em regime comum não funcionará em autoconsumo apenas porque parte da sua geração sirva para fazer face a consumos instrumentais da própria central.

IV. Principais vantagens e desvantagens da produção para autoconsumo

Não é possível compreender cabalmente o regime jurídico do autoconsumo sem perceber as vantagens e inconvenientes que podem ser apontados a esta forma de produção.

A produção de energia elétrica em UPAC tem a importante vantagem de imunizar, em parte, o produtor à variação dos preços de energia elétrica que se verifique nos mercados grossistas de energia. Na Península Ibérica, os mercados grossistas de energia organizam-se no âmbito do Mercado Ibérico de Energia Elétrica (**MIBEL**), que compreende mercados spot e de futuros e ainda um mercado não organizado ou *over-the-counter* (**OTC**), para além do mercado de serviços de sistema e eventuais mercados de capacidade.

Um consumidor que instale uma UPAC substituirá, na medida da energia que autoproduza, a energia elétrica proveniente da rede por energia elétrica própria, pela qual pagará os custos (de capital ou operacionais) do próprio sistema de autoconsumo, cuja determinação será relativamente certa.

Em contrapartida, o custo de produção por cada kWh produzido na produção em autoconsumo poderá ser, em momentos em que o custo da energia elétrica a partir da rede seja determinado por tecnologias de produção renovável, superior, já que a escala dos projetos de autoconsumo é inferior à escala das centrais produtoras de renováveis de maior dimensão.

Por outro lado, há ainda outros modelos em que um consumidor pode obter certeza quanto a parte do seu custo com eletricidade a médio ou longo prazo, como seja, por exemplo, através da celebração de contratos de compra e venda de energia com produtores (os chamados *corporate power purchase agreements* ou *corporate PPA*). Contudo, este tipo de contratos dificilmente estarão ao alcance de pequenos consumidores e não têm, na maioria dos casos, à luz da lei atual, o tratamento tarifário bonificado que está consagrado para a produção em autoconsumo.

Um autoconsumidor terá, ainda, a vantagem de, no quadro legal atual, poder conseguir uma poupança de custos relativos ao acesso à RESP – pagos pelas chamadas tarifas de acesso à rede – na medida da energia que veicule até à sua IU por redes privadas, ou pela rede pública se beneficiar se descontos às tarifas de acesso à rede (conforme se detalhará seguidamente, a propósito do tratamento tarifário do autoconsumo).

A UPAC permitirá, ainda, ao autoconsumidor assegurar que, pelo menos, uma parte do respetivo consumo de energia elétrica tem origem em fonte renovável, o que é cada vez mais relevante em face das irreversíveis políticas de descarbonização e pode trazer vantagens reputacionais, fiscais ou a nível de políticas de financiamento verde para as empresas e indústrias.

O autoconsumo tem, também, potenciais vantagens para o sistema elétrico, como sejam a redução de perdas, a redução da necessidade de investimento na rede e o reforço da resiliência do sistema, pela redução de necessidades energéticas a abastecer pela rede. E tem, ainda, a vantagem de se traduzir, tipicamente, na instalação de painéis fotovoltaicos em telhados ou outras superfícies inutilizadas, de forma a assegurar um uso útil do espaço, sem ter os impactes ambientais e territoriais associados a grandes instalações de produção em larga escala.

Mas a produção em autoconsumo não se encontra isenta de desvantagens e desafios, à cabeça dos quais o risco de desigualdade social, se não houver políticas de apoio deste tipo de investimento a populações e comunidades mais carenciadas. Por poder exigir um relevante esforço financeiro a nível do investimento inicial, ou um compromisso de pagamento de prestações tendencialmente fixas a largos anos, que poderão não estar ao alcance de todos, o autoconsumo traz o risco de reduzir o consumo através da RESP de entes com maior capacidade financeira, fazendo com que os custos de rede (na sua maioria, fixos) tenham de ser pagos em maior proporção pelos demais consumidores.

As UPAC trazem, também, desafios na gestão do sistema, já que a proliferação de pequenos focos que, em certos momentos, serão consumidores de energia pela rede e, noutros, produtores de energia a injetar na rede, é exigente na perspetiva da gestão do equilíbrio do sistema elétrico em tempo real.

O desenvolvimento de esquemas cada vez mais complexos de autoconsumo coletivo, com métodos de repartição dinâmica da energia (e, eventualmente, acoplamento com armazenamento, carregamento de veículos elétricos, etc.) traz, ainda, exigências ao nível do investimento em sistemas de informação, especialmente ao nível das redes de distribuição.

Outro desafio é o da adaptação e modernização das infraestruturas e parque habitacional, tornando os telhados e outras infraestruturas aptas à instalação segura de painéis fotovoltaicos.

A agregação da vontade de muitas pessoas é, também, um desafio do autoconsumo coletivo residencial, i.e., composto por vários consumidores residenciais, organizados ou não em condomínios.

V. Natureza jurídica da produção para autoconsumo

A produção de energia elétrica para autoconsumo é uma atividade dependente e acessória do consumo de energia elétrica, materializado na titularidade de uma instalação de consumo. Assim, a UPAC será acessória de uma (ou mais) IU, em função das quais deve ser dimensionada e na proximidade das quais terá, regra geral, de estar situada. Qualquer consumidor tem o direito de se tornar autoconsumidor (cfr. n.º 1 do artigo 187.º do Decreto-Lei n.º 15/2022).

De facto, o propósito de um autoconsumo não é a operação de um centro eletroprodutor cuja energia tenha por finalidade ser vendida; o seu propósito (e regime) justifica-se – precisamente – com a finalidade de produção *para autoconsumo*, sendo o excedente isso mesmo, uma espécie de subproduto inevitável, naturalmente com valor económico, e que por isso a lei permite aproveitar

De igual modo, a lei exige ainda que, quando os autoconsumidores sejam profissionais (e não sejam consumidores domésticos), a atividade de produção de eletricidade para autoconsumo não constitua a sua principal atividade comercial ou profissional. Também aqui a ideia é a de garantir que este tipo de produção é dependente de determinado consumo específico, não se podendo, sob o manto do autoconsumo, desenvolver projetos que sirvam principalmente para injetar energia na rede pública com vista à sua venda no mercado em geral.

A acessoriedade do autoconsumo e a consignação necessária da eletricidade produzida à IU (sem prejuízo da venda dos excedentes) permite afastar, em nosso ver, em alguns aspetos substantivos, a produção para autoconsumo da produção para venda em mercado. Por exemplo, e a nosso ver, faz pouco sentido que as obrigações de separação de atividades que recaem sobre os operadores de rede (que exigem a separação entre atividades monopolistas e atividades concorrenciais, como a produção e a comercialização) os arredem da possibilidade se tornarem autoconsumidores nos edifícios que utilizem para a sua atividade, já que, como se referiu, o propósito para a produção para autoconsumo é o autoconsumo, e não a venda de energia a terceiros.

Ainda como reflexo deste caráter assessório, a lei portuguesa exige que a energia elétrica seja produzida pelo próprio consumidor. Será o próprio consumidor (no autoconsumo coletivo, representado pela entidade gestora do autoconsumo, atuando em *contemplatio dominii*) o titular do título jurídico para o exercício da atividade, quando exigido. Não é legalmente possível, ao contrário do que sucede com a produção em regime comum, a intermediação de um produtor que venda a energia elétrica produzida ao consumidor.

Não significa isto que não haja espaço para investimento de terceiros na prestação de serviços de autoconsumo a autoconsumidores; fosse esse o significado, tal seria trágico para o desenvolvimento deste mercado. Efetivamente, a lei permite – já implicitamente desde 2014, e expressamente desde 2019 – que as UPAC sejam geridas por ou da propriedade de terceiros, designadamente de investidores que assumam os custos de capital da sua aquisição e montagem e a disponibilizem ao autoconsumidor, contra o compromisso de pagamento de quantias periódicas ao longo de, tipicamente, 7 ou mais anos.

Porém, o modelo da relação entre o investidor e o autoconsumidor será um modelo de locação, ao invés de um modelo de compra e venda de energia, já que é essencial garantir que o gozo (incluindo os poderes de uso e fruição) da UPAC seja transferido para o autoconsumidor, de forma que este, quando a use, esteja juridicamente a produzir a sua própria energia. A eletricidade produzida pela UPAC será um fruto civil da coisa que pertencerá, desde o momento em que seja produzida, ao autoconsumidor.

Já a adoção de um modelo de compra e venda da eletricidade produzida (o modelo típico na produção de energia elétrica em regime comum), do investidor ao autoconsumidor, trará os riscos associados à eventualidade de o primeiro estar a produzir eletricidade sem estar munido de título para o efeito, e de estar a aplicar-se o tratamento legal do autoconsumo a um regime que não o é na realidade.

Assim, num modelo típico de autoconsumo com investimento por terceiro, tipicamente:

a) O investidor terá a propriedade da UPAC, e um título (arrendamento, comodato ou direito de superfície) para a instalar em prédio de outrem;
b) O gozo da UPAC será trasladado do investidor para o autoconsumidor, ao abrigo de uma quantia fixa ou mista, envolvendo, muitas vezes, o pagamento de um valor que traduz uma determinada percentagem de poupança comercialmente acordada face ao preço da energia elétrica proveniente da rede pública, usualmente com limites mínimos, num modelo próximo ao modelo das *energy service companies* (que é muito característico dos investimentos em eficiência energética).

Usualmente, a locação da UPAC será enquadrada como locação operacional (regida pelo Código Civil), em que a obrigação de manutenção da coisa e o risco do seu perecimento permanece com o locador (usualmente, contra o pagamento de um preço, que pode fazer parte do valor total cobrado pelo investidor ao autoconsumidor), embora com a imposição de obrigações de utilização prudente e cuidadosa pelo locatário. Há casos, porém, em que tal não sucede e a locação se aproxima mais de uma locação financeira, a qual por lei está reservada a determinados tipos de sociedades, o que tem sempre de ser cuidadosamente avaliado.

VI. Controlo prévio administrativo aplicável às UPAC

O controlo prévio administrativo, junto da DGEG, aplicável à instalação e operação de UPAC depende da respetiva potência instalada, sendo mais exigente para UPAC com maior potência instalada e, ao contrário, menos exigente para UPAC com menor potência instalada, tal como detalhado no artigo 11.º do Decreto-Lei n.º 15/2022.

Assim, está sujeita a licença de produção e – uma vez terminados os trabalhos de instalação e previamente à entrada em operação da UPAC – a licença de exploração (sem prejuízo do regime especial definido no artigo 4.º do Decreto-Lei n.º 30-A/2022, de 18 de abril) a produção de eletricidade a partir de fontes de energia renováveis para autoconsumo com potência instalada superior a 1 MW.

Já se a potência instalada for inferior a 1 MW, mas superior a 30 kW, a UPAC estará sujeita a registo prévio e a certificado de exploração.

Por seu turno, está sujeita a simples comunicação prévia a produção de eletricidade para autoconsumo através de UPAC com potência instalada igual ou inferior a 30 kW, mas superior a 700 W.

Finalmente, no caso de UPAC com capacidade instalada igual ou inferior a 700 W haverá isenção de controlo prévio, desde que não esteja prevista a injeção de excedente na RESP.

A lei exige, ainda, que as UPAC que pretendam potência para injetar excedentes na rede acima de 1 MVA necessitem de um título de reserva de capacidade (**TRC**) para o início do procedimento de licenciamento (cfr. alínea a) do n.º 3 do artigo 18.º do Decreto-Lei n.º 15/2022), como sucede para a produção em regime geral acima de 1 MW de potência instalada. Embora pareça não haver razões para distinguir ambas as situações, a lei é omissa quanto à exigência de TRC quando haja autoconsumo pela RESP com potência de injeção superior a 1 MVA, isto é, quando esta potência de injeção seja usada não para injetar excedentes, mas para transitar a energia da UPAC para uma IU (ao contrário do que sucedia com o Decreto-Lei n.º 162/2019, que exigia TRC sempre que a potência de injeção na RESP fosse superior a 1 MVA).

VII Autoconsumo individual, autoconsumo coletivo e comunidades de energia

a. Autoconsumo individual e autoconsumo coletivo

A produção para autoconsumo pode ser desenvolvida apenas por um consumidor ou por vários consumidores agindo conjuntamente (ou coletivamente). O autoconsumo será individual no primeiro caso, e coletivo no segundo.

O Decreto-Lei n.º 15/2022 veio clarificar que a delimitação entre autoconsumo individual e coletivo é objetiva, e não subjetiva. Significa isto que o autoconsumo será coletivo caso a mesma UPAC (ou conjunto de unidades de produção em autoconsumo que, como universalidade, se considerem uma UPAC) sirva duas ou mais instalações elétricas de utilização (IU), mesmo que pertencentes ao mesmo autoconsumidor.

Por norma, as IU têm um identificador único, que é o Código de Ponto de Entrega (**CPE**). Assim, em regra, a cada instalação elétrica corresponderá um CPE. O que significa, na prática, que, existindo vários CPE de consumo servidos por uma UPAC, o autoconsumo será coletivo.

A implementação de um sistema de autoconsumo individual basta-se com a iniciativa de um consumidor de instalar um sistema de produção em autoconsumo, sem prejuízo de poder haver uma estrutura contratual com um investidor, no caso de o investimento de construção da UPAC ser feito por terceiro.

Já um modelo de autoconsumo coletivo pressupõe um acordo entre os vários autoconsumidores que estabeleça as regras de relacionamento entre si e entre si e terceiros (no caso de autoconsumo coletivo intersubjetivo). Só não será assim se se tratar de um autoconsumo coletivo em que as duas IU pertençam ao mesmo consumidor (chamemos-lhe autoconsumo coletivo intrasubjetivo).

Na terminologia que se tem vindo a consensualizar, num modelo de autoconsumo coletivo designar-se-á por autoconsumidor âncora aquele, ou aqueles, em cuja propriedade a(s) UPAC se localize(m).

A lei não se refere a este acordo, mas apenas ao regulamento interno. É certo, porém, que este regulamento interno terá de ser aprovado por um contrato entre os vários autoconsumidores (exceto no caso de autoconsumo coletivo intersubjetivo), incluindo autoconsumidores que a eles adiram posteriormente à sua assinatura. No caso de autoconsumo coletivo intrasubjetivo, o regulamento interno será aprovado unicamente pelo autoconsumidor, funcionando como um negócio jurídico unilateral. Note-se que existem outros casos em que o Decreto-Lei n.º 15/2022 prevê a elaboração de regulamentos internos para regular relações dentro de instalações distintas da titularidade da mesma pessoa (*vide*, por exemplo, o n.º 4 do Anexo I, para a hibridização de centros electroprodutores).

O autoconsumo coletivo pressuporá uma entidade gestora do autoconsumo coletivo (**EGAC**) que o gira. A diversidade e complexidade das relações envolvidas num autoconsumo coletivo, especialmente quando utilize a rede pública (como ocorrerá maioria dos casos), exige uma centralização de gestão. A EGAC não está sujeita, neste momento, a um procedimento de controlo prévio administrativo específico. No caso de autoconsumo coletivo com investimento por terceiro, a EGAC será quase invariavelmente uma pessoa coletiva do grupo societário do investidor.

O Regulamento de Autoconsumo da ERSE clarificou o alcance do papel da EGAC, atribuindo-lhe um papel ainda mais central no desenvolvimento de modelos de autoconsumo. Assim, será a EGAC que, nomeadamente:

a) Celebrará o contrato de uso das redes com o operador de rede de distribuição, quando seja utilizada a RESP, e pagará as tarifas de uso das redes devidas pelo autoconsumo;
b) Assegurará, como representante dos autoconsumidores, a venda da energia excedente do autoconsumo em mercado (e poderá, ainda, comprar os excedentes aos autoconsumidores, se for agente de mercado); e
c) Assegurará o contrato de fornecimento de energia para serviços auxiliares da UPAC, caso seja necessário.

O regulamento interno de autoconsumo deve regular, entre outros, os requisitos de acesso e saída de participantes, o modo de partilha da energia produzida e pagamento das tarifas devidas, destino dos excedentes e política comercial a adotar.

Os modos de partilha da energia ganham especial relevância, pois é aí que se faz a alocação de cada kWh de energia produzido (i.e. do valor do autoconsumo) pelos autoconsumidores. Este modo de partilha tem de ser indicado no regulamento interno, embora possa subsequentemente ser alterado nos termos que também aí devem ser estabelecidos. Perante o operador da rede de distribuição – que é quem faz, por conta do sistema elétrico, a alocação da energia a cada autoconsumidor –, a EGAC é a responsável pela definição dos coeficientes de partilha.

Em regra, embora a lei atual remeta essa matéria para regulamentação da ERSE, o período de referência para a aferição da alocação da eletricidade produzida pelos autoconsumidores será o período de 15 minutos. Significa isto que, em cada 15 minutos, verificar-se-á se a soma da produção da UPAC fica aquém ou vai além do consumo das IU nesse mesmo período e alocar-se-á – a alocação é virtual, e não física – a eletricidade produzida segundo o modo de partilha definido.

A não ser que outro modo de partilha seja definido, a partilha será feita proporcionalmente ao consumo medido de cada IU em cada período de 15 minutos. Porém, nada impede (do ponto de vista legal, pelo menos) os autoconsumidores de definirem critérios de partilha em função de coeficientes fixos, ou através de um misto de coeficientes fixos e supletivamente pelo consumo medido, ou utilizando coeficientes diferenciados por períodos temporais ou variáveis segundo outros critérios. Tudo dependerá de saber se os sistemas de informação do operador de rede de distribuição comportam do ponto de vista prático cada possibilidade que a criatividade possa gerar.

O Decreto-Lei n.º 15/2022 passou, ainda, a permitir sistemas específicos de gestão dinâmica, cuja principal diferença face aos critérios tradicionais parece ser a de permitir que a forma de partilha seja calculada pela própria EGAC (ou outra entidade contratada pelos autoconsumidores para o efeito), de forma automatizada e pelo seu próprio *software*, devendo no entanto ser garantida a interoperabilidade com os sistemas do operador de rede para que esse possa receber a informação sobre a alocação da energia pelos autoconsumidores.

Porém, a implementação destes sistemas carece, ainda, de regulamentação da ERSE. À data em que se escreve este texto, a ERSE ainda não adaptou, por exemplo, o Regulamento de Autoconsumo às alterações imprimidas pelo Decreto-Lei n.º 15/2022.

Pode suceder que, em determinado período de 15 minutos, o consumo total das IU seja inferior à produção da UPAC. Neste caso, será gerado um excedente, que será vendido a terceiros em mercado pela EGAC, que agirá como mandatária legal dos autoconsumidores para esse efeito (podendo ainda, se for comercializadora, comprá-lo para o revender no mercado), alocando as receitas da venda dos excedentes de acordo com o definido com estes. É importante frisar, por rigor conceptual, que o excedente de produção de UPAC que seja partilhado pelo autoconsumidor âncora com outros autoconsumidores não é legalmente considerado excedente. Em função de uma expansão de um autoconsumo coletivo, existirá um fenómeno de internalização de excedentes.

De forma inversa, quando cada UPAC consumir num período de 15 minutos mais do que a autoprodução a si alocada, terá um consumo remanescente que será satisfeito pelo contrato com o seu comercializador de energia. O papel da EGAC já não esse estende à gestão dos consumos remanescentes das IU, sendo esta uma matéria mantida na gestão descentralizada de cada autoconsumidor.

No caso de um autoconsumo incluir instalações de armazenamento, o armazenamento funcionará de forma híbrida: na formulação feliz criada pela ERSE, funcionará como IU sempre que o saldo em cada 15 minutos for no sentido de extração de energia na rede (consumidora líquida), e como UPAC se for o inverso.

Todos estes esquemas de alocação da eletricidade e dos seus excedentes implica um rigoroso sistema de medição. Atualmente, o artigo 95.º do Decreto-Lei n.º 15/2022 estabelece a obrigatoriedade de sistemas de medição e contagem em tempo real para autoconsumos com injeção de excedentes superior a 1 MVA.

Embora a lei não regule, não há óbice legal à transformação de um autoconsumo individual em autoconsumo coletivo, através da alteração do título de controlo prévio administrativo que o reflita e expanda a identidade dos autoconsumidores. O problema pode apenas existir no cenário inverso, se a UPAC estiver dimensionada para o consumo conjunto de várias IU e, posteriormente, uma delas sair do esquema de autoconsumo coletivo, caso em que poderá haver, supervenientemente, um dimensionamento excessivo da UPAC, a não ser que novos autoconsumidores que adiram ao autoconsumo compensem a descida de consumo em virtude das saídas. A lei deve ser aplicada com alguma flexibilidade, pois modelos de autoconsumo coletivo pressupõem um certo dinamismo e variabilidade na sua composição a cada momento.

b. Autoconsumo coletivo em condomínios

O artigo 85.º do Decreto-Lei n.º 15/2022 veio consagrar um regime (aparentemente) mais flexível para a instalação de UPAC em partes comuns de edifícios. Trata-se de um regime que assume especial relevância para a massificação de esquemas de autoconsumo doméstico/residencial.

A instalação de UPAC em nome de condomínios segue o regime previsto nos artigos 1425.º e 1426.º do Código Civil, dependendo da aprovação da maioria dos condóminos, devendo essa maioria representar dois terços do valor total do prédio, ficando as respetivas despesas ficam a cargo dos condóminos, na proporção do valor das suas frações.

Por seu turno, quanto à instalação de UPAC por condóminos, o Decreto-Lei n.º 15/2022 trouxe a novidade de flexibilizar o regime de instalação de UPAC em parte comum do edifício por condómino, deixando de estar sujeito a deliberação da assembleia de condóminos, e passando a estar sujeito a mera comunicação prévia (sem prejuízo do direito de oposição da administração do condomínio). Porém, em caso de oposição, é a assembleia de condóminos que delibera, aplicando-se as maiorias previstas no Código Civil, o que contribui para que esta acalmada flexibilização esteja dependente da não oposição da administração do condomínio.

c. Comunidades de energia renovável

As comunidades de energia renovável (**CER**) são pessoas coletivas que se dedicam a atividades relacionadas com projetos de energia renovável e que, desde o Decreto-Lei n.º 15/2022, se devem dedicar obrigatoriamente a atividades de autoconsumo, embora possam desenvolver outras.

A figura tem génese europeia e encontra a sua principal inspiração nas cooperativas de energia que são comuns noutras partes da Europa. Contudo, a lei permite que estas pessoas coletivas possam ter outra natureza que não a de cooperativas.

Diferentemente do autoconsumo coletivo, em que o conjunto dos autoconsumidores participantes não forma uma pessoa coletiva autónoma (pelo que a relação interna é de natureza contratual, e nas relações externas agem como contitulares de direitos de exercício conjunto), a CER será uma pessoa jurídica autónoma, podendo ser, designadamente, uma cooperativa, associação ou sociedade comercial.

As vantagens da personalização não têm sido suficientes para promover as CER, já que a maioria das "*comunidades*" que se apregoam como existindo no mercado são, na verdade, autoconsumos coletivos não personalizados. A personalização tem vantagens associadas à segregação de posições jurídicas num ente diferente dos autoconsumidores, o que pode ser relevante para efeitos de financiamento. Porém, visto que na maioria dos modelos de autoconsumo o investimento é feito por um investidor e não pelos autoconsumidores diretamente, esta vantagem acaba por ter pouco peso face ao acréscimo de morosidade e burocracia na sua constituição e alteração.

A lei portuguesa afasta-se, em vários momentos, das características das CER que estão previstas na Diretiva n.º 2018/2001, de uma forma que tenta explorar a liberdade de escolha dos meios para atingir os fins previstos na lei europeia. Assim, em especial:

a) A lei portuguesa não exige que as CER sejam *autónomas* dos seus membros (requisito este que alguns setores interpretavam como significando, não uma autonomia jurídica, que é inerente à sua personalização, mas que o respetivo controlo deveria diluir-se pelos vários membros);

b) A lei portuguesa não exige que as CER sejam proprietárias dos projetos que desenvolvam, bastando-se com a detenção dos mesmos (por exemplo, como locatária) pela CER ou permitindo mesmo a sua detenção por terceiros que ajam em benefício e ao serviço da CER;

c) A lei portuguesa exige hoje que as CER se dediquem ao autoconsumo coletivo, restrição que não consta da lei europeia;

d) A lei portuguesa permite que todas as sociedades integrem uma CER, não cingindo este direito apenas às pequenas e médias empresas.

As CER têm por objetivo principal propiciar aos membros ou às localidades onde operam benefícios ambientais, económicos e sociais, ao invés de lucros financeiros.

A CER deve orientar-se necessariamente pelos princípios da participação aberta e voluntária e do livre acesso. Assim, por um lado, todos os consumidores têm o direito de integrar uma CER – pessoas singulares ou coletivas, de natureza pública ou privada, incluindo pequenas e médias empresas, unidades agrícolas, unidades industriais e autarquias locais. Por outro lado, o acesso dos consumidores a uma CER não pode ser sujeito a condições ou a procedimentos injustificados ou discriminatórios que impeçam a sua participação. Note-se que livre acesso, e livre saída, não significa um direito de acesso e saída incondicionado: a entrada terá de ser filtrada pelos requisitos – não discriminatórios – que sejam previstos e a saída não pode prejudicar o cumprimento das condições a que o membro se vinculou (cfr. n.os 5 e 6 do artigo 189.º do Decreto-Lei n.º 15/2022).

Os membros das CER devem estar numa relação de proximidade física dos projetos de energia renovável ou desenvolver atividades relacionadas com os projetos de energia renovável da respetiva comunidade de energia, incluindo necessariamente UPAC, e os projetos de energia renovável devem ser detidos e desenvolvidos pela CER ou por terceiros, desde que em benefício e ao serviço daquela.

A lei prevê que as CER possam partilhar com terceiros ou comercializar entre os seus membros a energia renovável produzida pelas UPAC por si detidas. A expressão comercialização, incluída pelo Decreto-Lei n.º 15/2022, pretende clarificar que as CER podem ser remuneradas pela energia que aloquem a cada consumidor. As CER não serão, em rigor, neste caso, comercializadoras de energia, mas vendedoras da energia por si produzida, já que a comercialização é a compra e revenda de energia.

Finalmente, outra das novidades trazidas pelo Decreto-Lei n.º 15/2022 prende-se com as Comunidades de Cidadãos para a Energia (**CCE**) que, à semelhança das CER, são pessoas coletivas constituídas pela adesão aberta e voluntária dos seus membros, que podem ser pessoas singulares ou coletivas, incluindo empresas ou autarquias, e cujo objetivo é proporcionar benefícios ambientais, económicos ou sociais aos seu membros ou às zonas onde operam, não podem o seu objetivo principal consistir na obtenção de lucros.

As CCE são figuras muito próximas das CER. Ambas têm génese europeia, mas, ao passo que as CER têm a sua fonte na RED II (Diretiva n.º 2018/2001), as CCE estão previstas na Diretiva do Mercado Interno (Diretiva n.º 2019/944). Isto explica que uma das diferenças das segundas face às primeiras é o facto de poderem desenvolver atividades não relacionadas com energias renováveis. Mas, no restante, o seu regime é bastante semelhante, incluindo mesmo na possibilidade de deterem e explorarem uma rede de distribuição fechada, hipótese que, apesar de aparentemente estar limitada às CCE, acaba por se estender às CER por via da remissão para os direitos e deveres gerais dos autoconsumidores (cfr. artigo 190.º e alínea c) do n.º 1 do artigo 88.º do Decreto-Lei n.º 15/2022).

VIII. Outras classificações do autoconsumo

a. Autoconsumo por linha privada e autoconsumo pela rede pública

A distinção entre autoconsumo por rede privada e autoconsumo pela RESP atende à natureza da rede pela qual se faz o trânsito da energia desde a UPAC até à IU.

A energia elétrica pode ser veiculada entre a UPAC e a IU através da RESP – caso em que o autoconsumo é feito pela rede pública, por via das linhas elétricas de serviço público já existentes e que já se encontrarão interligadas à IU para o abastecimento geral de energia elétrica – ou através de linha privada, i.e. através de instalações elétricas de serviço particular.

Os dois tipos de autoconsumo têm regimes de licenciamento e exploração distintos. No autoconsumo pela RESP, os autoconsumidores usam as linhas públicas já existentes, à qual terão de ter acesso e pelas quais pagam tarifas de acesso às redes (eventualmente descontadas da componente dos custos de interesse económico geral, se o Governo assim o estabelecer). No autoconsumo por linha privada, os autoconsumidores usam linhas privadas que eles próprios têm de estabelecer, mas não pagarão tarifa de acesso às redes.

No caso do autoconsumo por linha privada, existem três hipóteses para a sua tipologia: poderá ser uma linha direta, uma rede interna ou uma rede de distribuição fechada (esta última carece, ainda, de regulamentação à data em que se escreve este texto). Para as duas primeiras, os regimes são distintos:

a) O autoconsumidor pode estabelecer livremente redes internas, mas só será rede interna aquela que se mantenha "*dentro de espaço confinado e com contiguidade geográfica*" (cfr. alínea hhh) do artigo 3.º do Decreto-Lei n.º 15/2022), conceito indeterminado cuja concretização não é clara, designadamente sobre se se permite uma expansão para além dos limiares do prédio, conjunto de prédios ou empreendimento onde a UPAC se situar;

b) O autoconsumidor só pode estabelecer linhas diretas quando não exista acesso à rede pública, ou, eventualmente, para UPAC com potência instalada superior a 1 MW, quando a solução privada for técnica e economicamente mais vantajosa para o sistema elétrico, de acordo com a avaliação feita pela DGEG (cfr. e alínea c) do n.º 1 do artigo 31.º e alínea b) do n.º 1 do artigo 88.º do Decreto-Lei n.º 15/2022).

Na maioria dos modelos de autoconsumo coletivo, o autoconsumidor âncora consumirá energia por rede interna (*behind the meter*) e a energia partilhada com outros autoconsumidores será veiculada pela RESP.

b. Autoconsumo próximo e autoconsumo remoto

Chamamos autoconsumo próximo àquele que é feito no cumprimento das distâncias máximas entre IU e UPAC previstas na lei, encontrando-se a elas sujeito.

O Decreto-Lei n.º 15/2022 estabelece a proximidade entre a UPAC e a IU como um dos requisitos gerais para a produção de energia em autoconsumo, e define desde logo distâncias que, estando verificadas, permitem o desenvolvimento de autoconsumo. Estas distâncias suportam-se critérios de proximidade geográfica e elétrica e, no caso do autoconsumo através da RESP, variam consoante o nível de tensão a que as instalações se encontrem ligadas – considerando que, quanto maior o nível de tensão, maiores serão as necessidades energéticas das IU e menores as perdas do trânsito de energia, dois dados que contribuem para que a amplitude geográfica possível seja maior nestes casos.

Note-se que, caso a caso, modelos de autoconsumo que excedam estas distâncias podem ser licenciados pela DGEG, de acordo com critérios técnicos, económicos e territoriais previstos na lei (cfr. artigo 83.º, n.º 3 do Decreto-Lei n.º 15/2022).

Autoconsumo remoto será o autoconsumo que não está legalmente sujeito a critérios de proximidade. Este modelo funcionará em direta concorrência com o modelo de *corporate power purchase agreements* que qualquer grande comprador de energia poderá utilizar, com diferenças a nível de licenciamento e de tratamento tarifário.

No ordenamento português, este modelo está previsto para o autoconsumo por linha direta (sendo o autoconsumo feito por linha direta, o requisito de proximidade considera-se preenchido, como proximidade meramente elétrica, independentemente da distância geográfica entre IU e UPAC) e para os consumidores eletrointensivos que autoconsumam através da RESP, segundo o Estatuto do Cliente Eletrointensivo que foi criado pelo Decreto-Lei n.º 15/2022. A dispensa dos requisitos de proximidade para clientes eletrointensivos baseia-se, também aqui, em considerações de igualdade material, ou igualdade proporcional, e nesse sentido também de coesão territorial, no sentido em que se reconhece que os maiores consumidores, ou os consumidores situados em zonas mais populosas e urbanas do país, poderão não ter disponibilidade de espaço na sua proximidade para poderem desenvolver soluções de autoconsumo que atendam à sua dimensão.

Os consumidores eletrointensivos beneficiam, ainda, de um direito à isenção total de custos de interesse económico geral para a eletricidade autoconsumida.

A Portaria n.º 112/2022, de 14 de março, concretizou alguns dos requisitos e traços do regime jurídico dos consumidores eletrointensivos, mas, no que se reporta às medidas de redução de encargos e cobertura de risco, apenas produzirá efeitos com a aprovação por parte da Comissão Europeia.

IX. Concretização de alguns requisitos para a instalação de UPAC

a. Dimensionamento da UPAC

Dispõe o artigo 88.º/2/e) do DL 15/2022 que *"são deveres do autoconsumidor: (...) dimensionar a UPAC de forma a garantir a maior aproximação possível da energia elétrica produzida à quantidade de energia elétrica consumida, minimizando o excedente*".

A explicação para este dever, cujo cumprimento se apura em sede de controlo prévio, reside na finalidade do próprio autoconsumo. De facto, o propósito de um autoconsumo não é a operação de um centro eletroprodutor cuja energia tenha por finalidade ser vendida, mas sim a produção *para autoconsumo*, devendo o excedente ser minimizado.

O modo mais razoável, de resto legalmente previsto, para se controlar o cumprimento de tal dever é verificar se o projeto consagra "*a maior aproximação possível da energia elétrica produzida à quantidade de energia elétrica consumida*" ou, inversamente, se há uma efetiva minimização do excedente que irremediavelmente se produzirá. Mas daqui surge a questão de saber em que consiste essa minimização, que certamente não será medida em quantidades absolutas de excedente previsto.

A lei não estabelece a referência temporal para medir a equivalência entre produção para autoconsumo e consumo da IU ou das IU inseridas no perímetro de um autoconsumo. Dada a sazonalidade de alguns consumidores, variabilidade da produção renovável, bem como considerações de ordem económica, como as que se explanam abaixo, justifica-se que a equivalência não tenha de ser diária, semanal ou mesmo mensal, podendo por exemplo ser anual. Acresce que, em regra, um modelo de autoconsumo será tanto mais rentável quanto menores forem os excedentes, pelo que não existe um incentivo para o seu sobredimensionamento.

O RTQ da DGEG continua a prever que a UPAC não deve ultrapassar a potência certificada da IU, embora, desde a revogação do Decreto-Lei n.º 153/2014 pelo Decreto-Lei n.º 162/2019, a lei apenas exige um alinhamento entre UPAC e IU em termos de produção e não de potência.

Parece que o melhor critério para análise deste requisito assenta em três fatores, de ponderação variável e segundo o caso concreto: (i) o rácio entre a produção e o excedente previstos ou, reversamente, o rácio entre a produção prevista e o (auto)consumo previsto, tendo em conta as necessidades previstas de abastecimento, (ii) o comportamento da fonte primária renovável no contexto do local de instalação, nomeadamente a natureza mais ou menos intermitente daquela, e (iii) a possibilidade de amortização do investimento em tempo razoável. A existência de armazenamento pode também ser relevante para o dimensionamento da UPAC.

b. Distâncias máximas

Como referido anteriormente, o Decreto-Lei n.º 15/2022 veio exigir, exceto para o autoconsumo remoto (possível nos casos dos consumidores eletrointensivos), o requisito da proximidade entre a UPAC e a IU.

Os critérios estabelecidos quanto à proximidade entre a UPAC e a IU, são delimitados em torno do conceito de proximidade, exigindo-se:

a) Nas situações em que a UPAC e a IU estejam ligadas à rede de distribuição de energia elétrica em Baixa Tensão ou ao mesmo posto de transformação, a UPAC não pode estar a uma distância geográfica superior a 2km;

b) Nas situações em que a UPAC e a IU estejam ligadas à mesma subestação a distância máxima entre a IU e a UPAC difere em função da tensão com que a energia é injetada na rede nacional de distribuição ou transporte. Assim, quando a ligação é realizada:
   a. em média tensão, a distância entre a UPAC e a IU não deve ser superior a 4km;
   b. em alta tensão, a distância entre a UPAC e a IU não deve ser superior a 10 km; e
   c. em muito alta tensão, a distância não pode ser superior a 20 km.

X. Tratamento tarifário do autoconsumo

Os autoconsumidores têm o dever de, sempre que a veiculação de energia elétrica produzida na UPAC até à instalação de consumo se faça através da RESP, suportar as tarifas de acesso às redes de rede em vigor e aplicáveis ao consumo no nível de tensão de ligação da instalação de utilização.

O pagamento destas tarifas pelos autoconsumidores beneficia dos seguintes descontos;

a) Apenas são devidas as tarifas desde a tensão a que está ligada a UPAC até à tensão em que está ligada a instalação de consumo (por exemplo, num caso em que a UPAC se encontra ligada em MT e a instalação de utilização em BT, o consumidor apenas paga as tarifas de MT e BT);

b) No caso de UPAC ligada em nível de tensão abaixo da instalação de utilização, apenas são devidas as tarifas do nível de tensão da instalação de utilização (por exemplo, num caso de UPAC ligada em BT e de instalação de utilização em MT, apenas são devidas tarifas de MT);

c) Por despacho, o membro do Governo responsável pela área da energia pode isentar os autoconsumidores da componente dos custos de interesse económico geral que incide sobre as tarifas de acesso às redes, total ou parcialmente. Tal foi feito pelo Despacho n.º 6453/2020 e prorrogado pelo Despacho n.º 10376/2021, no sentido de determinar que as UPAC que tenham realizado o procedimento de controlo prévio administrativo aplicável até ao final do ano de 2022, beneficiam de um desconto dos denominados custos de interesse económico geral numa percentagem de 50%, para autoconsumo individual, e de 100%, para autoconsumo coletivo, durante um período de 7 anos.

Comunidades de energia renovável em Portugal: Aspectos críticos do instituto à luz da descentralização de energia e urgência de sustentabilidade

ALICE KHOURI*
HELGA MIRANDA**

Resumo: Inseridas no ordenamento jurídico português em transposição da Diretiva da União Europeia 2018/2001, as Comunidades de Energia Renovável – CER estão regulamentadas no Decreto Lei nº 15/2022 e têm a sua finalidade expressamente associada à transição energética, mitigação das alterações climáticas e benefícios sociais como redução da pobreza energética. Apesar de mecanismo regulatório claro de descentralização e democratização da geração e consumo de energia, como instrumento jurídico a CER ainda possui lacunas e desafios a serem superados na prática, e que exigem a participação tanto do setor privado como público. O presente artigo se propõe, neste contexto, a lançar luzes sobre o tema das lacunas e aspectos críticos ainda existentes, tendo como base os estudos e boas práticas que já existem e contribuindo para os estudos que irão existir e que são essenciais para efetividade e eficiência destes projetos dada a importante finalidade das CER para o cenário global atual.

Palavras chave: Comunidades. Energia Renovável. Transição Energética. Descarbonização. Regulação.

Abstract: Inserted in the Portuguese legal system in transposition of the European Union Directive 2018/2001, the Renewable Energy Communities – RECs are regulated by the Decree Law No. 15/2022 and have their purpose expressly associated

* Advogada. Doutoranda em Ciências Jurídico Económicas na Faculdade de Direito da Universidade de Lisboa. Mestre em Direito Público pela Pontifícia Universidade Católica de Minas Gerais. Investigadora Colaboradora do Centro de Investigação em Direito Público da Faculdade de Direito da Universidade de Lisboa.
** Advogada. Mestre em Direito pela Faculdade de Direito da Universidade do Porto.

with energy transition, climate change mitigation and social benefits such as reducing energy poverty. Despite being a clear regulatory mechanism of decentralization and democratization of energy generation and consumption, as a legal instrument the REC still has legal gaps and challenges to be overcome in practice, and that require the participation of both the private and public sector. The present article proposes, in this context, to shed light on the theme of gaps and critical aspects that still exist, based on studies and good practices that already exist and contributing to the studies that will exist and that are essential for effectiveness and efficiency of these projects given the important purpose of CER to the current global scenario.

Key Words: Community. Renewable Energy. Energy Transition. Decarbonization. Regulation.

I – Introdução: contexto e enquadramento legal

Encontramos registo das Comunidades de Energia Renovável (CER), ou *Renewable Energy Communities* em língua inglesa, desde meados dos anos 70, na Dinamarca, mas as mesmas só alcançaram relativa atenção da academia em 2019, com a adoção, na União Europeia, do Clean Energy Package[1].

Introduzidas no Direito da União Europeia através da Diretiva 2018/2001 de 11 de dezembro de 2018[2], que foi transposta para o Direito Português através do Decreto-Lei n.º 162/2019, de 25 de outubro – que entrou em vigor em 1 janeiro de 2020 – as CER se apresentam como ferramenta regulatória com potencial de acelerar a transição energética e contribuir para a mitigação das alterações climáticas, o que nos tempos atuais é assunto de muita investigação. Como benefícios diretos das CER, são apontados ganhos importantes[3] no cenário atual, como elimi-

[1] Verde, Stefano F. and Rossetto, Nicolò. The Future of Renewable Energy Communities in the EU An investigation at the time of the Clean Energy Package. August 2020, European University Institute, p. 11.

[2] Parlamento Europeu e Conselho da União Europeia. Disponível no sítio: https://eur-lex.europa.eu/legal-content/PT/TXT/?uri=celex%3A32018L2002

[3] Capítulo 3 do Guia disponibilizado em: https://www.rescoop.eu/toolbox/community-energy-a-practical-guide-to-reclaiming-power-portuguese-edition

nação progressiva de combustíveis fósseis e maiores investimentos em fontes limpas ou renováveis de energia, redução do consumo de energia, maior engajamento social com o tema da sustentabilidade, diminuição da pobreza energética, dentre outros.

Contudo, ressalte-se que as CER configuram-se, antes disso, em um instrumento jurídico que precisa ser constituído e implementado, e ainda requer muito estudo e investigação, para os quais este artigo pretende ser pequeno contributo na medida em que lança luzes sobre alguns dos aspetos críticos e estratégicos do mecanismo.

Para que seja possível, portanto, a sua análise adequada, deve-se primeiro contextualizar a introdução da CER no cenário de transição energética europeu e as alterações climáticas. A estratégia climática e de sustentabilidade de Portugal para 2050, descrita no Roteiro para Neutralidade Carbónica (RNC 2050)[4] traça, em conformidade com as orientações e diretivas da União Europeia acerca do tema, diversas ações políticas delineando uma ação conjunta de áreas estratégicas com prioridade à eficiência energética, reforço da diversidade de fontes, vetores de energia e da modernização das infraestruturas, aumento na eletrificação, melhores serviços energéticos, incentivo à investigação e inovação, escolha informada dos consumidores, entre outras.

Em decorrência deste cenário, em 14 de janeiro de 2022 foi publicado em Portugal o Decreto-Lei n.º 15/2022, diploma que estabelece a organização e o funcionamento do Sistema Elétrico Nacional, transpondo a Diretiva (UE) 2019/944 e a Diretiva (UE) 2018/2001, consolidando as matérias estruturais do funcionamento do setor de energia no país e com destaque para um modelo descentralizado de produção de eletricidade, incluindo regulamentação de soluções de autoconsumo. O Decreto-Lei de 2022 claramente reforçou a preocupação com a promoção da transição energética priorizando a geração descentralizada de energia a partir de fonte sustentável para que se alcance as mencionadas metas de descarbonização e, nesse contexto, reiterou as Comunidades de Energia Renovável (CER) como um instrumento de promoção importante nesta transição. Da análise normativa de criação da CER, e com atenção ao

[4] Disponível no sítio: https://www.portugal.gov.pt/download-ficheiros/ficheiro.aspx?v=%3d%3dBAAAAB%2bLCAAAAAAABACzMDexAAAut9emBAAAAA%3d%3d

contexto macro político económico vivenciado na Europa e em Portugal, verifica-se que razões diversas (de ordem política, social, económica e ambiental) influenciam fortemente e de forma interligada a regulação de energia[5]. Assim sendo, e tendo em vista os desafios setoriais especialmente experimentados nos últimos anos – tais como a dependência das importações, a crescente procura e os preços altos e voláteis – a estratégia da União Europeia em promover o desenvolvimento de produção de energia elétrica a partir de fontes renováveis parece ser mesmo o caminho a seguir, mas configura-se ainda tarefa complexa que enfrenta questões múltiplas, tanto regulatórias quanto jurídicas, ainda em construção. Neste ano de 2022, em junho, foi lançado o concurso para Apoio à concretização de Comunidades de Energia Renovável e Autoconsumo Coletivo[6], com o apoio da Direção-Geral de Energia e Geologia (DGEG) e da ADENE – Agência para a Energia (ADENE). O concurso tem como objetivo o financiamento de medidas que fomentem a produção de energia elétrica a partir de fontes renováveis em regime de ACC e CER. O aviso para candidaturas a apoios do Plano de Recuperação e Resiliência (PRR) à concretização de comunidades de energia renovável e autocon-

[5] Como não poderia deixar de ser em uma perspectiva de regulação responsiva e descentralizada. Sobre este tema, recomendamos a leitura de Robert Baldwin e Julia Black, da LSE. "*Adopting a really responsive viewpoint also stresses the importance of dealing with attitudinal settings and institutional environment, not least the organisational infrastructure of the regulatory regime. In many regulated areas, the multiplicity of regulatory responsibilities stands in the way of effective assessment and modification process. A good deal may be achievable in such areas by clarifying institutional frameworks and lines of regulatory responsibility – if necessary across state, quasi-regulatory and corporate boundaries. To argue this is not to reject the message of smart regulation – that mixes of instruments and institutions may provide best regulatory systems – it is to propose that unproductive fragmentations should be avoided. The really responsive regulation perspective also shows how important it is to take on board the ways in which the logics of different regulatory mechanisms not only interact but tend to do so in distinct ways according to the particular regulatory enforcement task being undertaken.135 Really responsive regulation requires regulation to be amenable to the use of ranges of tools for different purposes and according to different regulatory logics (e.g. to punish or for restorative or rehabilitative reasons). It thus avoids the 'single axis' difficulty and draws attention to the challenge of operating through coherent regulatory logics – ways of combining controls that are located within culturally or organisationally variant modes of relationship.*" (Baldwin, Black, 2008, p. 41).

[6] https://recuperarportugal.gov.pt/wp-content/uploads/2022/06/Aviso-PRR-C13_CER_VFinal.pdf

sumo coletivo foi lançado com uma dotação de 30 milhões de euros.Consoante anunciado, pretende-se que em Portugal, sejam tomadas medidas para reduzir pelo menos 30% do consumo de energia primária nos edifícios beneficiados, e contribuir para reforçar a capacidade em autoconsumo e/ou CER nos setores residencial, da administração pública central e de serviços em, pelo menos, 93 MW[7].

Pode-se dizer, nesse contexto, que o futuro do sistema energético à luz das alterações climáticas é um dos principais desafios políticos dos dias atuais[8] e, apesar de ser uma preocupação de âmbito global, os desafios a serem enfrentados são particulares e variam entre as nações, dependendo de como a regulação setorial de cada país internaliza as diretrizes europeias. Adicionalmente, a urgência da transição energética na atualidade foi acentuada pela invasão da Ucrânia pela Rússia e a crescente inflação, que reforçam a necessidade de assegurar a segurança energética aos países europeus a um preço acessível, dado a essencialidade da energia elétrica para toda a sociedade e a economia. Ainda em coerência com este propósito, em maio deste ano 2022, a Comissão Europeia apresen-

[7] "Pretende-se apoiar a instalação de sistemas de produção de energia renováveis, com e sem armazenamento de energia em: a) Edifícios Residenciais; Os projetos de ACC ou CER aplicam-se a edifícios de habitação existentes, unifamiliares, bem como edifícios multifamiliares ou suas frações autónomas; b) Edifícios da Administração Pública Central; Os projetos de ACC e/ou CER aplicam-se a edifícios existentes utilizados pelo Estado, Serviços e Fundos da Administração Central, Instituições Sem Fins Lucrativos da Administração Central, Setor Público Empresarial, as Entidades Reguladoras e as Entidades Públicas dotadas de personalidade jurídica e autonomia administrativa e financeira que desenvolvem uma atividade administrativa que prossegue fins próprios do Estado, e que tenham a seu cargo a intervenção em edifícios já existentes e de utilização da Administração Pública. São consideradas empresas do Setor Público Empresarial as entidades que sejam detidas a 100% pelo Estado e que, caso exerçam uma atividade económica, atuem no âmbito dos serviços de interesse económico geral. c) Edifícios de Comércio e Serviços. Os projetos de ACC e/ou CER aplicam-se a edifícios de comércio e serviços do setor privado existentes, nos termos da alínea w) do artigo 3.º do Decreto-Lei n.º 101-D/2020, de 7 de dezembro, na sua redação atual, incluindo os destinados a atividades de Economia Social, nos termos do disposto no artigo 4.º da Lei n.º 30/2013, de 8 de maio de 2013, na sua redação atual." Acedido em: https://recuperarportugal.gov.pt/wp-content/uploads/2022/06/Aviso-PRR-C13_CER_VFinal.pdf

[8] Clark A. Miller, Alastair Iles, Christopher F. Jones, "*The social dimensions of energy transitions*", Sci. Cult. 22 (No. 2) (2013) 135–148.

tou o Plano REPowerEU[9] que visa, dentre outros objetivos, a produção de energia limpa e a diversificação do aprovisionamento energético. No mesmo cenário, o Acordo Verde Europeu (*European Green Deal)*[10], consiste em um conjunto de propostas legislativas adotado pela Comissão Europeia para promover a neutralidade climática até 2050 através da descarbonização de todos os setores da economia e a redução de emissão dos gases que provocam o efeito estufa e, expressamente, apontou o sistema energético como aspecto fundamental para que a referida meta seja atingida[11].

Trata-se, portanto, de um quadro normativo coerente e que consolida a preocupação global climática e o desafio da transição energética, com a previsão de medidas destinadas a apoiar o cumprimento das metas que são exigidas. Quadro este que prevê a CER como uma dessas medidas e não pode dela ser dissociado quando da análise do instituto. Destaca-se, nesse ponto, que as referidas medidas e novidades no ordenamento jurídico energético devem sempre manter coerência também com a agenda estratégica europeia, que foi reafirmada pelo Conselho Europeu[12] mediante a criação da União da Energia, que determina as prioridades da

[9] European Comission (2022), REPowerEU: energia segura, sustentável e a preços acessíveis para a Europa. Disponível no sítio: https://ec.europa.eu/info/strategy/priorities-2019-2024/european-green-deal/repowereu-affordable-secure-and-sustainable-energy-europe_pt ( ) https://eur-lex.europa.eu/legal-content/EN/TXT/?uri=COM%3A2019%3A640%3AFIN

[10] O Acordo Verde Europeu envolve políticas que buscam a redução das emissões líquidas de gases com efeito de estufa de, pelo menos, 55 % até 2030. A emissão de dióxido de carbono (CO2), que é, também, resultado da queima de combustíveis fosseis (carvão, petróleo, gás natural), é tida como um dos principais responsáveis pelo aquecimento global. Estudos da Agência Europeia de Ambiente demonstram que 77% das necessidades energéticas do europeu médio são satisfeitas com petróleo, gás ou carvão, sendo bastante relevante a quantidade de CO2 produzida (). Disponível no sítio: https://eur-lex.europa.eu/legal-content/EN/TXT/?uri=COM%3A2019%3A640%3AFIN

[11] European Commission. (2019). 2020 assessment of the progress made by Member States towards the implementation of the Energy Efficiency Directive 2012/27/EU and towards the deployment of nearly zero- energy buildings and cost-optimal minimum energy performance requirements in the EU i. 53(9), 1689–1699. Disponível no sítio: https://doi.org/https://eur-lex.europa.eu/legal-content/en/TXT/?uri=CELEX:52020DC0954

[12] Conselho Europeu. Disponível no sítio: https://data.consilium.europa.eu/doc/document/ST-79-2014-INIT/en/pdf

UE para os próximos anos dentro desta temática. Os objetivos da União da Energia, assim, dividem-se em três vertentes: (i) fornecer energia a preços acessíveis às empresas e aos consumidores, (ii) garantir uma energia segura para todos os países da UE através da redução da dependência energética, e (iii) gerar mais energia verde e assim reverter as alterações climáticas[13].

Contudo, não obstante todo o conjunto normativo existente, bem como os esforços e planeamentos realizados em coerência com as diretrizes europeias, as análises mais atuais concluíram que a regulamentação atual é insuficiente para alcançar as metas de neutralidade de carbono em 2050[14]. Em virtude deste cenário, o Pacto Ecológico Europeu, criou um pacote legislativo denominado "Fit for 55 package", que abrange temas como energia renovável e eficiência energética, entre outros, e propõe uma meta de 55% de redução de GHG[15] (*greenhouse gas, gases de efeito estufa*). Para que essa meta seja atingida, contudo, é necessário um consumo final de energia elétrica de fonte renovável entre 38% a 40%.

Apesar de uma matriz elétrica maioritariamente renovável[16], as medidas de nível europeu refletem-se, claro, no contexto português, onde o Plano Nacional Energia Clima 2021-2030 (PNEC 2030)[17] atualmente vigora como o principal instrumento de política energética e climática nacional para a década de 2020/2030 e confirma o compromisso do país com o preocupante cenário mencionado acima. Por meio da concretização das metas em matéria de energia e clima para 2030, o PNEC 2030 dedica-se à neutralização do carbono, mediante a apresentação de algu-

[13] Disponível no sítio: https://www.consilium.europa.eu/pt/policies/energy-union/.

[14] Disponível no sítio: https://www.europarl.europa.eu/legislative-train/theme-a-european-green-deal/package-fit-for-55.

[15] A proposta de reduzir as emissões de carbono em 55% até 2030, face aos níveis de 1990.

[16] Entre janeiro e setembro de 2022 foram gerados 31 225 GWh de eletricidade em Portugal Continental, dos quais 54,5% foram de origem renovável. Fonte: REN, Análise: APREN. Disponível no sítio: https://www.apren.pt/pt/energias-renovaveis/producao#:~:text=Balan%C3%A7o%20da%20Produ%C3%A7%C3%A3o%20de%20Eletricidade%20de%20Portugal%20Continental,dos%20quais%2054%2C5%20%25%20foram%20de%20origem%20renov%C3%A1vel.

[17] Resolução do Conselho de Ministros. Disponível no sítio: https://dre.pt/dre/detalhe/resolucao-conselho-ministros/53-2020-137618093

mas medidas como de redução de emissões de gases com efeito de estufa (45% a 55%, em relação a 2005), de incorporação de novas energias renováveis e de eficiência energética.

Como dito em linhas anteriores, trata-se de um problema global (alterações climáticas e sustentabilidade do planeta) com desafios locais regulatórios (tanto europeus, como também portugueses) que compõem um cenário complexo e de variáveis ainda sob estudo e investigação científica. Emerge a CER, assim, como alternativa de autoprodução e autoconsumo de energia numa perspectiva de aumento da participação das renováveis na matriz e partilha comunitária do recurso energético, o que é operacionalizado mediante institutos jurídicos que requerem um estudo integrado com o Direito Público e a Regulação Económica. Coerente com a política energética a nível europeu das diretrizes aqui sintetizadas, cabe agora à regulação económica e ao Direito propiciar com seus instrumentos e ferramentas a efetivação deste mecanismo de geração de energia descentralizada o que somente se torna possível com uma análise crítica de alguns aspectos estratégicos e essenciais da CER sob a perspectiva do ordenamento jurídico português.

De acordo com a definição legal[18], portanto, a CER foi introduzida no ordenamento jurídico português como uma pessoa coletiva ou jurídica, que pode ser de natureza pública ou privada, com ou sem fim lucrativo, cuja prerrogativa é produzir, consumir, armazenar, comprar, vender e partilhar energia renovável; e que tem como objetivo principal propiciar benefícios ambientais, económicos e sociais às localidades onde opera ou aos seus membros, ao invés dos lucros financeiros. Da leitura do quadro jurídico regulatório da temática, verifica-se que o termo Comunidade de Energia está associado a conceitos chave como partilha, autoconsumo, impactos ambientais mínimos, custos de energia estáveis e um sentido de pertença à comunidade local, bem como atendimento ao interesse público local numa perspetiva de descentralização energética[19], vetores

[18] art. 189.º Decreto-Lei 15/2022.

[19] Carlisle, N., Elling, J., Penney, T. "A Renewable Energy Community: Key Elements a Reinvented Community to Meet Untapped Customer Needs for Shelter and Transportation with Minimal Environmental Impacts, Stable Energy Costs, and a Sense of Belonging,": 1–35. Technical Report NREL/TP-540-42774. 2008.

que estão, por sua vez, inseridos numa perspetiva de transição energética, como demonstrado nesta introdução e, mais ainda, de regulação descentralizada baseada na cooperação entre agentes[20].

O desafio que se impõe agora, na prática e na constituição de CERs, é que esses princípios norteadores da criação do mecanismo e característicos da transição energética não sejam ignorados ou dificultados quando da sua efetivação por meio dos instrumentos jurídicos e regulatórios necessários.

II. Aspectos críticos regulatórios da CER

II.A) Constituição da CER: proximidade entre os membros

A constituição da CER em Portugal implica a verificação de alguns requisitos legais, assim como acontece nos outros países que realizaram a transposição das diretivas europeias já referenciadas. Uma das características principais da CER, exigidas no momento de sua constituição, é a possibilidade de a mesma entidade produzir e vender energia elétrica diretamente ao consumidor nomeadamente através de contrato de aquisição[21], não sendo necessária a figura do comercializador, ou sendo a própria CER o comercializador.

Além de produzir e vender, a CER pode ainda consumir e armazenar energia elétrica, constituindo, assim, uma hipótese de autoprodução e autoconsumo, exemplo da tendência mundial de descentralização da atividade de geração de energia. À CER, ainda, permanece garantido o direito a consumir a energia por ela produzida, num claro maior empode-

Disponível no sítio: http://www.chemkeys.com/blog/wp-content/uploads/2008/09/renewable-energy-key-elements.pdf.

[20] Sobre regulação descentralizada, recomenda-se as lições da Prof. Julia Black, da London School of Economics. Exemplo: BLACK, Julia. Decentring Regulation: Understanding the Role of Regulation and Self-Regulation in a 'Post-Regulatory' World, Current Legal Problems, Volume 54, Issue 1, 2001, Pages 103–146.

[21] art. 19.º, nº 2, alínea a), Decreto-Lei 162/2019, de 25 de outubro.

ramento do consumidor[22], mas também ainda a possibilidade de adquirir energia parcialmente fornecida pela rede se necessário como complemento à autoprodução.

A CER é marcada, portanto, por esse conceito de comunidade energética interligada justamente pela prerrogativa de partilhar a energia produzida com os seus membros, sendo esta a característica que a aproxima da unidade de produção para autoconsumo – UPAC, e faz com que os seus membros possam ser também autoconsumidores[23].

Stefano Verde e Nicolò Rossetto, em artigo específico sobre o tema e produzido via projeto *da Florence School of Regulation – Energy and Climate* de setembro de 2018 até agosto de 2020, reconheceram ser o aspeto da proximidade entre os membros um ponto crítico nas CER e que guardava alguma subjetividade e possibilidade de variadas interpretações:

> *"Indeed, although some members or shareholders of a REC may not be located close to the renewable project developed by the community, most of them, i.e. those collectively exerting effective control, must be in its proximity. This criterion is not further defined, but the geographical scope of a REC should clearly be local rather than countrywide. (...) The notion of proximity is particularly vague and needs to be clarified. The choice made at the Member State level will have an impact. If proximity is interpreted in a very narrow sense, only a limited number of people, enterprises and local authorities will satisfy the criterion and RECs will be somewhat small entities, usually unable to exploit significant economies of scale and scope. On the contrary, if it is interpreted in a less narrow sense, on average a larger number of people, enterprises and local authorities will be allowed to be among the community members or stakehol-*

[22] O próprio sumário do Decreto-Lei n.º 15/2022 esclarece: "*O quarto eixo centra-se nos consumidores e no papel que podem passar a desempenhar no âmbito do SEN, atuando individualmente, coletivamente ou através de comunidades de energia, prevendo que podem passar de meros consumidores passivos para agentes ativos que produzem eletricidade para autoconsumo ou para venda de excedentes, armazenam e oferecem serviços de flexibilidade e agregam produção*".

[23] A diferença entre a CER e a UPAC diz respeito à finalidade de ambas. A UPAC é um ente de autoprodução, em que o autoconsumidor consome a energia produzida de forma individual ou coletiva, partilhando a energia entre os seus titulares (no caso da UPAC coletiva), e somente o excedente é vendido ao comercializador ou agregador. Na CER, a energia produzida pode ser também consumida ou partilhada, mas a sua característica diferenciadora é a faculdade de vender a energia diretamente ao consumidor, sem ser apenas o excedente.

ders exerting effective control. In this case it will be possible for RECs to achieve greater sizes and higher efficiency."[24]

Destaque-se, adicionalmente, que o termo comunidade de energia é utilizado mesmo antes de o instituto fazer parte do ordenamento jurídico português e europeu, nunca tendo havido consenso universalmente aceite por políticos, académicos e profissionais no que tange ao envolvimento da comunidade[25] e sua relação com a exigência de proximidade dos membros e o empreendimento.

Em publicação feita no Reino Unido, que se tornou referência quanto ao entendimento do termo comunidade de energia, Walker e Devine-Wright identificam as particularidades nas dimensões de projetos de energia renovável como indicativo aos negócios que merecem o prefixo de "comunidade". Do primeiro ponto de vista do processo, os projetos comunitários são considerados aqueles com um *alto grau de envolvimento direto e influência na tomada de decisões da população local no planeamento, instalação e operação de um projeto.*

A segunda perspetiva, o resultado, diz respeito a *onde os benefícios de um projeto são distribuídos* e é exemplificada em projetos comunitários por meio da criação de empregos locais, contribuição para a regeneração da infraestrutura local, fornecimento de recursos de educação local e sensibilização da população local para tópicos de fornecimento de energia sustentável além de a contribuição global mais ampla para mais longe acumulação de capacidades renováveis[26].

Dez anos depois da publicação do trabalho, Walker e Devine-Wright afirmaram que a intenção da publicação era iniciar uma discussão sobre o tema e não definir propriamente o conceito de comunidade de energia

[24] VERDE, Stefano F. and ROSSETTO, Nicolò. The Future of Renewable Energy Communities in the EU An investigation at the time of the Clean Energy Package. August 2020, European University Institute, p. 82-85.

[25] Para Peterson, Boon e Diepenrik a comunidade de energia renovável é definida pelo seu aspecto geográfico ou local, para Romero-Rubio e de Andrés Díaz, e Schäfer et al, a comunidade se definiria pelos proprietários da infraestrutura e há ainda quem entenda que a comunidade é definida pelos interesses partilhados (Becker et al).

[26] Gordon Walker, Patrick Devine-Wright. "Community renewable energy: what should it mean?" Energy Policy, 36 (2) (2008), pp. 497-500.

renovável[27]. Resta claro, portanto, que a definição da relação de proximidade ficou para ser melhor definida posteriormente.

Ilustrativamente, no caso da Espanha, os benefícios da CER foram expressamente associados à característica de proximidade e comunhão ou partilha efetiva:

> *"Un ejemplo de este tipo de actividades en las que se pueden basar, son el autoconsumo o la generación distribuida, que suponen un factor importante para el ahorro económico de muchas familias, especialmente para las más vulnerables, pudiendo de esta forma hacer frente a la pobreza energética. Además, se evita la dependencia sobre las compañías eléctricas convencionales y se aumenta la competitividad en la industria. Los beneficios ambientales son importantes, con una disminución de la energía consumida, un aumento de energía renovable distribuida o una reducción de los combustibles fósiles utilizados, así como los sociales, con el empoderamiento ciudadano, la creación de empleo local, la creación de un tejido comunitario o la reinversión de los beneficios de la actividad en los aspectos prioritarios para la comunidad. Como podéis ver, una mayor participación de la ciudadanía en el sector energético es crucial para el cambio y refuerza el papel de los ciudadanos y garantiza el derecho de acceso a la energía."*[28] (grifos nossos)

Interessante notar, contudo, que no caso espanhol[29] a proximidade é ainda mais reforçada do que no caso português, exigindo que os mem-

[27] Creamer, E., Taylor Aiken, G., van Veelen, B., Walker, G., & Devine-Wright, P. (2019). Community renewable energy: What does it do? Walker and Devine-Wright (2008) ten years on. Energy Research & Social Science, 57, 101223. https://doi.org/10.1016/j.erss.2019.101223.

[28] https://www.idae.es/ayudas-y-financiacion/comunidades-energeticas

[29] Vejamos, neste ponto, o que exatamente diz o diploma legal espanhol que definiu as CER no âmbito do país.

Real Decreto-ley 23/2020, de 23 de junio, por el que se aprueban medidas en materia de energía y en otros ámbitos para la reactivación económica, articulo 4:

> (...) "j) *Las comunidades de energías renovables, que son entidades jurídicas basadas en la participación abierta y voluntaria, autónomas y efectivamente controladas por socios o miembros que están situados en las proximidades de los proyectos de energías renovables que sean propiedad de dichas entidades jurídicas y que estas hayan desarrollado, cuyos socios o miembros sean personas físicas, pymes o autoridades locales, incluidos los municipios y cuya finalidad primordial sea proporcionar beneficios medioambientales, económicos o sociales a sus socios o miembros o a las zonas locales donde operan, en lugar de ganancias financieras.*"

bros das CER expressamente estejam situados nas proximidades dos projetos de energia que são de propriedade dessas entidades jurídicas.

Voltando ao caso português, a relação de proximidade exigida entre a produção e o consumo na CER teve os seus critérios estabelecidos no Decreto-Lei n.º 162/2019 (mais especificamente, no art. 5º, n.º 2) sendo um pressuposto compatível com a razão de ser da CER, como já foi dito, como um mecanismo de descentralização do setor energético e empoderamento da classe consumidora de energia.

A proximidade nestes projetos é aferida em Portugal caso a caso pela DGEG, por competência legal, e pressupõe continuidade física e geográfica do projeto, podendo considerar-se: os postos de transformação a que o projeto se encontra ligado, os diferentes níveis de tensão associados ao projeto e qualquer outro elemento de natureza técnica ou regulamentar neste sentido.

Há, portanto, no caso de Portugal, alguma discricionariedade atribuída à perícia técnica da DGEG no assunto, a ser exercida nos limites do Decreto Lei e dos critérios geográficos (a proximidade seria definida, então, de acordo com a distância entre membros e participantes de uma CER); critérios elétricos (a exemplo, de serem alimentados pelo mesmo posto de transformação ou subestação, nos casos de baixa e média tensão, respetivamente); e critérios sociais (contexto social, por exemplo mesma freguesia)[30].

As nuances da localização exigem, contudo, que a proximidade não seja definida de forma restrita ou interpretada de forma excessivamente literal para que não desencoraje os potenciais interesses em constituir uma CER ou seja um obstáculo burocrático para a implementação do mecanismo[31]. Até porque, consoante o Decreto-Lei nº 15/2022, artigo 189º a), "(...) *Os membros ou participantes estejam localizados na proximidade*

[30] Duarte, Júlio. (2021). Gestão de Repartição e Transação de Valor em Comunidades de Energia Renovável. Orientador: Professor Doutor Cláudio Monteiro. Dissertação (mestrado). Curso: Engenharia Eletrotécnica e de Computadores, Universidade do Porto, Porto. Disponível no sítio: https://repositorio-aberto.up.pt/bitstream/10216/135197/2/485500.pdf

[31] Creamer, E., Taylor Aiken, G., van Veelen, B., Walker, G., & Devine-Wright, P. (2019). Community renewable energy: What does it do? Walker and Devine-Wright (2008) ten years on. Energy Research & Social Science, 57, 101223. Disponível no sítio: https://doi.org/10.1016/j.erss.2019.101223.

dos projetos de energia renovável ou desenvolvam atividades relacionadas com os projetos de energia renovável da respetiva comunidade de energia, incluindo necessariamente UPAC".

Parece-nos importante, neste ponto, a melhor regulamentação objetiva do critério de proximidade ou dos limites que serão considerados pela DGEG para considerar determinados membros próximos ou não, mas verifica-se, sobretudo, que este deve ser um aspecto sempre relacionado ao *core* central das CER: enquanto comunidade, que partilha a autoprodução de energia, com todas as implicações técnicas e jurídicas que isto requer. Não deve, contudo, ser interpretado como atributo restritivo ou impeditivo dos projetos, e sim característico ou inerente o suficiente para configurar uma "comunidade" de forma efetiva.

II.B) Efetivação da CER: relações jurídicas e contratuais.

Estando a CER devidamente constituída (e ultrapassados aspectos formais de sua constituição, como o critério da proximidade acima abordado), a sua efetividade dependerá das relações jurídicas que serão estabelecidas, na medida em que será uma pessoa coletiva que se há de relacionar com outros atores. Dado que a CER pode ser uma pessoa coletiva de natureza pública ou privada, as relações jurídicas e contratuais estabelecidas por ela podem ter maior ou menor incidência do Direito Público, mas sempre haverá a incidência regulatória setorial a ser observada, nomeadamente da ERSE.[32]

Tendo em vista os principais contratos a serem celebrados na efetivação de uma CER em Portugal, tem-se que as principais partes de tais contratos serão: a entidade instaladora, a entidade gestora, a entidade inspetora, o financiador, o facilitador, o operador de rede, o consumidor final e o agregador[33].

A CER, de acordo com o Decreto-Lei n.º 15/2022 tem que contratar uma entidade instaladora, uma entidade gestora e uma entidade inspetora. A própria legislação se encarrega de definir a função de cada uma

[32] Art. 172.º., Decreto-Lei 15/2022.

[33] Todos estes atores estão definidos no Artigo 3º do Decreto-Lei nº 15/2022.

dessas entidades no art. 3.º, alíneas e, f e g). Em relação à entidade instaladora, inspetora e gestora, ao facilitador e ao financiador, não há qualquer novidade jurídica. São prestações de serviço juridicamente bastante parecidas com os celebrados entre UPP[34] (Unidade de Pequena Produção) e a UPAC, com as mesmas partes.

Observa-se que as três entidades, cada uma dentro das suas especificidades, prestam um serviço indispensável à CER, não sendo possível a criação e o funcionamento desta sem contratar as três entidades necessariamente.

Os três contratos, portanto, são contratos típicos de prestação de serviços, que de acordo com o art. 1154.º, CC, é "*aquele em que uma das partes se obriga a proporcionar à outra certo resultado do seu trabalho intelectual ou manual*". As relações da CER são definidas no caso concreto tendo em vista as particularidades e interesses a serem atendidos e, em se tratando da entidade gestora, esta pode ter como prestações perante a CER: a representação da comunidade e dos seus membros junto de entidades externas como os operadores da rede de distribuição e transporte, o comercializador ou o agregador; interação entre o investidor e a CER; manutenção dos ativos pertencentes à comunidade; gestão dos dados de produção e consumo dos CPE da comunidade; gestão da partilha virtual da energia, através da definição dos coeficientes de cada CPE e, com isso, do modelo de repartição a utilizar na CER; prestação de serviços de eficiência; e a gestão da repartição de valor dentro da comunidade, através de decisões sobre a forma de pagamento da energia[35].

O Regulamento de acesso às redes e às interligações[36] estabelece, no n.º 2 do art. 8.º, que o acesso às redes e às interligações será formalizado com a celebração de um "*contrato de uso das redes*" celebrado pela CER, por ser uma entidade produtora de energia (art. 9.º, n.º 3) e também como cliente para efeitos de aquisição de energia elétrica para abastecimento de consumos próprios (art. 9.º, n.º 4), com o operador da rede e de

[34] Decreto-Lei n.º 153/2014, de 20 de outubro

[35] DUARTE, J. (2021). *Gestão de Repartição e Transação de Valor em Comunidades de Energia Renovável*. Faculdade de Engenharia Universidade do Porto.

[36] Disponível no sítio: https://www.apren.pt/contents/legislation/cp61-rari-artconsolidado.pdf

transporte. Todas as formalidades contratuais estão descritas no próprio regulamento.

No que tange à relação estabelecida entre a CER e o operador de rede, há duas questões que merecem relevo. Como a CER pode não suprir toda a necessidade de consumo (ou procura) de energia elétrica dos seus membros ou outros consumidores, todos estes consumidores comprarão energia do comercializador de sua preferência. Para evitar o inconveniente de que o consumidor final tenha duas contas a pagar, é razoável que haja no contrato firmado entre o consumidor e o comercializador uma cláusula com relação a terceiro em que a energia consumida proveniente da CER, seja paga ao comercializador e este, então, repasse o valor à CER. Uma vez que é o operador de rede que faz a recolha dos dados de consumo, este deve fornecer ao comercializador quanto da energia consumida é proveniente da CER e quanto não é, ou quanto falta. Devendo, sempre, estes valores serem discriminados na fatura para que haja amplo acesso a informação pelo consumidor.

A segunda questão estratégica diz respeito ao acesso à rede. O art. 22.º, nº 3 do Decreto-Lei 15/2022 dispõe que a CER não pode receber tratamento discriminatório no que diz respeito às suas atividades, direitos e obrigações dos operadores de rede de distribuição e outros participantes do mercado.

O art. 11.º, do Regulamento n.º 1129/2020, que aprova o Regulamento das Relações Comerciais dos Setores Elétrico e do Gás, dispõe que "*o operador da rede de transporte e os operadores das redes de distribuição são obrigados, dentro das suas áreas de intervenção, a proporcionar uma ligação às redes a quem a requisite, desde que se verifiquem as condições técnicas à sua exploração e se respeitem as normas legais e regulamentares aplicáveis*". Logo, não havendo condições técnicas, poderá haver recusa de ligação da CER à rede.

Contudo, a já mencionada Diretiva (EU) 2018/2001 do Parlamento Europeu e do Conselho de 11 de dezembro de 2018, relativa à promoção da utilização de energia de fontes renováveis, no considerando 24 afirma que os Estados-Membros *devem manter o controle de implantação de produção de energia renovável tendo em conta a necessidade da rede*. Conclui-se, então, que pode haver recusa de ligação à rede desde que fundamentada, mas há um dever do Estado em investir na rede para que não se vislumbre um tratamento discriminatório ou mesmo impeditivo em relação à CER.

III. Aspectos legais: participação de entes públicos

Como já mencionado, a CER é constituída através de uma pessoa coletiva, que pode ser de natureza pública ou privada. A comunidade de energia renovável pode, assim, constituir-se, quanto ao tipo de pessoa coletiva, da maneira que for mais conveniente ou estratégica para alcançar os seus objetivos, desde que respeitados os critérios legais. A legislação pertinente não exclui textualmente algum tipo de pessoa coletiva.

A questão crucial, do ponto de vista jurídico, e que irá nortear o processo de constituição da CER dependerá, essencialmente, se houver alguma participação de ente da Administração Pública. Considerando a diminuição da pobreza energética e a preocupação com os benefícios sociais diretamente ligados às CER em sua concepção original, em Portugal os projetos de CER com participação pública, sobretudo municipal, têm sido bastante noticiados[37].

Nestes casos, considerando a exigência de constituição de pessoa coletiva específica (sociedade comercial), a participação pública (que é tida como possível no Decreto Lei nº 15/2022) está condicionada, por uma questão de Direito Público[38], à aprovação prévia do Tribunal de

[37] Por exemplo:
https://www.energyring.pt/pt/noticias/mangualde-avanca-com-comunidade-de-energia-renovavel-em-tibaldinho/
https://www.ambientemagazine.com/vila-boa-do-bispo-da-as-boas-vindas-a-primeira-comunidade-de-energia-renovavel/
https://www.construir.pt/2021/08/16/cleanwatts-inaugura-primeira-comunidade-de-energia-em-miranda-do-douro

[38] Artigo 23 da Lei nº 50/2012, acerca do regime jurídico da atividade empresarial local e das participações locais:

> "Artigo 23.º
> Fiscalização prévia pelo Tribunal de Contas
> 1 – A constituição ou a participação em empresas locais pelas entidades públicas participantes está sujeita à fiscalização prévia do Tribunal de Contas, independentemente do valor associado ao ato.
> 2 – A fiscalização prevista no número anterior incide sobre a minuta do contrato de constituição da empresa local ou de aquisição de participação social, bem como sobre os elementos constantes do artigo 32.º
> 3 – O processo de visto é instruído nos termos legalmente estabelecidos."

Contas, que se torna etapa essencial no processo de implementação de CER de natureza pública ou com alguma participação da Administração Pública. Assim, para que um Município, por exemplo, possa participar de uma CER, este terá que efectuar (antes da deliberação, pelos respectivos órgãos competentes, da sua entrada na CER) estudos técnicos demonstrando a viabilidade e sustentabilidade económica e financeira, identificando ganhos de qualidade e a racionalidade decorrentes do desenvolvimento da actividade e da sua participação na CER, bem como justificando as necessidades que se pretende satisfazer, a demonstração da existência de procura atual ou futura, a avaliação dos efeitos da atividade da CER sobre as contas e a estrutura organizacional e os recursos humanos da entidade pública participante, assim como a ponderação do benefício social resultante para o conjunto de cidadãos. Trata-se, neste sentido, de comprovar o atendimento ao interesse público.

A primeira vez que a ERSE (Entidade Reguladora dos Serviços Energéticos) oficialmente atribuiu a classificação de CER a um projeto foi em 2021 no caso do projeto-piloto da "Comunidade de Energia Renovável – Agra do Amial"[39], do Município do Porto. Trata-se de empreendimento que abrange um bairro de habitação (Agra do Amial) e uma escola (EB1/JI da Agra), apresentado na época pela Agência de Energia do Porto e dentro do projeto "Asprela + Sustentável", direcionado à habitação social e combate à pobreza energética com a combinação de ações de autoconsumo, eficiência energética, mobilidade sustentável, economia circular e de envolvimento do cidadão, assentes em inovação tecnológica e de modelos de negócio.

Após a notícia da classificação da ERSE, não se encontra notícia do andamento do processo na DGEG, ponto que se considera crucial no aprimoramento da transparência da informação e publicidade do assunto, mas foi publicada a intenção de que o projeto seja implementado até dezembro de 2023 na zona da Asprela, em Paranhos, como "*um*

[39] https://www.erse.pt/comunicacao/destaques/erse-atribuiu-classificacao-de-projeto-piloto-a-comunidade-de-energia-renovavel-agra-do-amial-porto/

laboratório vivo destinado a mitigar as alterações climáticas com o objetivo de tender para a neutralidade carbónica na cidade do Porto".[40]

Mais recentemente, neste ano de 2022, foi divulgada[41] a Comunidade de Energia Renovável (CER) de Vila Boa do Bispo, projeto que pretende gerar uma economia anual na fatura de eletricidade de cerca de 5.500 euros, para o Pavilhão Gimnodesportivo, os Bombeiros de Vila Boa do Bispo, a Casa do Povo e a sede da Junta de Freguesia. Neste caso específico, já foi anunciado que a CER Vila do Bispo assumirá a forma de Cooperativa de Interesse Público, que permite que a Junta de Freguesia de Vila Boa do Bispo preste apoio administrativo à CER, ao mesmo tempo que permite que públicos e privados cooperem, em nome do interesse público e da democracia energética, na gestão de um bem comum – a energia. A cooperativa de interesse público, que serve aqui de figura base à CER, permite ainda que entidades privadas (coletivas ou particulares) se agreguem a entidades públicas, para juntas gerirem a energia de forma democrática e sem se focarem na exclusiva obtenção de lucros.

No mesmo sentido, em setembro de 2022 foi noticiado o programa em Cascais "Comunidades Inclusivas", promovido pela Santa Casa da Misericórdia e a Energia Unida (Greenvolt), que visa fomentar a inclusão social e o combate à pobreza energética. Vê-se, logo na notícia[42], a indefinição quanto ao modelo do projeto, dado que a mesma notícia menciona ser um "*sistema de autoconsumo partilhado, com a partilha de energia excedente da creche de Bicesse da Santa Casa da Misericórdia para famílias em situação de vulnerabilidade social*" e, em seu título, classifica como CER: "*Cascais aposta na produção renovável e dinamiza criação de comunidades de energia no concelho*".

Da leitura das poucas notícias e escassas informações disponibilizadas dos projetos em Portugal, vê-se que as CER ainda estão em fase inicial, e de constituição ainda indefinida, dada a semelhança do instituto

[40] https://jornaleconomico.pt/noticias/efacec-diz-que-implementa-solucoes-tenologicas-que-beneficiam-180-familias-883928 e https://www.efacec.pt/efacec-implementa-solucoes-tecnologicas-que-beneficiam-180-familias-e-uma-escola-no-bairro-de-agra-do-amial-no-porto/

[41] https://www.coopernico.org/artigo/322

[42] https://jornaleconomico.pt/noticias/cascais-aposta-na-producao-renovavel-e-dinamiza-criacao-de-comunidades-de-energia-no-concelho-937989

com o autoconsumo coletivo. Apesar de as CER terem sido destacadas e diferenciadas pelas Diretivas da UE como vetor importante na transição energética, percebe-se na prática ainda uma dificuldade de viabilizar a participação pública.

Contudo, o que se observa, em inciativas variadas e casos de boas práticas em outros países europeus[43], é que a participação dos agentes privados em conjunto com os entes públicos é crucial. Quanto ao engajamento municipal, em específico, o guia prático "Comunidades de Energia"[44] esclarece que "*projetos concebidos e realizados por comunidades de energia com fortes estruturas governamentais democráticas não só reduzem as emissões de CO2, como também contribuem para outros objetivos estratégicos da política local.*". Trata-se, como ressalta o guia, de uma combinação produtiva e eficiente para ambas as partes, público e privado, pois há a melhoria da eficiência energética, redução da pobreza energética, amplia os espaços de exercício da cidadania mais ativa, impulsiona o desenvolvimento da economia local, dentre outros vários benefícios dessa sinergia.

Há diversas formas em aberto e que carecem de estudos e simulações para que os municípios participem da criação de CERs. Por exemplo, podem dar apoios financeiros (através de orçamentos participativos), ceder espaços ou servindo de intermediários entre os vários atores energéticos envolvidos. Em todo caso, necessariamente, será importante observar a legislação de Direito Público, mas em coordenação com as diretivas, que expressamente preveem a possibilidade de CERs com agentes públicos. Não pode, neste sentido, a utilização ou leitura das regras de Direito Público e Direito Administrativo em geral serem dissociadas da própria finalidade da CER, que é também de atendimento a um interesse coletivo.

[43] https://localenergycommunities.net/case-studies/

[44] O Guia prático faz parte da Iniciativa Europeia para as Alterações Climáticas (European Climate Initiative, EUKI), promovida pelo Ministério Federal para o Meio Ambiente, Conservação da Natureza e Segurança Nuclear da Alemanha. A tradução para língua portuguesa e a adaptação de conteúdo do guia foi coordenada pela Coopérnico. Tradução: Isabel Tootill, Rodrigo Amaro e Silva Revisão e adaptação de conteúdos: Ana Rita Antunes, Guilherme Luz. Disponível em: https://www.rescoop.eu/toolbox/community-energy-a-practical-guide-to-reclaiming-power-portuguese-edition

Não obstante todos os benefícios associados à uma CER pública ou com participação municipal como mencionado, percebia-se antes do Decreto Lei nº 15/2022 algumas dificuldades como: diferenciar na prática as CERs do autoconsumo coletivo (sobretudo por aquela ter uma participação mais ativa dos cidadãos), destravar os fundos do Plano de Recuperação e Resiliência para financiar obras de eficiência energética, maior acesso à informação da E-Redes (ORD) de forma a poder simular comunidades de energia com base nos dados de consumo e, sobretudo, capacitação técnica dos municípios, o que pode e deve ser feito em conjunto com agências locais e nacional.

Em outubro deste ano 2022, a ADENE lançou o programa "Repositório das Comunidades de Energia"[45], com o objetivo de oferecer assistência técnica a todos os projetos de comunidades de energia. Apesar de não ser direcionado à capacitação técnica específica dos entes públicos municipais, o que entendemos ser crucial como apontado, trata-se de importante iniciativa e que pode acelerar a implantação efetiva das CER. A questão dos fundos foi resolvida, com a publicação do já mencionado Concurso para Apoio à concretização de Comunidades de Energia Renovável e Autoconsumo Coletivo[46], para financiamento de medidas que fomentem a produção de energia elétrica a partir de fontes renováveis em regime de ACC e CER. A divulgação das informações ligadas aos

[45] https://www.adene.pt/abertas-as-inscricoes-para-o-repositorio-das-comunidades-de--energia/.

"O Repositório presta assistência através de:
Apoio direto a pelo menos 25 comunidades de energia, através de iniciativas dias de apoio à comunidade. Este apoio inclui o desenvolvimento de meios e ferramentas de financiamento, suporte na gestão da comunidade e construção do enquadramento legal adequado;
Eventos nacionais de capacitação realizados no idioma local em 18 países, com o objetivo de alcançar pelo menos 80 comunidades;
Fóruns e discussões entre pares sobre tópicos e problemas específicos enfrentados pelas comunidades de energia;
Webinários de capacitação para toda a UE que complementarão todas as outras atividades;
Acesso direto à *toolbox* do repositório no qual serão partilhadas as melhores práticas, material de guia, mapeamento das comunidades de energia existentes, entre outras funcionalidades."

[46] https://recuperarportugal.gov.pt/wp-content/uploads/2022/06/Aviso-PRR-C13_CER_VFinal.pdf

projetos piloto existentes e boas práticas, além da questão da capacitação técnica dos municípios, contudo, é ponto que ainda carece de se desenvolver em Portugal e espera-se que assim seja no próximo ano.

Feitos estes apontamentos, esclarecemos que, em geral, os interessados em constituir uma CER, ao definir que modelo de negócio pretendem, encontrarão o tipo de pessoa coletiva que melhor responde àquele conjunto de interesses. Excetuados os casos em que houver participação de ente da Administração Pública e for necessariamente uma CER de natureza pública[47], cuja maior dificuldade é o ente público determinar o modelo de CER que atenda aos requisitos legais de motivação e constituição da CER e também o interesse público tal como dito anteriormente.

Há, no Direito Civil português uma trilogia clássica de pessoas coletivas, constituída pelas associações, fundações e sociedades (art. 166.º, 185.º e 980.º do Código Civil, respetivamente)[48].

Dentre as pessoas coletivas possíveis, a cooperativa é o modelo mais tradicional na constituição de uma comunidade de energia na Europa e, por outro lado, a sociedade comercial o mais desafiador. Por causa de tais características, passamos a analisar alguns pontos relevantes com relação aos dois modelos, não se excluindo a possibilidade de êxito em CER constituídas como associação ou fundação.

III.A) A CER sob forma de cooperativa.

Em 31 de agosto de 2015, entrou em vigor a Lei n.º 119/2015, que regulou as cooperativas em Portugal e ficou conhecido como o Código das Cooperativas (CCoop. 2015). O dispositivo traz, em seu art. 2.º, a definição legal de cooperativa: "*As cooperativas são pessoas coletivas autónomas, de livre constituição, de capital e composição variáveis, que, através da cooperação e entreajuda dos seus membros, com obediência aos princípios cooperativos, visam,*

[47] A exemplo da "Comunidade de Energia Renovável – Agra do Amial", do Porto. Disponével no sítio: https://www.erse.pt/comunicacao/destaques/erse-atribuiu-classificacao-de-projeto-piloto-a-comunidade-de-energia-renovavel-agra-do-amial-porto/.

[48] Cordeiro, António Menezes Tratado de Direito Civil IV – Parte geral Pessoas. Almedina. Coimbra. 2016. ISBN 978-972-40.6805-3. p. 635.

sem fins lucrativos, a satisfação das necessidades e aspirações económicas, sociais ou culturais daqueles."

Da leitura do conceito legal, vê-se que a cooperativa é um conjunto de pessoas que se unem para desenvolver uma atividade que tem como destinatários os próprios cooperados. É uma organização voluntária e sem fins lucrativos que se submete aos princípios cooperativos. A ausência de fins lucrativos é o vetor de identidade cooperativa.

Para se constituir uma cooperativa não é necessário nenhum tipo de autorização, sendo que os benefícios fiscais e financeiros, além das condições favoráveis de obtenção de crédito, são um enorme incentivo para a sua constituição[49].

A inovação mais importante do CCoop. 2015 que pode repercutir de maneira favorável na CER é a possibilidade de haver membros investidores. O investimento inicial para a implementação de uma CER é alto e a possibilidade de haver um investidor democratiza a sua implementação, uma vez que a torna acessível mesmo que os cooperadores não tenham o capital integral para realizá-la.

Estudos demonstram que uma regulamentação em que possa haver medidas de suporte financeiro, em comparação com regulamentação em que não há esse suporte[50], aumenta a possibilidade de surgirem cooperativas. Mesmo o estudo não tendo sido feito com relação às CER, pode-se aplicar a mesma conclusão pelas similaridades de modelo empresarial das cooperativas de energia e das CER sob a forma de cooperativa.

Apenas caso a caso será possível verificar se os interesses do investidor não mitigam o compromisso primordial da CER do benefício ambiental, económico e social à comunidade. Adicionalmente, vale destacar que há três modelos de negócio ao se tratar da figura do investidor.

- O primeiro é do investidor membro da comunidade, como já foi descrito, sendo perfeitamente enquadrado na legislação atual da CER.

[49] CARVALHO, Orlando de. Direito das empresas. 1ª edição. Editora Coimbra S. A. Coimbra. 2012. ISBN 978-97-32-2097-1, p. 299.

[50] MILLER, M. G. "The Democratic Theory of Cooperation." Annals of the American Academy of Political and Social Sciences.191 (2):29-37. 1937.

- O segundo é do investidor financiador, também enquadrado na legislação da CER, com a função de financiar a estrutura da CER, sendo os detalhes do negócio definidos caso a caso.
- O terceiro, é do investidor que é proprietário dos ativos. Mencionam-se como ativos da CER: os equipamentos das Instalações de Produção, as Unidades de Armazenamento (UA), as Instalações de Utilização (IU) e as Instalações de Utilização (IU)[51].

III.B) A CER sob a forma de sociedade comercial.

A compatibilização do fim lucrativo da empresa com o objetivo principal da CER é reflexo natural da revolução do conceito de empresa. A diversificação do setor económico de produção tem como consequência o surgimento de novos tipos de organização, como é a CER, desnudando a limitação da visão clássica de empresa.

As conjugações dos diversos requisitos da CER serão respondidas sem um modelo estático, e a resposta a cada exigência deverá ser observada no caso concreto e ao longo do tempo, até que os parâmetros de como se realiza o benefício económico, social e ambiental sejam estabelecidos.

A CER instituída como sociedade comercial não pode, mesmo beneficiando economicamente os membros, (art. 2.º, alínea j), iii), Decreto–Lei n.º 162/2019) abdicar do seu fim lucrativo. Não são qualificáveis como sociedades comerciais as entidades que perseguem fins lucrativos na forma de benefícios económicos aos sócios[52] ou seja, faltando expressamente o fim lucrativo, não estamos diante de uma sociedade comercial, o que precisa ser estrategicamente bem estabelecido e definido no caso da CER dada a sua finalidade peculiar.

Nesse sentido, vê-se que a figura da CER trazida pelo Decreto-Lei n.º 162/2019 trouxe uma nova realidade fática e jurídica ao Direito Comercial, na medida em que instituiu um mecanismo regulatório, que ainda carece de forma jurídica empresarial definida. Essa harmonização será

[51] Duarte, J. (2021). *Gestão de Repartição e Transação de Valor em Comunidades de Energia Renovável.* Faculdade de Engenharia da Universidade do Porto.

[52] Ascenção, José de Oliveira. Direito Comercial, vol. IV – Sociedades Comerciais. P. 32

feita na prática, pela DGEG, que é o responsável por fornecer a licença de funcionamento a CER. O que se pretende é assegurar os benefícios ambientais, sociais e económicos, impedindo que a CER seja uma empresa nos moldes das já existentes no setor elétrico, que visam o lucro sem uma contraprestação necessária aos membros ou a comunidade.

IV. Considerações finais: lacunas e desafios a superar

Ainda existem críticas[53] sobre as dificuldades relacionadas com a efetivação da CER e a sua real finalidade[54]. Há questões levantadas sobre não haver definição de vizinhança ou proximidade, não haver regras claras quanto à ligação à rede de distribuição, não haver um modelo de estatuto interno para as CER seguirem.

Com relação à definição de vizinhança ou da proximidade exata, como abordámos, é necessário ter em consideração o conceito de "comunidade" e "partilha" do recurso energético renovável. Conceituar comunidade apenas pelo viés geográfico é um posicionamento ultrapassado, ainda que bastante seguro e padrão, mas pode não viabilizar a CER como mecanismo de aceleração da transição energética. É necessário, como visto, envolver o ente municipal para fortalecer essa concepção de comunidade e partilha cívica.

Em relação à rede de distribuição, fazendo-se uma leitura da regulamentação aplicada à CER, é possível responder à pergunta: Há direito absoluto de acesso a rede? Pode, sim, haver recusa de ligação à rede desde que fundamentada e técnica, mas há um dever do Estado de investir na rede para que não se vislumbre um tratamento discriminatório ou mesmo impeditivo com relação à CER. Trata-se de mais um espaço de possíveis discussões.

A necessidade de um modelo interno de estrutura para a CER segue a mesma lógica da falta de clareza na regulamentação quanto à partilha de

[53] Disponível no sítio: https://edificioseenergia.pt/entrevista/teresa-ponce-leao-entrevista-0906/

[54] Hicks, J., & Ison, N. (2018). An exploration of the boundaries of 'community' in community renewable energy projects: Navigating between motivations and context. *Energy Policy*, *113*(June 2016), 523–534. https://doi.org/10.1016/j.enpol.2017.10.031

energia. As legislações europeia e portuguesa seguem no intuito de não criar impedimentos para o fomento da CER, e não a engessar tanto com um conceito pré definido. Contudo, ainda há poucas ferramentas facilitadoras ou promotoras da participação pública.

As soluções das questões práticas, portanto, serão respondidas a cada CER implementada, com a interação entre DGEG, ERSE e os membros. Os modelos de partilha serão decididos na instituição do estatuto jurídico da CER, de maneira a responder às necessidades dos membros e participantes, desde que não esteja em desacordo com a regulamentação pertinente. É por este motivo, inclusive, que se faz tão importante a devida e ampla publicação dos dados e boas práticas envolvidas nos projetos de CER existentes.

É normal que os institutos novos, jurídicos ou não, causem dúvidas e precisem da regulamentação posterior para ir evoluindo no sentido de aumentar a segurança jurídica e a eficiência do próprio instituto. Contudo, assim como a UPAC e a UPP, a CER integra o regulamento jurídico para democratizar o setor de energia elétrica, refletindo a transformação energética que vivenciamos: de uma regulação descentralizada, baseada na cooperação, focada na sustentabilidade e descarbonização, com novos atores ao mercado e aumentando as opções para o consumidor de energia, cada vez mais empoderado e independente.

O tema das CER não é novidade de forma absoluta na UE e, como dito, já é instituto praticado na Dinamarca e Alemanha há mais anos do que em Portugal, por exemplo. Entretanto, da forma como definido em 2019 pela UE, a CER ainda está em desenvolvimento nos países, em ritmo que se espera ser mais acelerado nos próximos anos, dado a urgência de sustentabilidade e o cenário alarmante das alterações climáticas.

Nesse contexto, caberá ao Direito, à Regulação, à Engenharia e às demais ciências envolvidas estudarem os aspectos previstos legalmente e adaptarem-nos à realidade na implementação das CER. O quadro regulatório geral, portanto, ainda está em construção. Por exemplo, já foi inaugurado o Energy Communities Repository[55], mas somente em 2023 está

[55] https://energy-communities-repository.ec.europa.eu/index_en

programado ser publicado um relatório oficial com todos os dados, boas práticas e políticas regulatórias em relação às CER na União Europeia.

O que já se pode afirmar, e também se deve levar em consideração nas análises futuras e em construção deste quadro aplicável às CER, é a sua importância como mecanismo de ressignificação da geração de energia centralizada e que presume um consumidor passivo. Em verdade, institutos como a CER colocam todos os atores setoriais como protagonistas da transição energética e, ao se estruturar por meio de uma "comunidade" reforça um sentimento de ativismo rumo à sustentabilidade com partilha de benefícios[56], conceitos essenciais também no cenário da descarbonização da economia e mitigação das alterações climáticas.

Desde a década de 1970, em que surgiram muitas comunidades de energia, observa-se que houve grande evolução quanto às formas em que elas se constituem. Alguns autores nesse período salientaram o aspecto do transporte de energia avançado e com eficiência energética[57], outros falam sobre envolver a população local na tomada de decisões e população local com participação financeira no projeto[58], havendo quase sem-

[56] "Active citizen participation is considered a key pillar for a sustainable energy transition. Particularly important here is the generation of renewable energy by energy communities. This allows for socially inclusive participation in the energy transition. As a result of their potentially inclusive nature, energy communities also increase public acceptance of renewable energy projects and the sustainable energy transition. They are also expected to help close the investment gap in renewable energy developments in the EU. However, such energy communities are currently limited in practice. This is despite of such communities being considered a vital pillar for a successful and sustainable energy transition as envisioned by the EU". (Broska, L.H.; Vögele, S.; Shamon, H.; Wittenberg, I. On the Future(s) of Energy Communities in the German Energy Transition: A Derivation of Transformation Pathways. Sustainability 2022, p.19.)

[57] Carlisle, N., Elling, J., Penney, T. (2008). A Renewable Energy Community: Key Elements A reinvented community to meet untapped customer needs for shelter and transportation with minimal environmental impacts, stable energy costs, and a sense of belonging. January, 1–35. Disponível no sítio: http://www.chemkeys.com/blog/wp-content/uploads/2008/09/renewable-energy-key-elements.pdf

[58] Hicks, J., & Ison, N. (2011). Community-owned renewable energy (CRE): Opportunities for rural Australia. Rural Society, 20(3), 244–255. Disponível no sítio: https://doi.org/10.5172/rsj.20.3.244

pre a questão da democratização na tomada de decisão, participação da comunidade na governança da comunidade[59].

Para que a CER se desenvolva, em paralelo aos modelos de produção de energia já existentes, é necessário tanto apoio público quanto privado, devendo haver flexibilidade para que os vários modelos de CER sejam fomentados e viabilizados na prática.

Incentivos financeiros são um dos elementos centrais ao sucesso no fomento das CER e, como exemplo, cita-se a Alemanha, que possui algumas políticas com sucesso no incentivo à produção coletiva de energia: incentivo financeiro (fornece segurança financeira e diminui o risco) e acesso prioritário a rede[60]. A exemplos desta política de fomento a CER também em Portugal, como o programa "Eficiência energética em edifícios de serviços", que destina 30 milhões de euros ao financiamento de medidas que fomentem a produção de energia elétrica a partir de fontes renováveis em regime de Autoconsumo Coletivo e Comunidades de Energia Renovável[61].

Como se vê do que já existe de literatura sobre o tema, sistemas de energia locais são importantes para autossuficiência da comunidade e sustentabilidade e podem, sim, representar fator decisivo na transição energética. Uma importante critica, contudo, é cautela para que este não seja mais um mecanismo burocrático e de pouca efetividade, o que pode ocorrer se a CER apenas reproduzir estruturas sociais que refletem unicamente interesses económicos, posições políticas autoritárias e a cultura de privilégio, sem foco na sua finalidade precípua. Nesse sentido, importante considerar o que indica um estudo: para se beneficiar das comunidades de energia, é preciso ter uma agenda que vá além dos imperativos

[59] Walker, G. & N. Cass (2007). 'Carbon reduction, 'the public' and renewable energy: engaging with socio- technical configurations', Area, 39(4), 458-469.

[60] Romero-Rubio, C., & de Andrés Díaz, J. R. (2015). Sustainable energy communities: A study contrasting Spain and Germany. *Energy Policy*, *85*, 397–409. Disponível no sítio: https://doi.org/10.1016/j.enpol.2015.06.012

[61] Dinsponível no sítio: https://recuperarportugal.gov.pt/wp-content/uploads/2022/06/Aviso-PRR-C13_CER_2.a-republicacao.pdf

instrumentais e explore programas políticos e sociais que possam ter mais impactos de transformação do que os atuais regimes de energia[62].

O desafio da CER é justamente compatibilizar os valores intrínsecos ao termo, principalmente os relacionados com a participação e benefícios à comunidade e com as possibilidades trazidas pelo ordenamento jurídico de oportunidade de negócio e lucro económico.

Como mecanismo regulatório ainda em desenvolvimento, a CER trará oportunidades e desafios ao setor energético, mas além dos préstimos descritos acerca da democratização do setor energético, a implementação das CER tem vantagens como fornecer serviços de flexibilidade para operações de rede mais eficientes, custos mais vantajosos para o consumidor final, além de uma economia real nos custos do sistema de energia elétrica, benefícios que não podem ser dissociados de sua implementação[63].

[62] Smith, A., Hargreaves, T., Hielscher, S., Martiskainen, M., & Seyfang, G. (2016). Making the most of community energies: Three perspectives on grassroots innovation. *Environment and Planning A*, *48*(2), 407–432. Disponível no sítio: https://doi.org/10.1177/0308518X15597908

[63] Caramizaru, A., & Uihlein, A. (2019). Energy communities: an overview of energy and social innovation. Disponível no sítio: https://doi.org/10.2760/180576

As garantias de origem enquanto instrumento financeiro de política energética para a descarbonização do setor do gás

JOÃO LUPI*

Resumo: As Garantias de Origem são um importante instrumento de politica energética. Existe hoje um relevante mercado de garantias de origem implementado, em acelerado ritmo e com significativo potencial de crescimento. Nesta reflexão analisamos o conceito, valor, finalidades e enquadramento legal, bem como as principais características deste mercado instituído e exploramos formas de aumentar o seu potencial no cumprimento dos desígnios a que se propõe, com especial enfoque na descarbonização do setor do gás. Para esse efeito, debruçamo-nos sobre determinadas características deste importante setor e sobre as iniciativas legislativas propostas pelo legislador comunitário, com especial destaque para os gases de origem renovável e, em particular, o designado hidrogénio verde.

Palavras-chave: garantias de origem, descarbonização, gases de origem renovável, hidrogénio verde, política energética.

Abstract: Guarantees of Origin are an important energy policy tool. Currently there is a relevant guarantees of origin market implemented, swiftly enhancing and with a significant growth potential. On this essay we analyze the concept, value, purposes and legal framework, as well as the main characteristics of this established market, and explore options to increase its potential to achieve its purpose, with a special focus on decarbonization of the gas sector. For such purpose, we focus on the characteristics of this important sector and legislative initiatives, with special emphasis on renewable gases and, in particular, on the so-called green hydrogen.

* Abreu Advogados com domicílio profissional na Av. Infante D. Henrique, 26, 1149 096 Lisboa. O Autor concluiu o presente artigo em 31.05.2022, pelo que o mesmo não contempla as evoluções subsequentes registadas até à data da publicação.

Keywords: guarantees of origin, decarbonization, renewable gases; green hydrogen; energy policy.

1. Introdução

O esforço internacional no combate às alterações climáticas e a consciência dos riscos relacionados com a dependência energética têm ganho crescente destaque ao longo das últimas décadas, com especial intensidade nos últimos anos e meses, sobretudo na sequência da invasão da Ucrânia pela Rússia, um dos principais fornecedores de gás natural para o norte da Europa,

É neste contexto que temas como a sustentabilidade, as fontes de energia renovável, a descarbonização do setor energético e a eficiência energética entraram na ordem do dia e vêm merecendo especial atenção da comunidade internacional, com reflexos imediatos nas políticas públicas e canalização de investimentos.

O ano de 2021 e o primeiro semestre de 2022 também foram particularmente importantes em matéria climática e energética. Foram aprovados e revistos importantes diplomas e propostas legislativas, quer a nível comunitário, quer a nível nacional.

A realização da 26.º edição da COP, por muitos considerada a edição mais relevante desde a assinatura do Acordo de Paris, culminou com a assinatura de um documento final[1] pelos países representados e celebração de importantes acordos laterais[2].

Entre inúmeras iniciativas a nível da UE, merece destaque o pacote de propostas aprovado pela CE em 14 de julho de 2021 designado *Fit for*

[1] O documento reafirma o objetivo de limitar o aumento da temperatura a 1,5°C, definido no Acordo de Paris e a necessidade reduzir as emissões de dióxido de carbono em 45% até 2030, por referência a 2010.

[2] Tendo em conta que o carvão é o combustível fóssil que mais contribui para o efeito estufa e a maior fonte de energia elétrica do planeta, um dos acordos laterais estabelecido que merece destaque foi subscrito por 40 países, por intermédio do qual se comprometeram a eliminar o uso de carvão mineral até 2040.

55, o qual prevê a revisão de diversos diplomas[3] e medidas estruturantes, bem como novas iniciativas[4] que se propõem concretizar a nova ambição climática europeia de redução de GEE em 55% em 2030, entre as quais o reforço do sistema de comércio europeu de licenças de emissão, definindo uma nova meta obrigatória ao nível do conjunto dos EM de incorporação de fontes renováveis no consumo final de energia em 40%.

O *Green Deal* continua a ser o principal instrumento estratégico nesta matéria, definindo como meta atingir a neutralidade carbónica e cessar as emissões líquidas de GEE até 2050.

No mesmo pacto são fixados como principais objetivos a dissociação do crescimento económico da exploração dos recursos poluentes e a inclusão de todas as pessoas e regiões nesse processo, evidenciando-se que o sistema energético representa uma percentagem superior a 75% do total das emissões de GEE na UE.

A mesma meta foi fixada por Portugal sem recurso a créditos de carbono internacionais. É no RNC 2050 que se identificam as opções políticas, medidas e proposta trajetória de redução de emissões como principais vetores da descarbonização nos diferentes setores da economia, em articulação com o PNEC 2030[5], que é o principal instrumento nacional de política energética e climática até 2030. É neste documento que se encontram definidas as metas gerais e setoriais, entre as quais a de redução de emissões de GEE por incorporação de energias renováveis.

Mais recentemente, foi publicada a Lei de Bases do Clima[6]. Nesta lei a Assembleia da República cometeu ao Governo a missão de estudar até 2025 a antecipação da consecução da neutralidade climática até, o mais tardar, 2045.

A política energética, onde se incluem medidas legislativas e investimentos públicos, bem como estímulos ao investimento privado, deve ser

[3] Onde se incluem a Diretiva 2003/96/CE, de 27 de outubro ("Diretiva da Tributação de Energia"), a Diretiva 2018/2001, de 11 de dezembro ("RED II"), a Diretiva 2018/2002, de 11 de dezembro ("Diretiva da Eficiência Energética") e a Diretiva 2014/94/EU, de 22 de outubro ("Diretiva AFID").

[4] Designadamente um novo mecanismo de Ajuste de Carbono na Fronteira.

[5] RCM n.º 53/2020, de 10 de julho, aprovado no âmbito do Regulamento n.º 2018/1999, de 11 de dezembro.

[6] Lei n.º 98/2021 no dia 31 de dezembro.

estrategicamente ponderada à luz do contributo para cumprimento dos pressupostos enunciados, a nível regional, nacional e setorial. E é neste contexto que as GO se apresentam como uma das várias medidas destinadas a incentivar o desenvolvimento sustentável e a integração das energias de fonte renovável no sistema energético nacional.

2. As Garantias de Origem

2.1 O conceito

As GO são títulos desmaterializados que certificam que determinada energia foi produzida a partir de fonte de origem renovável. Permitem diferenciar produtos energéticos, assentam num mecanismo de inspiração internacional e encontram-se previstas na legislação comunitária e nacional, sendo reconhecidas entre os diferentes EM[7].

Trata-se de um instrumento padronizado que permite rastrear a produção e utilização de energia, bem como incentivar a produção e o consumo de energias renováveis por intermédio de soluções que, ao estimular a procura e a oferta, lhe atribuem valor e instituem um mercado próprio.

Atualmente encontram-se previstas três categorias de GO a nível comunitário e cinco a nível nacional. As categorias dependem dos tipos e respetivas fontes de produção de energia, designadamente a energia elétrica produzida a partir de fontes de energia renováveis, a energia para aquecimento ou arrefecimento produzida a partir de fontes de energia renováveis, a energia elétrica produzida em instalações de cogeração[8]

[7] Sem prejuízo da exceção prevista no artigo 15.º, n.º 9, da Diretiva RED I, nos termos da qual um EM apenas pode recusar-se a reconhecer uma garantia de origem caso tenha dúvidas bem fundamentadas sobre a sua exatidão, fiabilidade ou veracidade.

[8] Produção simultânea de energia térmica e de eletricidade por via de energia mecânica, num processo integrado.

que funcionam no regime de elevada eficiência[9] ou regime eficiente[10], os gases de baixo teor carbónico e os gases de origem renovável.

A introdução de GO para os gases de baixo teor carbónico e para os gases de origem renovável já se encontravam previstas no nosso ordenamento jurídico aquando da proposta apresentada para esse efeito pela CE.

Deve proceder-se à emissão de uma GO por cada MWh de energia produzido através de fontes de energia renováveis, à qual será atribuído um número de identificação único e descreverá, entre outros, a respetiva fonte de energia, as datas de início e de conclusão do processo produtivo, a localização, a tipologia, a capacidade da instalação produtora e o país de emissão.

O título será válido por 12 meses a partir da produção da unidade de energia, durante o qual poderá ser transacionado pelo respetivo titular no mercado nacional e comunitário. Essas transações poderão ser efetuadas de forma separada da energia que lhes deu origem, com exceção das GO emitidas para produtores de eletricidade a partir de fontes de energia renováveis que já beneficiem de um regime remuneratório bonificado. Conforme refere Tiago Antunes[11], "(...) deixam de acompanhar necessariamente o percurso comercial da electricidade, passando a ser objecto de uma transacção autónoma.".

A utilização das GO é efetuada mediante a alocação a um determinado consumo, diretamente por consumidores ou por intermédio de comercializadores de energia, que pressupõe o respetivo cancelamento. As GO emitidas em Portugal podem ser canceladas até 18 meses desde a data de produção, ou seja, no prazo máximo de 6 seis meses após o termo do período de validade.

[9] Sempre que apresente uma poupança de energia primária relativamente à produção separada de eletricidade e calor de, pelo menos, 10%, assim como a cogeração de pequena dimensão e a microcogeração das quais que resulte uma poupança de energia primária calculada de acordo com a metodologia do anexo III do DL n.º 23/2010, de 25 de março.

[10] Sempre que operem nas condições de eficiência previstas no DL n.º 23/2010, de 25 de março.

[11] *In* "Garantias de Origem: em direcção a um mercado europeu de «certificados verdes»?", in Actas do Colóquio Ambiente & Energia, Instituto de Ciência Jurídicas e Políticas da Faculdade de Direito da Universidade de Lisboa, 20 e 21 de outubro de 2010.

Por fim, prevê-se que a energia proveniente de fontes renováveis correspondente às GO transacionadas não possa ser incluída na quota de energia proveniente de fontes renováveis presente no cabaz energético do comercializador para efeitos da rotulagem da eletricidade, com vista a evitar uma dupla contabilização. O mesmo aplica-se às GO relativas à cogeração, que cumprem cumulativamente o desígnio de comprovar a eficiência e poupança de energia primária, por forma a habilitar determinadas instalações de cogeração a beneficiar de um regime remuneratório bonificado previsto no DL n.º 23/2010, de 23 de março[12].

2.2 Enquadramento legal

Atualmente o enquadramento legal das GO na EU resulta principalmente da Diretiva RED II, prevendo-se em breve[13] o seu alargamento aos gases de origem renovável e aos gases de baixo teor de carbono, por intermédio da Diretiva 2009/73/CE, de 13 de junho ("Diretiva do Gás").

O conceito foi inicialmente instituído a nível comunitário na Diretiva 2001/77, de 27 de setembro, relativa à promoção da eletricidade produzida a partir de fontes de energia renováveis no mercado interno da eletricidade. A referida Diretiva determinou a obrigatoriedade dos EM assegurarem até 27 de outubro de 2003 que a origem da eletricidade produzida a partir de fontes de energia renováveis fosse comprovada.

Foi mais tarde, por intermédio da Diretiva 2004/8/CE, de 11 de fevereiro[14] ("Diretiva da Cogeração"), que as Garantias de Origem vieram a ser introduzidas para prova da origem da eletricidade produzida a partir de cogeração de elevada eficiência, vindo a Diretiva 2009/28/CE, de 23 de abril ("Diretiva RED I") alargar este mecanismo para prova da ener-

[12] Os prémios e a tarifa de referência apenas são pagos contra a entrega ao CUR de GO que certifiquem a poupança de energia primária alcançada, procedendo-se ao imediato cancelamento das mesmas.

[13] Caso as propostas apresentadas pela CE em 15 de dezembro de 2022 venham a ser aprovadas.

[14] Alterada pelo Regulamento n.º 219/2009, de 11 de março e transposta para o ordenamento jurídico nacional por intermédio do DL n.º 23/2010, de 25 de março, alterado pela Lei n.º 19/2010, de 23 de agosto, pelo DL n.º 68-A/2015, de 30 de abril e objeto de retificação, pela Declaração de Retificação n.º 30-A/2015, de 26 de junho.

gia térmica e elétrica. As referidas Diretivas foram transpostas para o nosso ordenamento jurídico por intermédio do DL n.º 23/2010, de 25 de março[15], e do DL n.º 141/2010, de 31 de dezembro[16], respetivamente, e incumbiram os EM de prever a emissão de um certificado de origem por cada MWh de energia gerada por uma central electroprodutora e de criar mecanismos adequados para assegurar que a GO é correta e fiável.

Já a Diretiva 2003/54/EC, de 26 de junho, acrescentou às GO o desígnio de provar aos clientes finais a participação ou quantidade de energia de fontes renováveis no mix energético de um fornecedor de energia.

O regime das GO encontra-se atualmente estabilizado no ordenamento jurídico comunitário. Com efeito, apesar da Diretiva RED I ter sido substituída pela Diretiva RED II, o legislador comunitário manteve no artigo 19.º, n.º 2 e 9, disposições equivalentes ao anterior artigo 15.º, n.ºs 2 e 9. Também as regras comuns para o mercado interno da eletricidade não foram afetadas pela substituição da Diretiva 2009/72/CE, de 13 de julho de 2009[17], pela Diretiva 2019/944, de 5 de junho de 2019, a qual manteve no ponto 5 do respetivo anexo I disposições equivalentes à constantes do anterior artigo 3.º, n.º 9.

Já a nível nacional o enquadramento jurídico resulta do DL n.º 141/2010, de 31 de dezembro, do DL n.º 60/2020, de 17 de agosto, do DL n.º 15/2022, de 14 de janeiro, da Portaria n.º 53/2020, de 28 de fevereiro e, ainda, do Despacho da DGEG nº 6560-B/2021, de 5 de julho de 2021, o qual fixa as regras do leilão de GO.

Para além da referida legislação, os parâmetros a observar na gestão das GO encontram-se definidos no Manual de Procedimentos da EEGO, aprovado pela DGEG, o qual se prevê vir a ser revisto na sequência da atribuição de nova licença de EEGO.

Apesar de o conceito ter sido introduzido no DL n.º 141/2010, de 31 de dezembro [18], o mecanismo de emissão e gestão de GO da produção

[15] Alterado pelo DL n.º 68-A/2015, Lei n.º 19/2010 e Lei n.º 71/2018, de 31 de dezembro e DL n.º 64/2020,

[16] Alterado pelo DL n.º 39/2013, de 18 de abril.

[17] Na sua versão alterada pela Diretiva 2012/27/EU.

[18] Objeto de sucessivas alterações em 2013, 2015 e 2018. Não consideramos como determinante o DL n.º 33-A/2005, de 16 de fevereiro, que versava sobre o regime de remuneração

de eletricidade renovável produzida em Portugal veio a ganhar especial relevo em 2020 já sob a responsabilidade da REN na qualidade de EEGO.

As instalações produtoras de energia a partir de fontes de energia renovável encontram-se obrigadas nos termos da lei a registarem-se e solicitarem a emissão de GO e, com vista a garantir o funcionamento deste instrumento e o estabelecimento de um mercado próprio, encontrando-se em vigor um regime contraordenacional que sanciona, entre outros, o incumprimento dessa obrigação. As coimas ascendem a €3.740,00 e €44.891,00, consoante se trate de pessoas singulares ou coletivas, respetivamente.

Foi atribuída à ENSE a missão de fiscalizar o cumprimento das regras estabelecidas e à REN as competências de EEGO[19] relativas à produção de eletricidade e de energia para aquecimento e arrefecimento a partir de fontes de energia renovável, incluindo ainda, conforme se demonstrará, as relativas à produção de gases de baixo teor de carbono e de origem renovável.

Até que venham a ser aprovadas as propostas apresentadas pela CE em 15 de dezembro de 2021 no âmbito do *Fit for 55*, as quais visam estabelecer o quadro para a descarbonização e modernização do setor do gás nos próximos anos, as GO para o setor do gás não se encontram previstas a nível comunitário, mas apenas para o setor elétrico.

No entanto, Portugal antecipou-se por intermédio do DL n.º 60/2020, de 17 de agosto, e previu, desde logo, essa possibilidade, criando no DL n.º 62/2020, de 28 de agosto ainda as condições regulatórias para a definição das quotas de incorporação de gases de origem renovável e de gases de baixo teor de carbono.

Conforme já se aflorou, o DL n.º 15/2022, de 14 de janeiro, prevê a atribuição de uma licença de EEGO[20] mediante procedimento concorrencial a promover por despacho do membro do Governo responsável pela área da energia, a qual terá uma duração até um limite máximo de

das centrais de produção de eletricidade a partir de fontes renováveis, apesar de o mesmo já aludir, de forma exígua, ao conceito de "certificados verdes".

[19] Através do DL n.º 23/2010, com as alterações introduzidas pela Lei n.º 19/2010, DL n.º 68-A/2015, Lei n.º 71/2018 e DL n.º 64/2020.

[20] Conforme disposto no respetivo artigo 175.º.

10 anos. O modo de exercício das funções da EEGO e o procedimento aplicável ao registo dos produtores passará a constar de um manual de procedimentos a elaborar pela EEGO e aprovar pela ERSE no prazo de 90 dias após a atribuição da licença, mantendo-se as competências cometidas à REN nesta matéria até à respetiva atribuição.

Este diploma prevê[21] ainda o direito do autoconsumidor solicitar a emissão de GO relativas à eletricidade excedente produzida por UPAC e injetada na rede.

2.3 O propósito

A *ratio* subjacente a este conceito vai muito além do intuito meramente informativo e probatório, traduzindo-se como um importante elemento de incentivo e dinamizador do mercado das energias renováveis.

Entre as várias finalidades deste mecanismo, contabilizam-se a melhoria da qualidade da informação aos consumidores, o incentivo à produção e consumo de energias renováveis, a criação de condições para procura e oferta deste instrumento e o estabelecimento de um mercado próprio, bem como a promoção de sinergias entre os EM.

A par de finalidades estatísticas, este instrumento tem a virtualidade de aumentar o nível de consciência dos vários agentes económicos relativamente à respetiva "pegada ecológica" e ao seu contributo para a transição energética, as quais vêm assumindo uma crescente relevância a par da que vem sendo atribuída à implementação de políticas e critérios de ESG, que instituíram um novo paradigma e têm vindo a desafiar os principais agentes económicos na criação de condições de sustentabilidade sistémica no desenvolvimento das respetivas atividades.

O Regulamento n.º 2020/852, de 18 de junho[22] relativo ao estabelecimento de um regime para a promoção do investimento sustentável ("Regulamento Taxonomia") determina em que condições poderá uma atividade económica ser qualificada como contribuindo substancial-

[21] Conforme disposto no respetivo artigo 88.º, h).

[22] Que altera o Regulamento n.º 2019/2088, de 27 de novembro.

mente para objetivos ambientais, as quais serão desenvolvidas gradualmente através do estabelecimento de critérios técnicos pela CE.

À data em que este estudo é publicado, os critérios ESG já se encontram refletidos num conjunto normativo expressivo, designadamente em deveres de reporte e adequação de dispositivos de *governance* aplicável ao tecido empresarial, e configuram uma prioridade da agenda da EU com destaque para a proposta de Diretiva relativa ao Dever de Diligência das Empresas e Responsabilidade Empresarial.

Já a nível nacional o BdP divulgou recentemente e por intermédio da "Carta de Princípios de Investimento Responsável"[23] as orientações gerais da sua atuação com vista à promoção da sustentabilidade ambiental, social e de governação no desempenho da sua missão[24], designadamente o compromisso com a sustentabilidade, a promoção do financiamento sustentável e adoção de estratégias de implementação do investimento responsável, bem como, entre outras, a divulgação pública do impacto ambiental.

A transação de GO proporciona um "balanço de massas"[25] e permite aos produtores de energia beneficiar de uma fonte de rendimento adicional, por via do prémio traduzido na contrapartida acordada com o respetivo adquirente. A respetiva aquisição, por seu turno, revela um compromisso com a transição energética e combate às alterações climáticas, com repercussões a nível reputacional e *goodwill,* passíveis de se traduzir em valorizações económicas.

As GO impulsionam a produção de energia renovável ao proporcionar uma vantagem económica adicional por cada MWh gerado. São instrumentos assentes no mercado energético e uma forma eficaz de aumentar a procura por energia renovável, contribuir para a melhoria da sustenta-

[23] Publicada no dia 30.05.2022.

[24] O empenho do BdP já vem evidenciado no respetivo Plano Estratégico 21-25, no documento "Agir pela Sustentabilidade", publicado em janeiro de 2022, na "Declaração do Banco de Portugal sobre Ação Climática", publicada por ocasião da COP26 e, ainda, na posição conjunta subscrita pelo Eurosistema em fevereiro de 2021 relativamente ao investimento responsável e à divulgação pública de informação climática na gestão de ativos de investimento não relacionados com política monetária.

[25] No sentido de compensação objetiva entre energia renovável emitida e consumida.

bilidade e para o cumprimento de quotas nacionais e metas regionais de redução de emissão de GEE.

Por outro lado, cumprem ainda um importante papel ao potenciar e encorajar a criação de sinergias entre EM. Com efeito, a RED II não permite que os EM recorram à aquisição de garantias de origem emitidas noutros EM para cumprimento das metas nacionais de consumo de energias renováveis. No entanto, a mesma contempla alternativas eficazes como as transferências estatísticas[26] e os projetos conjuntos[27].

Nada impede, aliás, que no âmbito de projetos conjuntos se acorde a transferência para um dos Estados participantes das GO que vierem a ser emitidas, o qual poderá destinar as mesmas à atribuição, gratuita ou onerosa, a determinado setor industrial nacional.

Pense-se, por exemplo, no Luxemburgo e na Polónia. O primeiro apresenta uma reduzida área e escassez de fontes de energia renovável, enquanto o segundo tem uma expressiva dependência do carvão e uma rede de gasodutos muito antiga[28]. Estes EM poderão promover projetos conjuntos ao abrigo do regime previsto na Diretiva RED II, com vista à produção de energia assente em energias renováveis em EM com condições geográficas e climatéricas mais favoráveis, e subsequente exportação para os que não beneficiam das mesmas condições.

Essa solução teria a virtualidade de conciliar, por um lado, importantes efeitos económicos benéficos no EM onde o projeto viesse a ser desenvolvido e, por outro, a utilização da energia renovável que viesse a ser produzida pelos demais EM participantes, sendo considerada na contabilização das respetivas metas nacionais.

Por seu turno e como acima referido, também a transação de excedentes de GO que viessem a ser emitidas seria favorecida, permitindo

[26] As transferências estatísticas facilitam a consecução das metas da União, pois permite aos Estados-Membros, que superam as suas metas nacionais de quotas de energia provenientes de fontes renováveis, transferir, mediante acordo, excedentes de energia de origem renovável para Estados-Membros que ainda não tenham atingido as respetivas metas nacionais.

[27] Previstos, no nosso ordenamento jurídico nacional, no DL n.º 60/2020, de 17 de agosto, que alteriy e republicou o DL 141/2010, de 31 de dezembro.

[28] A Polónia a Lituânia encontram-se, na data em que a presente dissertação é concluída, a concluir uma rede de gasodutos que vai ligar a Europa continental à rede do Báltico.

a subsequente atribuição das mesmas às respetivas indústrias por via de procedimentos concorrenciais.

As GO assentam num mecanismo que resulta de legislação europeia que, ao permitir a diferenciação dos produtos energéticos, atribui mais poder e consequentemente responsabilidade acrescida aos consumidores, procurando desta forma responder a exigências cada vez maiores em termos de sustentabilidade, responsabilidade social e ambiental.

Em suma, conforme sumaria um comunicado da REN[29], a quem compete atualmente a emissão e gestão de GO na qualidade de EEGO, as mesmas "(...) *ao permitir*[em] *a diferenciação dos produtos energéticos, atribui*[em] *mais poder e naturalmente mais responsabilidade aos consumidores, procurando desta forma dar resposta às suas exigências cada vez maiores em termos de sustentabilidade e responsabilidade social e ambiental*".

2.4 Instrumentos equiparáveis

A nível comunitário e nacional é possível identificar outros conceitos jurídicos e mecanismos equiparáveis às GO, tais como os Certificados de Origem renovável, as licenças de emissão de GEE, os certificados de biocombustível e os (futuros) certificados de sustentabilidade.

O conceito de Certificados de Origem renovável, vulgarmente designado por Certificados Verdes, encontra-se na génese do conceito jurídico das GO. No entanto, é um conceito amplo, que abrange diferentes figuras jurídicas com importantes diferenças que desaconselham um tratamento unitário. Na Diretiva RED I refere-se, aliás, expressamente a necessidade de "estabelecer uma distinção entre os certificados verdes utilizados para os regimes de apoio e as garantias de origem" [30], necessidade secundada na Diretiva da Cogeração, ao reforçar a importância de assegurar uma distinção ente garantias de origem e os "certificados permutáveis"[31].

[29] Disponível em https://www.ren.pt/pt-PT/media/comunicados/detalhe/sistema_de_emissao_e_gestao_de_ garantias_de_origem_arranca_em_portugal e consultado em 05.12.2022.

[30] No respetivo Considerando 52.

[31] No respetivo Considerando 22.

A principal característica diferenciadora destes certificados face às GO consistia na sua livre transmissibilidade. No entanto, esta característica veio a ser igualmente reconhecida às GO, aproximando ainda mais os conceitos.

Em qualquer caso, a nossa legislação prevê[32] certificados de origem renovável na atividade de cogeração que se destinam a comprovar a produção da eletricidade com base em cogeração eficiente, distinguindo-se, por isso, das GO emitidas nesse contexto, porquanto estas visam certificar que foi produzida com base em cogeração de elevada eficiência.

As licenças de emissão de GEE consistem em instrumentos regulatórios que visam limitar as emissões de GEE através da imposição de um custo por tais emissões, cujo objetivo é incentivar a redução da quantidade emitida, que também gozam de um dinâmico mercado instituído.

Os certificados de biocombustível[33] destinam-se essencialmente a monitorizar o cumprimento das quotas mínimas obrigatórias de incorporação de biocombustíveis em gasóleo e, por seu turno, a penalizar agentes económicos que incumpram as mesmas, impondo a obrigação de pagamento de uma compensação.

Para esse efeito, foi criado o sistema de emissão de TdB e atribuiu-se uma valorização adicional a determinados biocombustíveis, tendencialmente mais sustentáveis, como medida de fomento à sua produção, permitindo, de igual modo, a subsequente transação entre agentes económicos. Também aqui o cumprimento das metas vigentes pode ser comprovado por intermédio, em alternativa, da geração dos TdB necessários por incorporação de biocombustíveis ou da aquisição a outros agentes económicos que porventura venham a gerar TdB em excesso.

Os certificados de sustentabilidade encontram-se incluídos nas propostas de alteração à Diretiva do Gás apresentadas pela CE em 15 de dezembro de 2021 no âmbito do *Fit for 55*. Estes certificados, nos termos propostos, serão atribuídos aos produtores de gases renováveis por forma a habilitar a atividade de transporte dos mesmos através dos pon-

[32] No DL n.º 23/2010, de 25 de Março.

[33] Previstos no DL n.º 62/2006, de 21 de março, que transpôs para o ordenamento jurídico nacional a Diretiva n.º 2003/30/CE, de 8 de maio.

tos de interligação entre os EM a beneficiar de uma isenção das tarifas aplicáveis[34].

Também a nível internacional merecem destaque os certificados REC[35], os UK-REGO[36], os I-REC[37] e, em particular, os *White Certificates* e os Créditos de Carbono. Estes últimos constituem um importante incentivo financeiro, por intermédio do qual se institui um mercado próprio, aos agentes económicos que contribuem para a "pegada de carbono", ao desenvolver atividades que apresentem a captura de CO2 ou uma menor emissão comparativamente com a alternativa estabelecida no mercado, atribuindo-se, em contrapartida, Créditos de Carbono.

Já os *White Certificates* são títulos que representam eficiência energética em determinada atividade, em quadros legais em que é imposta uma obrigação de cumprir metas de eficiência energética sob pena de penalizações financeiras, admitindo-se a sua transação entre diferentes agentes económicos.

Todos os diferentes instrumentos aqui abordados comungam da mesma *ratio* e princípios fundamentais, constituindo, apesar das respetivas diferenças, importantes contributos para atingir as metas da descarbonização e assegurar uma eficaz transição energética.

3. O Mercado das Garantias de Origem

As GO são títulos uniformes e fungíveis, representativos de uma realidade, transacionáveis[38], cujo valor é determinado em cada momento pela procura e oferta. Apresentam, nesse sentido, características de *commodities*[39].

[34] Conforme disposto nos artigos 6.º, n.º 7 e 16.º.

[35] Disponíveis nos EUA e Canadá.

[36] Implementados no Reino Unido.

[37] Predominantes na Ásia.

[38] Sob determinadas condições, sob pena de contraordenação nos termos previstos no artigo 14.º-B do DL n.º 141/2010, de 31 dezembro na redação conferida pelo DL n.º 60/2020, de 17 de agosto.

[39] Na aceção de bens transacionáveis, pretendendo o autor atribuir este sentido às referências que vierem a ser efetuadas ao longo deste texto.

São um importante instrumento de política energética com características de instrumentos financeiros derivados.

O enquadramento legislativo deste instrumento instituiu um mercado interno e comunitário, assente na diferenciação ambiental do produto energético, em linha com as quotas legalmente fixadas e com a crescente exigência a nível do desenvolvimento e financiamento sustentável, e sentido de responsabilidade social.

A introdução e dinamização de "produtos" como as GO aumenta a liquidez do mercado energético, incentiva a produção, valorização e consumo de energia gerada através de fontes renováveis e potencia o interesse e contributo dos produtores, comercializadores e consumidores na promoção da transição energética.

Com efeito, a possibilidade de as GO serem transacionadas atribui, por si só, um valor económico às mesmas, que alavanca, nessa medida, o interesse e valor intrínseco das energias renováveis, contribuindo para o cumprimento das metas fixadas.

A exigência de cancelamento de GO pelos consumidores europeus que pretendam comprovar que consomem eletricidade de origem renovável revela-se uma importante medida para a dinamização deste mercado.

Consideremos o EU-ETS, por exemplo. O enquadramento legislativo deste sistema fixa limites para as emissões em determinados setores por intermédio da alocação de créditos que podem ser negociados, com vista a recompensar os emissores residuais e penalizar os principais poluidores. Dessa forma criou-se um mercado próprio e um importante incentivo à redução de emissões de GEE por parte de agentes que desenvolvem atividades económicas com um determinado perfil, os quais poderão vender as licenças de emissão não utilizadas.

Tal como o RCLE-UE[40] impulsionou, em articulação com o EU ETS[41], a criação de um mercado de licenças de emissão de GEE e subjacente

[40] Lançado em 2005 para promover a redução das emissões de GEE, a UE estabelece o limite do nível das licenças de emissão, permitindo aos agentes económicos receber e comprar licenças. O limite vai sendo reduzido ao longo do tempo, de forma que o volume das emissões diminua gradualmente.

[41] Regime obrigatório que exige a elaboração e apresentação de relatórios anuais das emissões de GEE e outros dados, para verificar o cumprimento regulamentar.

interação comercial entre agentes emitentes com reflexos imediatos na descarbonização, existe atualmente um mercado de GO dinâmico e com grande potencial na promoção da descarbonização.

Com efeito, a pressão económica criada pelo ETS promove a redução das emissões de GEE com base num sistema *Cap & Trade*. Ao determinar que o preço de cada unidade de emissão adicional será mais elevado, o agente económico é motivado a investir na eficiência energética e descarbonização dos seus sistemas produtivos, com vista a mitigar a relação entre os custos produtivos e respetivas emissões de GEE.

No entanto, contrariamente ao mercado das licenças de emissão de GEE, no qual a oferta e a procura são "artificialmente" criadas por imposição legislativa mediante a definição do número total de licenças de emissão existentes no mercado e obrigação de entrega proporcional à quantidade de GEE gerado, o mercado das GO funciona atualmente de forma distinta. Em detrimento de se penalizar financeiramente as atividades emitentes de GEE, atribui-se um valor económico à energia renovável que gera, por si só, a procura e oferta.

Em ambos os casos são potenciados fluxos financeiros e compensações objetivas entre diferentes agentes económicos e perfis de emissores, com vista a promover a transição energética, quer por intermédio da implementação de energia proveniente de fontes renováveis, quer pela redução de emissões de GEE. Destaca-se, aliás, que o pacote legislativo *Fit for 55* prevê a inclusão de setores adicionais no sistema ETS, como o setor dos transportes, a partir de 2026.

A criação deste mercado no seu sentido mais amplo, enquanto confluência de oferta e de procura de determinado bem, desempenha um importante papel na descarbonização e contributo para a transição energética. Trata-se de um mercado tendencialmente livre, no qual as transações são genericamente admitidas de acordo com determinados parâmetros legais.

A liquidez de um mercado de GO, assim como de quaisquer títulos ou instrumentos transacionáveis, pressupõe a existência e encontro de um conjunto alargado de agentes económicos interessados na sua venda e aquisição, movidos por critérios de racionalidade económica e/ou jurídica.

No entanto, existem outros fatores que revelam um grande potencial para aumentar a liquidez e transparência do mercado, tais como a criação de plataformas eletrónicas que divulguem em tempo real o volume e o preço das transações, simplifiquem o encontro entre vendedores e compradores e, porventura, privilegiem a transparência, facilitando igualmente a organização de leilões e transações bilaterais internacionais.

Estas características podem ser alcançadas por intermédio da combinação de sistemas existentes para a importação / exportação de certificados. Atualmente a importação e exportação de GO pressupõe a celebração de um contrato de adesão com aceitação expressa das regras e obrigações estabelecidas pela AIB, no âmbito do sistema pan-europeu de certificados de energia EECS.

Tratando-se de um instrumento de investimento e apesar de a DMIF ainda não as enquadrar juridicamente como instrumentos financeiros, as GO podem ser qualificadas, na sua génese, enquanto um instrumento financeiro derivado, uma vez que derivam de um MWh efetivamente gerado com base em fontes renováveis. O seu valor, na génese, é aferido por referência ao mesmo. No entanto, ao admitir-se a sua transação de forma separada da energia que lhe deu origem, as mesmas passam a constituir o próprio ativo.

Em qualquer caso, certo é que existe um mercado com acentuado potencial de crescimento, permitindo as suas características a estruturação, por referência aos mesmos, de contratos de futuros, contratos de opções e CFD, entre outros, por parte de intermediários financeiros.

A eventual negociação destes instrumentos e contratos em mercados regulamentados, tal como no mercado de derivados do MIBEL e MIBGAS, operado pela OMIP e MIBGAS S.A., permitiria dinamizar o mercado já existente, que passaria dessa forma a poder realizar-se numa perspetiva multilateral e organizada, sob a égide de um regulador.

Este cenário aumentaria exponencialmente os desígnios que as GO já cumprem no contexto atual, sobretudo num cenário de expetável aumento da sua emissão, a um ritmo crescente e acelerado.

As GO tendem a apresentar uma trajetória de preços incerta nos diferentes horizontes temporais e geográficos. Apesar de não se mostrar possível antecipar os preços em determinado momento, porquanto resultarão da procura e oferta verificada em cada momento, é razoável antecipar que um excesso de oferta implique a redução do respetivo valor, uma vez que os produtores e comerciantes tenderão a reduzir os preços com vista a satisfazer o número limitado de consumidores interessados.

O atual quadro legislativo não prevê a atribuição de GO a produtores de energia a partir de fontes renováveis que beneficiem, designadamente[42], de mecanismos de apoio direto ao preço ou incentivos ao investimento.

Consequentemente, as GO geradas nessa ocasião serão registadas pelo EEGO na conta da DGEG[43], a qual promove periodicamente leilões para a sua venda em articulação com a OMIP. Os montantes auferidos nos leilões revertem a favor do SEN.

Estes leilões também contribuem para a dinamização do mercado das GO. Note-se, aliás, que o volume de GO vendido nos primeiros nove leilões realizados corresponde a 2,982105 GWh[44].

Em qualquer caso, importa antecipar a possibilidade de a procura por GO vir a ser determinada legalmente, mediante a fixação da criação de penalizações ou benefícios para os agentes económicos associadas à utilização das mesmas. Com efeito, as GO são essencialmente um instrumento de política energética, criados por via legislativa.

Numa perspetiva *de jure condendo,* poder-se-á equacionar o reconhecimento legal das GO enquanto instrumento financeiro e admitir a sua negociação em mercados regulamentados. Essa qualificação carecerá, à semelhança da solução encontrada pelo legislador comunitário a respeito das licenças de emissão, de enquadramento legal específico, designadamente no âmbito da DMIF e da MiFIR.

O mercado existente pode ser explorado por intermediários financeiros. Crê-se que a negociação de contratos de futuros, contratos de opções e CFDs, dinamizarão o mercado de forma relevante.

[42] Nestes também se incluindo casos em que a referida energia seja produzida ao abrigo de um CAE ou de um acordo de cessação antecipada de um CAE.

[43] Conforme disposto no DL n.º 141/2010, na redação dada pelo DL n.º 60/2020.

[44] Segundo informação publicada pela OMIP em https://www.omip.pt/pt/leiloes-GO, consultado em 29.05.2022. Os resultados do décimo leilão, realizado a 26.05.2022, ainda não tinham sido apurados à data.

Existe, assim, um mercado nacional e comunitário da GO, que muito contribui para a descarbonização e cujo potencial se encontra subaproveitado.

A nível legislativo, o mercado das GO no setor elétrico encontra-se estabilizado e em pleno funcionamento em Portugal desde 2020, tal como demonstra a opção legislativa de não alterar nenhum aspeto material relativamente ao mesmo por intermédio dos importantes diplomas e revisões ocorridas, entre os quais se destaca o DL n.º 15/2022, de 14 de janeiro, que estabelece o novo regime jurídico do SEN.

Note-se que no âmbito dos setores elétrico e do gás, onde se inclui o processo produtivo de cogeração e, por sua vez, de gases poluentes, de baixo teor carbónico e renováveis, as GO não se encontram, por agora, tipificadas em função da respetiva utilização, mas apenas previstas a jusante.

A sua tipificação a montante, i.e., de acordo com a utilização que venha efetivamente a ocorrer, permitiria certamente rastear de forma mais rigorosa a implementação destas fontes renováveis nos diferentes setores económicos, monitorizar os progressos no cumprimento das metas vigentes em cada momento e, ainda, porventura, aumentar a própria liquidez do mercado, segregando a oferta com previsíveis impactos na valorização.

Concluímos, por isso, que as GO são instrumentos financeiros derivados na sua génese, porquanto referentes a um ativo concreto que lhes está subjacente – um MW gerado com base em fontes renováveis – e do qual deriva o respetivo valor e preço de mercado. No entanto, as GO convertem-se em ativos quando autonomizados e transacionados separadamente da energia subjacente, sendo atualmente negociados no mercado físico de energia e passíveis de ser integrados em mercados organizados.

A par de outros temas centrais como a operacionalização e resolução de constrangimentos físicos nas interligações entre os diferentes EM e a uniformização da regulamentação no espaço comunitário, a CE tem prestado especial atenção à possível estruturação de novos produtos que, tal como as GO, possam aumentar a liquidez do mercado, com impacto junto dos consumidores e na esteira da visão de um mercado único e sustentável.

4. O Setor do Gás

Em qualquer dos setores energéticos, as redes de transporte e distribuição e, em particular no setor do gás, as instalações armazenadoras, assumem particular relevância.

No caso do gás liquefeito a distribuição depende essencialmente dos terminais e interligações existentes. Em países como Portugal, Espanha e Malta, este aspeto ganha especial dimensão atento o seu isolamento geográfico a nível de rede de infraestruturas.

A inexistência de um desenvolvimento harmonizado de infraestruturas a nível comunitário para combustíveis alternativos dificulta a promoção de economias de escala, pelo que urge repensar as redes de infraestruturas existentes, designadamente nos mercados da eletricidade, gás natural liquefeito e comprimido. A possibilidade de reaproveitar as infraestruturas existentes para o hidrogénio tem vindo a ser apontada como uma solução que se pode relevar eficaz.

Nesta matéria, merece destaque o disposto na Diretiva AFID, relativa à criação de uma infraestrutura para combustíveis alternativos e as propostas comunicadas em 15 de dezembro de 2021 pela CE por intermédio do pacote *Fit for 55*.

Portugal dispõe de uma moderna infraestrutura e rede de gás que já permitiu alcançar consideráveis reduções de emissões de CO2 nas últimas décadas, com a distribuição de gás natural, e que apresenta significativo potencial na distribuição dos gases de origem renovável.

As infraestruturas existentes, bem como as condições geográficas e climatéricas, são fatores essenciais na formulação da política energética regional. Nessa medida, Portugal, apesar do seu isolamento geográfico compensado pelo porto de águas profundas de Sines[45], tem condições para se afirmar como um mercado de gases renováveis de referência, em especial de hidrogénio verde e seus derivados, beneficia de favoráveis condições solares e eólicas necessárias ao processo produtivo de eletrólise.

[45] É o principal porto na fachada ibero-atlântica, com características geofísicas que o tornam a principal porta de abastecimento energético do país e potenciam que se venha a tornar uma referência europeia.

A inclusão de gases renováveis, nomeadamente do hidrogénio verde, no mix energético nacional ajudará a mitigar os custos da transição energética e a necessidade de expansão das redes elétricas, evitando a construção de uma nova rede mediante a (re)utilização da rede de gás existente[46], com as adaptações técnicas que se revelem adequadas.

O papel que estes gases podem desempenhar na transição energética é bem evidenciado no '*Hydrogen and Gas Market Decarbonisation package*' anunciado pela CE em 15 de dezembro de 2021 no âmbito da iniciativa *Fit for 55*, que prevê a alteração da Diretiva do Gás e do Regulamento 715/2009, de 13 de julho ("Regulamento do Gás").

Apesar de não determinar a obrigatoriedade de aquisição para a indústria ou um mecanismo de financiamento direto como forma de incrementar a procura e oferta, prevê-se que o hidrogénio verde e de baixo carbono beneficiarão de um desconto de 75% em várias tarifas de entrada e saída[47] e que o transporte destes gases através dos pontos de interligação entre os EM ficará isento de tarifas[48] até 1 de janeiro de 2031. Para beneficiar destas isenções de tarifas será exigido a apresentação do já aludido certificado de sustentabilidade[49], cuja emissão deverá ser articulada ao abrigo do regime previsto na RED II e registada nas bases de dados da UE.

Acresce a estratégia *REPowerEU* anunciada pela UE em março de 2022 e que visa travar a já mencionada dependência do gás proveniente da Rússia, bem como diversificar fontes de abastecimento, com especial enfoque no gás natural liquefeito e nos gases de origem renovável, como o hidrogénio que viu a respetiva meta para 2030 duplicada.

Em virtude desta nova estratégia, a meta de consumo final de energia com origem em fontes renováveis aumenta 5% face à prevista no pacote *Fit for 55*, prevê-se a atribuição da categoria de interesse público aos pro-

[46] Para facilitar a utilização da rede de gás natural existente no transporte de hidrogénio, prevê-se que, a partir de outubro de 2025, seja aceite e facilitado em pontos transfronteiriços misturas de até 5% de volume de hidrogénio em fluxos de gás natural, conforme novo artigo 20.º proposto para o Regulamento de Gás.

[47] Conforme novo artigo 16.º proposto para o Regulamento do Gás

[48] Conforme artigo 6.º, n.º 7, e artigo 16.º do Regulamento do Gás

[49] Em conformidade com os artigos 29.º e 30.º da Diretiva RED II e com o artigo 16.º do Regulamento do Gás.

jetos renováveis e a simplificação e redução do tempo associado aos respetivos processos de licenciamento.

O potencial da Península Ibérica na construção da independência energética e segurança no aprovisionamento, que assumem especial premência no atual contexto, justificou que o projeto do gasoduto dos Pirenéus[50] voltasse à agenda europeia. A construção do mesmo contribuirá de forma expressiva para atingir os objetivos constantes da mencionada estratégia e, a concretizar-se, permitirá a Portugal assumir um papel determinante na exportação de gás para o centro e norte da Europa.

Ora, importa ter presente que as metas assumidas pelos diferentes EM[51] pressupõem a descarbonização do setor elétrico e, em especial, da indústria pesada, dos transportes e de outros setores de consumo intensivo[52] relativamente aos quais a eletricidade não se revela uma alternativa técnica ou economicamente viável e nos quais o hidrogénio pode desempenhar um papel muito relevante.

O DL n ° 62/2020[53], de 28 de agosto, estabeleceu um novo enquadramento legal ao sector do gás em Portugal ao introduzir como nova atividade a produção de gases de origem renovável com vista à sua injeção total ou parcial na rede pública de gás, consagrando os seus produtores como agentes do SNG, em consonância com a estratégia constante do PNEC 2030, RNC 2050 e ENH.

Alargou-se, assim, o mecanismo de emissão de GO, que passou a abranger a produção de gases de baixo teor de carbono e renováveis, em antecipação à UE.

Conforme evidenciado na exposição de motivos do citado DL, o sistema de emissão de GO da eletricidade proveniente de fontes renováveis foi adaptado para incluir os gases de baixo teor de carbono e os gases de origem renovável por "apresenta[re]m elevado potencial para desempe-

[50] O qual foi contemplado num acordo tripartido entre Portugal, Espanha e França, mas acabou por ser retirado da lista de IPCEI da EU.

[51] Entre nós inscrita no RNC 2050.

[52] Designadamente as indústrias siderúrgicas, cerâmica e vidreiras, com grande necessidade de energia térmica.

[53] Procedeu à revogação do DL n ° 30/2006, de 15 de fevereiro e o DL n ° 140/2006, de 26 de julho.

nhar um importante papel na descarbonização de setores da economia que atualmente dispõem de poucas opções tecnológicas alternativas e onde a eletrificação no curto-médio prazo poderá traduzir-se em custos significativos" e "potencial para substituir os combustíveis fósseis na indústria, no transporte rodoviário, no transporte ferroviário, no transporte fluvial e marítimo, e apresentam ainda um grande potencial enquanto combustível eficiente para produção de calor/frio e de eletricidade".

Prevê-se que a maioria das regras que atualmente regem a rede de gás natural existente permaneça relativamente inalterada para os gases descarbonizados e transite para as redes de hidrogénio, designadamente por referência à desagregação da propriedade dos TSO[54], aos operadores de rede[55] e à separação da base de ativos regulados[56], bem como as regras de acesso de terceiros às redes de gás natural e hidrogénio, incluindo armazenamento e terminais[57]. Os EM reservarão o direito de vedar o Acesso a Terceiros às suas redes de hidrogénio até 31 de dezembro de 2030, com vista a incentivar ao desenvolvimento do mercado do hidrogénio.

Entre as alterações propostas preveem-se ainda isenções temporárias[58] relativas a tarifas, acesso a terminais e armazenamento, bem como obrigações de desagregação para redes de hidrogénio existentes e geograficamente confinadas, sob reserva do cumprimento dos critérios descritos na Diretiva do Gás[59].

É proposto assegurar a classificação dos gases consoante as diferentes origens por forma a assegurar a distinção e implementar incentivos para gases renováveis e gases de baixo carbono, acompanhados de um aumento das penalizações relativas ao gás fóssil.

Finalmente, com vista a promover e facilitar a utilização da rede de gás natural existente no transporte de hidrogénio, serão admitidas a partir de

[54] Conforme artigos 54.º a 64.º da Diretiva Gás.

[55] Conforme artigos 65.º a 69.º da Diretiva Gás.

[56] Conforme artigo 4.º do Regulamento do Gás.

[57] Conforme artigo 5º do Regulamento do Gás e artigos 27.º a 33.º da Diretiva do Gás.

[58] Nos artigos 31.º e 62.º-64.º da Diretiva Gás, bem como os artigos 6.º e 47.º do Regulamento do Gás.

[59] Nos artigos 47.º e 48.º do Regulamento do Gás.

outubro de 2025 misturas até 5% de volume de hidrogénio em fluxos de gás natural em pontos transfronteiriços[60].

A reformulação da Diretiva do Gás proposta contém referências regulares à melhoria das disposições para os consumidores e regras gerais de organização do mercado[61], designadamente o direito de os consumidores comprarem gás a um fornecedor da sua escolha entre diferentes alternativas de fornecedores de gás natural ou hidrogénio, e a obrigatoriedade dos EM garantirem o acesso a instrumentos de comparação gratuitos para os clientes de gás natural domésticos e microempresas[62].

Já a reformulação proposta para o Regulamento do Gás, alarga o âmbito do Regulamento da segurança do aprovisionamento passando a abranger os gases renováveis e com baixo teor de carbono e as disposições em matéria das perturbações do aprovisionamento, com especial preocupação evidenciada para localizações isoladas.

Em qualquer caso, o pacote de propostas não estabelece distinções claras, rigorosas e diferenciadoras entre as diferentes formas de gases descarbonizados e renováveis e enquadra os gases com baixo teor de carbono e renováveis aparentemente como idênticos, não prevendo incentivos que privilegiem os últimos por referência aos primeiros.

Espera-se que as extensas negociações entre os EM no âmbito do processo legislativo, e entre estes e o Parlamento Europeu, venham a culminar com a aprovação de uma versão que adote soluções nesta matéria, por as atualmente previstas não se afigurarem adequadas aos objetivos propostos.

5. Os gases de origem renovável e o hidrogénio verde em particular

Apesar de o hidrogénio ser o elemento mais abundante do planeta, o mesmo encontra-se disponível numa forma composta e a sua utilização pressupõe processos da respetiva autonomização (decomposição molecular), que se revelam dispendiosos.

[60] Conforme artigo 20.º do Regulamento do Gás.

[61] Nos respetivos artigos 10.º a 25.º.

[62] Conforme disposto no respetivo artigo 12.º.

Apesar de já ser recorrentemente utilizado, a grande maioria dos processos subjacentes são poluentes, com a exceção do aplicado na obtenção do vulgarmente designado "hidrogénio verde".

A obtenção de hidrogénio verde assenta num processo de eletrólise da água com recurso a eletricidade gerada com base em fontes de origem renovável, por intermédio do qual se obtém a necessária decomposição molecular sem emissão de gases poluentes. Existem ainda outros processos, menos disseminados, de produção de hidrogénio com recurso a fontes de energia renovável, como as incipientes tecnologias foto eletroquímicas.

Ora, tendo em conta o que se deixou exposto, compreende-se que, apesar de ser o elemento mais abundante no planeta, o recurso ao hidrogénio verde revela-se restrito a EM que disponham das condições climatéricas e meios para produzir eletricidade com base em fontes renováveis, com elevados custos de produção com reflexos no preço para os consumidores.

O seu potencial é inegável. Entre várias outras características que o distinguem positivamente face às demais energias de origem renovável merece destaque a capacidade de penetração em indústrias intensivas e no setor dos transportes, que são dos mais poluentes e difíceis de descarbonizar.

As metas definidas e propostas na UE para a criação de capacidade de eletrólise, de utilização de hidrogénio renovável e incorporação no consumo até 2030 são muito ambiciosas.

Também em Portugal foi assumido, por intermédio da ENH, de assegurar uma larga percentagem de produção e incorporação de gases renováveis, em substituição de combustíveis fósseis e com destaque para o hidrogénio verde.

A utilização desta componente na transição energética apresenta um enorme potencial. No entanto, enfrenta diversos obstáculos que importa superar, designadamente a inexistência de mercados internos para o hidrogénio e gases descarbonizados.

A criação de um mercado de hidrogénio, a respetiva integração transfronteiriça, os custos associados, o balanço entre incentivos para investimentos em novas infraestruturas de hidrogénio e o reaproveitamento de infraestruturas de gás natural, são questões prementes e desafios complexos.

Atualmente, a CE encontra-se a considerar que Regulamento deve abranger a construção e operação desta rede de hidrogénio, especialmente naqueles EM nos quais a construção deve ser precedida de uma avaliação de impacto.

A reformulação do Regulamento do Gás e da Diretiva do Gás propostas no pacote de gás anunciado pela CE a 15 de dezembro no âmbito da *Fit for 55* prevê, entre outras medidas, a criação de uma entidade para ORD[63] e o estabelecimento de uma associação de rede para operadores de redes de hidrogénio[64], que terá como um dos importantes desígnios desenvolver planos de desenvolvimento de rede de dez anos para o setor. Também se determina a elegibilidade de projetos de interconexão de hidrogénio para financiamentos, desde que ainda não se mostrem abrangidos por um IPCEI[65].

A este respeito também a reformulação do Regulamento RTE-E proposta pela CE a 15 de dezembro no âmbito da *Fit for 55* contém importantes contributos na promoção da integração das energias renováveis e novas tecnologias associadas no sistema energético, no reforço das interligações transfronteiriças existentes e integração das regiões isoladas, bem como na simplificação dos respetivos procedimentos administrativos de licenciamento. A mesma contempla as redes elétricas offshore, uma infraestrutura de hidrogénio e *smart-grids*, a desenvolver principalmente por intermédio de IPCEI elegíveis para financiamento do Mecanismo Interligar a Europa para 2021-2027.

Merece igualmente destaque a nova diretiva proposta que determina a abrangência de combustíveis renováveis no sistema de certificação europeu e a já mencionada criação de um novo EU-ETS independente, que a partir de 2026 será dedicado aos setores dos transportes rodoviários.

[63] De acordo com os artigos 52.º a 57.º do Regulamento 2019/943, de 5 de junho, encontrando-se o âmbito e a função da entidade definidos nos artigos 36.º e 37.º do Regulamento do Gás.

[64] Designada por "Rede Europeia para Operadores de Rede de Hidrogênio" (ENNOH), conforme artigos 40.º a 42.º do Regulamento do Gás.

[65] No artigo 53.º da Diretiva do Gás.

Apesar de ainda se encontrar numa fase muito precoce, existem já diversos projetos relevantes em curso no contexto nacional destinados à sua produção e utilização.

Como forma de incentivar o consumo pelo tecido empresarial de hidrogénio verde, o Governo promoveu leilões de hidrogénio para consumidores que dependam de energias fósseis e pretendam fazer a transição para o hidrogénio verde, designadamente na indústria e transportes, habilitando-se a beneficiar do pagamento da diferença entre o preço das diferentes unidades de energia.

Por outro lado, os esforços também vão no sentido de estimular a produção[66].

Além dos custos de produção de hidrogénio verde o tornarem economicamente desvantajoso comparativamente com outras fontes de energia, matérias como o transporte e armazenamento do mesmo revelam-se de capital relevância e constituem constrangimentos ao desenvolvimento efetivo deste mercado, bem como à implementação deste importante ativo na prossecução dos objetivos determinados para a descarbonização.

Também aqui as GO poderão ter um contributo fundamental. Conforme se referiu, no contexto nacional já se encontra prevista a respetiva emissão para o hidrogénio verde, por via da alteração ao DL n.º 141/2010, de 31 de dezembro, que adaptou o sistema de emissão de garantias de origem da eletricidade proveniente de fontes renováveis já existente aos gases de origem renovável.

Por intermédio desta alteração, acrescentou-se a obrigação dos produtores solicitarem à EEGO a emissão das GO referentes aos gases por si produzidos[67] e procedeu-se ao alargamento das funções confiadas à mesma ao sector dos gases de baixo teor de carbono e dos gases de origem renovável[68].

[66] Entre os quais o programa "Apoio à produção de hidrogénio renovável e outros gases renováveis", enquadrado no Plano de Recuperação e Resiliência de Portugal, que revestiu a natureza de subvenções não reembolsáveis no valor de €62.000.000,00 e terminou em 31 de janeiro de 2022, na sequência da respetiva prorrogação.

[67] Nos artigos 9.º B e 9.º C do referido DL.

[68] No artigo 11.º do referido DL.

As garantias de origem devem conter algumas menções especificas no caso dos gases de baixo teor de carbono e dos gases de origem renovável[69] e o incumprimento da obrigação de solicitar a sua emissão constitui, também nesta sede, uma contraordenação punível com coima que pode ascender a € 3.740,00 ou € 44.891,00, conforme se trate de pessoas individuais ou coletivas[70].

Ora, importa repisar que os setores onde o hidrogénio apresenta um especial potencial de penetração, contrastando com os demais recursos disponíveis, são setores onde a eletrificação não se apresenta como uma alternativa viável, tais como a indústria intensiva e o setor dos transportes. Segundo recentes dados publicados pela Agência Europeia do Ambiente[71], o setor dos transportes consome um terço de toda a energia na UE, sendo uma grande parte proveniente do petróleo.

Nesse sentido, não se trata apenas de um setor transversal à sociedade e na economia em geral, mas também representativo de um muito significativo conjunto de consumidores e de uma grande parte das emissões de GEE na UE.

Neste contexto, é previsível a sua crescente procura pelo tecido empresarial consumidor, em particular neste setor, com a definição de metas individuais e personalizadas, acompanhada de um aumento da exigência de transparência relativamente às respetivas "pegadas ecológicas". Sobretudo no atual contexto e paradigma impulsionado pela crescente implementação dos critérios ESG na economia e tecido empresarial.

Torna-se, assim, expetável que a procura e certificação de hidrogénio verde aumente exponencialmente num futuro próximo, com reflexos imediatos na valorização das GO emitidas por referência ao mesmo e no contributo deste instrumento na descarbonização.

[69] Conforme artigos 9.º, n.º 2, 9.º B, 9.º C e 10.º, n.º 4 do referido DL.

[70] Conforme artigo 14.º B do referido DL.

[71] Disponíveis em https://www.eea.europa.eu/pt/themes/transport/intro, consultado em 13.01.2022.

6. Conclusão

A UE está na vanguarda do combate às alterações climáticas e Portugal, através da sua ação política e legislativa, tem dado um importante contributo nesse desiderato.

A opção legislativa de alargar as GO aos gases renováveis foi adotada por iniciativa de Portugal logo em 2020, em antecipação ao legislador comunitário que no final de 2021 propôs[72] atribuir o mesmo enquadramento a este instrumento e setor. A eventual aprovação e implementação espera-se ocorrer durante o ano de 2022. A antecipação nesta matéria de Portugal e a circunstância de vir a ser secundada pela CE é bem ilustrativa desse contributo.

A promoção, a adesão e o resultado dos leilões promovidos até à data em Portugal, não apenas destinados a licitar venda de GO ou estimular a procura e produção de hidrogénio, mas, em especial, os leilões competitivos de atribuição de lotes de capacidade de reserva de capacidade de injeção em pontos de ligação à RESP de eletricidade proveniente de centrais solares fotovoltaicas[73] e a partir da conversão de energia solar por centros electroprodutores fotovoltaicos flutuantes a instalar em albufeiras, demonstram o dinamismo e caráter inovador das iniciativas promovidas nesta matéria em Portugal.

Acresce o recente anúncio do Governo da intenção de abertura de um leilão destinado a energia eólica marítima em 2023 e a reafirmação da abertura do primeiro leilão destinado a promover o consumo de hidrogénio verde[74] ainda no decurso do ano de 2022.

Os leilões para a energia solar visaram encurtar a distância registada entre a capacidade fotovoltaica instalada à data e a meta de 9 GW esta-

[72] Por intermédio do Pacote de propostas apresentadas pela CE em a 15 de dezembro no âmbito da *Fit for 55*.

[73] O primeiro foi realizado em 2019, o segundo decorreu em 2020 com a possibilidade de integrar baterias e capacidade de armazenamento e as candidaturas para um terceiro foram abertas ainda em 2021, para centrais solares flutuantes em barragens designadas pelo Governo. No qual foi licitado um preço record mundial por MWh.

[74] Prevê-se que o mecanismo do leilão suporte a diferença entre um determinado preço atingido em licitação e o preço de carbono registado no mercado.

belecida para 2030, desempenhando a sua promoção um indireto, mas importante, contributo para a produção de hidrogénio verde[75].

As GO, assim como o EU ETS, constituem importantes elementos estratégicos da UE no combate às alterações climáticas. Entre as diversas virtualidades que se podem apontar às GOs, destaca-se o potencial destas na integração e cooperação transfronteiriça, a informação aos consumidores, o incentivo da produção e consumo de energias renováveis, a criação de condições para procura e oferta deste instrumento e estabelecimento de um mercado próprio.

A *ratio* subjacente a este conceito vai muito além do intuito informativo e probatório, traduzindo-se um importante elemento de incentivo e dinamização do mercado das energias renováveis.

Com efeito, as GO revelam ser um importante instrumento de política pública para monitorizar e promover a descarbonização almejada. A par dos auxílios ao investimento, isenções ou reduções fiscais, reembolso de impostos e regimes de apoio direto aos preços, as GO apresentam característica de instrumentos financeiros derivados na sua génese, e de *commodities* quando transacionados de forma separada da energia subjacente, com um valor económico e mercado próprio.

No entanto, as mesmas não se encontram reconhecidas enquanto instrumento financeiro, nem as operações de compra e venda se realizam, por enquanto, num mercado regulamentado, de forma multilateral e organizada sob a égide de um regulador. A qualificação das GO enquanto instrumento financeiro carecerá, à semelhança da solução encontrada pelo legislador comunitário a respeito das licenças de emissão, de enquadramento legal específico, designadamente no âmbito da DMIF II e da MiFIR.

Em qualquer caso, existe um mercado com acentuado potencial de aumento da oferta e procura, mostrando-se possível que intermediários financeiros estruturem contratos de futuros, contratos de opções e CFD por referência aos mesmos.

A eventual negociação destes instrumentos e contratos em mercados regulamentados, tal como no mercado de derivados do MIBEL operado

[75] Na medida em que a produção daquele pode assentar em eletricidade produzida com base nessa fonte renovável.

pela OMIP, permitiria dinamizar o mercado já existente que passaria dessa forma a poder realizar-se numa perspetiva multilateral, organizada e sob a égide de um regulador.

Existe, assim, um mercado nacional e comunitário da GO, que muito contribui para a descarbonização e cujo potencial se encontra subaproveitado. Os cenários acima aventados aumentariam exponencialmente os desígnios que as GO já cumprem no contexto atual, sobretudo num cenário expetável de aumento da sua emissão a um ritmo crescente e acelerado.

O mercado das GO e respetivo enquadramento legal no setor elétrico encontra-se em pleno funcionamento e estabilizado em Portugal, conclusão reforçada pela opção legislativa de manter na essência o respetivo regime apesar das revisões efetuadas, de entre as quais se destaca o recente DL 15/2022, de 14 de janeiro, que estabelece o novo regime jurídico do SEN.

Por outro lado, a implementação de mecanismos tendentes a assegurar uma tipificação das GO de acordo com a utilização que venha efetivamente a ocorrer poderá permitir a monitorização da implementação destas fontes renováveis nos diferentes setores económicos e, porventura, o aumento da própria liquidez do mercado, segregando a oferta com previsíveis impactos na valorização.

Concluímos, por isso, que as GO são instrumentos financeiros derivados na sua génese, e ativos quando transacionados separadamente da energia subjacente, negociáveis no mercado físico de energia, passíveis de ser juridicamente reconhecidos enquanto tal e integrados em mercados organizados. E a reconfiguração da sua tipologia de acordo com a utilização que lhe vier a ser atribuída, sobretudo com a introdução do hidrogénio verde no mix energético e respetiva multiplicidade na capacidade de penetração setorial, pode beneficiar a utilidade e o valor das GO enquanto instrumento financeiro de política energética.

As mesmas desempenham um papel relevante na dinamização e valorização do esforço coletivo para atingir as metas da descarbonização e apresentam um enorme potencial no desenvolvimento do hidrogénio verde, designadamente para ultrapassar diversos obstáculos que se colocam, em particular em setores de emissão intensiva.

A CE tem prestado especial atenção na possível estruturação de novos produtos que, tal como as GO, possam aumentar a liquidez do mercado, com impacto junto dos consumidores e na esteira da visão de um mercado único.

Os passos têm vindo a ser dados no bom sentido. No entanto, permanecem por resolver constrangimentos físicos e de uniformização da regulamentação.

Relembra-se, aliás, a possibilidade de vir a ser alterado o atual mecanismo de mercado voluntário atual e exigir que aos agentes económicos uma determinada proporção de energia assente em fontes renováveis, aumentando por essa via significativamente a absorção de energia renovável no mercado energético. Portugal reservou expressamente essa possibilidade no DL n.º 62/2020, de 28 de agosto, por intermédio da qual poderá vir a impor uma obrigação legal de incorporação de percentagens mínimas de utilização de energia “verde”, determinando, por essa via, o aumento da procura de GO que permitam demonstrar o cumprimento das respetivas quotas.

O potencial da Península Ibérica na construção da independência energética e segurança no aprovisionamento, que assumem especial premência no atual contexto, justificou que o projeto do gasoduto dos Pireneus voltasse à agenda europeia. A construção do mesmo contribuirá de forma expressiva para atingir os objetivos visado na estratégia *REPowerEU* e, a concretizar-se, permitirá a Portugal assumir um papel determinante na exportação de gás para o centro da Europa.

Por último, merece destaque a pendência de uma controversa proposta[76] da CE para rotular a energia nuclear como energia “verde”, a qual, caso venha a ser aprovada, entrará em vigor a partir de 2023. Nesse cenário, importa considerar cuidadosamente se o mecanismo das GO deverá ser replicado nesse setor produtivo à semelhança dos gases de baixo teor carbónico, dado que não se trata de uma fonte renovável, mas apenas de um processo menos poluente.

[76] Apresentada em 31 de dezembro de 2021 e reservada apenas a centros produtores que utilizem os padrões tecnológicos mais sofisticados com planos rigorosos a nível de gestão de resíduos.

A produção de energia elétrica através de fontes renováveis

O caso particular da energia eólica, das mini-hídricas e da hibridização

CATARINA BRITO FERREIRA*
JOANA ALVES ABREU*

§ *Abstract*

O conceito de produção de energia elétrica em regime especial ("**PRE**") foi introduzido no nosso ordenamento pelo Decreto-Lei n.º 29/2006, de 15 de fevereiro ("**DL 29/2006**"). Este conceito emergiu da realidade dos «pequenos produtores» e da «produção independente» e esteve alicerçado no Decreto-Lei n.º 189/88, de 27 de maio ("**DL 189/88**"), durante as décadas de crescimento exponencial da produção renovável em Portugal. Ao longo dos anos, o conceito correspondia, essencialmente, à produção de energia elétrica através de fontes renováveis.

Neste quadro, a produção eólica e a pequena produção hídrica – de que nos ocupamos em particular neste artigo – foram incentivados através da promoção de procedimentos concorrenciais para a atribuição de capacidade de rede e da definição de regimes remuneratórios garantidos.

Com o esforço de consolidação legislativa ocorrido em 2012, a PRE passa a integrar os diplomas basilares do Sistema Elétrico Nacional, o DL 29/2006 e o Decreto-Lei n.º 172/2006, de 23 de agosto ("**DL 172/2006**"), perdendo-se com essa integração alguns dos seus traços caraterísticos (em particular, o facto de toda a PRE beneficiar de remuneração garantida), vindo o conceito a desaparecer definitivamente com a aprovação do Decreto-Lei n.º 15/2022, de 14 de janeiro ("**DL 15/2022**").

Atualmente, a produção de energia elétrica através de fontes renováveis – como a eólica e a mini-hídrica – seguem o mesmo regime jurídico

* Morais Leitão, Galvão Teles, Soares da Silva & Associados, SP, RL

das restantes energias primárias, sem prejuízo de se manterem algumas especificidades.

O acesso à atividade de produção de energia elétrica depende da obtenção de licença de produção e subsequente licença de exploração, de registo prévio e certificado de exploração ou apenas de comunicação prévia, sendo aplicáveis os procedimentos mais simplificados quando esteja em causa menor potência instalada, a instalação não se destine a injetar energia na rede e/ou o projeto seja qualificado como de investigação e desenvolvimento, demonstração e teste.

A hibridização de sistemas de produção renováveis, sendo uma realidade recente, também sofreu algumas alterações com a aprovação do DL 15/2022. Este diploma veio regular, ao contrário do regime anterior (vertido no DL 172/2006 por efeito da alteração aprovada pelo Decreto-Lei n.º 76/2019, de 3 de junho, "**DL 76/2019**"), a hibridização originária.

I. Notas introdutórias

O presente artigo tem na sua origem as notas elaboradas durante a preparação da sessão do Curso de Pós-Graduação em Direito da Energia da Faculdade de Direito da Universidade de Lisboa, com o tema "A produção em regime especial – eólica, mini-hídrica e hibridização", apresentada no dia 6 de outubro de 2021. Assumindo, desde logo, a crescente perda de relevância do conceito de PRE no nosso ordenamento jurídico ao longo dos anos, motivada quer pelas sucessivas alterações dos regimes jurídicos relevantes, quer pela própria evolução da organização do Sistema Elétrico Nacional ("**SEN**") e, em concreto, da atividade de produção de energia elétrica, o objetivo da sessão foi expor, de forma breve, a evolução da produção de eletricidade a partir de fontes de energia renovável ("**FER**") em Portugal. Em rigor, a PRE não se confunde em absoluto com este tipo de produção, na medida em que incluiu sempre no seu âmbito a atividade de produção de energia elétrica a partir de combustíveis fósseis, nomeadamente a produção através de cogeração. No entanto, uma vez que a cogeração foi tratada em sessão autónoma do Curso de Pós-Graduação e que se pretendia explorar especificamente os casos das energias primárias eólica e mini-hídrica, optámos por centrar a nossa apresentação na PRE através de FER.

À data em que desenvolvemos este texto, passados alguns meses da referida sessão, o conceito de PRE foi, entretanto, definitivamente eliminado da legislação sectorial pelo DL 15/2022, pelo que a opção de circunscrevermos o nosso artigo às energias renováveis sai reforçada.

O que se pretende é, precisamente, apresentar sucintamente a evolução do regime jurídico (geral) da produção de energia elétrica a partir de FER, concluindo com as regras de acesso à atividade atualmente em vigor, assinalando as especificidades relativas às energias eólica e mini-hídrica.

II. Enquadramento histórico

a. Enquadramento geral

O conceito de PRE foi introduzido no nosso ordenamento jurídico pelo DL 29/2006, que estabeleceu os princípios gerais relativos à organização e funcionamento do SEN, bem como ao exercício das atividades de produção, transporte, distribuição e comercialização de eletricidade e à organização dos mercados de eletricidade[2]. A PRE correspondia originalmente à atividade de produção "licenciada ao abrigo de regimes jurídicos especiais, no âmbito da adoção de políticas destinadas a incentivar a produção de eletricidade, nomeadamente através da utilização de recursos endógenos renováveis ou de tecnologias de produção combinada de calor e eletricidade"[3], remetendo-se a aprovação do respetivo regime jurídico para legislação complementar.

[2] O Decreto-Lei n.º 29/2006, de 15 de fevereiro, transpôs para a ordem jurídica interna os princípios da Diretiva n.º 2003/54/CE, do Parlamento Europeu e do Conselho, de 26 de junho, que estabelecia as regras comuns para o mercado interno da eletricidade. Este diploma foi alterado pelos Decretos-Leis n.ºs 104/2010, de 29 de setembro, 78/2011, de 20 de junho, 75/2012, de 26 de março, 112/2012, de 23 de maio, 215-A/2012, de 8 de outubro, e 178/2015, de 27 de agosto, e pela Lei n.º 42/2016, de 28 de dezembro.

[3] Cfr. artigo 18.º do Decreto-Lei n.º 29/2006, de 15 de fevereiro.

A atividade de produção de energia elétrica não incluída na PRE era designada por PRO[4], constando o respetivo regime jurídico do DL 172/2006[5].

Apesar de só a partir de 2006 se adotar esta divisão na atividade de produção de eletricidade, o regime aplicável aos centros electroprodutores que viriam a enquadrar-se na PRE tem a sua origem no DL 189/88[6], que regulava o acesso e exercício da atividade de produção de energia elétrica por pessoas singulares ou coletivas, de direito público ou privado[7], independentemente da sua forma jurídica, desde que o estabelecimento industrial de produção de energia, no seu conjunto, não ultrapassasse a potência aparente instalada de 10000 kVA e fossem utilizados recursos renováveis, combustíveis nacionais ou resíduos industriais, agrícolas ou urbanos, ou se tratasse de instalações de cogeração, estas últimas sem limite de potência.

A faturação da energia fornecida pelo produtor seria feita mensalmente por este, de acordo com a tarifa praticada para os consumidores da rede recetora correspondente ao nível de tensão imediatamente superior àquele em que era feita a interligação do produtor à entidade recetora, com as adaptações definidas pelo DL 189/88. À tarifa acrescia um adicional correspondente ao eventual subsídio de fuelóleo atribuído às centrais

[4] Cfr. artigo 17.º do Decreto-Lei n.º 29/2006, de 15 de fevereiro.

[5] O Decreto-Lei n.º 172/2006, de 23 de agosto, foi alterado pelos Decretos-Leis n.ºs 264/2007, de 24 de julho, 23/2009, de 20 de janeiro, 104/2010, de 29 de setembro, 215-B/2012, de 8 de outubro, pela Lei n.º 7-A/2016, de 30 de março, pelos Decretos-Leis n.ºs 38/2017, de 31 de março, e 152-B/2017, de 11 de dezembro, pela Lei n.º 114/2017, de 29 de dezembro, e pelo Decreto-Lei n.º 76/2019, de 3 de junho.

[6] O DL 189/88 revogou o Decreto-Lei n.º 20/81, de 28 de janeiro, que estabelecia medidas com vista a incentivar a auto produção de energia elétrica, e a Lei n.º 21/82, de 28 de julho (**"Lei 21/82"**), que definia os termos do acesso às atividades de produção e distribuição independente de energia elétrica. A figura do autoprodutor foi criada pela Lei n.º 2002, de 26 de dezembro de 1944, referindo-se à entidade que produzia energia acessoriamente a uma outra atividade, industrial ou agrícola, podendo ligar-se à rede e vender os excedentes.
A Lei 21/82 e o Decreto-Lei n.º 149/86, de 18 de junho, associaram depois a figura do autoprodutor à do pequeno produtor, que produz energia a título principal.

[7] O DL 449/88, de 10 de dezembro, permitiu a abertura da iniciativa privada às atividades de produção, transporte e distribuição de energia elétrica, tendo o DL 189/88 antecipado esta mudança no que respeita aos pequenos produtores.

que alimentavam a rede pública. Esta receita era garantida ao produtor durante os primeiros oito anos do prazo de amortização do investimento.

O ponto de interligação era escolhido mediante acordo entre o produtor e o operador de rede e a instalação exigia a submissão do projeto a apreciação da DGEG; após autorização (expressa ou tácita), o produtor comunicava à DGEG a data de início da exploração, para que fosse feita uma vistoria.

O DL 189/88 foi, durante mais de 20 anos, o diploma central da produção de energia elétrica a partir de FER – apesar de, nas suas redações iniciais, o mesmo não se restringir a este tipo de fontes –, e, logo, de uma parte significativa da PRE.

O DL 189/88 foi sendo sucessivamente alterado, nos termos resumidamente apresentados abaixo, sem nunca abandonar dois aspetos que, à data, eram essenciais para distinguir a PRE da produção em regime ordinário (“**PRO**”): por um lado, a garantia de aquisição da energia elétrica gerada pelos centros electroprodutores em causa, e, por outro, a aplicação de um preço fixado nos termos da lei ou do procedimento concorrencial durante um período de tempo, que viabilizava o investimento no projeto.

(i) *O Decreto-lei n.º 189/88, de 27 de maio e o pacote legislativo de 1995*

No contexto do pacote legislativo de 1995[8], o Decreto-Lei n.º 182/95, de 27 de julho, aprovou as bases de organização do SEN, que compreendia o Sistema Elétrico Público (“**SEP**”) e o Sistema Elétrico Independente (“**SEI**”). O SEI, por sua vez, integrava o Sistema Elétrico Não Vinculado (“**SENV**”), bem como um conjunto de instalações que estava, no entanto, expressamente excluído do âmbito daquele decreto-lei; a saber, a produção de energia elétrica em aproveitamentos hidroelétricos até 10 MVA de potência aparente instalada, a produção de energia elétrica a partir de energias renováveis, com exceção da energia hidráulica, e a produção de energia elétrica em instalações de cogeração.

[8] O pacote legislativo de 1995 era composto pelos Decretos-Leis n.ºs 182 a 189/95, de 27 de julho, que reorganizaram o SEN.

O SENV regia-se pelas normas do Decreto-Lei n.º 183/95, de 27 de julho ("**DL 183/95**") e as demais atividades do SEI correspondiam, na realidade, às atividades de produção previstas no DL 189/88, sendo que, com a entrada em vigor do DL 186/95, o regime jurídico da cogeração passou a ser tratado de forma autónoma.

Neste sentido, o Decreto-Lei n.º 313/95, de 14 de novembro, alterou o âmbito do DL 189/88, que passou a regular parte do SEI, no que respeita à produção de energia elétrica mediante utilização de recursos renováveis, combustíveis nacionais ou resíduos industriais, agrícolas ou urbanos. Tratando-se de aproveitamentos hidroelétricos, as disposições só se aplicavam desde que a potência aparente instalada fosse, no seu conjunto, limitada a 10 MVA.

No que respeita ao regime remuneratório aplicável, o artigo 22.º do DL 189/88 passou a distinguir entre os centros electroprodutores com potências de ligação até 10 MVA e aqueles com potências superiores:

- a energia fornecida pelos primeiros seria faturada mensalmente, segundo a tarifa aplicada aos clientes abastecidos pela rede no nível de alta tensão, com algumas adaptações, garantindo-se, durante o período de retorno do investimento ou durante os oito primeiros anos de exploração da instalação de produção de energia elétrica, se o período de retorno do investimento fosse superior, uma receita igual a 90% da receita que seria obtida pela aplicação dos preços em vigor no ano da entrada em exploração da instalação;
- quando os segundos registassem fornecimentos correspondentes a potências mensais faturadas que ultrapassassem 10 MVA, os primeiros 10 MVA seriam valorizados segundo os critérios aplicáveis às centrais com menor potência de ligação, sendo os fornecimentos suplementares valorizados, durante 15 anos, pelo critério dos custos evitados totais.

(ii) *O Decreto-Lei n.º 189/88, de 27 de maio e a alteração do Decreto-Lei n.º 168/99, de 18 de maio*

A referência à utilização de combustíveis é eliminada do DL 189/88 com a entrada em vigor do Decreto-Lei n.º 168/99, de 18 de maio ("**DL 168/99**"), o qual veio reduzir o âmbito de aplicação daquele diploma, passando a abranger apenas os centros electroprodutores que utilizassem recursos renováveis ou resíduos industriais, agrícolas ou urbanos. Nesta fase, evidencia-se a crescente preocupação com a proteção do ambiente e com o cumprimento dos objetivos assumidos ao nível supranacional para redução de emissões de gases com efeito de estufa, em resultado da implementação da Convenção Quadro das Nações Unidas para as Alterações Climáticas e do Protocolo de Kyoto.

Este diploma introduziu ainda os anexos I e II, os quais estabeleceram, respetivamente, o procedimento de atribuição de autorização da instalação das centrais em três fases (atribuição e reserva de ponto de ligação, autorização de instalação e licença de exploração, precedida de vistoria) e o tarifário de venda de energia elétrica pelo centro produtor à rede pública previsto no artigo 19.º do DL 189/88, bem como as disposições relativas ao período de vigência das modalidades desse tarifário. Os produtores gozavam de uma obrigação de compra, pela rede pública, da energia produzida durante o prazo de vigência das licenças.

A fórmula que determinava a remuneração das instalações licenciadas ao abrigo do disposto no DL 189/88 constava do referido anexo II. Nos termos dos n.ºs 18 e 19 deste anexo, o montante aplicar-se-ia durante os primeiros 144 meses de exploração da central renovável. Após este período e até ao fim do período de vigência do licenciamento concedido, as centrais renováveis seriam remuneradas, pelo fornecimento da energia entregue à rede, através de fórmula diversa. No caso de a central continuar em exploração após prorrogação do prazo inicial, a energia que a central fornecesse à rede pública seria paga pelo sistema de remuneração que se encontrasse em vigor para as instalações do SEP licenciadas ao abrigo do DL 183/95.

(iii) *O Decreto-lei n.º 189/88, de 27 de maio e a alteração do Decreto-Lei n.º 339-C/2001, de 29 de dezembro*

Com a entrada em vigor do Decreto-Lei n.º 339-C/2001, de 29 de dezembro (“**DL 339-C/2001**”), o anexo II do DL 189/88 passou a distinguir o valor do coeficiente Z (utilizado na fórmula de cálculo da remuneração garantida atribuída à PRE) por energia primária, atribuindo-se “destaque apropriado às tecnologias que, embora emergentes, como é o caso da energia das ondas e da energia solar fotovoltaica, evidenciavam um elevado potencial a médio prazo".[9]

À energia produzida pelas centrais eólicas corresponderia um montante variável em função das horas de funcionamento: o coeficiente assumiria um valor mais alto nas primeiras duas mil horas de funcionamento e ao excedente de energia produzida entre as duas mil horas e as duas mil e seiscentas corresponderia valores mais baixos.

A remuneração da energia gerada pelas centrais hídricas (abrangidas por aquele diploma) era definida tendo por base um coeficiente fixo, independentemente das horas de funcionamento.

O DL 339-C/2001 introduziu ainda duas alterações relevantes:

- foi inserida a obrigação de pagamento pelas "empresas detentoras de licenças de exploração de parques eólicos" de uma renda municipal[10]; e
- foi eliminada a limitação temporal ao funcionamento das centrais e, logo, à aplicação do respetivo regime remuneratório, por se "reconhecer que o contributo ambiental das instalações abrangidas pela legislação em presença é permanente",[11] não sendo, pois, apropriado estabelecer-se, como até então, uma qualquer limitação temporal.

Destaca-se, ainda, nesta fase, a aprovação da Estratégia para as Alterações Climáticas (através da Resolução do Conselho de Ministros n.º 59/2001, de 30 de maio), da Estratégia Nacional de Conservação da Natureza e da Biodiversidade (aprovada pela Resolução do Conselho de Ministros n.º 152/2001, 11 de outubro) e do Programa E4, Eficiência

[9] Cfr. preâmbulo do DL 339-C/2001.

[10] O diploma estabelecia que a referida renda correspondia a 2,5% do pagamento mensal feito pela entidade recetora da eletricidade produzida, referindo-se a lei à entidade que gere a rede recetora, com a qual o produtor celebra o contrato de compra e venda de energia. Atualmente, desde 2006 e nos termos do disposto no número 2 do artigo 287.º do DL 15/2022, e tendo em conta a evolução do SEN, esta entidade recetora corresponde, no que respeita à atividade de aquisição de energia, ao comercializador de último recurso.

[11] Cfr. preâmbulo do DL 339-C/2001.

Energética e Energias Endógenas (apresentado pela Resolução do Conselho de Ministros n.º 154/2001, de 19 de outubro), que estabelecem orientações para o estímulo à produção de eletricidade a partir de fontes de energia renováveis.

(iv) *O Decreto-lei n.º 189/88, de 27 de maio e a alteração do Decreto-Lei n.º 33-A/2005, de 16 de fevereiro*

O Decreto-Lei n.º 33-A/2005, de 16 de fevereiro ("**DL 33-A/2005**") atualizou os valores constantes da fórmula de remuneração de eletricidade produzida a partir de recursos renováveis, garantindo a respetiva remuneração por um prazo considerado suficiente para permitir a recuperação dos investimentos efetuados e expectativa de retorno económico mínimo dos promotores. A limitação temporal do regime de remuneração viria, assim, a ser reposta com a aprovação e entrada em vigor do DL 33-A/2005.

No caso das centrais eólicas, a remuneração passou a aplicar-se aos primeiros 33 GWh entregues à rede, até ao limite máximo dos primeiros 15 anos a contar desde o início do fornecimento de eletricidade à rede. No que respeita às centrais hídricas, a remuneração passa a aplicar-se aos primeiros 42,5 GWh entregues à rede, até ao limite máximo dos primeiros 15 anos a contar desde o início do fornecimento de eletricidade à rede, podendo tal limite, em casos excecionais devidamente fundamentados, ser prorrogado por mais 10 anos, mediante despacho do membro do Governo que tutelasse a Direção-Geral de Energia e Geologia ("**DGEG**"), a requerimento do promotor interessado. Atingidos estes limites[12], as centrais renováveis seriam remuneradas pelo fornecimento da eletricidade entregue à rede a preços de mercado e pelas receitas obtidas da venda de certificados verdes.

[12] Estes prazos viriam a ser mantidos pelos Decreto-Lei n.º 225/2007, de 31 de maio, e Decreto-Lei n.º 35/2013, de 28 de fevereiro, diplomas que introduziram alterações ao anexo II do DL 189/88.

(v) *O Decreto-lei n.º 189/88, de 27 de maio e a aprovação do Decreto--Lei n.º 29/2006, de 15 de fevereiro e do Decreto-Lei n.º 172/2006, de 23 de agosto*

O DL 29/2006 e o DL 172/2006 estabeleceram, nas suas sucessivas redações e até à entrada em vigor do DL 15/2022, as bases gerais da organização e funcionamento do SEN, bem como os princípios gerais e regulamentação aplicável ao exercício das atividades de produção, transporte, distribuição e comercialização de eletricidade e à organização dos mercados de eletricidade. Estes diplomas, para além de transporem para o ordenamento interno a Diretiva n.º 2003/54/CE, do Parlamento Europeu e do Conselho, de 26 de junho, que estabelecia regras comuns para o mercado interno da eletricidade, consagraram a integração do SEN, que deixa de estar dividido em subsistemas.

O DL 29/2006 inaugura o conceito de PRE mas não introduz alterações ao DL 189/88, continuando este até 2012 a regular (ainda que parcialmente) o regime da PRE, uma vez que o DL 29/2006 remetia para legislação complementar o respetivo regime jurídico.

(vi) *O regime jurídico da PRE após entrada em vigor dos Decretos-Leis n.ºs 215-A/2012 e 215-B/2012, de 8 de outubro*

Os Decretos-Leis n.ºs 215-A/2012 e 215-B/2012, ambos de 8 de outubro (“**DL 215-A/2012**” e “**DL 215-B/2012**”) alteraram de forma significativa os DL 29/2006 e DL 172/2006, respetivamente, concluindo a transposição para o ordenamento interno da Diretiva 2009/72/CE (iniciada em 2011 com a aprovação do DL 78/2011). Uma das alterações mais relevantes foi inclusão do regime geral da PRE nestes diplomas, abandonando a opção histórica de tratar em decreto-lei autónomo a PRE através de FER.

Ademais, o DL 215-A/2012 alterou a definição de PRE, tal como constava do DL 29/2006 (na redação então em vigor), deixando esta de se distinguir da PRO pela sujeição a regimes especiais no âmbito de políticas de incentivo, passando a incluir a atividade de produção através de recursos endógenos em regime remuneratório de mercado – ou seja, passa a prever-se a possibilidade de licenciamento de centros electroprodutores enquadrados no âmbito da PRE sem qualquer remuneração garantida, que deveriam transacionar a respetiva energia elétrica através de mercados organizados ou contratos bilaterais[13].

Por outro lado, até 2012 excluía-se da categoria de PRE os aproveitamentos hidroelétricos com uma capacidade instalada superior a 10 MW. Com a aprovação do DL 215-A/2012, a PRE passou a incluir todos as centrais que utilizassem esta energia primária[14].

Para possibilitar a introdução de um regime geral de remuneração, é criada a figura do facilitador de mercado, que agregaria a energia gerada pelos centros electroprodutores que não beneficiassem de remuneração garantida.

A PRE passou ainda a estar sujeita aos seguintes procedimentos de controlo prévio, aplicáveis em função da potência de ligação, do regime de remuneração e/ou da sua sujeição a avaliação de impacte ambiental (“**AIA**”):

- licença de produção e licença de exploração – quando a potência de ligação fosse superior a 1 MVA; quando os projetos em causa estivessem sujeitos a AIA ou avaliação de incidências ambientais; quando a sua instalação fosse em espaço marítimo; ou quando o regime remuneratório fosse o da remuneração garantida[15]; ou

[13] Importa salientar que, antes da publicação destes diplomas, em 6 de fevereiro de 2012, na sequência das medidas aprovadas pelos Memorandos de Entendimento acordados com o Fundo Monetário Internacional, a Comissão Europeia e o Banco Central Europeu, veio o Decreto-Lei n.º 25/2012, de 6 de fevereiro, suspender a atribuição de potência de injeção na RESP, medida esta que veio a ser revogada pelo DL 215-B/2012.

[14] Os seguintes centros electroprodutores deviam, no entanto, considerar-se integrados na PRO: *(i)* os que ainda fossem titulares de contratos de aquisição de energia celebrados ao abrigo do disposto no DL 183/95; *(ii)* os que beneficiassem da compensação pecuniária correspondente aos custos de manutenção de equilíbrio contratual, prevista no Decreto-Lei n.º 240/2004, de 27 de dezembro; e *(iii)* os que beneficiassem de incentivos à garantia de potência pelos mesmos disponibilizada ao SEN, nos termos previstos em legislação complementar.

[15] Nos termos do disposto no n.º 1 do artigo 11.º do DL 215-B/2012, também as autorizações de instalação ou licenças de estabelecimento e as licenças de exploração de centros electroprodutores emitidas ao abrigo do disposto no DL 189/88 e no Decreto-Lei n.º 312/2001, de 10 de dezembro, passavam a reger-se pelas normas aplicáveis à licença de produção e licença de

- comunicação prévia e certificado de exploração, nos demais casos[16].

Conforme referido, nesta fase já se assume que a PRE pode ou não beneficiar de incentivos à utilização de recursos endógenos renováveis ou à promoção da eficiência energética através da produção combinada de calor e eletricidade, nos termos e pelo período estabelecido na lei.

Nos termos do artigo 33.º-G do DL 172/2006, na redação que lhe foi dada pelo DL 215-B/2012, a atividade de PRE podia ser exercida ao abrigo de um dos seguintes regimes remuneratórios:

- o regime geral, ao abrigo do qual os produtores de eletricidade vendiam a eletricidade produzida nos termos aplicáveis à produção em regime ordinário[17], em mercados organizados ou através da celebração de contratos bilaterais com clientes finais ou com comercializadores de eletricidade, incluindo com o facilitador de mercado ou um qualquer comercializador que agregue a produção; e
- o regime de remuneração garantida, ao abrigo do qual a eletricidade produzida era entregue ao CUR, contra o pagamento da remuneração atribuída, aplicando-se, no que respeita aos termos, condições e critérios da atribuição de reserva de capacidade de injeção na rede

exploração previstas no referido Capítulo III, sem prejuízo do disposto na norma revogatória daquele diploma de 2012.

[16] A Portaria n.º 237/2013, de 24 de julho, estabeleceu o regime jurídico do procedimento de comunicação prévia relativo à atividade de produção de eletricidade em regime especial, bem como as regras aplicáveis à emissão, alteração, transmissão e extinção do ato de admissão da comunicação prévia.

[17] Nos termos do artigo 17.º do DL 29/2006, na redação que lhe foi dada pelo DL 215-B/2012, considerava-se produção de eletricidade em regime ordinário a atividade de produção que não estivesse abrangida por um regime jurídico especial, bem como aquela que fosse desenvolvida por centros electroprodutores *i)* relativamente aos quais ainda produzissem efeitos contratos de aquisição de energia celebrados ao abrigo do disposto no DL 183/95, alterado pelos Decretos-Leis n.ºs 56/97, de 14 de março, 198/2000, de 24 de agosto, 153/2004, de 30 de junho, 172/2006, e 226-A/2007, de 31 de maio, ***ii)*** que beneficiassem da compensação pecuniária correspondente aos custos para a manutenção do equilíbrio contratual, prevista no Decreto-Lei n.º 240/2004, de 27 de dezembro, alterado pelos Decretos-Leis n.ºs 199/2007, de 18 de maio, e 264/2007, de 24 de julho, e ***iii)*** que beneficiassem de incentivos à garantia de potência pelos mesmos disponibilizada ao SEN.

elétrica de serviço público e da licença de produção, a Portaria n.º 243/2013, de 2 de agosto, alterada pela Portaria 133/2015, de 15 de maio (“**Portaria 243/2013**”).

O DL 172/2006, na redação que lhe foi dada pelo DL 215-B/2012, também remetia para portaria do membro do Governo responsável pela área da energia a definição do regime de remuneração garantida. Apesar de se continuar a prever a garantia de compra da energia pelo CUR nos casos em que era esse o regime aplicável, e limitado à sua duração, tal portaria não chegou a ser aprovada.

Note-se que o DL 189/88 viria ser revogado pelo DL 215-B/2012, continuando, no entanto, a aplicar-se o regime remuneratório do anexo II (e apenas este) daquele diploma[18] a centros electroprodutores cujos direitos foram atribuídos *i)* no âmbito de procedimentos concursais – nomeadamente os lançados ao abrigo do artigo 14.º do Decreto-Lei n.º 312/2001, de 10 de dezembro (“**DL 312/2001**”) –, *ii)* antes da entrada em vigor do DL 33-A/2005, ou *iii)* dentro dos prazos previstos no n.º 5 do artigo 15.º do DL 215-B/2012.

(vii) *O regime jurídico da PRE após entrada em vigor do Decreto-Lei n.º 76/2019, de 3 de junho*

O DL 172/2006 voltou a ser significativamente alterado com a entrada em vigor do DL 76/2019. A divisão entre PRE e PRO, apesar de mantida pelo DL 29/2006, deixa de ser relevante para efeitos de procedimento de controlo prévio dos centros electroprodutores, passando a aplicar-se um regime comum aos dois tipos de produção.

A PRE continuava a poder beneficiar do regime geral de remuneração e do regime de remuneração garantida que podia ser atribuída *(i)* no âmbito de procedimento concorrencial; *(ii)* a centrais com potência ins-

[18] No que respeita à renda municipal exigida especificamente às centrais eólicas, o DL 172/2006 e a Portaria 243/2013 não estabelecerem obrigação equivalente à que resultava do DL 189/88, prevista no anexo II do DL 189/88; não obstante, a norma revogatória do DL 215-B/2012 determinou a manutenção em vigor da obrigação de pagamento da renda nos moldes até então em vigor.

talada até 1 MW; e *(iii)* em situações de sobre-equipamento ou à produção através de unidade instalada em central já existente que utilize fonte primária diversa (centrais hibridizadas).

Por outro lado, o DL 76/2019 veio integrar no DL 172/2006 a produção a partir de fontes de energia renováveis, baseada em uma tecnologia, com capacidade máxima instalada até 1MW e destinada a injeção da energia na Rede Elétrica de Serviços Público ("**RESP**"), prevista até então no Decreto-Lei n.º 153/2014, de 20 de outubro (aí designada como «pequena produção»).

b. Os casos particulares das energias eólica e mini-hídrica

A Diretiva 2001/77/CE do Parlamento Europeu e do Conselho, de 27 de setembro de 2001, relativa à promoção da eletricidade produzida a partir de fontes de energia renováveis no mercado interno da eletricidade, estabeleceu uma meta indicativa global de 12% do consumo interno bruto de energia em 2010, exigindo aos Estados-membros que definissem metas indicativas compatíveis com este objetivo.

Em Portugal, a meta para a produção de eletricidade com origem em fontes renováveis em 2010 foi fixada em 39%. Nesta fase, a produção das grandes hídricas correspondia a quase 90% da energia elétrica produzida a partir de fontes renováveis, prevendo-se, na altura, que o cumprimento do compromisso assumido por Portugal exigiria a construção de novos aproveitamentos hidroelétricos com potência superior a 10 MW e o crescimento, a uma taxa anual oito vezes superior à então verificada, de outro tipo de capacidade renovável[19].

Não obstante, o setor eólico, por permitir conjugar a disponibilidade económica do recurso e a aplicação de tecnologias maduras e competitivas, foi considerado o mais apto a dar resposta às exigências impostas pela aludida meta, tendo sido assumido, através da Resolução do Conselho de Ministros n.º 63/2003, de 28 de abril, que aprovou as orientações da política energética portuguesa, o objetivo de passar de 101 MW de capa-

[19] Relatório da Direção-Geral de Energia e Geologia, disponível em http://escoladaenergia.abae.pt/investiga/docs/pdf/MetasProducaoElectricidade_FontesRenovaveis.pdf.

cidade instalada de eletricidade produzida por centrais eólicas em 2001, para 3750 MW de capacidade instalada até 2010[20].

Em 2005, a Resolução do Conselho de Ministros n.º 169/2005, de 24 de outubro, que aprovou a Estratégia Nacional para a Energia, assumiu que "as componentes hídrica e eólica, sendo as fontes renováveis que apresentam o menor custo de produção, [seriam] vetores fundamentais para o cumprimento dos objetivos, com menor impacte nas tarifas médias dos consumidores", tendo sido aprovada uma nova meta de capacidade instalada de energia eólica, de 5100 MW até 2010.

A maior parte da energia hidroelétrica era produzida através de grandes centrais, com capacidade instalada superior a 10 MW e, como tal, abrangidas por contratos vinculados de aquisição de energia ou regime de mercado.

A Estratégia Nacional para a Energia com o horizonte de 2020 aprovada pelo Resolução do Conselho de Ministros n.º 29/2010, de 15 de abril, veio reforçar a necessidade de recurso à «mini-hídrica» como forma de contribuir para a redução da dependência externa e para o desenvolvimento económico equilibrado de base regional. Neste sentido, a Resolução do Conselho de Ministros n.º 72/2010, de 10 de setembro, determinou o lançamento de procedimentos concursais de iniciativa pública para a atribuição simultânea e coordenada de títulos de utilização dos recursos hídricos[21] e de capacidade de injeção de potência na RESP para energia elétrica produzida em centrais míni-hídricas[22].

Em concretização destas orientações, foi aprovado o Decreto-Lei n.º 126/2010, de 23 de novembro, que estabeleceu o regime de implemen-

[20] De acordo com a Resolução do Conselho de Ministros n.º 63/2003, de 28 de abril, em 2001, Portugal tinha uma capacidade instalada de energia hídrica de 4209 MW, fixando como objetivo para 2010 alcançar os 5000 MW. A energia solar, que tem tido um desenvolvimento significativo nos últimos anos, tinha apenas 1 MW instalado em 2001, tendo sido fixada a meta para 2010 nos 150 MW.

[21] Nos termos da Lei da Água, aprovada pela Lei n.º 58/2005, de 29 de dezembro, e do Decreto-Lei n.º 226-A/2007, de 31 de maio.

[22] O objetivo assumido pela Resolução do Conselho de Ministros seria alcançar a meta de atribuição de uma potência total de 150 MW, bem como a aprovação de um tarifário específico, com uma tarifa média de referência indicativa de € 95/MWh, a vigorar por 25 anos, aplicável à energia gerada pelas referidas centrais.

tação dos aproveitamentos hidroelétricos destinados à captação de água para a produção de energia elétrica com capacidade instalada até 20 MW.

Também a energia eólica acabou por ter um impulso relevante com o lançamento de procedimentos concorrenciais para atribuição de pontos de receção e de potência de injeção na RESP.

O crescimento da capacidade instalada de energia eólica e mini-hídrica foi, de facto, promovido através da atribuição de regimes remuneratórios favoráveis bem como da garantia de compra da totalidade da energia injetada na RESP, refletindo a vontade política de incentivar estes tipos de energia primária e de tecnologias.

Em 2013, foi aprovado pelo Decreto-Lei n.º 35/2013, de 28 de fevereiro (“**DL 35/2013**”) um novo regime remuneratório aplicável às centrais eólicas. Este regime veio prever a possibilidade de extensão da remuneração garantida mediante o pagamento de uma compensação anual ao SEN durante o período de oito anos, compreendido entre 2013 e 2020, calculada com base em valores de referência entre € 5 000 e € 5 800 por cada MW de potência instalada. Os produtores poderiam, assim, beneficiar, após os 15 anos de remuneração garantida que lhe tivesse sido atribuída nos termos do DL 189/88 e durante períodos adicionais de cinco ou sete anos, de tarifas de valor correspondente ao preço de mercado mas com limites mínimos e máximos definidos naquele diploma[23].

[23] Os valores de referência da compensação anual e dos limites mínimos e máximos deveriam ser revistos anualmente, entre 2013 e 2020, através da aplicação da multiplicação por um fator de correção (Kn), que é obtido segundo uma fórmula prevista no n.º 6 do DL 35/2013.
A partir de junho de 2021 – terminado o período de pagamento da compensação – deveria ser feita uma atualização anual dos limites mínimos e máximos dos regimes remuneratórios aplicáveis, de acordo com a taxa de inflação sem habitação, no continente, referente aos 12 meses anteriores.
A este respeito, importa salientar que, de acordo com o Despacho n.º 6304/2021, de 25 de junho, do Secretário de Estado da Energia, “o comercializador de último recurso tem vindo a aplicar o referido fator de forma independente para cada ano ao invés da sua aplicação sucessiva, por forma a repercutir corretamente os valores da inflação registada em cada ano do período temporal face à inflação assumida no referido decreto-lei”, pelo que deve proceder-se à “regularização das compensações já pagas através da respetiva compensação acrescida dos juros devidos e, em simultâneo, aplicar a nova metodologia aos limiares, mínimos e máximos, dos regimes remuneratórios estabelecidos naquele decreto-lei, assim se garantindo a equidade nos termos em que o legislador a estabeleceu em 2013”. Neste contexto, a ERSE aprovou

O DL 35/2013 veio ainda estabelecer "um prazo para a manutenção, pelas pequenas centrais hídricas (PCH) submetidas ao regime remuneratório da eletricidade previsto no anexo II do Decreto-Lei n.º 189/88, de 27 de maio, na redação aplicável antes da data de entrada em vigor do Decreto-Lei n.º 33-A/2005, de 16 de fevereiro, das condições remuneratórias resultantes desse regime". Nos termos da alínea *a)* do n.º 1 do artigo 3.º do citado diploma, as PCH "com regime anterior ao Decreto-Lei n.º 33-A/2005, de 16 de fevereiro beneficiariam desse regime remuneratório por um prazo de 25 anos a contar da data de atribuição da respetiva licença de exploração ou até ao final da respetiva licença de utilização de água para produção de eletricidade, consoante a data que se [verificasse] mais cedo". Findo este prazo, cessava o regime remuneratório garantido bonificado e a energia produzida passaria a ter de ser comercializada em livre concorrência.

O DL 35/2013 seria revogado pelo DL 15/2022, sem prejuízo da manutenção, prevista no artigo 278.º, dos regimes de remuneração garantida ou de outros regimes bonificados de apoio à remuneração, atribuídos, mantidos ou prorrogados por diplomas legais anteriores, nas condições da sua atribuição e até ao decurso dos respetivos prazos.

Finalmente, importa destacar um outro regime que, historicamente, se aplicava exclusivamente às centrais eólicas *onshore*: o do «sobre-equipamento», inicialmente regido pelos artigos 3.º a 3.º-C do Decreto-Lei n.º 225/2007, de 31 de maio, alterado pelo Decreto-Lei n.º 51/2010, de 20 de maio. O sobre-equipamento consistia na instalação de novos aerogeradores destinados a conseguir um aumento da potência instalada em centros produtores eólicos limitado a 20% da potência de ligação à rede.

O Decreto-Lei n.º 94/2014, de 24 de junho ("**DL 94/2014**") viria a substituir aquelas normas, mantendo inalterado o conceito de sobre-equipamento e introduzindo o conceito de «energia adicional», ou seja, a energia ativa que resultasse da utilização da potência adicional, correspondendo o valor máximo da potência adicional à diferença entre a potência instalada e a potência de ligação, excluindo-se a energia do sobreequipamento, quando existisse. Tanto a energia adicional como a

as Instruções n.ºs 11/2021, de 10 de agosto, e 4/2022, de 18 de abril, ambas relativas à refaturação de compensações e pagamentos no âmbito de aplicação do DL 35/2013,

energia do sobreequipamento seriam remuneradas com uma tarifa fixa, não atualizável, cujo valor era de € 60/MWh, aplicável se e enquanto durasse a atribuição da remuneração garantida.

Aquele diploma previa que a alteração do centro electroprodutor para instalação do sobre-equipamento, bem como a sua entrada em exploração, estavam sujeitas a autorização, que podia ser concedida a pessoa jurídica distinta do titular do centro electroprodutor a sobreequipar, desde que mantivesse com este uma relação de domínio total.

O DL 94/2014 seria regulamentado pela Portaria n.º 102/2015, de 7 de abril, a qual estabelecia os procedimentos para injeção de energia adicional e para autorização do sobre-equipamento de centros eletroprodutores eólicos, bem como os requisitos para a dispensa de telecontagem individualizada da energia do sobre-equipamento, e definia as taxas aplicáveis aos procedimentos no âmbito do sobre-equipamento. As sucessivas alterações a esta Portaria[24] vieram a determinar que o pedido de autorização estaria dispensado de parecer da Entidade Reguladora dos Serviços Energéticos apenas no caso em que o titular do centro electroprodutor a sobre-equipar optasse expressamente pela remuneração em mercado da energia produzida pelo sobre-equipamento.

c. O caso particular da hibridização

A possibilidade de «hibridização» de centros electroprodutores – ou seja, a instalação de unidades de produção de energia elétrica em centros electroprodutores preexistentes, utilizando fonte primária diversa – é introduzida no nosso ordenamento jurídico pelo DL 76/2019. Nos termos do DL 172/2006, tal como alterado por aquele diploma[25], essa instalação estava sujeita à obtenção de licenças de produção e de exploração autónomas, averbadas às licenças dos referidos centros electroprodutores, ainda que se mantivesse inalterada a potência de injeção inicialmente atribuída, permitindo-se que a hibridização fosse titulada por entidade

[24] A Portaria n.º 102/2015, de 7 de abril, foi alterada pelas Portarias n.ºs 246/2018, de 3 de setembro, 43/2019, de 31 de janeiro, e 203/2020, de 21 de agosto.

[25] Cfr. número 3 do artigo 4.º do DL 172/2006.

distinta do titular da licença de produção do centro electroprodutor preexistente.

Na sequência da aprovação do regime da «hibridização» pelo DL 76/2019, o Plano Nacional Energia e Clima 2030 (“**PNEC 2030**”)[26] veio reforçar a importância da disseminação de sistemas híbridos com base em tecnologias renováveis como uma das medidas para acelerar a produção de eletricidade a partir de fontes renováveis de energia. Entende-se que estes sistemas permitem a complementaridade entre energias primárias, o que garante “maior flexibilidade e melhor aproveitamento dos recursos (...) e, consequentemente, a possibilidade de minimizar os custos de produção (...)”, maximizando, por outro lado, “a capacidade de ligação à rede através do reforço da capacidade sem recurso a investimento adicional na rede”.

Como veremos, o regime da hibridização foi densificado recentemente pelo DL 15/2022, prevendo-se agora a possibilidade de instalar centrais híbridas, ou seja, centros electroprodutores que, na sua génese, conjugam duas ou mais fontes de energia primárias distintas.

III. A produção de energia elétrica através de fontes renováveis no DL 15/2022

a. Enquadramento geral

O DL 15/2022 inaugura o desaparecimento legislativo da distinção entre PRO e PRE, cujos regimes, como vimos, já tinham vindo a ser aproximados ao longo das últimas revisões do DL 172/2006. Em resultado deste desaparecimento, o procedimento de licenciamento da atividade de produção de energia elétrica através de fontes renováveis é comum ao procedimento definido para as restantes fontes. O fito – de resto, anunciado pelo próprio diploma – é a simplificação de procedimentos administrativos.

[26] Aprovado pela Resolução do Conselho de Ministros n.º 53/2020, de 10 de julho.

A par desta inovação, o DL 15/2022 toma uma posição sobre o enquadramento regulatório do armazenamento de eletricidade, a qual tinha vindo a ser discutida há muito. Com efeito, tendo em conta, em particular, a separação de atividades no SEN imposta pelo *unbundling* e as múltiplas funcionalidades do armazenamento, o enquadramento regulatório do armazenamento foi durante algum tempo incerto, o que foi responsável pela aprovação pelos Estados-Membros de diferentes regimes nesta matéria[27]. A Diretiva (UE) 2019/944 do Parlamento Europeu e do Conselho, de 5 de junho de 2019, relativa a regras comuns para o mercado interno da eletricidade, veio clarificar que os operadores de redes de distribuição e transporte "não podem deter a propriedade, desenvolver, gerir ou explorar instalações de armazenamento de energia"[28].

[27] "Energy storage has not yet developed its full potential in the energy markets. This is because, on the one hand some of the technologies were not widely developed, and on the other hand the regulatory framework was not in place to accommodate new flexible solutions. Support for electricity generation, regulated prices and green fees have impacted on the development of energy storage. Furthermore, energy storage faced many different regulatory frameworks across Member States, with market inefficiency as a result of this fragmentation. There is no consistency amongst the Member States on the way storage is treated in the energy system. For instance in several countries storage facilities pay grid fees both as consumer and producer, in other countries only as producer, or they have other special regimes. In some cases, by reducing administrative burdens and enabling non-discriminatory grid access for energy storage, the overall cost of the electricity system would be reduced. The new legislative proposals for market design in the context of the Clean energy for all Europeans package18 support the cost-efficient use of energy storage solutions, covering energy markets aspects, the regulatory framework, system planning and specific technical aspects." COMMISSION STAFF WORKING DOCUMENT, Energy storage – the role of electricity, Brussels, 1.2.2017.

[28] Cfr. artigos 36.º e 54.º da Diretiva. Não obstante, os operadores das redes podem ser autorizados pelos Estados-Membros a "deter a propriedade, desenvolver, gerir ou explorar instalações de armazenamento de energia se as mesmas forem componentes de rede completamente integrados e se a entidade reguladora tiver dado a sua aprovação, ou caso estejam preenchidas todas as seguintes condições:
a) se a outras partes, na sequência de um processo de concurso aberto, transparente e não discriminatório, sujeito a revisão e aprovação pela entidade reguladora não tiver sido atribuído o direito de deter a propriedade, desenvolver, gerir ou explorar essas instalações, ou não tiverem podido prestar esses serviços a custos razoáveis e em tempo oportuno;
b) se essas instalações forem necessárias para os operadores das redes de distribuição cumprirem as suas obrigações ao abrigo da presente diretiva tendo em vista a eficácia, fiabilidade

O DL 15/2022, criando um conceito de «armazenamento de energia»[29], enquadra os procedimentos de controlo prévio do armazenamento no mesmo capítulo da produção de energia elétrica, ainda que a atividade de armazenamento possa ser desenvolvida de forma autónoma.

Tanto a produção como o armazenamento da eletricidade dependem, por regra, da obtenção da licença de produção e da licença de exploração, as quais autorizam, respetivamente, a produção ou armazenamento de eletricidade e a exploração industrial do centro electroprodutor, unidade de produção para autoconsumo ("**UPAC**") ou da instalação de armazenamento.

São exceções a esta regra as atividades previstas nos números 3, 4 e 5 do artigo 11.º do DL 15/2022. Assim, a produção de eletricidade através de fontes renováveis e o armazenamento autónomo com potência instalada igual ou inferior a 1 MW, o autoconsumo com potência instalada superior a 30 kW e igual ou inferior a 1 MW e os projetos de investigação e desenvolvimento, demonstração e teste com capacidade instalada superior a 30 kW estão sujeitos a registo prévio e certificado de exploração. O autoconsumo e os projetos de investigação e desenvolvimento, demonstração e teste dentro ou abaixo do referido limiar dos 30 kW (e acima de 700 W) e, bem assim, o reequipamento de centro electroprodutor de fonte primária solar ou eólica (contanto que não aumente a potência instalada) estão apenas sujeitos a comunicação prévia. Por seu turno, os casos de autoconsumo ou de projetos de investigação e desenvolvimento, demonstração e teste com capacidade instalada igual ou inferior a 700 W e sem injeção de energia na RESP estão isentos de controlo prévio.

Neste sentido, o legislador opta não só por uniformizar procedimentos, mas também por simplificar o controlo prévio (ou mesmo prescindir

e segurança do funcionamento da rede e as instalações não forem utilizadas para comprar ou vender eletricidade nos mercados de eletricidade; e

c) se a entidade reguladora tiver avaliado a necessidade dessa derrogação e tiver realizado uma avaliação do processo de concurso, incluindo as condições do processo de concurso, e tiver concedido a sua aprovação (...) – artigo 36.º da Diretiva.

[29] De acordo com a alínea *d*) do artigo 1.º do DL 15/2002, deve entender-se por «armazenamento de energia», "a transferência da utilização final de eletricidade para um momento posterior ao da sua produção através da sua conversão numa outra forma de energia, designadamente química, potencial ou cinética".

dele) nas circunstâncias em que a potência instalada dos centros electroprodutores ou das instalações de armazenamento é menor, favorecendo o desenvolvimento de projetos de investigação e desenvolvimento, demonstração e teste no contexto do desenvolvimento de atividades de produção, armazenamento e autoconsumo.

A competência para a atribuição, alteração, transmissão e extinção dos títulos de controlo prévio é da DGEG (salvo no que respeita a atos que o DL 15/2022 reserve expressamente para o membro do Governo responsável pela área da energia), devendo cada procedimento de controlo prévio ser acompanhado por um gestor do procedimento cuja função é a de "assegurar o normal desenvolvimento da tramitação processual"[30]. A tramitação destes procedimentos deve ser realizada informaticamente através de uma plataforma a regulamentar por portaria dos membros do Governo responsáveis pelas áreas da modernização administrativa e da energia, sendo que até à sua entrada em funcionamento (ou em caso de indisponibilidade temporária da mesma que impossibilite a tramitação na plataforma), o meio eleito como supletivo é o correio eletrónico da DGEG.

(i) *A tramitação do procedimento de atribuição de licença de produção e subsequente licença de exploração*

O procedimento de atribuição de licença de produção – regulado no artigo 18.º e seguintes do DL 15/2022 –, inicia-se com a obtenção de um título de reserva de capacidade de injeção na RESP ("**TRC**")[31], o qual pode ser assegurado na sequência:

[30] Cfr. número 1 do artigo 16.º do DL 15/2022.

[31] Nos termos do disposto no número 2 do artigo 18.º do DL 15/2022, estão dispensados da obtenção de TRC as UPAC, exceto aquelas em que se preveja que a injeção de excedentes na RESP seja superior a 1 MVA, a hibridização, o sobre-equipamento e o sobre-equipamento autónomo, e o reequipamento. Nos casos do sobre-equipamento e do reequipamento, tal isenção resultaria, desde logo, do número 1 do artigo 18.º do mesmo diploma, uma vez que apenas carecem de TRC os centros electroprodutores e sistemas de armazenamento que estão sujeitos a licença de produção.

(a) de pedido do promotor, o qual deve indicar um único valor de capacidade de injeção, identificando o nível de tensão e a subestação e o operador da rede a que se pretende ligar («modalidade geral»);
(b) não existindo capacidade de receção na RESP e sendo definida pelo membro do Governo responsável pela área da energia a capacidade máxima de injeção, de pedido do promotor e subsequente celebração de acordo entre este e o operador da Rede Nacional de Transporte ou da Rede Nacional de Distribuição de acordo com minuta a aprovar pela DGEG, após audição daqueles operadores («modalidade de acordo entre o interessado e o operador da RESP»); ou
(c) de procedimento concorrencial, cuja realização é determinada pelo membro do Governo responsável pela área da energia e a condução assegurada pela DGEG («modalidade de procedimento concorrencial»)[32].

Independentemente da modalidade de atribuição do TRC, a sua atribuição depende sempre da prévia prestação de caução idónea, autónoma, irrevogável e à primeira solicitação, a qual pode assumir a forma de garantia bancária, seguro caução ou depósito bancário e se destina a garantir a obtenção dos títulos de controlo prévio, nos termos e nos prazos previstos no DL 15/2022. O valor da caução varia consoante a modalidade de atribuição do TRC[33] e reverterá para o SEN, para abatimento dos custos de interesse económico geral, em geral, em circunstâncias em que a não obtenção do TRC ou a caducidade do TRC, consoante o caso, se deva a circunstâncias imputáveis ao promotor[34]. O valor da caução é reduzido

[32] A este respeito, parece-nos ser de salientar a previsão legal de unificação de procedimentos quando se trate de tecnologia de fonte ou localização oceânica, caso em que o procedimento concorrencial para atribuição do TRC substitui os procedimentos para a formação dos contratos de concessão (cfr. artigo 23.º do DL 15/2022).

[33] Cfr. número 3 do artigo 13.º do DL 15/2022.

[34] Cfr. números 7 e 11 do artigo 13.º do DL 15/2022.

em um terço do montante inicial com a licença de produção, sendo a mesma inteiramente liberada com a emissão da licença de exploração.[35]

À emissão de um TRC segue-se o pedido de licença de produção, o qual deve ser apresentado no prazo máximo de um ano após a emissão do TRC, quando haja lugar à realização de procedimento de AIA, ou, assim não sendo, no prazo máximo de seis. A licença de produção deve ser emitida no prazo máximo de um ano contado do respetivo pedido.

O pedido de licença de produção deve ser instruído com os elementos constantes do anexo I do DL 15/2022, impendendo sobre o requerente a responsabilidade de obter os pareceres, autorizações, decisões e licenças previstos neste anexo[36].

Em simultâneo com o procedimento para a atribuição de licença de produção deve ser promovido o processo de ligação à rede junto do respetivo operador da RESP.

Os critérios gerais para a tomada da decisão de atribuição de licença de produção, previstos no número 1 do artigo 27.º do DL 15/2022, prio-

[35] Nos casos em que a atividade de produção está sujeita a licença de produção e dispensada da prévia obtenção de TRC, a lei não define o valor ou o momento da prestação da caução, sendo que, no que respeita ao primeiro, poderá admitir-se que será exigível o montante que resultaria da redução de valor que ocorre com a atribuição da licença de produção.

[36] A este respeito, destaca-se o disposto no Decreto-Lei n.º 30-A/2022, de 18 de abril ("**DL 30-A/2022**"), que aprova medidas excecionais para simplificar procedimentos de produção de energia a partir de fontes renováveis, o qual prevê que deixa de ser sempre obrigatória a análise caso a caso para projetos de centros eletroprodutores de fontes de energia renováveis, instalações de armazenamento, UPAC e respetivas linhas de ligação à RESP e instalações de produção de hidrogénio por eletrólise a partir de água, sempre que esses projetos estejam localizados fora das áreas sensíveis. Nestas situações, a análise caso a caso passa apenas a ter lugar quando, justificadamente, a DGEG, enquanto entidade licenciadora, considere que há indícios de que o projeto é suscetível de provocar impactes significativos no ambiente.
Aquele diploma passou ainda a prever que, quanto aos projetos de energias renováveis abrangidos pelo diploma, a emissão de pareceres e/ou autorizações deve ter lugar no âmbito do procedimento de AIA ou de análise de incidências ambientais, realizado em fase de projeto de execução, eliminando-se, assim, novas pronúncias dessas entidades sobre o mesmo assunto.
De salientar ainda, nesta matéria, que a obrigatoriedade – também imposta pelo DL 30-A/2002 – de que o procedimento de controlo prévio para a instalação de centros eletroprodutores de fontes de energia renováveis e de UPAC com potência instalada igual ou superior a 20 MW e, para centros eletroprodutores de fonte primária eólica com pelo menos 10 torres, seja instruído com uma proposta de projetos de envolvimento das comunidades locais.

rizam investimentos que promovam, entre outros, a segurança do abastecimento, contribuam para "a concretização dos objetivos da política energética e ambiental expressos nos instrumentos estratégicos vigentes, designadamente os decorrentes do PNEC 2030 e no Roteiro para a Neutralidade Carbónica 2050, aprovado pela Resolução do Conselho de Ministros n.º 107/2019, de 1 de julho" e preservem a concorrência na atividade de produção de eletricidade[37].

Importa salientar que a licença de produção não está sujeita a prazo de duração, salvo na circunstância em que a respetiva instalação dependa de título de utilização dos recursos hídricos ou de título de utilização do espaço marítimo (caso em que a licença de produção tem o prazo estabelecido nos respetivos títulos de utilização).

Nos termos do disposto no artigo 33.º do DL 15/2022, é a licença de exploração que autoriza o início da exploração industrial. Não obstante, o DL 30-A/2022, que aprovou medidas excecionais para simplificar procedimentos de produção de energia a partir de fontes renováveis, veio permitir que, durante o período em que este regime excecional se aplique[38], os centros eletroprodutores de fontes de energia renováveis, instalações de armazenamento e UPAC, entre outros,iniciem a exploração dentro do prazo legal aplicável com base numa notificação prévia à DGEG e na comunicação do operador da rede de que estão reunidas as condições de ligação e injeção na rede. O produtor pode, então, requerer autorização para realização de testes e ensaios e a exploração experimental, reduzindo-se o prazo de decisão da DGEG para 10 dias úteis e considerando-se o pedido tacitamente deferido na falta de pronúncia nesse prazo.

O prazo para entrada em exploração é o previsto no regime geral do DL 15/2022 para a emissão da licença de exploração; a saber o prazo regra de um ano contado da atribuição da licença de produção[39]. Este prazo é susce-

[37] A quota de capacidade de produção de eletricidade detida pelo interessado no âmbito do Mercado Ibérico de Eletricidade (MIBEL), em 31 de dezembro do ano anterior ao da apresentação do pedido, determinada nos termos do número 3 do artigo 27.º do DL 15/2022, não pode ser superior a 40%.

[38] De acordo com o artigo do DL 30-A/2022, este regime vigora pelo prazo de dois anos.

[39] São exceções a esta regra as descritas nas alíneas a) e b) do número 3 do artigo 14.º do DL 15/2022:

tível de prorrogação pela DGEG, mediante pedido do promotor "devidamente justificado" e "por uma única vez, com o limite máximo de um ano, quando, por razões que não lhe são imputáveis, o prazo estabelecido se revele insuficiente, ou, sem limite, por despacho do membro do Governo responsável pela área da energia, em circunstâncias excecionais"[40].

(ii) *A tramitação do procedimento de registo prévio e subsequente certificado de exploração*

O procedimento de registo prévio – regulado no artigo 55.º e seguintes do DL 15/2022 –, inicia-se com a inscrição do requerente na plataforma referida anteriormente. Sendo aquela inscrição validada, é emitido o respetivo recibo atestando a data e hora de apresentação do pedido e devem ser pagas as taxas aplicáveis, cabendo ao operador da rede de distribuição ("**ORD**"), uma vez consultado o operador da rede de transporte e o gestor global do SEN, pronunciar-se sobre a existência de condições técnicas de ligação à rede. Decorrido o prazo de recusa do registo – o qual é de 30 dias contados da pronúncia do ORD ou do decurso do respetivo prazo –, o comprovativo de registo prévio é emitido.

No contexto do procedimento de registo prévio, estão dispensadas as consultas a entidades externas à DGEG (com exceção das consultas aos operadores de rede e gestor global do SEN anteriormente mencionadas).

Na sequência da conclusão da instalação, deve o titular do registo solicitar à entidade inspetora de instalações elétricas de serviço particular a realização de inspeção com o objetivo de asseverar a conformidade com as normas legais e regulamentares aplicáveis e, findo o prazo de 10 dias

"a) Atribuição de título de reserva de capacidade de injeção na RESP na modalidade de acordo entre o interessado e o operador da RESP, caso em que a licença de exploração pode ser emitida no praxo máximo de 90 dias após a data da entrada em funcionamento das respetivas infraestruturas da RESP a construir ou reforçar, nos termos estabelecidos no acordo e comunicados pelo operador da rede à DGEG;
b) Operacionalização das condições de ligação de centro eletroprodutor, UPAC ou instalação de armazenamento por parte do operador da RESP em prazo superior ao definido para a emissão da licença de exploração, caso em que esta pode ser emitida no prazo máximo de 90 dias após a disponibilização daquela infraestrutura."

[40] Número 5 do artigo 14.º do DL 15/2022.

contado da submissão do relatório desta inspeção, não sendo recusada a emissão do certificado de exploração, este considera-se atribuído e autorizada a ligação à rede.

Sob pena de caducidade, deve o pedido de certificado de exploração ser apresentado "no prazo máximo de nove meses após a emissão do comprovativo do registo ou no prazo de 18 meses no caso de centrais hidroelétricas, salvo nos casos em que ocorra atraso na disponibilização das condições de ligação à RESP por parte do operador da RESP caso em que a DGEG determina a suspensão do prazo pelo período correspondente" (número 2 do artigo 58.º do DL 15/2022). Este prazo pode também ser prorrogado por metade do prazo inicial, aplicando-se o disposto para a prorrogação do prazo para a emissão de licença de exploração.

(iii) *A tramitação do procedimento de comunicação prévia*

A tramitação do procedimento de comunicação prévia – regulado no artigo 59.º e seguintes do DL 15/2022 –, é ainda mais simples. Nos casos em que o mesmo se aplique, a mera obtenção do comprovativo de apresentação da comunicação prévia na aludida plataforma eletrónica habilita o interessado a proceder à instalação, sendo a entrada em funcionamento registada pelo próprio na mesma plataforma acompanhada da entrega de termo de responsabilidade subscrito por técnico habilitado que ateste que a instalação respeita as normas legais e regulamentares aplicáveis. Pode, no entanto, ser necessária a intervenção do ORD no procedimento de comunicação prévia no caso em que a instalação se destine a injetar eletricidade na RESP.

(iv) *Vicissitudes dos títulos de controlo prévio – a alteração e a transmissão*

No que respeita às vicissitudes das licenças de produção e registos prévios, destacaríamos, pela sua relevância prática, as regras previstas para a respetiva alteração e transmissão[41].

[41] No que concerne a cessação de efeitos da licença de produção, do registo prévio e da comunicação prévia, cfr. o disposto, respetivamente, nos artigos 37.º a 39.º, no artigo 58.º e no artigo 61.º, todos do DL 15/2022.

O regime de alteração da licença de produção é diferente consoante esta seja suscetível de ser qualificada como «substancial» ou «não substancial». São alterações substanciais à licença de produção as alterações que envolvam "a alteração das seguintes características principais da instalação: a tecnologia de produção, do combustível ou fonte de energia primária utilizada, e no caso de centros eletroprodutores termoelétricos ou hidroelétricos o número de grupos geradores, bem como das respetivas caldeiras, turbinas e geradores"[42].

A alteração substancial está sujeita a novo procedimento de controlo prévio (devendo a DGEG informar o requerente dos elementos instrutórios já entregues e existentes no âmbito do licenciamento inicial que se mantêm válidos), ao passo que, em regra, a alteração não substancial depende apenas de prévia autorização da DGEG (sendo o pedido instruído com os elementos previstos no anexo I do DL 15/2022 que sejam aplicáveis) e é averbada à licença de produção existente e, quando aplicável, à licença de exploração.

No que se refere ao registo prévio, até ao termo do prazo de recusa do recusa do mesmo, o requerente pode alterar, por uma única vez, a localização da instalação prescindindo-se de nova pronúncia do ORD se não for alterado o ponto de injeção na RESP.

O sobre-equipamento e o reequipamento[43] de centro eletroprodutor são considerados alterações não substanciais do título de controlo prévio preexistente, podendo ser requeridos após a emissão da licença de

[42] Cfr. alínea c) do artigo 3.º do DL 15/2022.

[43] Nos termos do DL 15/2022, o «sobre-equipamento» corresponde à alteração "que consista num aumento da potência instalada conseguido através da instalação de mais equipamentos geradores ou de inversores, até ao limite de 20% da potência de ligação atribuída ao centro eletroprodutor na licença de produção inicial". Apenas os centros electroprodutores com mais de 10 MVA podem ser sobre-equipados e a potência de ligação atribuída ao centro eletroprodutor mantém-se inalterada. À semelhança da hibridização, o sobre-equipamento pode ser juridicamente separado do centro eletroprodutor preexistente.

De acordo com o disposto no artigo 62.º do DL 15/2022, a energia do sobre-equipamento é remunerada em mercado e "quando o centro eletroprodutor beneficie de um regime de remuneração garantida ou outro regime bonificado de apoio à remuneração, ao valor total da energia mensal registada no contador é deduzida a energia adicional (...), sendo o valor obtido remunerado de acordo com o regime remuneratório em que se enquadre o centro electroprodutor".

produção ou título de registo prévio e previamente à emissão da licença de exploração ou certificado de exploração, não constituindo, neste caso, um procedimento autónomo de alteração do título de controlo prévio e ficando apenas sujeitos a averbamento.

O DL 15/2022 veio alterar o regime de transmissão de títulos de controlo prévio, introduzindo – face ao regime jurídico aprovado pelo DL 172/2006 – um novo conceito de transmissão e novas regras relativas à sua autorização, conforme a fase de desenvolvimento dos centros electroprodutores e dos sistemas de armazenamento autónomo de eletricidade.

O DL 172/2006 estabelecia, no artigo 22.º, o regime de autorização, pela entidade licenciadora, da transmissão da licença de produção. O procedimento ali definido consistia na apresentação de um pedido de transmissão que incluía os elementos relativos à identificação e ao perfil do candidato a transmissário, bem como uma declaração deste aceitando a transmissão e todas as condições da licença. Autorizada a transmissão, o transmissário solicitava então o averbamento da licença, juntando certidão do contrato que havia titulado a transmissão.

Atendendo ao procedimento descrito, a transmissão correspondia à modificação da titularidade da licença de produção, a qual, após a entrada em vigor do DL 76/2019, que alterou a referida norma, só podia ocorrer após a emissão da licença de exploração. Os casos de reestruturação de sociedades por fusão ou cisão, bem como de cedência da gestão ou da

Por seu turno, o «reequipamento» é definido no DL 15/2022 como "a substituição total ou parcial dos equipamentos geradores do centro eletroprodutor de fonte primária renovável, sem alteração do polígono de implantação do centro eletroprodutor preexistente". Todos os centros electroprodutores de fontes de energia renováveis podem ser reequipados e com o reequipamento total, com exceção dos aproveitamentos hidroelétricos com potência de ligação superior a 10 MVA, "a potência de ligação é acrescida, por uma única vez, até um máximo de 20% da potência de ligação inicialmente atribuída".
De acordo com o disposto no artigo 73.º do DL 15/2022, também a energia que corresponda ao acréscimo de potência de ligação decorrente do reequipamento é remunerada em mercado, sendo que "nos casos em que o centro eletroprodutor beneficie de um regime de remuneração garantida ou outro regime bonificado de apoio à remuneração, esse regime é aplicável nos termos e prazos definidos na sua atribuição à eletricidade injetada na RESP correspondente à potência de ligação inicial."

exploração do centro electroprodutor estavam igualmente sujeitos ao procedimento de autorização da transmissão da licença de produção.

Com a entrada em vigor do DL 15/2022, passa a admitir-se, no artigo 18.º, a transmissão do TRC, independentemente da modalidade de atribuição do mesmo, até à emissão da licença de produção, através do averbamento do TRC existente, a efetuar pela DGEG ou pelo operador de rede que tenha celebrado o acordo para construção ou reforço da rede, conforme aplicável.

No entanto, para além das situações de alteração de titularidade, considera-se ainda que ocorre transmissão do título sempre que se verifica a alteração de controlo, direto ou indireto, sobre o seu titular.

Assim sendo, poderá entender-se que qualquer alteração de controlo, direto ou indireto, estará igualmente sujeita a um procedimento de transmissão que resulta no averbamento do título, considerando-se o averbamento adequado à transmissão por modificação da titularidade do TRC, mas não quando esteja em causa a transmissão por alteração de controlo.

A realização do averbamento, na sequência de pedido de alteração de titularidade, está dependente do reforço da caução em metade do valor estabelecido no artigo 13.º[44].

Nos termos do disposto no artigo 36.º do DL 15/2022, a transmissão da licença de produção até à emissão da licença de exploração observa o procedimento definido no artigo 18.º para a transmissão do TRC. O DL 15/2022 parece, assim, permitir a alteração do titular da licença de produção antes de obtida a licença de exploração.

[44] No entanto, a lei estabelece um conjunto de situações que estarão isentas de reforço de caução, incluindo neste elenco (*i*) a constituição de sociedade comercial cujo objeto social abranja o exercício das atividades de construção e exploração de centro electroprodutor ou de instalação de armazenamento ou de UPAC e que tenha como únicos sócios os titulares do TRC, (*ii*) a oneração das participações sociais a favor de entidades financiadoras, (*iii*) as alterações do domínio direto do titular decorrentes de execução de penhores de participações sociais no quadro dos acordos celebrados com as mesmas entidades financiadoras, e (*iv*) as alterações de domínio direto no quadro de operações de reestruturação de grupos que não impliquem alteração do beneficiário efetivo registado no Registo Central de Beneficiário Efetivo.

Após a emissão da licença de exploração, a transmissão da licença de produção segue o regime previsto nos n.ºs 1 e 3 a 7 do artigo 36.º do DL 15/2022, encontrando-se expressamente dependente de autorização.

Finalmente, nos termos do n.º 9 do artigo 55.º do DL 15/2022, a alteração da titularidade do registo prévio até à emissão do certificado de exploração segue o disposto no aludido artigo 36.º com as necessárias adaptações, exceto nos casos de autoconsumo.

A lei nada diz quanto à alteração de titularidade do registo prévio após a emissão do certificado de exploração. No entanto, está previsto um procedimento de alteração ao registo prévio, que poderá aplicar-se nestes casos.

Importa ainda salientar de que a lei não permite a transmissão autónoma do sobre-equipamento relativamente ao centro eletroprodutor preexistente, salvo no contexto de "operações de reestruturação de grupos que não impliquem alteração do beneficiário efetivo registado no RCBE"[45].

(v) *O regime remuneratório*

Uma nota final acerca da remuneração das atividades de produção e armazenamento de energia elétrica através de fontes renováveis.

As atividades de produção e de armazenamento de eletricidade são remuneradas, por regra, em mercado; i.e., "a um preço livremente determinado em mercados organizados ou através de contratos bilaterais" (artigo 17.º do DL 15/2022). Não obstante, o legislador permite a atribuição de regimes de apoio à produção a partir de fontes de energia renováveis ("designadamente através da atribuição de prémios, fixos ou variáveis, com ou sem limiares mínimos ou máximos") contanto que no contexto de procedimentos concorrenciais.

Ficou salvaguardada a aplicação dos regimes de remuneração garantida ou outros regimes remuneratórios atribuídos, mantidos ou prorrogados ao abrigo de regimes jurídicos anteriores, sendo que a prorrogação excecional do prazo de emissão da licença de exploração de centro ele-

[45] Artigo 70.º do DL 15/2022.

troprodutor com licença de produção atribuída há pelo menos cinco anos e com regime de remuneração garantida, determina a perda deste regime e a aplicação do regime-regra de remuneração em mercado.

b. O caso particular da energia eólica

O regime jurídico da atividade de produção de energia elétrica através de fonte eólica tem hoje poucas especificidades. De seguida, identificamos algumas:

a) quando o reequipamento de centro eletroprodutor eólico mantenha ou reduza a potência instalada inicialmente estabelecida no procedimento de controlo prévio, está apenas sujeito a comunicação prévia[46];
b) em caso de pedido de alteração de centro eletroprodutor eólico que incida sobre projeto que tenha sido submetido a procedimento de AIA, a reapreciação pode não ser necessária se estiverem verificados os requisitos definidos no número 3 do artigo 43.º do DL 15/2022;
c) o reequipamento de centro eletroprodutor eólico não está sujeito ao procedimento de AIA estabelecido no respetivo regime jurídico, contanto que não importe um aumento do número de torres[47];
d) os centros eletroprodutores eólicos em funcionamento à data da entrada em vigor do DL 15/2022 podem injetar na rede a energia adicional resultante do respetivo título de controlo prévio, mantendo-se inalterada a potência de ligação[48];
e) neste mesmo sentido, excecionalmente, os centros eletroprodutores eólicos podem injetar energia na RESP acima da potência de ligação atribuída, aplicando-se o disposto nos artigos 72.º e 73.º do Decreto-Lei n.º 15/2022[49].

[46] Alínea *c*) do número 4 do artigo 11.º do DL 15/2022.
[47] Número 3 do artigo 62.º do DL 15/2022.
[48] Artigo 63.º do DL 15/2022.
[49] Cfr. artigo 8.º do DL 30-A/2022.

c. O caso particular das mini-hídricas

O conceito de «mini-hídricas» não corresponde a uma definição legal e este termo, ou semelhantes, nunca foram merecedores de definição nos diplomas centrais do enquadramento jurídico do setor elétrico (apesar de DL 35/2013 se referir a «pequenas centrais hídricas»). Não obstante, este conceito, comumente utilizado, designava o universo de aproveitamentos hidroelétricos que estiveram abrangidos pelo regime remuneratório da eletricidade previsto no anexo II do DL 189/88, i.e, aproveitamentos hidroelétricos cuja potência instalada fosse, no seu conjunto, limitada a 10 MW, de acordo com o número 2 do artigo 1.° do DL 189/88, com a redação introduzida pelo DL 168/99, ou aproveitamentos hidroelétricos até 10 MVA de potência aparente instalada, de acordo com a redação original do número 2 do artigo 1.° do DL 189/88 recuperada pelo número 1 do artigo 2.° do Decreto-Lei n.° 312/2001, de 10 de dezembro.

Na lei atual, o limiar relevante para separar os regimes entre pequenas e grandes centrais hídricas passa a ser a potência de ligação: as centrais hídricas com potência de ligação igual ou inferior a 10 MVA são objeto de regulação específica em algumas matérias.

No entanto, à semelhança do que se passa com os centros electroprodutores eólicos, o atual regime jurídico das mini-hídricas não se distingue significativamente do regime geral da produção de energia elétrica através de fontes renováveis. Com efeito, com a abolição do conceito de produção em regime especial e a criação, pelo DL 76/2019, do regime-regra da remuneração em mercado, as regras aplicáveis às «pequenas centrais hídricas» ou «mini-hídricas» são, na generalidade, comuns aos restantes centros eletroprodutores de fontes renováveis. Ainda assim, destacamos algumas particularidades:

a) tal como em qualquer outra central hídrica, a licença de produção das mini-hidrícas tem o prazo estabelecido no respetivo título de utilização dos recursos hídricos ou de título de utilização do espaço marítimo e caduca com a extinção do mesmo[50];

[50] Número 2 do artigo 30.° e alínea g) do número 1 do DL 15/2022.

b) nos termos do disposto no número 4 do artigo 14.º do DL 15/2022, o prazo para a emissão de licença de exploração de qualquer central hídrica é fixado pela DGEG, tendo como limite máximo seis anos;
c) contrariamente a centrais hídricas com potência de ligação superior a 10 MVA, as mini-hídricas podem ser sobre-equipadas[51] e no reequipamento das mini-hídricas, a potência de ligação é acrescida, por uma única vez, até um máximo de 20% da potência de ligação inicialmente atribuída[52];
d) de igual forma, contrariamente a centrais hídricas com potência de ligação superior a 10 MVA, as mini-hídricas beneficiam da aquisição de eletricidade pelo agregador de último recurso[53] [54].

d. O caso particular da hibridização

Tal como referido anteriormente, o DL 15/2022 contempla duas formas de hibridização – ou seja, de conjugação de centrais de produção de energia elétrica com energias primárias renováveis de fontes diversas –: a *hibridização em sentido estrito*, em que se instalam novas unidades de produção em centros electroprodutores ou UPAC já existentes que utilizam diversa fonte primária de energia renovável, sem alterar a capacidade de injeção preexistente; e a *hibridização originária*, em que os centros electroprodutores ou UPAC incluem, desde o início do procedimento de controlo prévio, várias unidades de produção que utilizam diversas fontes de energia renováveis, que a lei designa de «híbridos». Em qualquer destas formas há uma partilha do ponto de receção na RESP.

Tanto os híbridos como a hibridização estão, de acordo com o disposto no artigo 74.º do DL 15/2022, sujeitos aos procedimentos de con-

[51] Número 1 do artigo 64.º do DL 15/2022.

[52] Número 2 do artigo 71.º do DL 15/2022.

[53] Número 1 do artigo 148.º do DL 15/2022.

[54] De acordo com o número 2 do artigo 148.º do DL 15/2022, "a aquisição de eletricidade pelo agregador de último recurso ocorre quando não exista oferta de agregadores de eletricidade em regime de mercado ou quando o agregador tenha ficado impedido de exercer a atividade de agregador de eletricidade, aplicando-se as tarifas de referência definidas pela ERSE".

trolo prévio definidos para os demais centros electroprodutores e acima sumariamente descritos.

No que concerne o regime jurídico dos híbridos e da hibridização, destacamos os seguintes aspetos específicos:

a) em ambos os casos, devem os titulares implementar sistemas de medição e telecontagem que permitam determinar a quantidade de energia elétrica gerada por cada um dos centros electroprodutores;
b) na hibridização, são aproveitados os elementos instrutórios submetidos no âmbito do primeiro procedimento de licenciamento que se mantenham válidos,
c) na hibridização, o título de controlo prévio relativo à nova unidade de produção identifica a capacidade de injeção que lhe é alocada, procedendo a DGEG ou o operador da rede, conforme aplicável, à alteração do TRC preexistente;
d) na hibridização, a instalação de novas unidades de produção em centro electroprodutor já existente está sujeita ao procedimento que lhes seja aplicável, sendo os respetivos títulos averbados aos preexistentes;
e) a hibridização pode ser desenvolvida com separação jurídica (cada um dos diferentes centros electroprodutores é detido por uma entidade distinta);
f) por regra, na hibridização, a cessação do título de controlo prévio do centro electroprodutor existente não importa a cessação do título de controlo prévio do centro electroprodutor subsequente;
g) a hibridização pode implicar a coexistência de regimes remuneratórios distintos, caso em que a energia elétrica gerada pelo centro eletroprodutor preexistente que beneficie de um regime remuneratório estabelecido em procedimento concorrencial, ou de um regime de remuneração garantida ou de outro regime bonificado de apoio à remuneração atribuída ao abrigo de legislação anterior, beneficia de prioridade de despacho para a totalidade da energia que o mesmo pode produzir, de acordo com o respetivo perfil de geração;

h) a transmissão autónoma do título de controlo prévio do centro eletroprodutor subsequente carece de autorização do centro electroprodutor ou UPAC preexistente.

5 de junho de 2022

A Produção de Gases Renováveis em Portugal*

SARA GONÇALVES**
JOÃO ESTRELA***

Resumo: Este artigo debruça-se sobre o tema da produção de gases renováveis em Portugal, que terão um assumido papel relevante na transição energética. Num primeiro momento, far-se-á uma breve introdução explicativa acerca da definição de gases renováveis e do seu representante mais conhecido, o hidrogénio verde. Depois disto, após uma breve análise da contextualização da produção de gases renováveis na regulação europeia e nacional, incluindo o seu papel no Sistema Nacional de Gás, o artigo centra-se no licenciamento aplicável à produção dos referidos gases, tanto energético como ambiental, tal como no seu enquadramento no âmbito do Mecanismo de Emissão de Garantias de Origem.

Palavras-chave: produção de gases renováveis; hidrogénio; transição energética; licenciamento; licenciamento ambiental; garantias de origem.

Abstract: This paper focuses on the topic of the production of renewable gases in Portugal, which will have a relevant role in the energy transition. At first, a brief introduction is made to the definition of renewable gases and its most commonly known representative, green hydrogen. Following this, after a brief analysis of the framework of the production of renewable gases in the European and the national regulation, including its role in the Gas National System, the paper focuses on the applicable licensing process applicable to the production of the mentioned gases, from an energy and an environmental point of view, as well as its framing within the Guarantees of Origin Issuance Mechanism.

Keywords: production of renewable gases; hydrogen; energy transition; licensing; environmental licensing; guarantees of origin.

* O presente artigo visa sumariar a intervenção tida no Curso de Pós-Graduação em Direito da Energia no passado dia 26 de Outubro de 2021 na Faculdade de Direito da Universidade de Lisboa, sob a coordenação do Professor Doutor Francisco Paes Marques e do Dr. João Marques Mendes.

** Advogada no Departamento Jurídico do Grupo Endesa em Portugal.

*** Advogado no Departamento Jurídico do Grupo Endesa em Portugal.

Sumário: § **1.º** Enquadramento; § **2.º** Gases de origem renovável. O que são?; § **3.º** O Hidrogénio Verde e a Estratégia Nacional para o Hidrogénio Verde; § **4.º** Os gases de origem renovável na União Europeia e em Portugal; § **5º** O licenciamento da actividade de produção de gases de origem renovável; **5.1.** O Sistema da Indústria Responsável; **5.2.** Regime Jurídico da organização e funcionamento do Sistema Nacional de Gás; **5.3.** Enquadramento em regimes de licenciamento ambiental; **5.4.** Outros diplomas legais relevantes; § **6º** O Mecanismo de Emissão de Garantias de Origem para gases de baixo teor de carbono e para gases de origem renovável.

Summary: § **1.º** Introduction; § **2.º** Gases from a renewable source. What are they?; § **3.º** Green Hydrogen and the National Strategy for Green Hydrogen; § **4.º** Gases from a renewable source in the European Union and in Portugal; § **5º** The licensing of the activity of production of gases from a renewable source; **5.1.** The Responsible Industry System; **5.2.** The Legal Regime of the organization and functioning of the National Gas System; **5.3.** Framework within environmental licensing regimes; **5.4.** Other relevant legislation; § **6º** The Guarantees of Origin Issuance Mechanism for low carbon gases and gases from a renewable source.

§ 1.º Enquadramento

"[O] *hidrogénio renovável desempenhará um papel crucial na descarbonização de setores nos quais outras alternativas sejam inadequadas ou demasiados caras para a descarbonização*"[1]. Estas palavras, proferidas pelo Ministro do Ambiente e da Acção Climática, João Pedro Matos Fernandes, aquando da assinatura de um memorando de entendimento de cooperação institucional para o sector do hidrogénio entre o Governo Português e o Banco Europeu de Investimento, demonstram a importância que os gases renováveis (em especial, o hidrogénio verde ou renovável) representam na descarbonização da economia e diminuição da dependência de combustíveis fósseis.

Além disto, a própria União Europeia (doravante, UE) assumiu o desenvolvimento de esforços no sentido de potenciar a produção destes

[1] Cfr. "Hidrogénio renovável vai desempenhar papel crucial na descarbonização", *Página Oficial do Governo de Portugal – República Portuguesa*, 07/04/2021. URL: https://bit.ly/3zlo8Ug.

gases renováveis. Tão recentemente como em Maio de 2021, através de resolução do Parlamento Europeu intitulada "Uma Estratégia Europeia para o Hidrogénio", a UE salientou "*a necessidade de manter e continuar a desenvolver a liderança tecnológica da União Europeia no domínio do hidrogénio limpo, através de uma economia do hidrogénio competitiva e sustentável, com um mercado integrado do hidrogénio*"[2].

Mas mais, a 11 de Dezembro de 2019, já a Comissão Europeia havia apresentado o chamado Pacto Ecológico Europeu (adiante, PEE), mais conhecido como "European Green Deal", um roteiro para a transformação da Europa numa economia moderna, eficiente no aproveitamento de recursos e competitiva[3].

O PEE, principal instrumento estratégico da EU para a neutralidade carbónica até 2050, inclui um ambicioso pacote de medidas que visam permitir que cidadãos e empresas europeias beneficiem de uma transição ecológica sustentável. Este documento assume expressamente que o sector eléctrico deverá assentar crescentemente em energias renováveis, complementado pelo rápido abandono do carvão e da descarbonização do gás natural, ao mesmo tempo que o fornecimento de energia tem que ser seguro e acessível aos consumidores e empresas.

Mais recentemente, a 18 de Maio de 2022, e especialmente considerando a invasão russa da Ucrânia, a Comissão Europeia apresentou a iniciativa "REPowerEU", com o objectivo principal de "*tornar a Europa independente dos combustíveis fósseis russos muito antes de 2030*"[4]. Entre outros, esta iniciativa visa acelerar a adopção e disponibilidade de gases renováveis, por forma a permitir a independência do petróleo, carvão e gás russos o mais depressa possível.

Com efeito, é óbvia a importância dos gases renováveis para a descarbonização das economias europeias e para a própria transição energé-

[2] Cfr. "Resolução do Parlamento Europeu, de 19 de Maio de 2021, sobre uma Estratégia Europeia para o Hidrogénio (2020/2242(INI))". URL: https://bit.ly/3zg3AfK.

[3] Cfr. "Comunicação da Comissão ao Parlamento Europeu, ao Conselho Europeu, ao Comité Económico e Social Europeu e ao Comité das Regiões – Pacto Ecológico Europeu". URL: https://bit.ly/3FLndPb.

[4] Cfr. "Comunicação da Comissão ao Parlamento Europeu, ao Conselho Europeu, ao Conselho, Comité Económico e Social Europeu e ao Comité das Regiões – Plano REPowerEU". URL: https://bit.ly/3rMz1ve.

tica, sendo por isso o objecto, de um ponto de vista jurídico e regulatório, deste artigo.

Desta forma, começar-se-á, desde logo, por definir o que são gases renováveis – em especial, quanto ao seu componente mais conhecido, o hidrogénio verde – e explicar o porquê da sua importância na descarbonização de vários sectores da economia e a sua contribuição para a transição energética no Sistema Nacional do Gás (adiante, o SNG).

Num segundo momento, olhar-se-á para as vantagens e desvantagens na utilização do hidrogénio verde e o seu enquadramento na Estratégia Nacional para o Hidrogénio, seguindo-se uma breve análise regulatória do papel dos gases renováveis na União Europeia e em Portugal.

Depois disto, tocar-se-á nos principais aspectos jurídicos relacionados com a produção destes chamados gases renováveis, isto é, através da análise dos essenciais mecanismos aplicáveis de licenciamento, seja ele administrativo, energético ou ambiental, concluindo-se com um breve exame da compatibilização da produção de gases renováveis com o sistema de emissão de garantias de origem da electricidade proveniente de fontes renováveis (doravante, o Mecanismo de Emissão de Garantias de Origem).

§ 2.º Gases de origem renovável. O que são?

Antes de tudo, é importante começar por esclarecer o que são gases de origem renovável ou, de forma mais simples, gases renováveis. Em resumo, trata-se de um termo relativamente amplo que abarca vários tipos de gases que, entre eles, terão necessariamente as seguintes características:

A. São geralmente o produto de processos químicos, termoquímicos ou bioquímicos;
B. Correspondem vulgarmente a biogás, biometano, hidrogénio verde, metano sintético, entre outros;
C. São uma fonte de energia relativamente fácil de armazenar e mais flexível do que a energia eólica ou solar, pois podem ser produzidos em diferentes quantidades e períodos[5]; e

[5] O próprio Decreto-Lei n.º 15/2022, de 14 de Janeiro, vem incluir os gases renováveis como fonte de energia renovável, no parágrafo hh) do artigo 3.º.

D. Resultam sempre de uma produção levada a cabo a partir de fontes renováveis de energia.

Dentro desta definição ampla de gases renováveis, existem dois que se destacam, o biometano e o hidrogénio verde.

Em primeiro lugar, o biometano corresponde, essencialmente, à purificação do biogás[6], que, por sua vez, tem origem no processamento de várias matérias primas, como os resíduos urbanos, agrícolas ou efluentes industriais. Tendo sido obtido o biogás, é extraído o dióxido de carbono, entre outros contaminantes, criando o biometano, um gás descarbonizado.

Dito de outra forma, a matéria orgânica da agricultura, pecuária ou urbana é enviados para um biodigestor, onde bactérias decompõem o material e libertam o biogás. Posto isto, o biogás é purificado para retirada de vários contaminantes, sobrando o biometano de alto poder energético e usos múltiplos.

O biometano permite uma mais eficiente gestão dos resíduos, contribuindo para a melhoria das condições ambientais, com destaque para a redução das emissões poluentes, uma maior endogeneidade energética e viabilidade de armazenamento, possibilitando o reforço da segurança de abastecimento, e uma maior sustentabilidade dos investimentos nas redes de gás, auxiliando a competitividade externa da indústria e a revitalização da economia rural. No entanto, a quantidade de energia produzida pelo biogás não é constante, variando ao longo do período de produção, pelo que a deposição de resíduos biodegradáveis em aterro será cada vez mais minimizada[7], dando um tempo limitado de existência às instalações de recuperação de biogás de aterro. Implica também altos períodos de recuperação do investimento.

[6] A matéria prima que resulta da decomposição de materiais orgânicos (de origem vegetal ou animal), que são decompostos. Depois de refinada, esta matéria prima transforma-se em biometano.

[7] Na sequência da publicação da Directiva (UE) 2018/851 do Parlamento Europeu e do Conselho, de 30 de Maio de 2018, que alterou a Directiva 2008/98/CE relativa aos resíduos, entretanto transposta para o ordenamento jurídico nacional através, entre outros, do Decreto-Lei n.º 102-D/2020, de 10 de Dezembro, que estipulou que a quantidade de resíduos urbanos depositados em aterros não poderá ultrapassar os 10% em 2035. URL: https://bit.ly/3r3wHiP.

Não obstante o exposto, é outro o gás renovável que tem ocupado os principais desenvolvimentos jurídicos e regulatórios: o hidrogénio verde[8]. Este gás, que iremos analisar mais em detalhe no próximo capítulo, resulta de um processo químico conhecido como electrólise, que utiliza a corrente eléctrica para separar o hidrogénio do oxigénio existente na água, obtendo-se assim o hidrogénio puro. A expressão "verde" resulta do facto de se tratar de um tipo de gás produzido exclusivamente a partir de energia eléctrica que, por sua vez, é produzida através de fontes renováveis, como o sol (energia solar) ou o vento (energia eólica).

Este gás, apesar de ainda existirem poucos exemplos práticos da sua utilização, tem um elevado potencial de utilização nos mais diversos sectores, como a mobilidade, indústria, gás ou na própria produção de electricidade. Portanto, terá uma importância basilar na descarbonização da economia que resulta da transição energética, particularmente naqueles sectores onde a electrificação é árdua ou excessivamente dispendiosa, daí que o Governo Português tenha encetado esforços no sentido de garantir que Portugal apresentará condições especialmente competitivas para a produção de hidrogénio verde, principalmente no que toca à possibilidade de produção deste gás a custos reduzidos[9].

[8] Não confundir com outros tipos de hidrogénio também comummente referidos através de diferentes cores, mas que correspondem a soluções que não permitem, da mesma forma, ter um impacto tão elevado na descarbonização da economia, como o hidrogénio cinzento, que utiliza combustíveis fósseis como fonte de energia para a electrólise (e, como tal, com emissão de dióxido de carbono na atmosfera), ou o hidrogénio azul, que utiliza o gás natural como fonte de energia, ainda que o dióxido de carbono, neste caso, seja capturado, armazenado e enterrado no solo. Enquanto o primeiro, por motivos óbvios, permanece um processo altamente poluente, o segundo encontra-se num grau intermédio entre o hidrogénio cinzento e o hidrogénio verde.

[9] Como refere o preâmbulo do Decreto-Lei n.º 62/2020, de 28 de Agosto, que estabelece a organização e o funcionamento do Sistema Nacional de Gás e o respectivo regime jurídico e procede à transposição da Directiva 2019/692, "[e]*xistem, no entanto, consumidores de gás natural para os quais a electrificação pode não se revelar uma opção viável, por actualmente disporem de poucas opções tecnológicas alternativas e onde a electrificação no curto-médio prazo pode não ser a melhor opção em termos de custo-benefício. São, a título de exemplo, os casos das indústrias com grandes necessidades de energia térmica, como as siderúrgicas, cerâmicas e vidreira*".

Voltando brevemente à temática geral da produção de gases renováveis em Portugal, agora num ponto de vista legislativo, o Decreto-Lei n.º 62/2020, de 28 de Agosto, procedeu à revogação do Decreto-Lei n.º 30/2006, de 15 de Fevereiro, e do Decreto-Lei n.º 140/2006, de 26 de Julho, tendo dado um novo enquadramento legal ao sector do Gás em Portugal, ao denominar o anterior Sistema Nacional de Gás Natural por SNG e introduzir como nova actividade a produção de gases de origem renovável com vista à sua injecção total ou parcial na rede pública de gás. Também consagrou os seus produtores como agentes do SNG.

Como referido no próprio preâmbulo deste Decreto-Lei, "[a] *descarbonização do sector do gás atinge-se garantindo, a cada momento, a incorporação de gases de origem renovável e de gases de baixo teor de carbono no sistema, respeitando os constrangimentos técnicos e físicos do Sistema Nacional de Gás. O biometano e o hidrogénio, gerados a partir de fontes de energia renovável como a biomassa ou a electrólise da água e incorporados no combustível circulante na rede pública de gás, asseguram assim a continuidade do fornecimento de gás e a progressiva descarbonização do sector. A incorporação de gases de origem renovável e de gases de baixo teor de carbono contribui também para que as redes concessionadas não se tornem ociosas, permitindo a continuidade da sua utilização*".

Desta forma, de acordo com a alínea c) do artigo 8.º do Decreto-Lei n.º 62/2020, de 28 de Agosto, o SNG, entre outros, passou a integrar o exercício da actividade de produção de gases de origem renovável.

Além do novo diploma relativo ao enquadramento legal ao sector do Gás, também é importante fazer referência aos Despachos n.º 806-B/2022 e 806-C/2022, que aprovaram, respectivamente, o Regulamento da Rede Nacional de Distribuição de Gás e o Regulamento da Rede Nacional de Transporte de Gás. Esta nova regulamentação surge no contexto específico do Decreto-Lei n.º 62/2020, de 28 de Agosto, pretendendo, entre outros, adaptar os regulamentos técnicos em conformidade com os novos desafios da transição energética, especialmente no que diz respeito ao hidrogénio e aos restantes gases renováveis ou de baixo teor de carbono.

As alterações acima referidas surgem no âmbito da transição energética. No campo de acção do Plano Nacional Energia e Clima 2030, Portugal comprometeu-se a atingir uma incorporação de 47% de fontes renováveis no consumo final de energia e a atingir pelo menos 80% de renováveis na produção de electricidade[10]. Mais ainda, o compromisso assumido no Roteiro para a Neutralidade Carbónica 2050 de assegurar a neutralidade de emissões até 2050 implica, entre outros, a descarbonização do sistema electroprodutor, da indústria pesada e dos transportes, sectores onde a electrificação total não é uma alternativa económica ou tecnicamente viável[11].

Além disto, a infra-estrutura existente para distribuir gás natural permitiu alcançar significativas reduções de emissões de CO2 ao longo dos anos, mas tem potencial de poupança de emissões ainda mais significativo se for utilizada para a distribuição de gases renováveis. O potencial combinado do gás natural e dos gases renováveis irá contribuir para atingir as ambições climáticas e aumentar a qualidade de vida das populações, ajudando a manter a transição energética a baixo custo, enquanto se moderniza a economia e se reforça a indústria.

Finalmente, também é importante dar nota da recentemente aprovada Lei n.º 98/2021, de 31 de Dezembro, que define as bases da política do clima em Portugal, definindo as principais orientações da economia no equilíbrio climático (adiante, "Lei de Bases do Clima")[12].

Neste documento, são várias as menções à importância dos gases renováveis na descarbonização da economia. Desde logo, no n.º 1 do artigo 44.º da Lei de Bases do Clima, é notado que o "*Estado promove a substituição de combustíveis, em particular dos combustíveis fósseis, como fonte de energia, por (...) gases renováveis*", devendo, para esse efeito, fomentar "*a produção, distribuição e utilização de gases renováveis*", nos termos do n.º 4 do artigo 44.º desta Lei. Além disto, relativamente à circulação automóvel, é estabelecido que o "*Estado incentiva a aquisição e a utilização de veículos elétricos, híbridos ou movidos a gases renováveis ou outros combustíveis que não emitam gases com efeito de estufa*", nos termos do n.º 1 do artigo 48.º da Lei de Bases do Clima.

[10] Cfr. "Plano Nacional Energia e Clima 2030", aprovado pela Resolução do Conselho de Ministros n.º 53/2020, de 10 de Julho. URL: https://bit.ly/3JAksm2.

[11] Cfr. "Roteiro para a Neutralidade Carbónica 2050", aprovado pela Resolução do Conselho de Ministros n.º 107/2019, de 1 de Julho. URL: https://bit.ly/3mXuaoN.

[12] E, de forma não menos importante, reconhece logo no n.º 1 do artigo 2.º a situação de emergência climática.

Desta forma, Portugal tem condições para ser um forte mercado de gases renováveis, em especial de hidrogénio verde, em comparação com alguns dos restantes Estados Membros, nomeadamente ao nível da localização geográfica vantajosa com elevada produção solar e eólica, bem como a existência de uma moderna rede de gás. A inclusão de gases renováveis no *mix* energético nacional ajuda a mitigar os custos da transição energética, seja pela mitigação da expansão das redes eléctricas, seja pela reutilização da rede de gás, evitando a construção de uma nova rede dedicada.

§ 3.º O Hidrogénio Verde e a Estratégia Nacional para o Hidrogénio Verde

Examinados os gases renováveis de um ponto de vista genérico, cabe agora analisar o gás renovável que tem estado na esteira do interesse público nos últimos anos, o hidrogénio (verde).

O hidrogénio (H) é o elemento mais abundante do Universo. Também é o mais leve, mas surge sempre associado a outros elementos químicos, como é o caso do oxigénio (O), dando origem à água (H2O). Não se trata de uma fonte primária de energia[13], tendo em conta que a sua produção exige o uso de energia eléctrica para o dissociar dos componentes onde surge, mas é uma fonte de energia limpa que apenas emite vapor de água e não deixa resíduos no ar.

Como já referido, através de um processo químico conhecido como electrólise, a corrente eléctrica é utilizada para separar o hidrogénio do oxigénio existente na água, obtendo assim o hidrogénio puro. Sendo a corrente eléctrica proveniente de uma fonte de energia renovável[14],

[13] A energia primária é uma fonte de energia que ainda não sofreu qualquer tipo de transformação. Esta é obtida através de recursos naturais, como minerais, vegetais, animais, água, sol, vento, marés, entre outros. A energia solar e o gás natural, por exemplo, são fontes de energia primária. A energia primária é frequentemente utilizada como matéria-prima para produzir outros tipos de energia e pode ser dividida entre renovável ou não renovável, consoante sejam ou não, respectivamente, capazes de se recompor em tempo útil no meio ambiente.

[14] Não existindo, portanto, emissões de dióxido de carbono na atmosfera.

trata-se de hidrogénio verde, um gás que pode ser utilizado de diversas formas.

Tendo sido obtido o hidrogénio verde, este pode ser utilizado nos mais variados sectores:

A. **Indústria**: no âmbito de processos industriais que utilizam altas temperaturas nos seus processos (cimento, refinação, metalúrgica e outros) e que não são compatíveis com a electrificação, terá um elevando potencial de uso;
B. **Mobilidade**: tendo em vista o seu potencial como combustível, substituição da utilização de combustíveis provenientes do petróleo ou até da própria electricidade nos transportes pesados de mercadorias ou de passageiros, marítimo, ferroviário;
C. **Gás**: poderá ser injectado nas redes de distribuição de gás natural, por forma a abastecer os diferentes utilizadores finais, sejam eles industriais ou residenciais;
D. **Energia**: a electricidade produzida em excesso (que não for armazenada) pode ser utilizada na produção de hidrogénio verde, também ele armazenado e posteriormente reconvertido em electricidade; e
E. **Combustíveis sintéticos**: também tem potencial para descarbonizar a produção de combustíveis, substituindo-os por combustíveis sintéticos de origem renovável, produzidos a partir de misturas de hidrogénio e dióxido de carbono capturado na atmosfera.

Ora, são várias as opções de uso possíveis para o hidrogénio verde. As vantagens são diversas, tendo em conta que, sendo produzido através de fontes renováveis (não emitindo, portanto, gases poluentes), promove a autonomia energética do país. Tem um papel relevante na descarbonização de vários sectores, nomeadamente o gasista, o industrial e o sector dos transportes, na medida em que pode ser injectado directamente nas redes de gás natural, sendo utilizado para múltiplos fins pelos utilizadores finais. A sua incorporação também resolve restrições técnicas na electrificação ao nível da segurança de abastecimento, resiliência do sistema e condições de operação de importantes processos industriais.

Além disto, são óbvias as sinergias entre o sector eléctrico e o sector gasista, optimizando a contribuição das várias tecnologias energéticas para a descarbonização. Permite a rentabilização da infra-estrutura instalada de transporte, distribuição e armazenamento de gás natural e a produção de combustíveis sintéticos limpos que podem ser alternativas aos combustíveis fósseis, sendo uma alternativa igualmente limpa à electrificação total do sector dos transportes.

Finalmente, de forma importante, também poderá ter um papel no escoamento de energia eléctrica produzida em momentos de excesso de produção face ao consumo (algo que será provável num forte cenário de penetração de produção eléctrica renovável) e o armazenamento de energia por longos períodos de tempo na forma de hidrogénio (gasoso ou liquefeito), com a possibilidade da sua posterior e eventual reconversão em energia eléctrica, através de centrais a gás ou pilhas de combustível.

No entanto, o hidrogénio verde também tem desvantagens, caso contrário já se trataria do normal no SNG, o que não é o caso.

Desde logo, e sendo talvez o factor mais importante, trata-se um gás renovável economicamente oneroso. Tendo em conta que a tecnologia associada ao hidrogénio verde ainda não está suficientemente madura, os custos de produção e infra-estruturas são elevados. Dito de outra forma, trata-se de um gás renovável envolto em complexidade técnica e necessidade de evolução, sendo que necessita de apoios estatais para que possa ser criado um verdadeiro mercado de hidrogénio verde.

Além disto, a produção do hidrogénio verde implica altos gastos da energia utilizada como fonte do mesmo, especialmente quando comparada com a produção de outros combustíveis. Também existem questões relacionadas com a segurança associada a este gás renovável, tendo em conta que se trata de um elemento volátil e inflamável que exige requisitos de segurança elevados para evitar fugas e explosões.

Considerando o acima exposto, e apesar do hidrogénio verde ainda se encontrar numa fase incipiente em Portugal[15], foi publicada, no passado dia 14 de Agosto de 2020, a Resolução do Conselho de Ministros

[15] Existem, inclusive, várias vozes que duvidam da sua aplicabilidade no contexto nacional.

n.º 63/2020, que aprovou a Estratégia Nacional para o Hidrogénio[16] (adiante, a Estratégia). Segundo o preâmbulo desta, "*(...) tem como objectivo principal introduzir um elemento de incentivo e de estabilidade para o sector energético, promovendo a introdução gradual do hidrogénio verde enquanto pilar sustentável e integrado numa estratégia mais abrangente de transição para uma economia descarbonizada, enquanto oportunidade estratégica para o país. Para o efeito, as medidas propostas têm como objectivo promover e dinamizar tanto a produção como o consumo nos vários sectores da economia, criando as necessárias condições para uma verdadeira economia de hidrogénio em Portugal*"[17].

Desta forma, ao defender que Portugal "*deve apostar na produção e na incorporação de gases renováveis, com enfoque no hidrogénio verde, promovendo desta forma a substituição de combustíveis fósseis nos sectores onde a electrificação não é custo-eficaz*", estabelecendo condições especialmente vantajosas para esse efeito, a Estratégia também define metas para a incorporação ou criação de instalações de produção e distribuição de hidrogénio verde na economia nacional, a cumprir até 2030:

A. 10% a 15% de injecção nas redes de gás natural;
B. 2% a 5% no consumo de energia na indústria;
C. 1% a 5% no consumo de energia do transporte rodoviário;
D. 3% a 5% no consumo de energia do transporte marítimo doméstico;
E. 1,5% a 2% no consumo final de energia;
F. 50 a 100 estações de abastecimento; e
G. 2 a 2,5 GW de capacidade em electrolisadores.

Mais ainda, por forma a atingir estas metas, são efectuadas previsões quanto às suas necessidades económicas no sector da energia e na economia como um todo:

[16] Cfr. "Estratégia Nacional para o Hidrogénio", aprovada pela Resolução do Conselho de Ministros n.º 63/2020, de 14 de Agosto. URL: https://bit.ly/3eVdBFI.

[17] Também é importante notar que a Estratégia surge na sequência da aprovação do Roteiro para a Neutralidade Carbónica 2050 através da Resolução do Conselho de Ministros n.º 107/2019, de 1 de Julho, que, por sua vez, estabeleceu a redução de emissões de gases com efeito estufa para Portugal entre 85% e 90% até 2050, face a 2005, tendo em vista o alcançar da neutralidade carbónica. URL: https://bit.ly/3mXuaoN.

A. € 7.000 a € 9.000 milhões de investimento em novos projectos (nos sectores da indústria, transportes, energia, investigação e desenvolvimento);
B. € 400 a € 450 milhões de apoio ao investimento através de fundos europeus (PT2020 e PT 2030, através de um mecanismo plenamente concorrencial e transparente);
C. € 500 a € 550 milhões de apoios à produção (também através de um mecanismo plenamente concorrencial e transparente);
D. 8.500 a 12.000 novos empregos;
E. 6 a 8 Mton CO_2 de redução de emissões;
F. 1% de consumo de água residual tratada.

Ora, a Estratégia assume claramente a inclusão do hidrogénio (verde) como pilar sustentável e essencial na integração de uma estratégia de transição para a descarbonização da economia, procurando a sua integração no sistema energético nacional.

Desta forma, a Estratégia prevê objectivos ambiciosos a ser cumpridos em apenas 10 anos, definindo também aqueles que devem ser os indicadores de sucesso para 2030[18]. Neste sentido, define quais serão as principais iniciativas e projectos que serão implementados.

No que toca às iniciativas, são várias aquelas elencadas, como a implementação de uma aliança nacional para o hidrogénio, tendo em vista a junção dos principais agentes dos vários sectores envolvidos na economia, contribuindo dessa forma para o cumprimento das metas e compromissos nacionais previstos na EN-H2, e a revisão do quadro legal e regulamentar aplicável às várias vertentes da cadeia de valor do hidrogénio, como o licenciamento de instalações tendo em conta as diferentes

[18] Sendo estes: (i) Portugal é considerado como tendo uma economia de hidrogénio inovadora e um ambiente favorável ao investimento; (ii) o hidrogénio produzido em Portugal é dos mais competitivos em termos de custos a nível europeu; (iii) Portugal tem implementado um sistema de garantias de origem que cumpre com os mais elevados padrões de qualidade; (iv) a economia do hidrogénio cria emprego qualificado e gera riqueza em Portugal; (v) o hidrogénio contribuiu para reforçar a sustentabilidade dos vários sectores da economia e Portugal é uma referência a nível internacional e um país exportador de hidrogénio.

configurações, a regulamentação da injecção de hidrogénio nas redes de gás natural.

No entanto, existem outras iniciativas que parecem já ter tido um impacto imediato, ou pelo menos, algum avanço. Neste sentido, foi definida a atribuição de um apoio à produção de hidrogénio verde no período 2020-2030, cobrindo a diferença entre o preço de produção do hidrogénio verde e o preço do gás natural no mercado nacional, sem impacto nas tarifas pagas pelo consumidor. Este apoio, atribuído de uma forma transparente e concorrencial, foi inclusive abrangido num dos mecanismos de apoio previstos ao abrigo do Plano de Recuperação e Resiliência (adiante, PRR), através do programa "[a]*poio à produção de hidrogénio renovável e outros gases renováveis*", que prevê atribuir um valor de 62 milhões de euros, destinado a investimentos em produção de gases de origem renovável[19][20][21].

De facto, o próprio PRR, na Componente 14. Hidrogénio e Renováveis, com o título "*promover a transição energética através do apoio às energias renováveis, com enfoque na produção de hidrogénio e de outros gases de origem renovável*", reforça a importância dada pelo Governo Português à produção de gases renováveis[22]. Assumindo que é estritamente necessária uma reforma tendo por base a Estratégia, o PRR prevê 3 investimentos globais,

[19] Cfr. aviso com o título "*Investimento TC-C14-i01 – Hidrogénio e Gases Renováveis N.º 01/C14-i01/2021*", tendo o concurso relativo a este apoio sido aberto no passado dia 15 de Dezembro de 2021. Os projectos seleccionados podem ter diferentes finalidades, como os transportes ou a indústria. No entanto, devem contribuir para o aumento do impacto das renováveis no consumo de energia, reduzir as emissões de cases com efeito de estufa, reduzir a dependência energética e melhorar a segurança do aprovisionamento de energia. URL: https://bit.ly/33biF6F.

[20] Segundo o Governo Português, foram recebidas 41 candidaturas relativas a projectos com um potencial de 380 milhões de euros de investimento. URL: https://bit.ly/3Vg8G6e.

[21] É de notar também a publicação da Portaria n.º 98-A/2022 de 18 de Fevereiro, que veio instituir o Regulamento do Sistema de Incentivos de Apoio à Produção de Hidrogénio Renovável e Outros Gases Renováveis, proveniente da dotação do PRR afecta ao Investimento "*TC -C14 -i01 – Hidrogénio e gases renováveis*".

[22] Assumindo que pretende "[p]*romover a transição energética por via do apoio às energias renováveis, com grande enfoque na produção de hidrogénio e de outros gases de origem renovável*". Cfr. "Plano de Recuperação e Resiliência", aprovado pela Comissão Europeia a 16 de Junho de 2021 e executado pelo Conselho da União Europeia a 6 de Julho de 2021. URL: https://bit.ly/3tnh0Wj.

sendo que um deles, correspondente ao Hidrogénio e gases renováveis, tem uma dotação total de 185 milhões de euros. Neste sentido, podem ser desenvolvidas diversas acções, "*nomeadamente através do apoio a projectos de produção de gases de origem renovável, bem como de tecnologias testadas e que não estejam ainda suficientemente disseminadas no território nacional, ambos visando o autoconsumo e/ou injecção na rede. Pretende-se alcançar 264 MW de capacidade de produção de gases renováveis*".

A Estratégia também prevê, como uma das suas iniciativas, um apoio directo ao investimento em projectos de hidrogénio (projectos de produção e distribuição de energia), com uma verba a rondar os 40 milhões de euros, por forma a promover um ambiente favorável à produção desta energia. O primeiro aviso referente à candidatura a estes apoios foi publicado no passado dia 21 de Dezembro de 2020 no âmbito do Programa Operacional Sustentabilidade e Eficiência no Uso de Recursos[23], tendo a hierarquização das candidaturas apresentadas sido publicada no dia 30 de Abril de 2021[24].

Além disto, o Governo Português já havia anunciado publicamente que também pretendia levar a cabo leilões de hidrogénio verde no início de 2022, direccionados para potenciais consumidores de hidrogénio verde. A leilão estaria uma certa quantidade de hidrogénio (ainda não definida), que tanto pode ser qualificada por quilogramas ou MWh. Segundo indicado à altura pelo Ministro do Ambiente e da Acção Climática, "*o mecanismo do leilão vai pagar a diferença entre um determinado preço atingido em licitação e o preço de carbono existente no mercado*"[25]. Mais recen-

[23] Cfr. aviso com o título "[c]*oncurso para a apresentação de candidaturas programa operacional sustentabilidade e eficiência no uso de recursos (POSEUR)*", com o objectivo de atribuir apoios a projectos de produção de gases de origem renovável referentes ao desenvolvimento e teste de novas tecnologias ou com tecnologias testadas e que não estejam ainda suficientemente disseminadas no território nacional. URL: https://bit.ly/3I2Xn9V.

[24] URL: https://bit.ly/3GmDH0v.

[25] Estes leilões funcionam como um incentivo do Estado ao consumo, por parte das empresas, de hidrogénio verde, já que o mecanismo do leilão vai pagar a diferença entre o preço licitado e o preço do carbono à data. Cfr. "Governo lança leilão de hidrogénio em janeiro de 2022", *Dinheiro Vivo*, 21/10/2021, URL: https://bit.ly/3zVBDKi.

temente, foi admitido que este leilão, entretanto não realizado, poderia ocorrer ainda em 2022[26].

Também é possível notar a investida na criação de um ecossistema relativo aos gases renováveis e, especialmente, quanto ao hidrogénio verde, noutras iniciativas levadas a cabo pelo Governo Português. Exemplo disto é o procedimento concorrencial para atribuição de reserva de capacidade de injecção na Rede Eléctrica de Serviço Público na sequência do término do Contrato de Aquisição de Energia relativo à capacidade de injecção até então ocupada pela central termoeléctrica a carvão do Pego[27]. De facto, nos termos do Programa do Procedimento[28] deste procedimento concorrencial, os concorrentes poderiam incluir no seu projecto proposto vários elementos relativos à produção de gases renováveis, como sistemas de produção e postos de abastecimento de gases renováveis[29], sendo que, em caso de inclusão satisfatória, teriam direito a critérios de majoração na avaliação do mesmo[30].

Finalmente, surge a iniciativa relativa à preparação e formalização de uma candidatura ao Projecto Importante de Interesse Europeu Comum (doravante, IPCEI Hidrogénio), criada em torno (ou pelo menos tendo em especial conta) do projecto de grandes dimensões à escala industrial de produção de hidrogénio verde em Sines. Este é o primeiro dos prin-

[26] Cfr. "Leilões: hidrogénio verde lançado este ano, eólica marítima em 2023", *Jornal Económico*, 11/05/2022. URL: https://bit.ly/3T8PtlH.

[27] Aberto pelo Despacho n.º 9241-C/2021, de 17 de Setembro de 2021, do Secretário de Estado da Energia e do Clima, nos termos dos n.os 1, 4 e 5 do artigo 5.º -B do Decreto -Lei n.º 172/2006, de 23 de Agosto, na sua redacção actual.

[28] URL: https://bit.ly/3rgponL.

[29] A alínea b) do n.º 2 do artigo 12.º do Programa do Procedimento refere que os projectos a apresentar poderiam ainda incluir "[c]*ontributos para o cumprimento das metas estabelecidas no Roteiro para a Neutralidade Carbónica 2050, no Plano Nacional de Energia e Clima 2030 e na Estratégia Nacional para o Hidrogénio, nomeadamente através da instalação e/ou disponibilização de: i. Sistemas de captura e de uso de CO2; ii. Sistemas de produção de gases renováveis a partir da gaseificação, pirólise e/ou outros de biomassa; iii. Postos de abastecimento de gases renováveis e/ou de carregamento de veículos elétricos; iv. Veículos comerciais e pesados de transporte de pessoas e de mercadorias ou para utilização em serviços municipais movidos a gases renováveis e/ou elétricos*".

[30] Nomeadamente, através dos critérios constantes das alíneas g) a i) do n.º 3 do artigo 18.º do Programa do Procedimento, que poderiam atribuir majorações de até 15%, nos termos das alíneas g) a i) do n.º 4 do mesmo artigo 18.º.

cipais projectos elencados pela Estratégia, estando previsto um investimento que poderá ser superior a 1,5 mil milhões de euros, sendo prevista a instalação de uma unidade industrial com uma capacidade total em electrolisadores de, pelo menos, 1 GW até 2030.

De facto, foi preparada a submissão de uma candidatura ao IPCEI Hidrogénio, com "*o objectivo de apoiar o desenvolvimento da cadeia de valor industrial em torno do hidrogénio verde*". Neste sentido, o Governo Português abriu, em Junho de 2020, um período para manifestação de interesse para participação no futuro IPCEI Hidrogénio, destinado às entidades interessadas em integrar a cadeia de valor dali resultante[31]. Com este convite, o Governo Português assumiu uma postura de desenvolvimento, para obter os melhores projectos possíveis, sendo dada oportunidade para apresentar vários projectos dentro desta cadeia de valor.

Neste âmbito, foram apresentadas 74 manifestações de interesse, tendo, num primeiro momento, passado 37 à fase seguinte[32]. Mais recentemente, em Setembro de 2021, foi noticiado que Portugal avançou com uma primeira candidatura de três projectos de produção de hidrogénio verde ao estatuto de IPCEI Hidrogénio, junto da Comissão Europeia[33].

Na sequência da apresentação das candidaturas referidas acima, a Comissão Europeia, no âmbito das acções "REPowerEU", aprovou o IPCEI Hy2Tech, o primeiro IPCEI na área do hidrogénio, que envolve 35 empresas e 41 projectos de 15 Estados Membros e tem como objectivo desenvolver tecnologias inovadoras para a cadeia de valor do hidrogénio, por forma a descarbonizar processos industriais e a mobilidade, sendo

[31] Através do Despacho n.º 6403-A/2020, de 17 de Junho de 2020, dos Gabinetes do Ministro de Estado, da Economia e da Transição Digital, do Ministro de Estado e dos Negócios Estrangeiros e dos Ministros da Ciência, Tecnologia e Ensino Superior e do Ambiente e da Acção Climática. Como é referido no preâmbulo deste despacho, "[t]*endo em conta o grande interesse desencadeado pelo projeto de Sines, que é parte integrante da Estratégia Nacional para o Hidrogénio, importa ter presente que a Comissão Europeia pode considerar elegível, para reconhecimento como IPCEI, um grupo de projetos únicos inseridos numa estrutura comum, ou num programa que vise os mesmos objetivos, contribuindo para a complementaridade e realização de um objetivo importante europeu*".

[32] Cfr. comunicado do Governo Português intitulado "Metade dos projetos de hidrogénio passam à fase seguinte". URL: https://bit.ly/34IejUT.

[33] Cfr. "Hidrogénio português já está na corrida para obter financiamento prioritário de Bruxelas", *ECO*, 29/09/2021. URL: https://bit.ly/34NRG1j.

que, no caso português, foi incluída a 1s1 Energy, uma empresa que contribuirá para o projecto no dentro das tecnologias de produção de hidrogénio e de "fuel cells"[34].

Mais recentemente, foi também aprovado o IPCEI Hy2Use, o segundo IPCEI na área do hidrogénio, que, por sua vez, envolve 29 empresas e 35 projectos de 13 Estados Membros e tem como fim "*apoiar a investigação e a inovação, assim como a primeira implantação industrial e a construção de infra-estruturas relevantes na cadeia de valor do hidrogénio*"[35]. Este IPCEI incluiu a Bondalti, uma empresa portuguesa que ficará responsável pela "*construção de infra-estruturas para o hidrogénio*", no seu complexo químico de Estarreja[36].

Também são elencados outros projectos na Estratégia, como a descarbonização do sector dos transportes[37] e de um sector prioritário da indústria nacional, onde é dado o exemplo da indústria química, possibilitando a substituição das importações de amónia verde e de outros produtos, por produção nacional.

Igualmente é sugerido o aproveitamento das águas residuais para a produção de hidrogénio, aproveitamento de sinergias entre o sector da energia e o sector das águas residuais, com vista ao aproveitamento das mesmas para a produção de hidrogénio, e a implementação de um laboratório de referência a nível nacional e internacional que desenvolverá

[34] Cfr. comunicação com o título "Remarks by Executive Vice-President Vestager on Important Project of Common European Interest in the hydrogen technology value chain" e "Portugal em mega projeto de hidrogénio de 5,4 mil milhões aprovado por Bruxelas", *Jornal de Negócios*, 15/07/2022. URL: https://bit.ly/3EyCGEo e https://bit.ly/3SUeIYG, respectivamente.

[35] Cfr. "Auxílios Estatais: Comissão aprova até 5,2 mil milhões de EUR de apoio público de treze Estados-Membros para o segundo Projeto Importante de Interesse Europeu Comum na cadeia de valor do hidrogénio". URL: https://bit.ly/3TgIsPo.

[36] Cfr. "Bondalti saúda "passo importante" de Bruxelas para a produção de hidrogénio em Estarreja", *ECO*, 21/09/2022. URL: https://bit.ly/3yu3d1S.

[37] Por exemplo, no passado dia 3 de Dezembro de 2021, o Fundo Ambiental publicou o aviso "Descarbonização dos Transportes Públicos", que, com uma dotação de 48 milhões de euros, irá promover a mobilidade sustentável nas Áreas Metropolitanas de Lisboa e do Porto. Este programa também poderá apoiar a aquisição de novos autocarros movidos a hidrogénio (pilhas de combustível) e à instalação dos correspondentes postos de carregamento. URL: https://bit.ly/3FxBz4X.

actividade de investigação e desenvolvimento em torno das principais componentes relevantes da cadeia de valor do hidrogénio[38].

Apesar do acima exposto, isto é, da tentativa do Governo Português de incentivar a produção e utilização do hidrogénio verde, existem ainda diversos problemas imperativos de abordar e resolver, como o exemplo da forma como se fará o transporte e o próprio armazenamento do hidrogénio verde produzido, o que é relativamente importante, tendo em conta a segurança do mesmo. O dito transporte e armazenamento do Hidrogénio é mais complexo do que o de outras fontes de energia, já que este não tem odor e é invisível quando entra em combustão. Também existem várias questões relativamente às eficiências e o custo-eficácia do uso do hidrogénio para produzir electricidade e a produção através de energias renováveis.

Pelas razões acima expostas e pelo facto de a produção de hidrogénio verde não ser, até ao momento, economicamente mais vantajosa em comparação com a produção de outras fontes de energia, diversos cientistas e economistas discordam do plano apresentado pelo Governo Português para o hidrogénio verde[39][40].

[38] A Fundação para a Ciência e a Tecnologia aprovou, no passado dia 23 de Março de 2021, o HyLab, um Laboratório Colaborativo para o Hidrogénio Verde que vai desenvolver científica e tecnologicamente o hidrogénio verde em Portugal. URL: https://bit.ly/3qupZD6.

[39] A associação ambientalista ZERO – Associação Sistema Terrestre Sustentável considerou que a "*estratégia tem muitos aspectos a clarificar e avaliar e ligação ao gás natural é demasiado preponderante (...)* [a]*pesar da Estratégia se relevar um contributo muito relevante, ela fica aquém de uma transição mais rápida, desejável e necessária, nomeadamente pela ligação demasiado forte ao uso do gás natural, combustível fóssil que tem de recuar mais rapidamente em linha com a necessidade cada vez mais evidente de antecipar a neutralidade carbónica às escalas nacional e europeia*". Além disto, também refere a associação que "(...) *queimar hidrogénio numa central térmica ou em equipamentos domésticos em casa é, como princípio e nas condições actuais, errado, e não é uma solução de futuro por razões de eficiência comparativamente com o recurso a electricidade 100% renovável*". Cfr. comunicado "Hidrogénio deve antecipar neutralidade carbónica, mas estratégia nacional não está à altura do desafio" e parecer com o título "Parecer da ZERO – Associação Sistema Terrestre Sustentável relativo à Estratégia Nacional para o Hidrogénio". URL: https://bit.ly/34PDWTW e https://bit.ly/3fooboQ, respectivamente.

[40] Várias personalidades portuguesas, incluindo políticos, engenheiros e economistas, através de um movimento intitulado "Tertúlia Energia", assinaram o manifesto "Manifesto para a recuperação do crescimento e estabilização económica pós-Covid19", um documento clara-

§ 4.º Os gases de origem renovável na União Europeia e em Portugal

Analisada a Estratégia e a consequente encetar de esforços do Governo Português em torno do hidrogénio verde, cabe agora olhar brevemente para a regulação do papel dos gases renováveis na União Europeia e a sua influência em Portugal, especialmente nos esforços legislativos que foram levados a cabo e já analisados nos capítulos anteriores.

De facto, como anunciado no preâmbulo da Estratégia, esta surge na sequência do compromisso assumido na Conferência das Partes da Convenção Quadro das Nações Unidas para as Alterações Climáticas, que resultou na adopção do comummente designado "Acordo de Paris", que entrou em vigor a 4 de Novembro de 2016[41]. Trata-se de um acordo que, entre outros, estipula três objectivos globais, a saber:

A. Limitar o aumento médio da temperatura global consideravelmente abaixo dos 2 graus *Celsius* e prosseguir esforços destinados a limitar o aumento médio da temperatura global a 1,5 graus *Celsius*, considerando que tal reduziria de forma significativa os riscos e impactes das alterações climáticas;
B. Aumentar a capacidade de adaptação aos impactos adversos das alterações climáticas e promover a resiliência climática e o desenvolvimento de baixo carbono; e
C. Tornar os fluxos financeiros consistentes com trajectórias de desenvolvimento resilientes e de baixo carbono.

mente contra a Estratégia, referindo que "[o] *país não pode mais uma vez embarcar numa aventura como a Estratégia do Hidrogénio, que absorverá uma parte significativa dos recursos, financiando projectos sem rentabilidade, usando tecnologias que, por não estarem ainda dominadas, só vão fazer subir custos de produção e preços no consumidor, ou onerar o contribuinte, via subsídios do Estado, e assim reduzir o crescimento*". Cfr. comunicado e manifesto intitulados "Manifesto para a recuperação do crescimento e estabilização económica pós-Covid19". URL: https://bit.ly/339PgKd e https://bit.ly/31Wxjhz, respectivamente.

[41] Cfr. "Paris Agreement", adoptado na Conferência das Partes da Convenção Quadro das Nações Unidas para as Alterações Climáticas a 12 de Dezembro de 2015. A ratificação deste acordo foi aprovada pela Resolução da Assembleia da República n.º 197-A/2016 e ratificada pelo Decreto do Presidente da República n.º 79-M/2016, ambos de 30 de Setembro. URL: https://bit.ly/33CPklp e https://bit.ly/3I5cHTu, respectivamente.

Pouco depois da adopção deste acordo, o Governo Português, na Conferência das Partes da Convenção Quadro das Nações Unidas para as Alterações Climáticas que se realizou em Marraquexe em Novembro de 2016, assumiu uma rápida aplicação dos mecanismos previstos no Acordo de Paris para o combate ao aquecimento global[42], tendo sido desenvolvido o Roteiro para a Neutralidade Carbónica 2050 em consequência disto.

No que toca à reacção a um nível europeu, logo a 17 de Dezembro de 2015 (cinco dias após a adopção do Acordo de Paris), o Conselho Europeu congratulou-se "*com o resultado histórico alcançado em Paris, onde o mundo adotou o primeiro acordo mundial e juridicamente vinculativo de sempre sobre o clima, com o objetivo de manter o aquecimento global a um nível bem abaixo dos 2.°C e de prosseguir os esforços para o limitar a 1,5°C. Convida a Comissão e o Conselho a avaliar os resultados da COP 21 até março de 2016, tendo nomeadamente em vista o quadro relativo ao clima e à energia para 2030, e a preparar as próximas etapas*"[43].

Mais do que isto, a 11 de Dezembro de 2019, a Comissão Europeia apresentou o PEE, um roteiro para a transformação da Europa numa economia moderna, eficiente no aproveitamento de recursos e competitiva[44]. Conforme já notado, este documento inclui um ambicioso pacote de medidas que visam permitir que cidadãos e empresas europeias beneficiem de uma transição ecológica sustentável, definindo uma "*estratégia de crescimento que visa transformar a UE numa sociedade equitativa e próspera, dotada de uma economia moderna, eficiente na utilização dos recursos e competitiva, que, em 2050, tenha zero emissões líquidas de gases com efeito de estufa e em que o crescimento económico esteja dissociado da utilização dos recursos*".

Avançando até 2020, nomeadamente 17 de Setembro, a Comissão Europeia assume claramente o combate à clise climática como um dos seus principais projectos. Nesta data, através de uma comunicação ao

[42] Cfr. "Primeiro-ministro em Marraquexe em defesa do Acordo de Paris sobre clima", Público, 12/11/2016. URL: https://bit.ly/34MyhxO.

[43] Cfr. conclusões adoptadas pelo Conselho Europeu na reunião de 17 e 18 de Dezembro de 2015. URL: https://bit.ly/3A1S0VW.

[44] Cfr. "Comunicação da Comissão ao Parlamento Europeu, ao Conselho Europeu, ao Comité Económico e Social Europeu e ao Comité das Regiões – Pacto Ecológico Europeu". URL: https://bit.ly/3FLndPb.

Parlamento Europeu, ao Conselho, ao Comité Económico e Social Europeu e ao Comité das Regiões, é apresentada uma meta de redução das emissões de gases com efeito de estufa a nível de toda a economia e de toda a União Europeia de, pelo menos, 55%[45], propondo uma série de acções nesse sentido.

Com efeito, esta comunicação elenca as principais preocupações que devem ser tidas em conta na prossecução deste objectivo, como sejam a redução das emissões nos sectores dos transportes, da agricultura e dos edifícios, os elevados riscos na existência de uma dependência do carbono (combatidos através de fortes incentivos à utilização de energia renováveis) e a confirmação de que os impactos negativos das alterações climáticas apenas serão mais graves.

Neste sentido, o hidrogénio renovável (ou verde) é desde logo elencado como uma possibilidade "*para substituir os combustíveis fósseis em alguns processos industriais com utilização intensiva de carbono, por exemplo como matéria-prima em determinados processos químicos, bem como para fornecer calor a alta temperatura*". Isto é, no que toca ao aquecimento e ao arrefecimento de edifícios e de indústrias, o hidrogénio verde poderá ter um papel complementar aquele da utilização directa das energias renováveis e da electricidade.

Relativamente ao sector dos transportes, é referido que "*o hidrogénio limpo será crucial para descarbonizar o setor dos transportes pesados*", sendo também elencada a importância deste gás renovável poderá vir a ter enquanto novo formato de propulsão, especialmente no caso dos veículos pesados.

Logo de seguida, na reunião do Conselho Europeu de 10 e 11 de Dezembro, foi aprovada a nova meta vinculativa da União Europeia, que consiste, em geral, na redução interna líquida de pelo menos 55% das emissões de gases com efeito de estufa até 2030, em comparação com os valores de 1990, proposta pela Comissão Europeia[46].

[45] Cfr. comunicação da Comissão Europeia ao Parlamento Europeu, ao Conselho, ao Comité Económico e Social Europeu e ao Comité das Regiões com o título "Reforçar a ambição climática da Europa para 2030. Investir num futuro climaticamente neutro para benefício das pessoas". URL: https://bit.ly/3A9r06S.

[46] Cfr. conclusões adoptadas pelo Conselho Europeu na reunião de 10 e 11 de Dezembro de 2020. URL: https://bit.ly/3rB3tb2.

Conforme referido pelo Conselho Europeu, "[a]*umentaremos a nossa ambição climática de forma a estimular o crescimento económico sustentável, criar emprego, gerar benefícios sanitários e ambientais para os cidadãos da UE e contribuir para a competitividade a longo prazo da economia da UE no mundo, ao promover a inovação em tecnologias verdes*". Desta forma, o Conselho Europeia convidava a Comissão Europeia a ter esta meta em conta na redacção da nova lei europeia do clima, tal como a ponderar as alterações necessárias no panorama europeu, como o explorar de formas de reforçar o sistema de comércio de licenças de emissão da União Europeia e a possibilidade de introdução de um mecanismo de ajustamento carbónico fronteiriço.

Este compromisso da União Europeia foi confirmado com a aprovação do Regulamento (UE) 2021/1119 do Parlamento Europeu e do Conselho, de 30 de Junho de 2021, usualmente designado de "Lei Europeia do Clima"[47]. Esta legislação assegura a meta vinculativa de levar a União Europeia à neutralidade climática até 2050, com o objectivo intermédio de atingir a redução de pelo menos 55% das emissões de gases com efeito de estufa até 2030[48].

Na sequência da Lei Europeia do Clima, surge também o pacote de medidas comummente designado de "*Fit for 55*", que visa concretizar os objectivos estabelecidos naquela[49]. Com efeito, trata-se de um pacote de propostas tendentes à actualização e revisão da legislação europeia, por forma a adequá-la aos objectivos constantes da Lei Europeia do Clima.

[47] Cfr. "Regulamento (UE) 2021/1119 do Parlamento Europeu e do Conselho de 30 de junho de 2021 que cria o regime para alcançar a neutralidade climática e que altera os Regulamentos (CE) n.º 401/2009 e (UE) 2018/1999 ("Lei europeia em matéria de clima")". URL: https://bit.ly/3rv02CY.

[48] Enquanto o n.º 1 do artigo 2.º desta Lei refere que "[a]*s emissões e remoções, à escala da União, dos gases com efeito de estufa regulamentadas no direito da União devem ser equilibradas na União, o mais tardar em 2050, reduzindo assim a zero, até essa data, o balanço líquido das emissões; após essa data, a União deve procurar alcançar emissões negativas*", o n.º 1 do respectivo artigo 4.º é claro no sentido de que "(...) *a meta climática vinculativa da União para 2030 deve consistir numa redução interna das emissões líquidas de gases com efeito de estufa (emissões após dedução das remoções) de, pelo menos, 55%, em relação aos níveis de 1990, até 2030*".

[49] Cfr. comunicação da Comissão Europeia ao Parlamento Europeu, ao Conselho, ao Comité Económico e Social Europeu e ao Comité das Regiões com o título "Objetivo 55: alcançar a meta climática da EU para 2030 rumo à neutralidade carbónica". URL: https://bit.ly/33PeI7E.

Este pacote define várias medidas legislativas por forma a revolucionar todos os sectores da economia europeia, especialmente tendo em conta o objectivo intermédio de reduzir pelo menos 55% das emissões de gases com efeito de estufa até 2030. São várias as medidas aqui incluídas, como a revisão do sistema europeu de comércio de licenças de emissão (através de um aumento do preço do carbono), incluindo os sectores marítimos, imobiliário e do transporte, a criação de um novo mecanismo de ajustamento carbónico fronteiriço, por forma a ajustar determinados produtos importados de países com metas menos ambiciosas ou a criação de um Fundo Climático Social destinado a apoiar cidadãos/famílias de baixo rendimento e pequenas empresas, na adaptação a esta nova realidade.

No que toca ao caso específico do hidrogénio, o pacote destaca a actualização da Directiva relativa às Energia Renováveis[50], que propõe aumentar a meta vinculativa global dos actuais 32% para um novo nível de 40% de energia de fontes renováveis no cabaz energético da EU até 2030, e que promove a adopção de combustíveis renováveis, como o hidrogénio limpo (verde).

Tendo em vista a importância dos gases renováveis na estratégia europeia relativa à neutralidade climática da União Europeia até 2050, a Comissão Europeia apresentou três novas propostas ao pacote legislativo referido acima a 15 de Dezembro de 2021, por forma a promover a descarbonização do mercado de gás[51].

Estas novas propostas, que visam estabelecer um verdadeiro mercado para o hidrogénio, criando o ambiente adequado para o investimento e permitindo o desenvolvimento de infra-estruturas especificas, correspondem a uma proposta de Regulamento sobre os mercados internos dos gases renováveis e naturais e do hidrogénio[52], uma proposta de Directiva sobre regras comuns para os mercados internos dos gases

[50] Através da Directiva (UE) 2018/2001 do Parlamento Europeu e do Conselho de 11 de Dezembro de 2018, relativa à promoção da utilização de energia de fontes renováveis. URL: https://bit.ly/3qJw3bc.

[51] Cfr. comunicado de imprensa intitulado "Comissão propõe novo quadro da UE para descarbonizar os mercados do gás, promover o hidrogénio e reduzir as emissões de metano", datado de 15 de Dezembro de 2021. URL: https://bit.ly/3tQrbD3.

[52] Cfr. "Proposal for a Regulation of the European Parliament and of the Council on the internal markets for renewable and natural gases and for hydrogen". URL: https://bit.ly/3fVkQyl.

renováveis e naturais e do hidrogénio[53], e uma proposta de Regulamento sobre a redução das emissões de metano no sector da energia e alteração do Regulamento (EU) 2019/942[54].

Revisto resumidamente o panorama europeu ao nível da descarbonização da economia, cabe olhar para um documento importante no âmbito da produção de gases renováveis, a Estratégia Europeia para o Hidrogénio[55]. Este documento, que se baseia no caminho europeu rumo à descarbonização da economia, a necessidade de utilizar combustíveis limpos e desenvolver as respectivas infra-estruturas e o eventual potencial do hidrogénio verde como alternativa, entre outros, reforça os principais pontos-chave que devem ser tidos em conta por todos as instituições europeias e pelos Estados-Membros.

Ora, desde logo, este documento "[s]*alienta a necessidade de manter e continuar a desenvolver a liderança tecnológica da UE no domínio do hidrogénio limpo, através de uma economia do hidrogénio competitiva e sustentável, com um mercado integrado do hidrogénio; realça a necessidade de uma estratégia da UE para o hidrogénio que abranja toda a cadeia de valor do hidrogénio, incluindo os setores da procura e da oferta, e que esteja alinhada com os esforços nacionais para garantir a construção de infraestruturas adicionais suficientes de geração de eletricidade renovável, para produzir hidrogénio renovável e reduzir os custos do hidrogénio renovável (...)*".

Depois disto, destaca a classificação e normas relativas ao hidrogénio, donde devem ser adoptados critérios claros ao nível europeu que proporcionem segurança jurídica, mas que, ao mesmo tempo, tenham uma terminologia abrangente e aplicável a todos os Estados-Membros, e o

[53] Cfr. "Proposal for a Directive of the European Parliament and of the Council on common rules for the internal markets in renewable and natural gases and hydrogen". URL: https://bit.ly/3FXOaP0.

[54] Cfr. "Proposal for a Regulation of the European Parliament and of the Council on methane emissions reduction in the energy sector and amending Regulation (EU) 2019/942". URL: https://bit.ly/3AqTs4l.

[55] Cfr. "Resolução do Parlamento Europeu, de 19 de maio de 2021, sobre uma Estratégia Europeia para o Hidrogénio", que, por sua vez, também já teve em conta, entre outros, a "Comunicação da Comissão ao Parlamento Europeu, ao Conselho, ao Comité Económico e Social Europeu e ao Comité das Regiões – Estratégia do Hidrogénio para uma Europa com Impacto Neutro no Clima. URL: https://bit.ly/3zg3AfK e https://bit.ly/3rDC9ck, respectivamente.

aumento da produção de hidrogénio, que deverá ser agilizado através de um quadro regulamentar e jurídico que retire as barreiras existentes e que permita a sua integração num mercado da energia a nível europeu. Também refere as infra-estruturas para o produção, armazenamento e transporte de hidrogénio, cujo desenvolvimento é urgente, além de outros temas como a procura de hidrogénio e a investigação, desenvolvimento, inovação e financiamento.

Finalmente, como já indicado acima, e especialmente tendo em conta a invasão russa da Ucrânia, que levou à necessidade de tornar a União Europeia independente da Rússia ao nível da energia, foi apresentada pela Comissão Europeia a iniciativa "REPowerEU", por forma a acelerar a adopção e disponibilidade de gases renováveis.

Esta iniciativa, que já trouxe inclusive novidades para o tecido energético português, conforme referido acima, prevê uma série de medidas que procuram a redução rápida da dependência dos combustíveis fósseis russos, acelerando a transição ecológica. No que toca ao caso específico da produção de gases renováveis, estes são assumidos como extremamente relevantes nesta iniciativa, na medida em que o seu crescente desenvolvimento permitirá reduzir cada vez mais o consumo de gás.

Desta forma, no âmbito do vector "*[s]ubstituir os combustíveis fósseis e acelerar a transição da Europa para as energias limpas*", a Comissão Europeia assume como objectivos primordiais a aceleração da implantação do hidrogénio e a expansão da utilização do biometano[56]. Para este efeito, são elencados vários objectivos específicos, como a análise das necessidades preliminares de infra-estruturas de hidrogénio, a mobilização de financiamento da UE, a facilitação de importação de hidrogénio verde, a concessão de incentivos para a transformação do biogás em biometano, entre outros.

[56] Cfr. "Comunicação da Comissão ao Parlamento Europeu, ao Conselho Europeu, ao Conselho, Comité Económico e Social Europeu e ao Comité das Regiões – Plano REPowerEU". URL: https://bit.ly/3rMz1ve.

§ 5.º O licenciamento da actividade de produção de gases de origem renovável

Revisto o quadro regulatório nacional e europeu, tal e qual como o que constituem gases renovável, é necessário revisar o enquadramento jurídico aplicável à produção destes gases.

5.1 O Sistema da Indústria Responsável

Desde logo, cabe começar pelo Sistema da Indústria Responsável (doravante, SIR), aprovado em anexo ao Decreto-Lei n.º 169/2012, de 1 de Agosto[57]. Trata-se do sistema que prevê os procedimentos necessários ao acesso e exercício da actividade industrial, à instalação e exploração de zonas empresariais responsáveis, bem como o processo de acreditação de entidades no seu âmbito[58]. Mais ainda, o IAPMEI – Agência para a Competitividade e Inovação, IP é a entidade nacional responsável pelo SIR.

Nos termos do n.º 3 do artigo 1.º do SIR, este é aplicável aquelas actividades industriais constantes do anexo I do mesmo. Considerando o Decreto-Lei n.º 169/2012, de 1 de Agosto e o anexo I ao SIR, este corresponde ao licenciamento administrativo das unidades de hidrogénio, cabendo o licenciamento das matérias ambientais à autoridade competente (Agência Portuguesa do Ambiente – doravante, APA – ou a respectiva Comissão de Coordenação e Desenvolvimento Regional – adiante, CCDR) e o registo prévio dos produtores de gases de origem renovável à Direcção Geral de Energia e Geologia (adiante, DGEG).

Estando a instalação industrial sujeita ao SIR, todo o processo de licenciamento é levado a cabo através da plataforma com o mesmo nome,

[57] Tendo, entretanto, sofrido as alterações constantes do Decreto-Lei n.º 165/2014, de 5 de Novembro, do Decreto-Lei n.º 73/2015, de 11 de Maio, do Decreto-Lei n.º 39/2018, de 11 de Junho, do Decreto-Lei n.º 20/2019, de 30 de Janeiro, da Resolução da Assembleia da República n.º 138/2019, de 8 de Agosto e do Decreto-Lei n.º 9/2021, de 29 de Janeiro.

[58] Conforme referido no preâmbulo do diploma, "[c]*om o SIR, o investimento e a instalação de atividades industriais em Portugal tornam-se mais simples, mais seguros e mais rápidos, potenciando o fundamental crescimento do emprego e da economia nacionais*".

acessível através do Balcão do Empreendedor ou nos balcões presenciais das entidades públicas competentes.

A complexidade do processo de licenciamento depende de uma classificação atribuída ao estabelecimento em questão, entre Tipo 1 e 3, e que varia em função do grau de risco potencial inerente à sua exploração[59]. Tendo em conta o Tipo, o processo relativo ao licenciamento será com vistoria prévia, para os estabelecimentos industriais incluídos no Tipo 1, sem vistoria prévia, para os estabelecimento industriais incluídos no Tipo 2, ou através de mera comunicação prévia, para os estabelecimentos industriais incluídos no Tipo 3. Cada um destes processos de licenciamento contém especificidades concretas que terão em conta o referido grau de risco potencial inerente à exploração da instalação.

Como veremos melhor abaixo, tendo em conta que a produção de gases renováveis compreende projectos cujas instalações industriais estão sujeitas ao Decreto-Lei n.º 151-B/2013, de 31 de Outubro[60], que estabe-

[59] De acordo com os n.os 2, 3 e 4 do Decreto-Lei n.º 169/2012, de 1 de Agosto, os estabelecimentos de Tipo 1 são aqueles cujos projectos de instalações industriais se encontrem abrangidos por, pelo menos, um dos seguintes regimes jurídicos ou circunstâncias: (i) Regime jurídico de avaliação de impacte ambiental; (ii) Regime jurídico da prevenção e controlo integrado de poluição, a que se refere o capítulo ii do Regime das Emissões Industriais; (iii) Regime jurídico de prevenção de acidentes graves que envolvam substâncias perigosas; (iv) Realização de operação de gestão de resíduos que careça de vistoria prévia ao início da exploração, à luz do regime de prevenção, produção e gestão de resíduos; ou (v) Exploração de actividade agro-alimentar que utilize matéria-prima de origem animal não transformada, de actividade que envolva a manipulação de subprodutos de origem animal ou de actividade de fabrico de alimentos para animais que careça de atribuição de número de controlo veterinário ou de número de identificação individual, nos termos da legislação aplicável; os estabelecimentos de Tipo 2 são aqueles não incluídos no Tipo 1, desde que abrangidos por pelo menos um dos seguintes regimes jurídicos ou circunstâncias: (i) Regime do comércio europeu de licenças de emissão de gases com efeitos de estufa; ou (ii) Necessidade de obtenção de alvará para realização de operação de gestão de resíduos que dispense vistoria prévia, nos termos do regime geral de gestão de resíduos, com excepção dos estabelecimentos identificados pela parte 2-A do anexo i ao SIR, ainda que localizados em edifício cujo alvará admita comércio ou serviços, na condição de realizarem operações de valorização de resíduos não perigosos; e os estabelecimentos de Tipo 3 os estabelecimentos industriais não abrangidos pelos Tipos 1 e 2.

[60] Entretanto alterado pelo Decreto-Lei n.º 47/2014, de 24 de Março, pelo Decreto-Lei n.º 179/2015, de 27 de Agosto, pela Lei n.º 37/2017, de 2 de Junho, pelo Decreto-Lei n.º 152-B/2017, de 11 de Dezembro e pelo Decreto-Lei n.º 102-D/2020, de 10 de Dezembro.

lece o regime jurídico de avaliação de impacte ambiental (doravante, o RJAIA), a classificação atribuída a estes estabelecimento será a de Tipo 1.

Ora, considerando isto, deverá ser levado a cabo um processo de licenciamento junto do SIR que envolve, resumidamente, nos termos do n.º 1 do artigo 20.º do Decreto-Lei n.º 169/2012, de 1 de Agosto:

A. A obtenção das licenças, autorizações, aprovações, registos, pareceres ou outros actos permissivos de que dependa a instalação ou exploração deste tipo de estabelecimento;
B. A emissão de um título digital de instalação, que titule o direito do requerente a executar o projecto de instalação do estabelecimento;
C. A realização de uma vistoria; e
D. A emissão de um título digital de exploração, que titula o direito a explorar o estabelecimento industrial nas condições referidas no respectivo título digital de exploração.

Nos termos dos n.os 1 e 8 do artigo 25.º-B do Decreto-Lei n.º 169/2012, de 1 de Agosto, emitido o título digital de exploração e uma vez contratado o seguro de responsabilidade civil a que se refere o n.º 1 do artigo 4.º do mesmo diploma, a exploração do estabelecimento industrial poderá ter início.

5.2 Regime jurídico da organização e funcionamento do Sistema Nacional do Gás

Terminada a análise do regime de licenciamento relativo ao SIR, cabe agora olhar para o regime jurídico da organização e funcionamento do SNG, que foi amplamente reorganizado pelo Decreto-Lei n.º 62/2020, de 28 de Agosto, prevendo, entre outros, a regulação da produção de gases renováveis e de gases de baixo teor de carbono com vista à sua injecção total ou parcial na rede pública de gás como nova actividade.

Conforme o exposto, numa secção dedicada à produção de gases renováveis, este Decreto-Lei indica que o exercício da actividade de produção de gases de origem renovável está sujeito a registo prévio e que este apenas pode ser deferido a pessoas colectivas que demonstrem possuir capacidade técnica, financeira e de gestão adequadas para o efeito[61]. Considerando o acima referido acerca do processo de licenciamento levado a cabo junto do SIR, aqui estamos perante um licenciamento da actividade energética da instalação, ao contrário da actividade industrial ali tratada.

Com efeito, este registo prévio é efectuado através do balcão único electrónico dos serviços a que se refere o artigo 6.º do Decreto-Lei n.º 92/2010, de 26 de Julho[62][63], que estabelece os princípios e as regras para simplificar o livre acesso e exercício das actividades de serviços realizadas em território nacional. O artigo em questão refere-se ao balcão único electrónico que permite a qualquer prestador ou destinatário de serviços, o acesso por via electrónica às autoridades administrativas competentes, sendo disponibilizado em sítio na Internet através do Portal da Empresa[64].

Trata-se de um processo conduzido em exclusivo pela DGEG após a submissão de formulário disponibilizado por esta e acompanhado pelos elementos constantes do anexo VI ao Decreto-Lei n.º 62/2020, referente aos elementos instrutórios do requerimento de registo prévio para o exercício da actividade de produção de gases de origem renovável. Sendo a inscrição validada, o operador da rede de transporte ou o operador da rede de distribuição serão chamados a pronunciar-se, caso o projecto inclua ligação à rede. Após a emissão da pronúncia destas entidades, a DGEG aceita ou recusa o registo prévio[65].

Sendo conferido o registo prévio, ou tendo decorrido o prazo previsto no n.º 2 do artigo 70.º do Decreto-Lei n.º 62/2020, de 28 de Agosto sem que o mesmo tenha sido recusado, o produtor em questão deverá pagar as taxas devidas pelo registo e iniciar os procedimentos necessários para a instalação do estabelecimento de produção de gases de origem renovável, que deverá entrar em exploração no prazo máximo de dois anos. A conclusão da instalação do estabelecimento e correspondente iní-

[61] Cfr. n.os 1 e 2 do artigo 69.º do Decreto-Lei n.º 62/2020, de 28 de Agosto.

[62] Conforme alterado pelos Decreto-Lei n.º 9/2021, de 29 de Janeiro e n.º 80/2019, de 17 de Junho.

[63] Cfr. n.º 1 do artigo 70.º do Decreto-Lei n.º 62/2020, de 28 de Agosto.

[64] Cfr. n.os 1 e 2 do artigo 6.º do Decreto-Lei n.º 92/2010, de 26 de Julho.

[65] Cfr. n.º 1 do artigo 70.º do Decreto-Lei n.º 62/2020, de 28 de Agosto.

cio da sua exploração são finalmente inscritos no registo realizado, por averbamento[66].

Após a conclusão da obtenção do registo prévio, os respectivos titulares poderão destinar a sua produção de gases de origem renovável à injecção na rede pública de gás[67], ao autoconsumo, individual ou colectivo, como por exemplo na área dos transportes e na indústria, ou à exportação, designadamente por via terrestre ou marítima[68].

Finalmente, no que toca aos encargos de ligação às redes, o artigo 72.º do Decreto-Lei n.º 62/2020, de 28 de Agosto prevê que a ligação do produtor está sujeita ao pagamento dos encargos de ligação à rede a determinar pela Entidade Reguladora dos Serviços Energéticos, de acordo com os princípios aí previstos, que consagram que os encargos com a ligação desde o estabelecimento de produção, que sirva em exclusivo um ou mais produtores, até à interligação com a RPG são da responsabilidade dos respectivos titulares de registo e que, sempre que um ramal passar a ser utilizado por um novo produtor, os titulares de registo que tiverem suportado os encargos com a sua construção são ressarcidos por aquele, nos termos a definir pela ERSE.

5.3 Enquadramento em regimes de licenciamento ambiental

Vistos os licenciamentos administrativos e energéticos aplicáveis à produção de gases renováveis, é necessário olhar para o licenciamento ambiental que será aplicável a estes projectos, mormente, aquele previsto

[66] Cfr. n.os 3 a 5 do artigo 70.º do Decreto-Lei n.º 62/2020, de 28 de Agosto. Também é importante notar que o prazo para o início da exploração do estabelecimento pode ser prorrogado por uma vez e por um ano, através de despacho do director-geral de Energia e Geologia, quando o respectivo atraso se deva a motivos não imputáveis ao titular do registo e por ele não evitáveis e que parece ser admissível a transmissão da titularidade do registo prévio, desde que depois do início da exploração do estabelecimento, através de mero averbamento ao registo, nos termos dos n.os 8 e 6 do mesmo Decreto-Lei, respectivamente.

[67] Vendendo a totalidade ou parte dos gases renováveis produzidos ao comercializador de último recurso grossista, por contratos privados de compra e venda ou em mercados organizados, nos termos do n.º 2 do artigo 71.º do Decreto-Lei n.º 62/2020, de 28 de Agosto.

[68] Cfr. n.º 1 do artigo 71.º do Decreto-Lei n.º 62/2020, de 28 de Agosto.

no RJAIA. Este é o diploma legal que prevê o regime jurídico de avaliação de impacte ambiental dos projectos públicos e privados que sejam susceptíveis de produzir efeitos significativos no ambiente.

De acordo com o n.º 3 do artigo 1.º do RJAIA, estão sujeitos ao regime de avaliação de impacte ambiental neste previsto os projectos genericamente tipificados no seu anexo I e II[69] ou aqueles que sejam passíveis de provocar um impacte significativo no ambiente, através de decisão conjunta o membro do Governo competente na área do projecto em razão da matéria e do membro do Governo responsável pela área do ambiente, tendo em conta os critérios estabelecidos no anexo III do RJAIA, que prevê os respectivos critérios de decisão.

Tendo isto em conta, podemos considerar que a aplicabilidade da avaliação de impacte ambiental a um determinado projecto pode resultar de uma aplicação directa ou objectiva do mesmo, através do exposto na alínea a) e na subalínea i) da alínea b) do n.º 3 do artigo 1.º do RJAIA e, correspondentemente, dos limiares previstos nos seus anexos I e II, ou de uma aplicação indirecta ou subjectiva, através do disposto nas subalínea ii) e iii) da alínea b) e da alínea c) do n.º 3 do artigo 1.º do RJAIA e, em conformidade, a aplicação dos critérios previstos no seu anexo III aos projectos que possam provocar impacte significativo no ambiente em função da sua localização, dimensão ou natureza[70].

No que toca à análise acerca de se um determinado projecto deverá ser ou não sujeito ao RJAIA, é necessário considerar todos os aspectos

[69] No caso do anexo II, estarão sujeito a avaliação de impacte ambiental aqueles projectos que (i) estejam abrangidos pelos limiares fixados; ou (ii) se localizem, parcial ou totalmente, em área sensível e sejam considerados, por decisão da autoridade de avaliação de impacte ambiental nos termos do n.º 6 do artigo 3.º do RJAIA, como susceptíveis de provocar impacte significativo no ambiente em função da sua localização, dimensão ou natureza, de acordo com os critérios estabelecidos no anexo III ao RJAIA; ou (iii) não estando abrangidos pelos limiares fixados, nem se localizando em área sensível, sejam considerados, por decisão da entidade licenciadora ou competente para a autorização do projecto nos termos do artigo 3.º do RJAIA, como susceptíveis de provocar impacte significativo no ambiente em função da sua localização, dimensão ou natureza, de acordo com os critérios estabelecidos no anexo III do RJAIA;

[70] Além destes casos, o n.º 5 do artigo 1.º do RJAIA também prevê que estão igualmente sujeitos ao RJAIA os projectos do anexo I do mesmo que se destinem exclusiva ou essencialmente a desenvolver e ensaiar novos métodos ou produtos e que não sejam utilizados mais de 2 anos e sejam considerados como susceptíveis de provocar impacte significativo no ambiente.

ligados ao mesmo, nomeadamente, o projecto principal e outros secundários ou complementares, por forma a ser possível ter uma imagem concreta que permita o seu enquadramento nos I e II do RJAIA ou o estudo de todos os eventuais impactes ambientais significativos que possam resultar do mesmo.

Ora, considerando o exposto, é importante fazer uma tentativa de enquadramento dos projectos relativos à produção de gases renováveis no âmbito do RJAIA, entendendo-se que estes projectos poderão ser relativos à produção, transporte, armazenamento, entre outros.

Como a própria DGEG e APA já haviam indicado numa posição conjunta relativa à legislação e regulação do hidrogénio[71], os projectos relativos à produção de gases renováveis (ainda que seja necessário vir a verificar cada projecto em concreto) podem ser enquadrados de várias formas no âmbito do RJAIA, como por exemplo:

A. Dentro da produção dos gases renováveis, estes projectos poderão ser enquadrados no conceito de "instalações químicas integradas", previsto no ponto 6 do anexo II do RJAIA. Tal conceito corresponde a instalações para o fabrico de substâncias à escala industrial mediante a utilização de processos químicos de conversão, em que coexistam várias unidades funcionalmente ligadas entre si e que se destinem à produção de vários produtos, como produtos químicos orgânicos ou inorgânicos de base. Também a alínea a) do ponto 6 do anexo II do RJAIA, quando se refere ao tratamento de produtos intermediários e fabrico de produtos químicos, com determinados limiares de sujeição obrigatória procedimento de AIA, será de ter em conta;
B. No âmbito da armazenagem dos gases renováveis (que é uma vertente importante do hidrogénio, tendo em vista as vantagens aliadas ao seu armazenamento), é de notar a alínea d) do ponto 3 do anexo I do RJAIA, onde, no que toca à indústria da energia, se refere o caso da armazenagem subterrânea e superficial de gases combustíveis;

[71] Cfr. "Guia do promotor – Legislação e regulação para a Economia do Hidrogénio", emitido a 19 de Maio de 2021 pela DGEG e pela APA. URL: https://bit.ly/3GrGYei.

C. Já acerca do transporte, há que dar nota das condutas com diâmetro superior a 800 mm e comprimento superior a 40 km, para transporte de gás e das instalações industriais destinadas ao transporte de gás, previstas na alínea a) do ponto 16 do anexo I e da alínea b) do ponto 3 do anexo II, ambos do RJAIA, respectivamente; e

D. No que toca aos projectos associados à produção de gases renováveis, existem várias considerações a ter em conta. Desde logo, tendo em conta a necessidade de obtenção de grandes quantidades de água para a electrólise, poder-se-á dar o caso da construção de aquedutos e adutoras e desenvolvimento de sistemas de captação e de realimentação artificial de águas subterrâneas, previstos nas alíneas j) e l) do ponto 10 anexo II do RJAIA, respectivamente. Além disto, considerando a importância da obtenção de energia limpa para a electrólise da água, será necessário olhar para as instalações industriais destinadas à produção de energia eléctrica e para os aproveitamentos de energia eólica para a produção de electricidade, previstos nas alíneas a) e i) do ponto 3 do anexo II do RJAIA, respectivamente. Finalmente, olhando para a necessidade do transporte de electricidade desde o local da sua produção até à infra-estrutura concreta de produção de gases renováveis, serão necessárias também infra-estruturas especificas para este transporte, também previstas nos anexos ao RJAIA[72].

Ora, considerando o exposto, enquadrando-se um projecto concreto de produção de gases renováveis nos casos previstos nos anexos ao RJAIA, deverá ser seguido o processo de licenciamento neste previsto, caracterizando-se o mesmo, em resumo na apresentação de um estudo de impacte ambiental[73] pelo proponente que irá desembocar, finalmente, na emis-

[72] Nomeadamente, no ponto 19 do anexo I do RJAIA, relativo à construção de linhas aéreas de transporte, e na alínea b) do ponto 3 do anexo II do RJAIA, acerca das instalações industriais destinadas ao transporte de energia eléctrica por cabos aéreos.

[73] Nos termos do n.º 1 do artigo 13.º do RJAIA, este estudo deve conter as informações necessárias, consoante o caso, em função das características do estudo prévio, anteprojecto ou projecto de execução em causa, atendendo aos conhecimentos e métodos de avaliação existentes, devendo incluir, no mínimo, os elementos fixados no anexo V ao RJAIA, bem como observar as normas técnicas constantes de portaria especifica.

são de uma declaração de impacte ambiental, que poderá ser favorável, favorável condicionada ou desfavorável com fundamento na avaliação ponderada dos impactes ambientais associados às várias fases de desenvolvimento do projecto, nos termos do n.º 1 do artigo 18.º do RJAIA.

Mais ainda, é relevante notar que, nos termos do n.º 1 do artigo 4.º do RJAIA, a APA será a autoridade de avaliação de impacto ambiental num conjunto abrangente de situações aí previstas[74], sendo que, caso o projecto não tenha enquadramento nas mesmas, tal competência passará para as CCDR.

5.4 Outros diplomas legais relevantes

Terminado o excurso pelo licenciamento administrativo, energético e ambiental ligado aos projectos tendo em vista a produção de gases renováveis em Portugal, é necessário olhar para outros diplomas legais que, apesar de não serem essenciais para o desenvolvimento destes projectos, terão um papel preponderante nos mesmos.

Desde logo, tendo em conta a dimensão dos projectos associados à produção de gases renováveis, é necessário olhar para o Decreto-Lei n.º 150/2015, de 5 de Agosto[75], que prevê o regime de prevenção de acidentes graves que envolvem substâncias perigosas e de limitação das suas consequências para a saúde humana e para o ambiente.

Este Decreto-Lei, nos termos conjugados dos seus n.º 1 do artigo 2.º e da alínea c) do artigo 3.º, aplica-se aos estabelecimento que contenham

[74] Nos termos deste artigo, caso (i) o projecto a realizar esteja tipificado no anexo I do RJAIA, excepto no que se refere às instalações de pecuária intensiva previstas no ponto 23 e às pedreiras e aos projectos de extracção de turfa incluídas no ponto 18; (ii) o projecto a realizar esteja tipificado nas alíneas a) a e) do ponto 2, com excepção das pedreiras incluídas nas alíneas a) e b) e dos projectos de extracção de turfa incluídos na alínea a), nas alíneas a) a j) do ponto 3, e nas alíneas c) a n) do ponto 10, todas do anexo II do RJAIA; (iii) o projecto seja relativo a estabelecimento abrangido pelo regime de prevenção de acidentes graves; (iv) o projecto se situe em área sob jurisdição de duas ou mais CCDR; ou (v) se trate de um projecto localizado no espaço marítimo.

[75] Entretanto actualizado pela Lei n.º 71/2018, de 31 de Dezembro, pela Lei n.º 2/2020, de 31 de Março e pela Lei n.º 75-B/2020, de 31 de Dezembro.

substâncias perigosas em quantidades iguais ou superiores às indicadas no respectivo anexo I. Analisando tal anexo, é possível verificar que o hidrogénio é uma das substâncias designadas (no ponto 15 da parte 2 do anexo I ao Decreto-Lei n.º 150/2015), sendo que os projectos que incluam este gás renovável ficarão sujeitos à aplicação desta legislação quando existam quantidades iguais ou superiores a 5 toneladas (nível inferior) e 50 toneladas (nível superior) deste gás.

Verificando-se a sujeição de um determinado projecto ao Decreto-Lei n.º 150/2015, o estabelecimento em questão fica sujeito ao cumprimento de um determinado número de obrigações, das quais algumas merecem especial destaque.

Tendo em conta que, de acordo com o n.º 1 do artigo 7.º deste Decreto-Lei, "[d]*evem ser mantidas distâncias de segurança adequadas entre os estabelecimentos abrangidos pelo presente decreto-lei e as zonas residenciais, locais de utilização pública, vias de comunicação e, quando aplicável, as zonas ambientalmente sensíveis*", deverá ser iniciado o procedimento administrativo previsto no artigo 9.º do mesmo, que visa a avaliação da compatibilidade da localização do projecto com as distâncias mínimas de segurança. Após apresentação de um requerimento por parte do operador em questão, acompanhado de "*(...) um estudo das zonas de perigosidade do estabelecimento e da aplicação dos critérios de ocupação e das condições aplicáveis definidos pela portaria prevista no n.º 3 do artigo 7.º*", a APA emitirá uma decisão no prazo de 50 dias[76][77].

Além disto, o Decreto-Lei n.º 150/2015 também prevê um dever de comunicação a cargo do operador deste tipo de estabelecimentos no seu artigo 14.º, em casos relativos a novos ou outros estabelecimentos, devendo para o efeito ser preenchido um formulário que inclui os elementos definidos no anexo II a este Decreto-Lei. Posto isto, no prazo de 15 dias, a APA informa se a comunicação ou a actualização da comunicação inclui os elementos necessários.

[76] Cfr. n.os 1 e 2 do artigo 9.º do Decreto-Lei n.º 150/2015.

[77] Também é importante notar que, caso de trate de um projecto sujeito ao RJAIA, o procedimento de avaliação de compatibilidade de localização será integrado no procedimento de avaliação de impacte ambiental, nos termos da alínea a) do n.º 9 do artigo 9.º do Decreto-Lei n.º 150/2015.

Por fim, são várias as restantes obrigações a cargo do operador, como a definição de uma política de prevenção de acidentes graves (artigo 16.º) e a elaboração de um relatório de segurança (artigos 17.º a 19.º) e de um plano de emergência interno (artigos 21.º e 22.º).

Olhando agora para o licenciamento relativo à utilização de água para a electrólise ou outros métodos necessários à produção de gases renováveis, é necessário distinguir essa utilização como referindo-se a águas doces (constantes de rios, lagos, entre outros, com uma salinidade muito baixa) ou a águas do mar (como o próprio nome indica, constantes de mares ou oceanos, com uma salinidade superior).

No que toca às águas doces, a sua utilização em instalações de produção de gases renováveis de média ou grande escala encontra-se de certa forma impedida à partida, considerando a situação nacional de desequilíbrio entre as necessidades de água e as disponibilidades hídricas, que resultam em problemas de escassez hídrica[78]. No âmbito do licenciamento deste uso de águas doces, a APA, enquanto autoridade nacional da água, deverá atender necessariamente aos usos que já se encontram licenciados e aqueles que sejam prioritários licenciar, pelo que um eventual licenciamento como o aqui referido poderá ser incerto. A este respeito, a Lei n.º 58/2005, de 29 de Dezembro[79], comummente designada por Lei da Água, refere diversas vezes a necessidade de existir um planeamento adequado das águas existentes e a sua compatibilidade com os princípio da precaução e da prevenção[80].

[78] Ainda em Fevereiro de 2022, o Governo Português viu-se obrigado a tomar medidas para enfrentar a seca, tendo, inclusive, interditado (excepcionando a produção para a manutenção dos sistemas) a produção de hidroelectricidade nas barragens de Alto Lindoso/Touvedo, Alto Rabagão, Vilar/Tabuaço, Cabril e Castelo de Bode, quando determinadas cotas/volumes de água a partir da qual outros usos podem ficar condicionados, quer seja a produção de energia ou a rega, forem atingidas. De igual modo, cessou a utilização de água para rega, na albufeira de Bravura. Cfr. comunicado com o título "Tomadas medidas para enfrentar a seca em 2022". URL: https://bit.ly/354zFME.

[79] Actualizada pelo Decreto-Lei n.º 245/2009, de 22 de Setembro, pelo Decreto-Lei n.º 60/2012, de 14 de Março, pelo Decreto-Lei n.º 130/2012, de 22 de Junho, pela Lei n.º 42/2016, de 28 de Dezembro e pela Lei n.º 44/2017, de 19 de Junho.

[80] Cfr., a título de exemplo, os artigos 23.º, 25.º e 56.º da Lei da Água.

Já no caso relativo à utilização de águas do mar, deverá ser dada atenção a dois diferentes diplomas, nomeadamente, o título relativo à ocupação do espaço marítimo, emitido ao abrigo do Decreto-Lei n.º 38/2015, de 12 de Março[81], e aquele relativo à captação de água e rejeição de águas residuais, o título de utilização dos recursos hídricos, de acordo com a Lei da Água e o disposto no Decreto-Lei n.º 226-A/2007, de 31 de Maio[82].

Também é relevante dar nota do Decreto-Lei n.º 12/2020, de 6 de Abril, que estabelece o regime jurídico aplicável ao comércio de licenças e emissão de gases com efeito de estufa. Ainda que o mesmo, em teoria, não se aplique aos projectos relativos à produção de gases renováveis, considerando que os mesmos não implicam a emissão de gases com efeito de estufa, é sempre recomendável verificar o previsto no anexo II a este diploma, para aferir da sua aplicabilidade a um projecto em concreto.

Também é importante dar nota do regime do licenciamento único ambiental, instaurado pelo Decreto-Lei nº 75/2015, de 11 de Maio[83], que visa a simplificação dos procedimentos dos regimes de licenciamento ambientais, regulando o procedimento de emissão do Título Único Ambiental (doravante, o TUA). Trata-se de um regime que visa a integração das decisões de licenciamento e controlo prévio emitidos no domínio do ambiente da competência da APA e das CCDR, podendo constituir um claro instrumento de eficiência a favor de um promotor de um projecto de produção de gases renováveis.

Ao visar a simplificação dos procedimentos dos regimes de licenciamento ambientais, regula o procedimento de emissão do TUA, que se caracteriza como "*o título electrónico que reúne toda a informação relativa aos requisitos legalmente aplicáveis à actividade em matéria de ambiente*", nos termos do n.º 1 do artigo 17.º, condensando toda a informação relativa ao projecto em concreto.

[81] Alterado pelo Decreto-Lei n.º 139/2015, de 30 de Julho.

[82] Modificado pelo Decreto-Lei n.º 391-A/2007, de 21 de Dezembro, pelo Decreto-Lei n.º 93/2008, de 4 de Junho, pelo Decreto-Lei n.º 107/2009, de 15 de Maio, pelo Decreto-Lei n.º 245/2009, de 22 de Setembro, pelo Decreto-Lei 82/2010, de 2 de Fevereiro, pela Lei n.º 44/2012, de 29 de Agosto, pela Lei n.º 12/2018, de 2 de Março e pelo Decreto-Lei n.º 97/2018, de 27 de Novembro.

[83] Com as alterações levadas a cabo pelo Decreto-Lei n.º 39/2018, de 11 de Junho e pelo Decreto-Lei n.º 119/2019, de 21 de Agosto.

Desta forma, este instrumento, conjugado com a plataforma "SILIAMB"[84] constitui uma vantagem a favor da promotor, na medida em que lhe permite não só ter todo o licenciamento ambiental que possa ser aplicável a um dado projecto no mesmo documento, mas também o poder de questionar a administração acerca de quais serão os regimes de licenciamento ambiental aplicáveis ao seu projecto em concreto.

Finalmente, cabe fazer referência ao Decreto-Lei n.º 30-A/2022, de 18 de Abril[85], que veio aprovar medidas excepcionais que visa assegurar a simplificação dos procedimentos de produção de energia a partir de energias renováveis, assumindo também no seu preâmbulo a influência da iniciativa "REPowerEU"[86] e a necessidade de aumentar a produção de biometano e de hidrogénio renovável.

Considerando isto, este Decreto-Lei traz alterações no âmbito da avaliação de impacte ambiental aplicável aos projectos de produção de hidrogénio a partir da electrólise da água e a incorporação de biometano e hidrogénio por electrólise a partir da água no aprovisionamento dos comercializadores de gás.

Por um lado, é previsto que, no caso de projectos de produção de hidrogénio por electrólise a partir da água não localizados em áreas sensíveis e abaixo dos limiares estabelecidos no Anexo II ao RJAIA, a entidade licenciadora, para efeitos de apreciação prévia e decisão de sujeição a avaliação de impacte ambiental, pode solicitar parecer prévio à respectiva autoridade quando justificadamente considere que há indícios de que o projecto é susceptível de provocar impactes significativos no ambiente. Além disto, as alterações ou ampliações dos projectos de produção de hidrogénio por electrólise a partir da água são abrangidas pela mesma norma sempre que a alteração ou ampliação, em si mesma ou conjuntamente com o projecto existente, exceda os limiares fixados no n.º 3 do Anexo II ao RJAIA, ainda que a produção de hidrogénio por electrólise

[84] A plataforma de licenciamento da APA. URL: https://bit.ly/3sMjewz.

[85] Rectificado pela Declaração de Rectificação n.º 14-A/2022, de 26 de Abril.

[86] "*Na comunicação da Comissão Europeia ao Parlamento Europeu, ao Conselho Europeu, ao Comité Económico e Social Europeu e ao Comité das Regiões REPowerEU: acção conjunta europeia para uma energia mais segura e mais sustentável a preços mais acessíveis, estabelecem -se novas acções destinadas a intensificar a produção de energia verde, diversificar o aprovisionamento e reduzir a procura*".

a partir da água, quando integrada em estabelecimento industrial existente, não constitua uma alteração ao projecto para efeito do disposto no n.º 4 do artigo 1.º do RJAIA, excepto se implicar o aumento da área do estabelecimento existente.

Por outro lado, também é previsto no Decreto-Lei n.º 30-A/2022, de 18 de Abril que os comercializadores de gás, cujo fornecimento seja superior a 2000 GWh por ano, estão obrigados a incorporar no seu aprovisionamento uma percentagem não inferior a 1% de biometano ou hidrogénio por electrólise a partir da água em volume de gás natural fornecido, nos termos do calendário de incorporação a definir por despacho do director-geral de energia e geologia.

§ 6.º O Mecanismo de Emissão de Garantias de Origem para gases de baixo teor de carbono e para gases de origem renovável

Terminado o excurso pela principal legislação aplicável ao licenciamento de instalações que têm em vista a produção de gases renováveis, cabe agora olhar um pouco para o Mecanismo de Emissão de Garantias de Origem. De facto, o Decreto-Lei n.º 60/2020, de 17 de Agosto, procedeu à sexta alteração ao Decreto-Lei n.º 141/2010, de 31 de Dezembro[87], que inclui, entre outros o sistema de garantias de origem da electricidade proveniente de fontes renováveis. Desta forma, o sistema já existente foi adaptado por forma a abranger também os gases de baixo teor carbónico e os gases de origem renovável.

Antes de tudo, é necessário referir que o Decreto-Lei n.º 141/2010, de 31 de Dezembro, através do n.º 1 do artigo 9.º, veio constituir a obrigação dos produtores de electricidade a partir de fontes de energia renováveis solicitarem à entidade emissora de garantias de origem (doravante, EEGO) a emissão de garantias de origem referentes à energia por si produzida. Estas garantias de origem têm como principal objectivo a possibilidade de permitir ao cliente final verificar, de uma forma comprovada,

[87] Este Decreto-Lei já havia sido alterado pelo Decreto-Lei n.º 39/2013, de 18 de Março, pelo Decreto-Lei n.º 68-A/2015, de 30 de Abril, pelo Decreto-Lei n.º 152-C/2017, de 11 de Dezembro, pela Lei n.º 71/2018, de 31 de Dezembro e pela Lei n.º 2/2020, de 31 de Março.

a quota ou quantidade de energia proveniente de fontes renováveis presente no cabaz energético de um determinado comercializador[88].

Também nos termos do Decreto-Lei n.º 141/2010, de 31 de Dezembro, nomeadamente do seu n.º 1 do artigo 11.º, é importante notar que as competências de EEGO, para efeitos de emissão de garantias de origem relativas à produção de electricidade e de energia para aquecimento e arrefecimento a partir de fontes de energia renovável, compete à concessionária da Rede Nacional de Transporte de Electricidade (isto é, a REN – Rede Eléctrica Nacional, S.A.).

Após as alterações levadas a cabo pelo Decreto-Lei n.º 60/2020, de 17 de Agosto, foi efectuado um alargamento das funções da EEGO, por forma a incluir também o sector dos gases de baixo teor de carbono e dos gases de origem renovável. Com a introdução, por este Decreto-Lei, dos novos artigos 9.º-B e 9.º-C no Decreto-Lei n.º 141/2010, de 31 de Dezembro, foi criada também a necessidade dos produtores de gases de baixo teor de carbono e de gases de origem renovável solicitarem a emissão de garantias de origem referentes aos gases por si produzidos à EEGO.

No que toca ao conteúdo das garantias de origem em si, estas devem conter várias especificações[89] e terão a validade de 12 meses a contar do fim do período de produção da unidade de energia a que respeitam, devendo ser canceladas no prazo máximo de seis meses, findo o período de validade, nos termos dos n.ºs 4 e 5 do artigo 10.º do Decreto-Lei n.º 141/2010, de 31 de Dezembro.

Apesar disto, além destas menções genéricas exigidas no âmbito das garantias de origem relativas à produção de electricidade, as garantias relativas à produção de gases de baixo teor de carbono e de gases de

[88] Cfr. n.º 2 do artigo 9.º do Decreto-Lei n.º 141/2010, de 31 de Dezembro.

[89] Em concreto, as garantias de origem deverão especificar: (i) se a garantia de origem se refere a (a) electricidade; (b) gás de baixo teor de carbono; (c) gás de origem renovável; (d) ou aquecimento ou arrefecimento, (ii) a fonte a partir da qual foi produzida a energia e as datas de início e fim da produção; (iii) a identificação, localização, tipo e capacidade da instalação onde a energia foi produzida; (iv) se, e em que medida, a instalação beneficiou de apoio ao investimento, se, e em que medida, a unidade de energia beneficiou por qualquer outra forma de um regime de apoio nacional, bem como o tipo de regime de apoio, (v) a data de entrada em serviço da instalação, e (vi) a data e país de emissão e um número de identificação único.

origem renovável devem, nos termos do n.º 2 dos artigos 9.º-B e 9.º-C, especificar ainda o seguinte (sendo que o parágrafos C. não é aplicável à produção de gases de origem renovável):

A. A matéria prima utilizada para a produção dos gases;
B. O processo ou tecnologia utilizados na produção dos gases;
C. As emissões de CO(índice 2) associadas à produção dos gases;
D. As emissões evitadas de CO(índice 2) por quilograma produzido de gases, quando comparado com a produção a partir de combustíveis fósseis sem mitigação das emissões de CO(índice 2), de acordo com a metodologia a estabelecer pela DGEG, ouvida a APA; e
E. Informações complementares que venham a ser estabelecidas por despacho do director-geral de Energia e Geologia, ouvidas entidades especializadas do Sistema Científico e Tecnológico Nacional, designadamente o Laboratório Nacional de Energia e Geologia, I. P.

Além disto, nos termos do n.º 1 do artigo 14.º do Decreto-Lei n.º 141/2010, de 31 de Dezembro, constitui obrigação de todos os produtores "*(...) de gases de baixo teor de carbono e de gases de origem renovável na posse de garantias de origem já emitidas devem contribuir para a fiabilidade, que tenham solicitado a emissão de garantias de origem, contribuir para a fiabilidade do sistema de emissão das mesmas*". O Decreto-Lei prevê um conjunto de obrigações neste sentido, como a partilha de informações e acesso aos equipamentos e registos de medição com a EEGO e a autorização do livre acesso, às instalações de produção, de técnicos da EEGO ou outras entidades credenciadas para o efeito[90].

Finalmente, é importante notar que o incumprimento da obrigação de solicitação da emissão de garantias de origem referentes à produção de gases de baixo teor de carbono ou de gases de origem renovável constitui contra-ordenação punível com coima de € 500,00 a € 3.740,00, no caso de pessoas singulares, e de € 2.500,00 a € 44.891,00, no caso de pessoas colectivas, nos termos das alíneas c) e d) do n.º 1 do artigo 14.º-B do Decreto-Lei n.º 141/2010, de 31 de Dezembro.

[90] Cfr. n.º 2 do artigo 14.º do Decreto-Lei n.º 141/2010, de 31 de Dezembro.

Como produzir *Negawatts*?

IVONE ROCHA

I – Introdução

Num século dominado pelo desafio climático e a necessária construção de um novo modelo de desenvolvimento, circular e descarbonizado, onde o acesso à energia passou a ser um bem essencial a uma vida saudável, está em curso a reconstrução do mercado energético e de todo o *framework* legal energético.

Sob o ponto de vista jurídico, o direito da energia tem sido a prática legal que, provavelmente, mais tem crescido nas duas últimas décadas, pela sua judicialização, pela diversificação das suas formas e fontes de produção, pela mobilização do investimento e pelas especificidades contratuais e legais que comporta. Porém, este crescimento tem sido muito fragmentado e pouco sistematizado. Muito pouco se tem refletido sobre a definição/delimitação do seu conteúdo, como um novo ramo do saber. Afinal, o que é o direito da energia? A resposta não é fácil. Uma multifacetada súmula de regulação nacional e internacional que os governos desenvolvem para regular a sua produção e o seu uso, com uma multiplicidade de fontes normativas. As regras vão desde a forma como usamos os recursos naturais para a sua produção, passando pela forma como a transportamos, como a distribuímos, pela regulação dos serviços energéticos, a fixação de preços (...). A verdade é que o direito da energia foi alvo de sucessivas apropriações na sua abordagem, fragilizando e diluindo a sua autonomia perante a perspetiva da abordagem. Umas vezes visto como regulação, outras visto como ramo de direito público. Tem sido, precisamente, a falta de uma abordagem integrada que tem permitido sucessivos "abusos", ora gerando direitos economicamente insustentáveis, ora gerando restrições e medidas governamentais mais ou menos demagógicas.

A verdade é que, só um conhecimento integrado e multifacetado da legislação e regulação, nacional e internacional, em torno da energia –

desde a sua produção ao seu consumo – em diálogo permanente entre a academia e a sua prática, consegue captar e, consequentemente, reconhecer o direito da energia de forma independente. O direito da energia não é regulação, não é uma parte do direito da concorrência e, muito menos, direito público. O direito da energia está para lá disso tudo, tem alma própria e voz própria, assente em princípios gerais, globalmente aplicáveis e considerados, de forma a garantirem a universalidade do acesso à energia e a sua descarbonização. A sua construção será sempre a soma integrada de várias partes e fontes, unidas por princípios gerais comuns: o princípio da segurança e independência energética; o princípio da descarbonização; o princípio da universalidade de acesso; o princípio do seu uso e utilização eficiente[1].

Este último, o princípio da utilização eficiente da energia, tem sido materializado numa imposição legal de o seu uso ser eficiente, quer pela imposição de requisitos técnicos em equipamentos e edifícios, quer pela imposição de limites de emissões ou ainda pela aplicação de regras de discriminação tributária positiva e/ou negativa.

Na verdade, a redução do uso energético é uma importante fonte de energia – o *negawatt* – necessária à sustentabilidade do sistema energético, num mundo cada vez mais exigente em termos energéticos, bem como essencial à redução de emissões.

II – Enquadramento

O combate climático é, efetivamente, o desafio do Século XXI, pois dele depende a permanência da existência humana. Se não o vencermos seremos extintos! Fruto de um longo trabalho[2] e intensas negociações foi assinado, em 2015 o Acordo de Paris, uma resposta global à ameaça

[1] Sobre os princípios gerais do direito da energia, Luciano Pareja Alfonso, "Los princípios generales del Derecho de la Energia: una visón general", in Derecho de la Energia y el Clean energy Package, Thomson Reuters.

[2] Sobre a evolução e reflexão do mercado de carbono no combate climático – "Climate Chance!" de Ivone Rocha, João Quintela Cavaleiro e Paulo Caetano, Publindústria.

das alterações climáticas, num contexto inclusivo de desenvolvimento sustentável através:

a) "Da manutenção do aumento da temperatura média global a níveis bem abaixo dos 2°C acima dos níveis pré-industriais e prossecução de esforços para limitar o aumento da temperatura a 1,5°C acima dos níveis pré-industriais, reconhecendo que isso reduzirá significativamente os riscos e impactos das alterações climáticas;

b) Do aumento da capacidade de adaptação aos impactos adversos das alterações climáticas e de promoção da resiliência às alterações climáticas, bem como de um modelo de desenvolvimento com reduzidas emissões de gases com efeito de estufa, de modo a que não ameace a produção de alimentos; e

c) De fluxos financeiros consistentes com uma trajetória de desenvolvimento resiliente e de reduzidas emissões de gases com efeito de estufa."

"Neste Acordo as Partes assumem o compromisso de, na segunda metade deste século "alcançar o equilíbrio entre as emissões antropogénicas e as remoções por sumidouros". Noutras palavras, o Acordo de Paris tem como objetivo limitar o aumento da temperatura global "bem abaixo dos 2°C" relativamente aos níveis pré-industriais (1880-1899). Para isso, os Estados-Membros têm de fixar metas para reduzir as emissões de CO_2 em 50% até 2050 e em 100% até 2100, de forma a atingir a neutralidade carbónica decorrente das atividades humanas, até ao final do século XXI. As Partes obrigam-se assim a considerar o ponto máximo de partida no mais curto espaço de tempo possível, mas sem data previamente fixada. Com efeito, uma das grandes diferenças entre este Acordo e o Protocolo de Quioto tem precisamente que ver com o facto de, ao contrario do Protocolo que estabelecia metas definidas para datas concretas, num quadro de separação clara entre dois grupos de países, os que estavam obrigados às metas e os que não estavam, o Acordo de Paris para além de ter sido ratificado por todos, ainda que "rasgado" pelo atual presidente dos EUA, assenta na consideração das diferenças, na consideração especial da realidade dos países em desenvolvimento, dando liberdade para autodeterminar as metas e provendo fluxos de financiamento, estabelecendo a meta de 2050.[3]"

[3] Ivone Rocha e Sofia Santos, "Chance to Change – O Acordo de Paris e o Modelo de Crescimento Verde" ', Plátano Editora, pp 60.

Na sequência deste Acordo, a União Europeia aprovou um novo pacote energético, denominado Pacote de Inverno – Energia Limpa para Todos, seguido, cerca de um ano mais tarde, da publicação, no Jornal Oficial da União Europeia, das Diretivas e Regulamentos que passam a estabelecer novas regras e metas para a produção de energia, para a eficiência energética e para o modelo de governo/regulamentação do mercado único europeu de energia. Concretamente, a Diretiva (UE) 2018/2001 do Parlamento Europeu e do Conselho de 11 de dezembro de 2018, relativa à promoção da utilização de energia proveniente de fontes renováveis; a Diretiva (UE) 2018/2002 do Parlamento Europeu e do Conselho 11 de dezembro de 2018, relativa à eficiência energética; e o Regulamento (UE) 2018/1999 do Parlamento Europeu e do Conselho de 11 de dezembro de 2018, relativo à Governação da União da Energia e da Ação Climática. Neste pacote legislativo, concretamente na Diretiva relativa à eficiência energética, vem reforçada a necessidade de redução do consumo de energia, independentemente dos níveis de crescimento económico, com a definição de uma meta de 32,5% para 2030.[4]

Dando passos para a respetiva concretização, em dezembro de 2019, a Comissão Europeia aprova o *European Green Deal*, nele anunciando um pacote de medidas com o objetivo de tornar a União Europeia na primeira região climaticamente neutra. Inicia-se, assim, a construção de um novo quadro legislativo de forma a conferir força de lei a este compromisso político, cuja base foi a consagração do Direito ao Equilíbrio Climático.

Em dezembro de 2020, a União Europeia estabelece como meta vinculativa para 2030, a redução de emissões em, pelo menos, 55% em 2030, tendo como referência a *baseline* de 1990 – The 55 Package (Fit 55). Este pacote representa o *roadmap* da União Europeia, com vista a atingir a neutralidade carbónica em 2050, estabelecendo como *milestone* o cumprimento em 2030 da meta vinculativa estabelecida. Para isso, estabelece e exige uma revisão legislativa e regulatória ao nível do comércio

[4] Sobre a eficiência energética no Winter Package, Carlo Scarpa, "Efficacio ed efficienza delle politiche per il risparmo energético: ragioni e limiti del winter Package" in La Transizione Energetica e il Winter Package, wolters klunwer.

das emissões, dos transportes e da energia, envolvendo todos os setores. Porém, há que ter consciência que não há soluções regionalmente eficazes, o global tem de ser sempre considerado e a pressão é muita. A Europa é uma parte de um todo cada vez mais densamente povoado. Usando as palavras de Helm Dieter[5] "*the world population triples in the twentieth century from two to six billion. Between now and 2050, it is projected to increase from six to nine billions – to add more extra people than the entire world population in 1950. These additional people will be overwhelmingly concentrated in China, India and Africa. (...) China and India will, in the process, probably add around 1 billion cars, and will require the associate energy to sustain their much higher levels of consumption.*"

Um megawatt tem tanto valor como um *negawatt.* Efetivamente a pressão é grande e a necessidade de redução do consumo energético é tão importante que a tornam uma fonte de energia.

III – Em busca de uma legislação eficiente

Como referido supra, a União Europeia aprovou a Diretiva (UE) 2018/2002 do Parlamento Europeu e do Conselho de 11 de dezembro de 2018, publicada no dia 21 de dezembro, que altera a Diretiva 2012/27/UE relativa à eficiência energética.

Esta Diretiva reforça o facto de que a melhoria da eficiência de funcionamento dos sistemas energéticos é determinante para se retirar um maior partido da energia renovável, contribuindo para uma maior produção energética. Nos termos da Diretiva (UE) "d*everá ficar claramente estabelecida a necessidade de a União atingir as suas metas em matéria de eficiência energética a nível da União, expressas em consumo de energia primária e/ou final, sob a forma de uma meta de, pelo menos, 32,5 % para 2030".*

Para o efeito, dispõe-se que *os "Estados-Membros deverão atingir economias de energia cumulativas na utilização final, durante a totalidade do período de vigência da obrigação de 2021 a 2030, equivalentes a novas economias anuais de,*

[5] In Climate Change Policy: why so little been achieved? (2008) Oxford Review of Economic Policy – Oxford University Press.

pelo menos, 0,8 % do consumo de energia final." [6] Assim, os Estados-Membros poderão implementar:

- Regime de obrigação de eficiência energética: designando as partes sujeitas a obrigação de entre as empresas de distribuição de energia, empresas de venda de energia a retalho e os distribuidores ou revendedores de combustível, com base em critérios objetivos e não discriminatórios (cfr. Considerando 14 da Diretiva);
- Medidas políticas alternativas (cfr. Considerandos 15 e 16 da Diretiva);
- Regime de obrigação de eficiência energética e medidas políticas alternativas.

Tudo isto sem esquecer a necessidade de assegurar que as políticas de eficiência energética e respetivas medidas sejam acessíveis a todos, em particular, aos consumidores afetados pela precariedade energética. Para isso, a Diretiva aponta que:

i) "*As medidas de eficiência energética deverão estar no cerne de qualquer estratégia custo-eficaz que vise combater a precariedade energética e a vulnerabilidade dos consumidores*" (cfr. Considerando 24);
ii) "*Dever-se-á ajudar os consumidores a reduzir o consumo de energia, através da diminuição das necessidades energéticas dos edifícios e da melhoria da eficiência dos aparelhos*" (cfr. Considerandos 25 e 33);
iii) Se deve "*aumentar a disponibilidade de modos de transporte de baixo consumo de energia integrados com as redes de transportes públicos e a utilização de bicicletas*" (cfr. Considerando 25);
iv) Se deve "*assegurar a transparência da contagem do consumo individual de energia térmica (...) através da implementação de regras nacionais transparentes e do conhecimento público*" (cfr. Considerando 31).

O prazo de transposição da diretiva, terminou em 25 de junho de 2020.

[6] Considerando 12 conjugado com os artigos 7.º, 7.º-A e 7.º-B da Diretiva 2012/27/UE, alterados/introduzidos pela Diretiva (UE) 2018/2002 – cfr. n.ºs 3) e 4) do artigo 1.º

Em Portugal esta transposição realizou-se, essencialmente, com a publicação do Decreto-Lei nº 64/2020 de 10 de setembro que procedeu à alteração do Decreto-Lei nº 68-A/2015, de 30 de abril.

Curiosamente, foi este ano publicado o Decreto-Lei nº 15/2022 de 14 de janeiro que veio estabelecer as regras sobre a organização e funcionamento do Sistema Elétrico Nacional (SEN), nele integrando, no que à energia elétrica diz respeito, todas as atividades de produção, armazenamento, autoconsumo, transporte, distribuição, agregação e comercialização de eletricidade, organização dos mercados, atividade de atribuição de garantias de origem e proteção dos consumidores. A verdade é que, sem excluir do seu âmbito de aplicação – nº 2 do artigo 2º –, a eficiência energética não se encontra contemplada neste diploma, apesar das menções ao consumo em geral e aos consumidores intensivos de energia em especial. Na verdade, ao nível europeu a produção energética e a eficiência energética estão reguladas de forma autónoma, mas no caso europeu a energia vem tratada de forma global, com inclusão de vários tipos de energia. No caso português, a energia é legalmente tratada de forma segmentada, eletricidade e gás, fazem dois sistemas nacionais. O lógico poderia ser a correspondente inclusão da eficiência energética em cada sistema. O que não acontece. No SEN, encontramos apenas a menção genérica do princípio geral de uso eficiente da energia, consignado no artigo 4º do Decreto-Lei nº 15/2022, de 14 de janeiro que regula o SEN. A concretização de tal princípio é tratada em diploma autónomo.

Não fazendo parte legal do SEN, mas sim autonomamente regulada deste, a eficiência energética é definida pelo legislador como "*o rácio entre o resultado em termos do desempenho, serviços, bens ou energia gerados e a energia utilizada para o efeito*", sendo considerada melhoria da eficiência energética "*o aumento de eficiência energética resultante de mudanças tecnológicas, comportamentais e ou económicas*". De referir que, a energia aqui referida corresponde a "*todas as formas de produtos energéticos, combustíveis, calor, energia renovável, eletricidade ou qualquer outra forma de energia*", isto em total sintonia com a referida Diretiva Europeia da Eficiência Energética. Por sua vez, a melhoria da eficiência energética, traduz uma economia de energia, entendida esta como "*a quantidade de energia economizada, determinada pela medição e ou estimativa do consumo antes e após a aplicação de uma medida de melhoria da eficiência energética, garantindo simultaneamente a normalização das condições externas que afetam o consumo de energia.”*[7]

Tendo por base as definições legais estabelecidas no Decreto-Lei nº 68-A/2015 de 30 de abril, na redação data pelo Decreto Lei nº 64/2022, de 10 de setembro, as contribuições indicativas nacionais de eficiência energética, para as metas de 2030, são as estabelecidas em sede do Plano Nacional Energia e Clima (PNEC), aprovado pela Resolução do Conselho de Ministros nº 53/2020, de 10 de julho, dando cumprimento aos objetivos europeus, tece um conjunto de ações, com vista à concretização da meta de 32.5% de eficiência energética, ou seja, a incorporação de alterações tecnológicas, comportamentais e/ou económicas na utilização da energia, capazes de gerar economias de energia de forma a atingir tal meta.

Ao nível do PNEC a meta de eficiência energética para 2030 foi fixada em 35%, sendo um dos grandes objetivos do plano rumo à neutralidade carbónica.[8] Para isso, são estabelecidos 5 eixos de intervenção:

Edifícios – Promovendo a respetiva reabilitação, como forma de reduzir a fatura energética e o respetivo conforto.[9] Aqui assumem particular importância os programas de combate à pobreza energética e a requalificação de todo o edificado do Estado, longe de ser o exemplo. Por outro lado, os novos edifícios, NZEB (Nearly Zero Energy Buildings) que comportam importantes poupanças energéticas;

Mobilidade e Transportes – Aumento da eficácia da rede de transporte público, redução das necessidades de deslocação e reforço da mobilidade elétrica;

Indústria – Implementação de processos industriais energeticamente mais eficientes, associados a um uso eficiente de recursos e assente numa economia circular;

Agroflorestal – Intervenções de eficiência energética nos vários equipamentos agroflorestais;

[7] Definições constantes no artigo 2º do Decreto-lei nº 68-A/2015, de 30 de abril, na redação dada pelo Decreto-lei nº 64/2020, de 10 de setembro.

[8] Ponto 2.2 – Objetivos e Metas, ponto 2 Dar prioridade à eficiência energética.

[9] Neste eixo confluem vários regimes legais, nomeadamente, a Diretiva EPBD (Energy Performance of Building Directive), a Certificação Energética dos Edifícios e o SCE.

Equipamentos – Implementação ou reforço de requisitos legais de eficiência, bem como, promoção da respetiva substituição, num quadro geral de sustentabilidade.

Independentemente do eixo a considerar, há um denominador comum a todos os eixos, por trás do desafio da eficiência energética, está a importância da gestão de energia e a oportunidade do Contrato de Gestão de Eficiência Energética, legalmente definido como " *um acordo contratual celebrado entre o beneficiário e a parte que aplica uma medida de melhoria da eficiência energética, verificada e acompanhada durante todo o período do contrato, nos termos do qual os investimentos nessa medida são pagos por contrapartida de um nível de melhoria da eficiência energética definido, contratualmente ou de outro critério de desempenho energético que tenha sido acordado, nomeadamente economias financeiras".*

IV – O Contrato de Gestão de Eficiência Energética

Como referido, entende-se por eficiência energética o rácio entre o resultado em termos do desempenho, serviços, bens ou energia gerados e a energia utilizada para o efeito, sendo a melhoria de eficiência energética o aumento da eficiência energética resultante de alterações tecnológicas, comportamentais e/ou económicas (menos energia, igual comodidade). Pelo que, são medidas de melhoria da eficiência energética, todas as ações (comportamentais ou tecnológicas) que, em princípio, conduzam a uma melhoria verificável e mesurável ou estimável da eficiência energética.

De forma mais simplificada, entende-se por contrato de desempenho energético o acordo contratual celebrado entre o beneficiário e o fornecedor (geralmente uma empresa de serviços energéticos), relativo a uma melhoria de eficiência energética, em que os investimentos nessa medida são pagos por contrapartida de um nível de melhoria da eficiência energética, definido contratualmente. Estes contratos são de longa duração (normalmente superior a 5 anos) e têm por objeto a prestação de serviço energético, entendida esta como a prestação do serviço que seja realizado com base num contrato e que, em condições normais, tenha dado provas de conduzir a uma melhoria verificável e mensurável ou estimável de eficiência energética e/ou da economia de energia primária, originando benefícios tangíveis resultantes de uma combinação de energia com tecnologias e/ou ações energeticamente eficientes, as quais podem incluir a operação, a manutenção e o controlo necessários à prestação do serviço. Normalmente, a melhoria da eficiência energética resulta, não de uma ação, mas da conjugação de várias intervenções, desde a intervenção ao nível do isolamento do edificado, passando pela substituição de equipamentos, incluindo luminárias, alterações comportamentais, digitalização e a própria gestão do uso da energia.

A esta multiplicidade de prestações contratuais há que acrescentar, tendo em conta o facto de a sua remuneração ser realizada com a contrapartida da poupança, a necessidade de um rigoroso diagnóstico e determinação da *baseline,* bem como de sistemas de controlo e monitorização e determinação de variáveis.

Estas intervenções, são ainda associadas a contratos de financiamento, seguros e construção de Unidades de Produção Autónoma de Energia para Autoconsumo (UPACs), com as respetivas obrigações de operação e manutenção.

Sob o ponto de vista das Partes, este contrato comporta, para além da sua bilateralidade contratual – beneficiário e fornecedor –, uma multiplicidade de stakeholders a considerar, o comercializador/fornecedor de energia, as instituições financeiras, as seguradoras, entre outros.

Esquematizando,

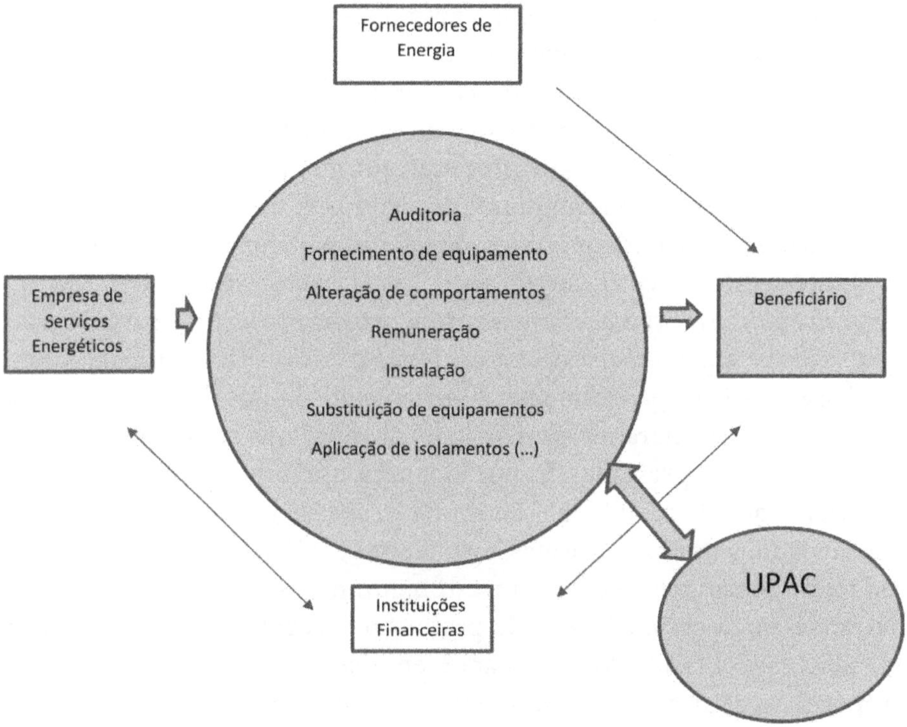

Assim, uma intervenção de eficiência energética será sempre uma gestão integrada de um projeto, com contratos de garantia de *performance* e financiamento total ou parcial das soluções de energia e de alteração de infraestruturas propostas aos edifícios. A este modelo de contrato acrescenta-se, muitas vezes, a capacidade de projetar e instalar soluções de energia que conjuguem a produção local de base renovável com outras fontes. Tendo por objetivo a melhoria da eficiência energética terá, necessariamente, que comportar uma vertente tecnológica – a implementação de uma determinada solução técnica; uma vertente comportamental – não é indiferente o uso do sistema criado e da própria instalação; uma vertente económica e uma remuneração baseada na poupança efetiva.

Sob o ponto de vista estrutural, um contrato de eficiência energética terá, além do mais, que: estabelecer os termos da auditoria energética pois dela depende a *baseline* e a melhoria proposta; definir a solução a implementar; definir as metodologias acordadas; estabelecer a manutenção dos equipamentos; definir a gestão do sistema; determinar as fórmulas de remuneração; estabelecer as condições de acesso e controlo de informação, para além da contratualização de financiamento, seguros e de instalação, com envolvimento ou não do fornecedor de energia e com inclusão ou não de sistemas de produção autónoma de energia.

Sob o ponto de vista remuneratório, tendo em conta a própria definição legal deste contrato, os serviços prestados pelo fornecedor/prestador (a Empresa de Serviços Energéticos – *"prestador de serviços energéticos, uma pessoa singular ou coletiva que fornece serviços energéticos ou aplica outras medidas para melhorar a eficiência energética nas instalações do consumidor final"*) tem por base, total ou parcialmente, a *performance* da poupança energética conseguida, remunerando-se por mão própria, nos termos acordados. Nestes termos o prestador/fornecedor terá que fazer o diagnóstico de uma determinada realidade – auditoria –, apresentar uma solução que, por um lado, cumpra as normas legais sobre eficiência e, por outro lado, reduza os consumos e cubra o investimento necessário, podendo rentabilizar-se ainda com soluções de produção descentralizada, de forma a apresentar resultados líquidos para a entidade intervencionada. A este propósito, o contrato de desempenho energético pode ser um contrato oneroso sem aumento de custos para o beneficiário, pelo contrário, pode representar uma redução imediata dos mesmos. Esta situação tem particular impacto no seu enquadramento público, na medida em que podem não contribuir para contabilização em sede de endividamento público municipal. Estamos perante um acordo de vontades, com obrigações sinalagmáticas paras as partes, sem aumentar os encargos financeiros globais do beneficiário, na medida em que este desloca a sua despesa de pagamento da fatura energética ao fornecedor de energia para o pagamento da prestação do serviço de gestão de energia, a implementação do projeto de desempenho energético, com ganho, pois que, para além de reduzir o seu consumo energético, com a produção de energia, beneficia de poupanças consideráveis na sua fatura energética.

A económica de energia, ou o negawatt, é o resultado desejado da intervenção de eficiência energética. O próprio legislador dá uma definição legal de Economia de Energia, como *"a quantidade de energia economizada, determinada pela medição e ou estimativa do consumo antes e após a aplicação de uma medida de melhoria da eficiência energética, garantindo simultaneamente a normalização das condições externas que afetam o consumo de energia.*" Este será o ponto de partida a considerar na determinação da remuneração de um contrato de gestão de eficiência energética.

Em suma, sendo a eficiência energética essencial ao cumprimento das metas de neutralidade carbónica, num mundo cada vez mais carente de energia e, sendo o contrato de prestação de serviços energéticos uma forma de redução de custos sobre um bem cada vez mais caro, a energia, a pergunta que se impõe é sempre o que falta para que a sua contratualização se generalize. Os estudos que estiveram na base do PNEC referem que Portugal tem um potencial custo eficaz para superar os objetivos de 2030.

O que precisamos?

No Estado de compatibilizar a contratação dos serviços de energia com as regras da contratação publica, aguardando-se a publicação das peças de procedimento tipo, sem as quais o Decreto-lei nº 50/2021 de 15 de junho não entra em vigor. O que deve ser acrescido, de um enquadramento especial destes contratos em sede de despesa pública e endividamento municipal.

Fora do Estado, empresas e cidadãos, o medo da mudança e o desconhecimento, associados à falta de mecanismos de mitigação de risco de financiamento que podem passar por novas abordagens das políticas públicas.

Uma certeza, cada *negawatt* conseguido, vale tanto ou mais do que cada megawatt produzido

Lisboa, 12 de abril de 2022

As cedências municipais impostas pelo Decreto-Lei n.º 15/2022, de 14 de Janeiro, aos titulares de centro eletroprodutor de fonte renovável

Articulação com o regime das rendas municipais

INÊS VIEIRA

I. Introdução

A 14 de janeiro de 2022, foi publicado o Decreto-Lei n.º 15/2022, que estabelece a organização e o funcionamento do Sistema Elétrico Nacional ("**SEN**"), procedendo à transposição da Diretiva (UE) 2019/944 do Parlamento Europeu e do Conselho, de 5 de junho de 2019, relativa a regras comuns para o mercado interno da eletricidade e à transposição parcial da Diretiva (UE) 2018/2001 do Parlamento Europeu e do Conselho, de 11 de dezembro de 2018, relativa à promoção da utilização de energia de fontes renováveis.

O Decreto-Lei n.º 15/2022, de 14 de janeiro, entretanto retificado pela Declaração de Retificação n.º 11-A/2022, de 14 de março, e alterado pelo Decreto-Lei n.º 72/2022, de 19 de outubro, e pela Lei n.º 24.º-D/2022, de 30 de dezembro (de agora em diante apenas "**Decreto-Lei 15/2022**"), veio congregar uma vasta panóplia de matérias relativas às atividades do SEN que até então se encontravam dispersas em diplomas avulsos – como são o autoconsumo, o sobre-equipamento, a tarifa social, o consumo fraudulento de energia elétrica, a recuperação e transmissibilidade do défice tarifário e dos ajustamentos tarifários, a extinção das tarifas reguladas de venda de eletricidade a clientes finais e à atividade de operador logístico de mudança de comercializador de eletricidade e gás –, determinando a respetiva revogação.

Adicionalmente, e no que diz respeito à atividade de produção de energia elétrica, o Decreto-Lei 15/2022 veio promover alterações em matérias de prazos dos procedimentos de controlo prévio, regime remuneratório, transmissão dos títulos de controlo prévio, armazenamento de eletricidade, encerramento dos centros eletroprodutores, articulação com os demais regimes jurídicos setoriais aplicáveis, localização dos centros eletroprodutores ou instalações de armazenamento sujeitos a registo prévio, sobre-equipamento e reequipamento, hibridização e cedências aos municípios a observar pelo titular de centro eletroprodutor de eletricidade de fonte renovável ou de instalação de armazenamento.

No contexto do presente trabalho, interessam-nos essencialmente as alterações introduzidas em sede do regime de cedências aos municípios, reguladas no artigo 49.º do Decreto-Lei 15/2022. O preceito em apreço promove uma alteração assinalável no paradigma do pagamento de rendas municipais pelos titulares de centros eletroprodutores de fonte renovável até então vigente, permanecendo por apurar como se articula com os regimes das rendas municipais enformados pelo Decreto-Lei n.º 424/83, de 6 de dezembro (o "**Decreto-Lei 424/83**") e pelo Anexo II do Decreto-Lei n.º 189/88, de 27 de maio (o "**Decreto-Lei 189/88**").

Para o efeito, procuraremos, nos pontos seguintes da presente exposição, delimitar os regimes das rendas municipais constantes do Decreto-Lei 424/83 e do Anexo II do Decreto-Lei 189/88, e bem assim o âmbito das obrigações de pagamento de rendas que recaem sobre os titulares de centros eletroprodutores de fonte renovável (II. O REGIME DAS RENDAS MUNICIPAIS *infra*); subsequentemente, procuraremos desenhar o regime das cedências municipais previsto no Decreto-Lei 15/2022 (III. O REGIME DAS CEDÊNCIAS MUNICIPAIS DO DECRETO-LEI 15/2022 *infra*), a fim de, posteriormente, aferir da respetiva articulação com os regimes das rendas municipais constantes do Decreto-Lei 424/83, e do Anexo II do Decreto-Lei 189/88 (IV. ARTICULAÇÃO DO REGIME DAS CEDÊNCIAS MUNICIPAIS COM O REGIME DAS RENDAS MUNICIPAIS *infra*); por fim, apresentaremos as nossas conclusões (V. CONCLUSÃO *infra*).

II. O regime das rendas municipais

Desde cedo que os municípios reclamam aos titulares de centros eletroprodutores o pagamento de uma compensação em virtude da implantação dos centros eletroprodutores nas suas circunscrições, que alegadamente provocaria ónus ambientais ao nível da perda de biodiversidade e/ou da perda de receita turística[1]. Neste contexto, é hoje usual a celebração de protocolos entre os municípios e os titulares de centros eletroprodutores de fonte renovável, no âmbito dos quais os segundos se obrigam, perante os primeiros, ou ao pagamento de determinados montantes – que aqui chamamos de "renda" – ou à execução gratuita de operações urbanísticas díspares (frequentemente reconduzidas a equipamentos públicos).

A renda referida no parágrafo anterior tem enquadramento legal no Decreto-Lei 424/83 e no Anexo II do Decreto-Lei 189/88 e enquadramento contratual nos protocolos celebrados pelos municípios com titulares de centros eletroprodutores – na maioria das vezes sem disposição normativa que os sustente.

Face ao enquadramento legal suprarreferido, procuraremos, de seguida, delimitar o âmbito das obrigações de pagamento de rendas que recaem sobre os titulares de centros eletroprodutores de fonte renovável ao abrigo de tais preceitos, tendo por referência o quadro normativo vigente antes da entrada em vigor do Decreto-Lei 15/2022.

A. **As rendas municipais dos centros eletroprodutores...**

i. **Hídricos ao abrigo do Decreto-Lei 424/83**

O Decreto-Lei 424/83, veio consagrar o pagamento de uma renda pela EDP – na altura com o estatuto de empresa pública – enquanto titular de centros produtores hidroelétricos e termoelétricos, aos municípios cuja circunscrição fosse atingida pela zona de influência dos referidos centros eletroprodutores.

O propósito da mencionada renda anual era, por um lado, mitigar os impactos negativos que um centro eletroprodutor causava às «*populações sobre a influência de centrais produtoras de energia eléctrica*», e, por outro, refor-

[1] *Cfr.* Gomes, Carla Amado; Franco Raquel; Calado Diogo, "Energias renováveis em portugal: evolução e perspectivas" *in e-Pública*, Vol. I, No. 1, Janeiro 2014, p. 386.

çar a «*capacidade de actuação dos municípios por aumento da sua capacidade financeira*», conforme consta do preâmbulo do diploma legal em apreço.

Tendo por referência o objeto do presente trabalho delimitado em I. Introdução *supra*, que se circunscreve às rendas a suportar pelos titulares de centros eletroprodutores de energia renovável, apenas relevam para a presente análise as rendas exigidas à EDP enquanto titular de centros produtores hidroelétricos. E, sendo assim, recorta-se negativamente do objeto do presente estudo o regime das rendas aplicáveis aos titulares de centrais termoelétricas.

Conforme avançado acima, o pagamento da renda é devido aos municípios afetados pela zona de influência do centro electroprodutor, que corresponde, nos termos do Decreto-Lei 424/83, à área do círculo de raio igual a 2,5 km, com centro no edifício da central, acrescida da superfície inundada exterior a esse círculo[2].

A renda a suportar pela EDP é, nos termos do Decreto-Lei 424/83, anual e calculada de acordo com a fórmula constante dos seus artigos 2.º e 3.º, consoante se trate, respetivamente, de um centro produtor em exploração ou em construção. O artigo 5.º do diploma legal em apreço regula o prazo e a forma de pagamento da renda, determinando que a mesma é paga de uma só vez, por depósito a efetuar à ordem dos municípios abrangidos pela zona de influência até ao dia 31 do mês de março do ano seguinte àquele a que disser respeito.

a. Âmbito da sujeição à obrigação de pagamento de rendas aos municípios

A compreensão do âmbito de sujeição da EDP, enquanto titular de centros produtores hidroelétricos, à obrigatoriedade de pagamento da renda municipal prevista no Decreto-Lei 424/83 pressupõe a articulação dos seguintes aspetos:

(i) Por um lado, o Decreto-Lei n.º 29/2006, de 15 de fevereiro[3], e a concomitante sujeição da atividade de produção de eletricidade

[2] *Cfr.* n.º 2 do artigo 1.º do Decreto-Lei 424/83.

[3] Entretanto revogado pelo Decreto-Lei 15/2022.

a um regime livre exercício, promoveu uma derrogação tácita e parcial do Decreto-Lei 424/83, porquanto não parece possível fazer recair apenas sobre uma empresa – entretanto privatizada – o dever de pagar uma renda pelo exercício de uma atividade, a produção de eletricidade, que outros operadores privados também levam a cabo sem tal encargo.

(ii) De todo o modo, e ainda que não se entenda que o Decreto-Lei n.º 29/2006, de 15 de fevereiro, promoveu uma derrogação tácita e parcial do Decreto-Lei 424/83, sempre se deverá considerar que, a partir da data da sua entrada em vigor, o regime das rendas tornou-se supervenientemente inconstitucional, por violação dos princípios da igualdade, da iniciativa privada e da concorrência, previstos, respetivamente, nos artigos 13.º, 61.º e na alínea f) do artigo 81.º da Constituição da República Portuguesa, quando interpretado no sentido de fazer recair apenas sobre uma única empresa, no que diz respeito aos centros eletroprodutores que lhe foram atribuídos em regime de concorrência, a obrigação de pagar uma renda pelo exercício de uma atividade que outras empresas podem exercer em concorrência de mercado, sem estarem sujeitas a tal renda.

(iii) Em qualquer caso, e no que diz respeito aos centros eletroprodutores que não foram atribuídos à EDP em regime de concorrência, parece dever entender-se que o regime das rendas previsto no Decreto-Lei 424/83, se mantém em vigor.

Assim, é de considerar que a obrigação de pagamento da renda municipal anual constante do Decreto-Lei 424/83, se mantém em vigor apenas quanto aos centros eletroprodutores hidroelétricos atribuídos à EDP fora do regime de concorrência.

ii. **Eólicos ao abrigo do Anexo II do Decreto-Lei 189/88**

O Decreto-Lei 189/88, alterado pelos Decretos-Leis n.ºs 313/95, de 24 de novembro, 56/97, de 14 de março, 168/99, de 18 de maio, 312/2001, de 10 de dezembro, 339-C/2001, de 29 de dezembro, 33-A/2005, de 16 de fevereiro, 225/2007, de 31 de maio, e 35/2013, de 28 de fevereiro, veio, conforme dispunha o artigo 1.º da sua versão originária, regular a atividade de produção de energia elétrica por pessoas singulares ou coletivas, sujeita ao cumprimento das normas técnicas e de segurança previstas no diploma em apreço, ou por ele admitidas, e desde que *(i)* o estabelecimento industrial de produção de energia, no seu conjunto, não ultrapasse a potência aparente instalada de 10000 kVA, e que *(ii)* sejam utilizados recursos renováveis, combustíveis nacionais ou resíduos industriais, agrícolas ou urbanos, ou se trate de instalações de cogeração – neste último caso, sem limite de potência. Proporcionando, deste modo, a criação da figura do pequeno produtor de energia elétrica, associada à utilização de recursos renováveis. Por força das alterações subsequentes a que foi sujeito, o diploma em apreço passou a regular o exercício da atividade de produção de energia elétrica a partir de recursos renováveis.

O regime em apreço conheceu sucessivas alterações, de entre as quais se destacam as seguintes:

- *(i)* O Decreto-Lei n.º 339-C/2001, de 29 de dezembro (o "**Decreto-Lei 339-C/2001**") que deixou de estabelecer uma limitação temporal para a aplicação do regime remuneratório garantido e fez incidir sobre as empresas detentoras de licenças de exploração de parques eólicos a obrigação de pagamento de uma renda aos municípios onde as centrais eólicas estivessem instaladas correspondente a 2,5% do pagamento mensal feito pela entidade recetora da energia elétrica produzida, em cada instalação[4];
- *(ii)* O Decreto-Lei n.º 33-A/2005, de 16 de fevereiro (o "**Decreto-Lei 33-A/2005**"), que determinou que os titulares de centrais eólicas que não tivessem *i)* licença de estabelecimento à data de início de vigência desse diploma ou *ii)* obtido resposta favorável da Direção-Geral de Energia e Geologia ao pedido de informação até à data de entrada em vigor do diploma e licença de estabelecimento no prazo de um ano a contar dessa data, passariam a estar sujeitos ao regime remuneratório aprovado pelo Decreto-Lei 33-A/2005, nos termos do qual os primeiros 33 GWh entregues à

[4] Promovendo, para o efeito, uma alteração ao Anexo II do Decreto-Lei 189/88.

rede, por megawatt de potência de injeção na rede atribuído, por centrais eólicas, seriam remunerados de acordo com uma tarifa fixa, até ao limite máximo dos primeiros 15 anos a contar desde o início do fornecimento de eletricidade à rede[5]; e

(iii) O Decreto-Lei n.º 35/2013, de 28 de fevereiro (o "**Decreto-Lei 35/2013**"), que determinou que *i)* os centros eletroprodutores eólicos com regime remuneratório garantido antes da entrada em vigor do Decreto-Lei 33-A/2005, passariam a beneficiar desse regime remuneratório por um prazo de 15 anos a contar dessa data, e que *ii)* os centros eletroprodutores eólicos cuja licença de exploração foi atribuída durante o período de vigência do Decreto-Lei 33-A/2005, passariam a beneficiar do regime remuneratório aí previsto por um prazo de 15 anos a contar da data de atribuição da licença de exploração[6]. Adicionalmente, o Decreto-Lei 35/2013, previu a possibilidade de extensão do período de aplicação do regime de tarifa garantida aos referidos centros eletroprodutores, nas situações em que os respetivos titulares propusessem uma redução da tarifa, que pode ser complementada ou substituída pelo pagamento de uma compensação ao SEN[7]. Em alternativa à concessão desse período adicional, os centros eletroprodutores podiam optar pela adesão a um dos regimes alternativos previstos para efeitos de remuneração das instalações eólicas existentes à data da entrada em vigor do Decreto-Lei 33-A/2005, após o decurso dos respetivos períodos de remuneração garantida e mediante o pagamento de uma compensação anual ao SEN que se destina a mitigar o impacto nos clientes finais de eletricidade dos sobrecustos anuais resultantes do apoio à produção de eletricidade a partir de fontes de energia renováveis em regime de tarifa garantida[8].

[5] Nos termos do n.º 20 da alínea a) do Anexo II do Decreto-Lei 189/88 na redação que lhe foi conferida pelo Decreto-Lei 33-A/2005.

[6] *Cfr.* alíneas b) e c) do n.º 1 do artigo 3.º do Decreto-Lei 35/2013.

[7] *Cfr.* n.º 3 do artigo 3.º e ponto 21 do Anexo II do Decreto-Lei 189/88 na redação que lhe foi conferida pelo Decreto-Lei 35/2013.

[8] Cujos termos e condições estão definidos no artigo 5.º do Decreto-Lei 35/2013.

Constata-se, assim, com particular relevância para a economia da presente exposição, que com a entrada em vigor do Decreto-Lei 339-C/2001, o regime remuneratório garantido previsto no Decreto-Lei 189/88 para as centrais eólicas passou a aplicar-se sem dependência de prazo, tendo-se instituído o pagamento de uma renda aos municípios por parte dos titulares das centrais eólicas. Com a entrada em vigor do Decreto-Lei 33-A/2005, voltaram a ser introduzidos limites temporais à aplicação do regime remuneratório garantido, ainda que com a previsão de um regime transitório para as situações preexistentes. Finalmente, com a entrada em vigor do Decreto-Lei 35/2013, não só as situações preexistentes foram objeto de afetação mediante uma redução do prazo de aplicação do regime remuneratório garantido, como se passou a prever, apenas para as centrais eólicas, a possibilidade de adesão a regimes remuneratórios alternativos sujeitos a um prazo e a limites mínimos e máximos.

Face ao exposto, procuraremos agora debruçar a nossa atenção sobre a obrigação de pagamento de renda definida no Anexo II do Decreto-Lei 189/88, conforme sucessivamente alterado.

a. Âmbito da sujeição à obrigação de pagamento de rendas aos municípios

A obrigação de pagamento de uma renda aos municípios pelos titulares das centrais eólicas localizadas nos respetivos territórios, foi, como referido acima, instituída com a entrada em vigor do Decreto-Lei 339-C/2001 e da alteração por si promovida ao Anexo II do Decreto-Lei 189/88.

Na redação vigente antes da entrada em vigor do Decreto-Lei 15/2022, essa obrigação constava do n.º 28 do referido Anexo II, com a seguinte redação:

> «28 – *Para centrais eólicas, tendo presente a conveniência de refletir uma repartição dos benefícios globais que lhe são inerentes a nível nacional e local, é devida aos municípios, pelas empresas detentoras das licenças de exploração de parques eólicos, uma renda de 2,5% sobre o pagamento mensal feito pela entidade recetora da eletricidade produzida, em cada instalação, nos seguintes termos:*

a) Quando as instalações licenciadas estejam instaladas em mais de um município, a renda é repartida proporcionalmente à potência instalada em cada município;

b) Nos casos em que as empresas detentoras das licenças de exploração tenham celebrado quaisquer acordos ou contratos com as autarquias locais em cuja área estão implantadas, a título de compensação pela respetiva exploração, aplicar-se-á o seguinte:

i) Manutenção da situação atual contratualizada, se esse pagamento for previsionalmente igual ou superior à renda definida na alínea a) durante o período de vigência da licença de exploração da central;

ii) Prevalência do disposto neste diploma, em caso de opção da autarquia, caso tal pagamento for previsionalmente inferior à renda definida na alínea a) durante o período de vigência da licença de exploração da central.» [sublinhado nosso]

Em face do preceito em apreço, importa, pois, aferir se obrigação de pagamento da renda municipal nele prevista subsiste apenas enquanto vigorar o regime de remuneração garantida, ou se, pelo contrário, se mantém mesmo após a passagem para a remuneração em regime de mercado.

Antecipando, desde já, nossa conclusão nesta sede, entendemos que o pagamento da renda aos municípios apenas tem justificação enquanto se mantiver o regime de remuneração garantida previsto no Anexo II do Decreto-Lei 189/88, conforme sucessivamente alterado. E dizemo-lo pelas seguintes ordens de razão:

(i) Em primeiro lugar, o pagamento da renda encontra-se previsto no Anexo II do Decreto-Lei 189/88, que visa precisamente estabelecer o regime remuneratório garantido de que beneficiam as centrais eólicas, nas condições previstas no diploma; sendo, portanto, o próprio legislador, numa lógica de coerência sistemática, que estabelece uma ligação estreita entre o pagamento da renda aos municípios e o acesso ao regime de remuneração garantida[9].

[9] Repare-se que a renda em causa não é a única prevista no Decreto-Lei 189/88. Com efeito, o artigo 6.º do diploma em apreço estabelece o pagamento de uma renda ao Estado ou às autarquias locais pela utilização de bens do domínio público. Essa renda, nada tendo que ver com o regime de remuneração garantida, encontra-se prevista no corpo do diploma e não no respetivo Anexo II.

(ii) Em segundo lugar, a própria *ratio* da previsão da obrigação de pagamento da renda aos municípios indicia uma estreita conexão entre o recebimento do regime de remuneração garantida e o pagamento da renda aos municípios aí prevista. Com efeito, o que está em causa é «*a conveniência de refletir uma repartição dos benefícios globais que lhe são inerentes a nível nacional e local*»[10]. Por outras palavras, o Estado estabelece a conveniência em fazer chegar ao nível local, mais concretamente aos municípios, parte dos benefícios que criou globalmente para as empresas com o estabelecimento de um regime de remuneração garantida pela instalação de centrais eólicas.

(iii) Em terceiro lugar, retomando o domínio sistemático, é relevante assinalar que a obrigação de pagar uma renda aos municípios foi introduzida pelo mesmo diploma que eliminou os limites temporais ao regime de remuneração garantida constantes da versão anterior do Anexo II, aprovada pelo Decreto-Lei 168/99 – isto é, o Decreto-Lei 339-C/2001. De onde resulta evidente que o legislador reconheceu uma conexão entre a eliminação de qualquer limite temporal à aplicação da remuneração garantida prevista no Anexo II e a obrigação de pagamento de uma renda aos municípios, o que evidencia, uma vez mais, o reconhecimento do legislador de que a obrigação de pagar a renda aos municípios apenas existe no contexto da aplicação do regime remuneratório especificamente previsto no Anexo II.

(iv) Por fim, é ainda conveniente ter presente que, com a entrada em vigor do Decreto-Lei n.º 215-A/2012, de 8 de outubro, o exercício da atividade de produção de eletricidade passou a ser livre, apenas «[...] *sujeito à obtenção de licença ou, nos casos previstos em legislação complementar, à realização de comunicação prévia junto das entidades administrativas competentes*». De onde se extrai que, não sendo mais aplicável um regime especial de remuneração garantida às centrais eólicas – que passaram a funcionar em regime de mercado –, não se configurava legítimo impor à respetiva atividade o pagamento de quaisquer rendas.

[10] *Cfr.* n.º 28 do Anexo II do Decreto-Lei 189/88, na redação que lhe foi conferida pelo Decreto-Lei 35/2013.

A exposição antecedente permite concluir que as rendas a pagar aos municípios subsistem apenas enquanto for aplicável o regime de remuneração garantida previsto no Anexo II do Decreto-Lei 189/88. Findo esse regime, finda também a obrigação de pagamento das rendas, uma vez que desaparece a base legal que sustenta tal exigência. Este é, salvo melhor entendimento, o que se resulta de uma adequada interpretação do regime legal aplicável, tendo por referência não só o elemento literal, mas também, e especialmente, os elementos não literais, particularmente o sistemático e o teleológico.

Poderá equacionar-se se a conclusão em apreço se mantém nas situações em que a aplicação de algum dos regimes alternativos regulados no Decreto-Lei 35/2013 sucede à aplicação do regime garantido previsto no Anexo II do Decreto-Lei 189/88, uma vez que também em relação a estes se pode afirmar continuar a resultar um benefício para o titular das centrais eólicas, ainda que menos expressivo. Em qualquer caso, e independentemente da conclusão a que se chegue, sempre se concluirá que, pelo menos no fim do período de aplicação deste último, deixará necessariamente de existir qualquer razão para que o pagamento da renda subsista.

A principal objeção a este entendimento reside no conteúdo literal das subalíneas i) e ii) da alínea b) do n.º 28 do Anexo II, que estabelece que o pagamento da renda se efetua «*durante o período de vigência da licença de exploração da central*». Não obstante, a determinação do sentido de uma qualquer disposição legal não se esgota no seu elemento literal, devendo, ainda, atender-se aos elementos não-literais, que permitem apreender o espírito da lei. Ora, tal como explicado acima, a inclusão da obrigação de pagamento de uma renda aos municípios foi acompanhada da eliminação de qualquer limite temporal à aplicação da remuneração garantida. Apenas por essa razão se justifica que se tenha consagrado o pagamento de uma renda pelo período de vigência de licença de exploração no Anexo II, necessariamente coincidente com o período de remuneração garantida. Quando, com a entrada em vigor do Decreto-Lei 35/2013, se incluiu uma limitação temporal ao regime de remuneração garantida previsto no Anexo II do Decreto-Lei 189/88, deve entender-se que é a esse limite que se reporta o período de vigência da licença de exploração, não se desfazendo a conexão entre duração do regime garantido e vigência da licença de exploração.

Caso assim não se entenda, sempre se deverá considerar que, a partir do momento em que o regime remuneratório passou a estar sujeito a um limite temporal, o n.º 27 do Anexo II do Decreto-Lei 189/88, na redação que lhe foi conferida pelo Decreto-Lei 35/2013, tornou-se supervenientemente inconstitucional, quando interpretado nesse sentido, por violação dos princípios da proteção da confiança, da proibição do excesso e da legalidade tributária, previstos, respetivamente, nos artigos 2.º, 103.º e na alínea i) do n.º 1 do artigo 165.º, da Constituição da República Portuguesa.

Concluímos, assim, que a renda devida aos municípios ao abrigo do Anexo II do Decreto-Lei 189/88 só deve subsistir em relação aos titulares de centrais eólicas que beneficiem do regime de remuneração garantida previsto no diploma em apreço. Poderá equacionar-se se a conclusão em apreço se mantém nas situações em que se sucedeu um dos regimes de remuneração alternativa previstos no Decreto-Lei 35/2013. Em todo o caso, sempre se concluirá que pelo menos no fim do período em que este último seja aplicável, deixar de existir qualquer razão para que o pagamento da renda subsista.

III. O regime das cedências municipais do Decreto-Lei 15/2022

O Decreto-Lei 15/2022 veio, no que diz respeito à atividade de produção de energia elétrica, promover alterações numa vasta panóplia de domínios, entre os quais destacamos, com particular relevância para a economia da presente exposição, a instituição de um novo regime de cedências aos municípios a observar pelo titular de centro eletroprodutor de eletricidade de fonte renovável (ou de instalação de armazenamento).

O regime ora instituído configura, nas palavras do legislador, «*um mecanismo previsível, transparente e não discriminatório de cedências pelos produtores que visa concorrer para a satisfação das necessidades energéticas das autarquias e populações locais, disciplinando-se uma prática que tem sido aleatória, desregulada e raras vezes articulada com o propósito primordial dos respetivos projetos*»[11]. E, sendo assim, o seu principal desígnio é regular uma prática que se tem

[11] *Cfr.* preâmbulo do Decreto-Lei 15/2022.

apresentado como verdadeiramente heterogénea por parte dos municípios – contando que, por um lado, nem todos os municípios exigem a realização de cedências ou o pagamento de compensações por parte dos titulares de centro electroprodutor para efeitos de implantação das referidas instalações no seu território e, por outro, os municípios que o fazem tendem a exigir aos titulares dos centros electroprodutores a realização de prestações de natureza muito díspar (tanto de natureza pecuniária como de natureza não pecuniária[12]). O regime em apreço tem ainda a valência de promover políticas de descarbonização em conformidade com o previsto no artigo 39.º da Lei n.º 98/2021, de 31 de dezembro, que aprova a Lei de Bases do Clima.

Em face do enquadramento exposto, indicamos *infra* os termos reguladores do mecanismo das cedências municipais consagrado no artigo 49.º do Decreto-Lei 15/2022.

i. O mecanismo das cedências do artigo 49.º do Decreto-Lei 15/2022

O Decreto-Lei 15/2022 estabelece que os titulares de centros eletroprodutores de fonte renovável ou de instalação de armazenamento, com potência de ligação atribuída superior a 50 MVA, «*cede*[m], *por uma única vez e gratuitamente, ao município ou municípios onde se localiza o centro eletroprodutor, UPAC com potência instalada equivalente a 0,3% da potência de ligação do centro eletroprodutor ou da instalação de armazenamento para instalação em edifícios municipais ou equipamentos de utilização coletiva ou, por indicação do município, às populações que se localizam na proximidade do centro eletroprodutor ou da instalação de armazenamento ou, em alternativa e com capacidade equivalente, postos de carregamento de veículos elétricos localizados em espaço público e destinados a utilização pública*» (*cfr.* n.º 1 do artigo 49.º do Decreto-Lei 15/2022).

O preceito em apreço permite, assim, compreender que os titulares de centros eletroprodutores de fonte renovável (ou de instalação de armazenamento) com potência de ligação atribuída superior a 50 MVA

[12] A título ilustrativo refere-se a exigência de construção de equipamentos de utilização coletiva para servir as coletividades locais.

se encontram, por imperativo legal, constituídos na obrigação de ceder, por uma única vez e gratuitamente, ao município onde se pretendem instalar os centros eletroprodutores (ou a instalação de armazenamento): *(i)* UPAC a instalar em edifícios municipais, em equipamentos de utilização coletiva ou ao serviço das populações situadas na proximidade da instalação; ou *(ii)* postos de carregamento de veículos elétricos em espaço público e destinados a utilização pública, em ambos os casos, a potência instalada deve ser equivalente a 0,3% da potência atribuída. A possibilidade de a cedência em apreço poder ser cumprida através da instalação de postos de carregamento de veículos elétricos configura uma inovação do Decreto-Lei 15/2022 face ao projeto de diploma que foi submetido a discussão pública – que limitava as cedências a UPAC.

Tal como referido acima, as tipologias de cedências em espécie previstas pelo legislador têm como propósito a *(i)* descarbonização no setor residencial e nos edifícios públicos, mediante a promoção do aumento da eficiência energética nos edifícios, e *(ii)* a descarbonização da mobilidade, mediante a promoção da mobilidade elétrica, encontrando-se, por conseguinte, em total consonância com aqueles que são os princípios da política energética nacional, previstos no artigo 39.º da Lei de Bases do Clima.

Por seu turno, e no que se refere aos titulares de centros eletroprodutores de fonte renovável (ou de instalação de armazenamento) com potência de ligação atribuída igual ou inferior a 50 MVA e superior a 1MVA, o n.º 2 do artigo 49.º do Decreto-Lei 15/2022 constitui-os na obrigação de efetuarem «*a compensação prevista no número seguinte*»[13].

O preceito em apreço possui um caráter inovador face ao projeto de diploma submetido a discussão pública, que não sujeitava ao regime das cedências os titulares de centros eletroprodutores de fonte renovável

[13] Notamos, a este propósito, que a redação originária do preceito compreendia uma remissão para «*o artigo seguinte*», tendo sido objeto de retificação pela Declaração de Retificação n.º 11-A/2022, de 14 de março. De todo o modo, sempre entendemos que a remissão se devia entender como efetuada para o n.º 3 do artigo 49.º ao abrigo de uma interpretação sistemática do diploma, em especial, *(i)* da circunstância de o n.º 3 prever uma modalidade de «*compensação*» alternativa às cedências de *i)* UPAC e *ii)* postos de carregamento; e *(ii)* do facto de o artigo 50.º do Decreto-Lei 15/2022 compreender uma alteração ao regime jurídico da reserva agrícola nacional, não prevendo, em tal sede, qualquer compensação.

(ou de instalação de armazenamento) com potência de ligação atribuída igual ou inferior a 50 MVA.

O n.º 3 do artigo 49.º do Decreto-Lei 15/2022 determina que o «*titular do centro eletroprodutor ou da instalação de armazenamento procede à instalação da UPAC nos locais indicados e disponibilizados para o efeito pelos municípios beneficiários após obtenção por estes dos respetivos títulos de controlo prévio e, caso se verifique que as instalações referidas no n.º 1 já dispõem de UPAC instaladas, o município pode optar pela substituição da cedência referida no n.º 1 por uma compensação, única e em numerário, no valor de € 1500,00 por MVA de potência de ligação atribuída*»[14].

No que se refere aos titulares de centros eletroprodutores de fonte renovável (ou de instalação de armazenamento) com potência de ligação atribuída superior a 50 MVA, que a possibilidade de o município exigir, alternativamente, a prestação da compensação em numerário prevista no preceito em apreço – no valor de € 1.500,00 por MVA de potência de ligação atribuída – se circunscreve aos casos em que os edifícios municipais ou equipamentos de utilização coletiva já estão devidamente equipados com UPAC. Dúvidas subsistem, porém, quanto à articulação desta faculdade do município – de eleger a compensação monetária – face à faculdade ao dispor do titular do centro eletroprodutor de ceder, alternativamente, postos de carregamento, conforme previsto no n.º 1 do artigo 49.º do Decreto-Lei 15/2022.

Por outro lado, no que se refere aos titulares de centros eletroprodutores de fonte renovável (ou de instalação de armazenamento) com potência de ligação atribuída igual ou inferior a 50 MVA e superior a 1 MVA, resulta da articulação do n.º 2 com o n.º 3 do artigo 49.º, que é devida aos municípios uma compensação no valor de € 1.500,00 por MVA de potência de ligação atribuída. Nestes casos, o município não poderá impor, alternativamente, a cedência de UPAC ou de postos de carregamento.

[14] Também a versão originária do preceito em apreço foi objeto de retificação pela Declaração de Retificação n.º 11-A/2022, de 14 de março, que, por lapso, remetia para as «*instalações referidas no número anterior*». De todo o modo, antes mesmo dessa retificação, já entendíamos que a remissão em apreço devia ser interpretada como efetuada para o n.º 1 em conformidade com a versão submetida a discussão pública do projeto de diploma que remetia, à data, para o seu n.º 2, que corresponde ao atual n.º 1.

O n.º 4 do artigo 49.º do Decreto-Lei 15/2022 vem regular como devem, os municípios, aplicar os montantes rececionados a título de compensação em numerário. Para o efeito, o legislador estabelece que os montantes em apreço devem ser «*aplicad*[os] *na promoção da eficiência energética dos edifícios municipais ou equipamentos de utilização coletiva ou, ainda, dos edifícios habitacionais das populações*», mediante a adoção das seguintes ações:

> «*a) Substituição de janelas não eficientes por janelas eficientes, de classe energética igual ou superior a «A+»;*
>
> *b) Aplicação ou substituição de isolamento térmico em coberturas, paredes ou pavimentos, recorrendo a materiais de base natural ou que incorporem materiais reciclados, bem como a substituição de portas de entrada;*
>
> *c) Sistemas de aquecimento e/ou arrefecimento ambiente e/ou de águas quentes sanitárias que recorram a energia renovável, de classe energética «A+» ou superior, designadamente:*
>
> *i) Bombas de calor;*
>
> *ii) Sistemas solares térmicos;*
>
> *iii) Caldeiras e recuperadores a biomassa com elevada eficiência;*
>
> *d) Sistemas de armazenamento;*
>
> *e) Intervenções que visem a eficiência hídrica por via de:*
>
> *i) Substituição de dispositivos de uso de água por outros mais eficientes;*
>
> *ii) Instalação de soluções que permitam a monitorização e controlo inteligente de consumos de água;*
>
> *iii) Instalação de sistemas de aproveitamento de águas pluviais;*
>
> *f) Intervenções para incorporação de soluções de arquitetura bioclimática, que envolvam a instalação ou adaptação de elementos fixos dos edifícios como sombreamentos, estufas e coberturas ou fachadas verdes, privilegiando soluções de base natural*».

O elenco transcrito parece apresentar-se como exaustivo e, quando considerado em articulação com os princípios da política energética nacional previstos no artigo 39.º da Lei de Bases do Clima, visa a promoção da descarbonização no setor residencial e nos edifícios públicos, através do aumento da eficiência energética nos edifícios e da melhoria do conforto térmico.

A formalização das cedências a realizar é efetuada através de protocolo a celebrar entre o titular de centro eletroprodutor (ou de instalação de armazenamento) e o(s) município(s) onde se localiza o centro eletroprodutor (ou instalação de armazenamento), no período que medeia entre a emissão da licença de produção e a emissão da licença de exploração, «*constituindo o protocolo, devidamente assinado, requisito para a emissão desta última*» (*cfr*. n.º 5 do artigo 49.º do Decreto-Lei 15/2022).

A fim de acautelar os casos em que os municípios recusem a assinatura do referido protocolo, o n.º 6 do artigo 49.º do Decreto-Lei 15/2022 confere ao titular de centro eletroprodutor de eletricidade de fonte renovável (ou de instalação de armazenamento) a possibilidade de substituir a cedência pela compensação em numerário prevista no n.º 2. O preceito em apreço afigura-se manifestamente relevante uma vez que o protocolo, devidamente assinado pelas partes, configura, como referido acima, um requisito para a emissão da licença de exploração do centro eletroprodutor (ou da instalação de armazenamento), conferindo, deste modo, aos promotores a garantia de que a respetiva obtenção não será obstaculizada por falta de acordo como o município quanto à tipologia da cedência a promover.

O n.º 7 do artigo 49.º do Decreto-Lei 15/2022, regula os casos em que o centro eletroprodutor (ou instalação de armazenamento) abrange mais do que um município, estabelecendo que a cedência ou compensação devida é, nesses casos, dividida proporcionalmente entre os municípios envolvidos, por referência à área ocupada pelo centro eletroprodutor (ou de instalação de armazenamento) em cada município.

Sobre o âmbito de aplicação do mecanismo em apreço, o n.º 8 do artigo 49.º do Decreto-Lei 15/2022 recorta-o negativamente, determinando que nem as «*alterações ao título de controlo prévio para reequipamento ou sobre-equipamento, nem a emissão de título de controlo prévio para hibridização*» estão sujeitas ao regime das cedências e compensações previstas no preceito em apreço. Neste contexto, é ainda conveniente assinalar que os titulares de pequenas unidades de produção – com potência ligação atribuída inferior a 1 MVA[15] – também não estão sujeitos ao regime de cedências previsto no artigo 49.º do Decreto-Lei 15/2022.

[15] Cujas instalações estão sujeitas, nos termos do n.º 3 do artigo 11.º do Decreto-Lei 15/2022, a registo prévio e a certificado de exploração.

Por fim, o n.º 9 do artigo 49.º do Decreto-Lei 15/2022 determina que não podem ser solicitadas aos titulares de centro eletroprodutor (ou instalação de armazenamento) quaisquer outras contrapartidas ou cedências pelos municípios para além das estabelecidas neste preceito – colocando, assim, termo a uma prática que se tem assumido como verdadeiramente díspar entre os municípios e contribuindo para proteção das expetativas dos promotores.

O regime das cedências municipais instituído pelo Decreto-Lei 15/2022 deve, ainda, ser compatibilizado com o Decreto-Lei n.º 30-A/2022, de 18 de abril, na sua redação atual, que aprova as medidas excecionais para a implementação de projetos e iniciativas de produção e armazenamento de energia de fontes renováveis, destinadas a vigorar por um período de dois anos, o qual finda a 19 de abril de 2024. O diploma em apreço, na redação que lhe foi conferida pelo Decreto-Lei n.º 72/2022, de 19 de outubro, estabelece, com particular relevância para a economia da presente nota, o pagamento de uma compensação adicional aos municípios (i.e., para além da prevista no Decreto-Lei 15/2022) pela instalação de centros eletroprodutores de fonte renovável (e de instalações de armazenamento) no valor de € 13.500,00 por MVA de potência de ligação atribuída, a suportar pelo Fundo Ambiental. Apesar de o regime excecional em apreço não ter materialidade para ser tratado no presente estudo, porquanto a obrigação de pagamento da compensação ao município recai sobre o Fundo Ambiental e já não sobre o titular de centro eletroprodutor (ou instalação de armazenamento), releva apenas reiterar o caráter suplementar desta compensação que não prejudica a aplicação do mecanismo das cedências previsto no artigo 49.º do Decreto-Lei 15/2022 e objeto do presente estudo.

ii. **Síntese**

O artigo 49.º do Decreto-Lei 15/2022 estabelece dois regimes de cedências municipais distintos, a observar titular de centro eletroprodutor de eletricidade de fonte renovável (ou de instalação de armazenamento), consoante as respetivas instalações disponham de uma potência de ligação atribuída *(i)* superior a 50 MVA ou *(ii)* inferior ou igual a 50 MVA, mas superior a 1 MVA. Assim:

(i) Os titulares de centro eletroprodutor de fonte renovável (ou instalação de armazenamento) com uma potência de ligação atribuída superior a 50 MVA, devem ceder, por uma única vez e gratuitamente, ao município ou municípios onde se localiza a instalação relevante:

a. UPAC com potência instalada equivalente a 0,3% da potência de ligação para instalação em edifícios municipais ou equipamentos de utilização coletiva ou, por indicação do município, às populações que se localizam na proximidade da instalação; ou, em alternativa,

b. Postos de carregamento de veículos elétricos com potência instalada equivalente a 0,3% da potência de ligação, a instalar em espaço público e destinados a utilização pública.

Na eventualidade de os edifícios municipais ou equipamentos de utilização coletiva já estarem equipados com UPAC, o município pode optar pela substituição da cedência por uma compensação, única e em numerário, no valor de € 1.500,00 por MVA de potência de ligação atribuída. Do mesmo modo, se não existir acordo quanto à cedência a realizar, o titular do centro eletroprodutor de fonte renovável (ou de instalação de armazenamento) pode substituir a cedência em espécie pela compensação monetária em apreço..

(ii) Os titulares de centro eletroprodutor de fonte renovável (ou instalação de armazenamento) com uma potência de ligação atribuída igual ou inferir a 50 MVA e superior a 1MVA, deve pagar ao(s) município(s) onde se localiza a instalação relevante, uma compensação, única e em numerário, no valor de € 1.500,00 por MVA de potência de ligação atribuída.

(iii) De todo o modo, a receita municipal adveniente das compensações monetárias recebidas pelos municípios é, por imperativo legal, necessariamente canalizada para a melhoria da eficiência energética dos edifícios municipais, em conformidade com as políticas de descarbonização constantes da Lei de Bases do Clima.

IV. Articulação do regime das cedências municipais com as rendas municipais

O Decreto-Lei 15/2022 determina que o disposto no seu artigo 49.º – que consagra o mecanismo de cedências municipais, descrito no ponto III. O regime das cedências municiais do Decreto-Lei 15/2022 *supra* – é aplicável aos titulares de centro eletroprodutor de eletricidade de fonte renovável (ou de instalação de armazenamento) que tenham obtido título de reserva de capacidade de injeção na rede elétrica de serviço público ("**RESP**") após a entrada em vigor do presente decreto-lei (*cfr.* n.º 9 do artigo 276.º do Decreto-Lei 15/2022). A disposição normativa em apreço, inovadora face à versão do diploma submetida a discussão pública, isenta de dúvidas a aplicação temporal do regime das cedências.

Assim, os operadores que obtenham o título de reserva de capacidade de injeção na RESP após dia 15 de janeiro de 2022 – a data de entrada em vigor do Decreto-Lei 15/2022, conforme dispõe o seu artigo 307.º – estão, por um lado, adstritos a efetuar as contrapartidas ou cedências aos municípios, conforme aplicável, nos termos previstos no diploma, e beneficiam, por outro lado, da segurança de que nenhuma outra contrapartida ou cedência lhe poderá ser exigida para além das estabelecidas no diploma em apreço.

Tendo isto em mente, procuraremos agora aferir como se compatibiliza o regime das cedências previsto no artigo 49.º do Decreto-Lei 15/2022 com o regime das rendas municipais das centrais hidroelétricas, enformado pelo Decreto-Lei 424/83 e pelo Anexo II do Decreto-Lei 189/88.

Em concreto no que se refere às rendas municipais devidas pelos titulares dos centros eletroprodutores hídricos ao abrigo do Decreto-Lei n.º 424/83, entende-se que a obrigação de pagamento da renda municipal anual se mantém em vigor para os centros produtores hidroelétricos atribuídos à EDP fora do regime de concorrência. Sem prejuízo, para o futuro – *i.e.*, para os centros eletroprodutores hídricos cujo título de reserva de capacidade de injeção na RESP é obtido após dia 15 de janeiro de 2022 – já será aplicável o regime de cedências previsto no artigo 49.º do Decreto-Lei 15/2022. É, pois, de concluir que o regime das rendas municipais previsto no Decreto-Lei 424/83 e, bem assim, as conclusões formuladas em II.A.i. *supra*, não foram alteradas pelo regime das cedências recentemente instituído.

No que se refere às rendas municipais devidas pelos titulares de centros eletroprodutores eólicos submetidos ao Anexo II do Decreto-Lei n.º 189/88, é relevante atender à alínea j) do artigo 305.º do Decreto-Lei 15/2022, que determina a revogação do Decreto-Lei 35/2013, que altera o regime remuneratório aplicável aos centros eletroprodutores, introduzindo modificações ao anexo relevante[16]. Sem prejuízo, é importante não ignorar o disposto no n.º 4 do artigo 17.º do Decreto-Lei 15/2022 que salvaguarda a aplicação dos regimes de remuneração garantida ou outros regimes remuneratórios, já concedidos ao abrigo dos regimes jurídicos respetivos e até ao fim do respetivo prazo de atribuição. E, sendo assim, também a conclusão alcançada em II.A.ii *supra*, não sofre qualquer alteração com a entrada em vigor do Decreto-Lei 15/2022: a obrigação de pagamento da renda ao abrigo do Anexo II do Decreto-Lei 189/88 aos municípios subsiste em relação aos titulares de centrais eólicas que ainda beneficiem dos regimes de remuneração alternativa previstos no Decreto-Lei 35/2013 – ainda que revogado – deixando a mesma de ter lugar quando as centrais em causa passarem a ser remuneradas em regime de mercado.

Aos titulares de centros eletroprodutores eólicos cujo título de reserva de capacidade de injeção na RESP seja obtido a partir de dia 15 de janeiro de 2022 – será, como vimos, aplicável o regime de cedências previsto no artigo 49.º do Decreto-Lei 15/2022.

V. Conclusão

(i) O Decreto-Lei 424/83, veio consagrar o pagamento de uma renda anual pela EDP – na altura com o estatuto de empresa pública – enquanto titular de centros produtores hidroelétricos, aos municípios cuja circunscrição fosse atingida pela zona de influência dos centros produtores em apreço.

[16] Sobre este ponto, veja-se A.ii *supra*.

A obrigação de pagamento da renda anual constante do Decreto-Lei 424/83 mantém-se em vigor apenas para os centros eletroprodutores hidroelétricos atribuídos à EDP fora do regime de concorrência, *i)* por força da derrogação tácita e parcial do diploma operada Decreto-Lei n.º 29/2006, de 15 de fevereiro; ou, caso assim não se entenda, *ii)* sob pena de inconstitucionalidade superveniente do preceito quando interpretado no sentido de fazer recair apenas sobre uma única empresa, no que diz respeito aos centros eletroprodutores que lhe foram atribuídos em regime de concorrência, a obrigação de pagar uma renda pelo exercício de uma atividade que outras empresas podem exercer em concorrência de mercado, sem estarem sujeitas a tal renda.

(ii) O Anexo II do Decreto-Lei 189/88, na redação que lhe foi conferida pelo Decreto-Lei 339-C/2001, fez incidir sobre as empresas detentoras de licenças de exploração de parques eólicos beneficiárias de um regime remuneratório garantido, a obrigação de pagamento aos municípios onde as centrais estejam instaladas de uma renda de 2,5% sobre o pagamento mensal feito pela entidade recetora da energia elétrica produzida, em cada instalação.
A obrigação de pagamento da renda em apreço subsiste apenas enquanto for aplicável o regime de remuneração garantida previsto no Anexo II do Decreto-Lei 189/88[17], *i)* conforme resulta de um processo interpretativo completo que compreenda não apenas o elemento literal, mas também, e especialmente, os elementos não literais que permitem apreender o espírito da lei, *ii)* sob pena de inconstitucionalidade superveniente do preceito quando interpretado no sentido de que a obrigação de pagamento se mantém quando as centrais eólicas transitam para o regime de remuneração de mercado.

(iii) O Decreto-Lei 15/2022, veio estabelecer um novo regime de cedências a observar pelo titular de centro eletroprodutor de eletricidade de fonte renovável, aplicável a todos os titulares de

[17] Pode, porventura, equacionar-se se a obrigação de pagamento da renda deve subsistir nas situações em que a aplicação de algum dos regimes alternativos regulados no Decreto-Lei 35/2013 sucede à aplicação do regime garantido previsto no Anexo II do Decreto-Lei 189/88.

centros eletroprodutores de fonte renovável com potência de ligação atribuída superior a 1 MVA – e já não apenas aos hídricos e eólicos, como resulta do Decreto-Lei 424/83 e do Anexo II do Decreto-Lei 189/88, respetivamente – que tenham obtido o título de reserva de capacidade de injeção na RESP após dia 15 de janeiro de 2022.

(iv) Os operadores abrangidos pelo regime de cedências do Decreto--Lei 15/2022 passam a estar vinculados à obrigação de efetuar as contrapartidas ou cedências aos municípios – circunstância que antes se encontrava na livre discricionariedade dos municípios –, passando a beneficiar, em contrapartida, da certeza de que nenhuma outra contrapartida ou cedência lhe poderá ser exigida para além das estabelecidas no diploma em apreço. Colocando--se, deste modo, termo a uma prática comum dos municípios de formulação de exigências verdadeiramente díspares, raramente articuladas com o propósito primordial dos respetivos projetos.

(v) Por fim, no que se refere à articulação do Decreto-Lei 15/2022 com o Decreto-Lei 424/83 e o Anexo II do Decreto-Lei 189/88, constata-se que o respetivo âmbito de aplicação não se sobrepõe nem altera o dos demais diplomas em estudo, continuando acautelado o direito dos municípios ao pagamento das rendas aí definidas, nos termos que se seguem:

a. A obrigação de pagamento da renda anual constante do Decreto-Lei 424/83 mantém-se em vigor quanto aos centros eletroprodutores hidroelétricos atribuídos à EDP fora do regime de concorrência; e

A obrigação de pagamento da renda constante do Anexo II do Decreto-Lei 189/88 mantém-se em vigor quanto aos titulares de centrais eólicas enquanto permanecerem ao abrigo do regime de remuneração garantida aí previsto.

As Implicações dos Deveres de Independência dos Operadores de Rede de Distribuição*

O artigo 339.º do Regulamento das Relações Comerciais

CATARINA PITA SOARES

§ 1.º Introdução

Desde 1996 que as Diretivas Europeias têm vindo a estabelecer princípios e regras destinados à criação progressiva de um mercado interno de eletricidade e à separação contabilista, jurídica e, em certos casos, patrimonial, das atividades de produção, transporte, distribuição e comercialização de eletricidade. Sendo a criação de um mercado único de energia, aberto, integrado e competitivo um dos grandes objetivos da União Europeia[1], compreende-se que os Estados-Membros tenham vindo a adotar, a nível nacional, diplomas legais e regulamentares que operam a transposição das Diretivas e estabelecem regras destinadas a assegurar o *unbundling* no setor da eletricidade, condição essencial ao cumprimento dos mencionados objetivos europeus.

Assim, é precisamente neste contexto que se enquadra o recentemente aprovado Regulamento das Relações Comerciais do setor elétrico e do setor do gás (Regulamento n.º 1129/2020, de 9 de dezembro, doravante abreviadamente designado por 'RRC'), cujo artigo 339.º dispõe acerca da independência que os Operadores de Rede de Distribuição (adiante, ORD) devem assumir, no plano jurídico e funcional, face às restantes entidades que, diretamente ou através de empresas coligadas,

* Artigo elaborado no contexto do Curso de Pós-Graduação em Direito da Energia, organizado pelo Instituto de Ciências Jurídico-Políticas – Faculdade de Direito de Lisboa.

[1] Cf. Comissão Europeia, *Livro Verde – Um quadro para as políticas de clima e de energia em 2030*, Bruxelas, 2013, disponível na página eletrónica da Comissão Europeia (https://eur-lex.europa.eu).

exerçam atividades de produção, transporte e comercialização de energia elétrica. No que ora releva, o n.º 4 deste preceito, de forma inovatória, veda aos ORD a partilha *"com qualquer das restantes empresas do grupo em que se encontra verticalmente integrado dos sistemas ou equipamentos informáticos, das instalações materiais, dos sistemas de segurança, dos recursos jurídicos, contabilísticos, ou o recurso aos mesmos prestadores ou contratantes externos, sempre que suscetível de gerar conflitos de interesses ou discriminação, afetar a concorrência ou colocar em causa a salvaguarda de informação comercialmente sensível"*.

Cumpre, a este respeito, notar que a norma vinda de transcrever foi recebida com elevado desagrado no setor, tendo-se diversas empresas manifestado no sentido da sua eliminação nas pronúncias que apresentaram no âmbito da Consulta Pública n.º 81[2] a que foi sujeito o anteprojeto do RRC. Não obstante, e uma vez que a norma, ainda que com adaptações, foi transposta para a versão final do RRC, várias são as questões suscitadas pela redação aprovada, que importa discutir, designadamente no que se refere ao alcance das vinculações a que os ORD se encontram adstritos em virtude da sua sujeição a este preceito normativo, em particular aqueles que estão integrados em grupos económicos, no contexto dos quais, como é sabido, é comum a prática de aquisição centralizada de bens e serviços em benefício de várias ou todas as empresas do grupo.

Por conseguinte, analisar-se-á, de seguida, se e em que termos a norma do artigo 339.º do RRC é suscetível de restringir a celebração, pelos ORD, de contratos de aquisição de bens e de prestação de serviços que tenham como beneficiárias outras empresas do grupo em que se encontram verticalmente integrados, independentemente do objeto e das condições dos contratos a celebrar. Para além disso, procurar-se-á aferir do alcance das implicações decorrentes deste dever de independência imposto aos ORD em casos particulares em relação aos quais a aplicação da norma em análise não é clara: tratam-se dos casos em que se pretenda a aquisição de bens e serviços, de forma centralizada, em benefício de *i)* outros ORDs integrados no mesmo grupo económico e de *ii)* empresas do mesmo grupo económico que operam fora do mercado energético português e,

[2] Cf. ERSE, *Relatório da Consulta Pública n.º 81*. novembro de 2020, disponível na página eletrónica da ERSE (https://www.erse.pt).

portanto, não submetidas ao poder regulatório da Entidade Reguladora do Setor Energético (doravante, 'ERSE').

§ 2.º O Regime do *Unbundling* no setor da eletricidade

A fim de analisar as questões suscitadas, cumpre, antes de mais, esclarecer que a norma do artigo 339.º do RRC se destina a assegurar a independência dos ORD face aos interesses da produção e da comercialização, sendo, por isso, uma norma destinada a garantir o *unbundling* no setor da eletricidade. Sabendo-se que tal regime tem origem em disposições do Direito Europeu, começaremos por analisar em que medida este Direito regula a separação das atividades no setor da eletricidade e de que modo tal exigência foi transposta para o direito nacional.

2.1. O Regime do *Unbundling* no setor da eletricidade à luz das Diretivas Europeias

Como é sabido, as normas relativas à organização e ao funcionamento do Sistema Elétrico Nacional (adiante, 'SEN') decorrem, em larga medida, do Direito da União Europeia, que, a fim de harmonizar e liberalizar o mercado interno da energia tem adotado, desde 1996, várias medidas que abordam o acesso ao mercado, a transparência e independência dos operadores e a proteção dos consumidores, com vista à criação de um mercado mais competitivo, "*consumer centered*" e não discriminatório.

Com efeito, foi no sentido de promover a liberalização do setor e a abertura dos mercados à concorrência que a União aprovou sucessivamente os chamados "Pacotes Energéticos Europeus", sendo certo que foi com a Diretiva n.º 96/92/CE do Parlamento Europeu e do Conselho, de 19 de dezembro (Diretiva do "Primeiro Pacote Energético"), que surgiram as primeiras obrigações de separação contabilística no seio das empresas do setor elétrico, obrigadas, desde então, a manter, na sua contabilidade interna, contas separadas para as atividades de produção, transporte e distribuição, "*como lhes seria exigido se as atividades em questão fossem exercidas por empresas distintas, a fim de evitar discriminações, subsídios cruzados e distorções de concorrência*"[3].

Todavia, dada a tradição dos monopólios verticais no mercado da eletricidade e do gás natural[4], a União Europeia considerou que a forma mais eficaz de combater o abuso de posições dominantes e de assegurar uma efetiva liberdade de acesso às redes, passaria, necessariamente, pela instituição de um sistema de separação empresarial que fosse mais além da mera separação contabilística ("*basic requirement*") e se traduzisse numa verdadeira separação jurídica e funcional ("*legal and functional unbundling*") das redes de transporte e distribuição[5].

Neste contexto, o artigo 15.º da Diretiva n.º 2003/54/CE do Parlamento Europeu e do Conselho, de 26 de junho (integrante do "Segundo Pacote Energético Europeu") veio, precisamente, consagrar o dever de os operadores de rede de distribuição verticalmente integrados[6] em grupos empresariais "*ser*[em] *independente*[s], *pelo menos no plano jurídico, nos planos da organização e da tomada de decisões, das outras atividades não relacionadas com a distribuição*".

[3] Cf. o Artigo 14.º, n.º 3 da Diretiva n.º 96/92/CE, do Parlamento Europeu e do Conselho, de 19 de dezembro.

[4] Tradicionalmente, os mercados de eletricidade e do gás natural eram controlados por empresas públicas ou monopólios empresariais privados, verticalmente integrados e detentores de direitos exclusivos sobre todas as atividades da cadeia de valor. Panoramicamente sobre a evolução regulatória europeia e nacional nos setores da eletricidade e também do gás natural, cf. J. Miranda, 'O regime jurídico de acesso às atividades de produção e de comercialização no setor energético nacional', in *Temas de Direito da Energia/Cadernos O Direito n.º 3*, Coimbra: Almedina, 2008, pp. 119 e ss; Filipe Matias Santos, 'O Comercializador de Último Recurso no contexto da Liberalização dos Mercados de Eletricidade e Gás Natural', *in Revista da Concorrência e Regulação*, n.º 18 (2014), pp. 89 e ss.

[5] Cf. o Considerando n.º 8 da Diretiva n.º 2003/54/CE do Parlamento Europeu e do Conselho, de 26 de junho, no qual se refere que "*é necessário que a independência dos operadores da rede de distribuição e dos operadores da rede de transporte possa ser garantida, especialmente, no que diz respeito aos interesses da produção e do fornecimento. Há, pois, que criar estruturas independentes de gestão entre os operadores da rede de distribuição, os operadores da rede de transporte e as empresas de produção/fornecimento* ".

[6] Nos termos do n.º 21 do artigo 2.º da Diretiva de 2003, empresa verticalmente integrada "*constitui uma empresa ou um grupo de empresas que exerce, pelo menos, uma das atividades de transporte ou distribuição e, pelo menos, uma das atividades de produção ou fornecimento de eletricidade*".

Sucede, porém, que a criação de um mercado interno competitivo e não discriminatório estava, ainda, longe de constituir uma realidade. De facto, um inquérito efetuado em 2007 no quadro das regras comunitárias sobre os acordos e abusos de posição dominante permitiu detetar a persistência de distorções da concorrência que impediam as empresas e os consumidores de beneficiarem plenamente das vantagens da liberalização. Na perspetiva da Comissão Europeia, o balanço da transposição da Diretiva de 2003 permitiu concluir que a integração vertical entre as redes, a produção e a comercialização *"constitui um importante obstáculo à entrada de novos operadores no mercado"*, os quais *"carecem muitas vezes de um acesso efetivo às informações essenciais e se verifica um subinvestimento em infra-estruturas e uma falta de capacidade de rede disponível"*[7]. Segundo a Comissão Europeia, estes obstáculos verificavam-se por duas razões principais: por um lado, os operadores das infraestruturas de rede *"favorecem as empresas que fazem parte do seu grupo"*, por outro, as decisões em matéria de exploração e investimento nas redes *"não são tomadas no interesse do funcionamento da rede, mas em função dos interesses de abastecimento da sociedade integrada (incluindo a ligação à rede de centrais concorrentes)"*[8].

O encerramento vertical do mercado traduzia-se, portanto, na falta de transparência e na discriminação no acesso às redes de transporte e distribuição, acarretando igualmente riscos de verificação de conflitos de interesses entre os operadores das redes e as empresas que atuavam em mercado concorrencial. Repare-se que as dificuldades vindas de explicitar colocavam-se com particular acuidade no caso dos operadores de rede de transporte, em relação aos quais a instituição de uma separação jurídica face às empresas que exercem as atividades de produção, distribuição e comercialização não se revelava suficiente para impedir que a infraestrutura da rede de transporte fosse considerada pelo respetivo operador como um ativo estratégico destinado a servir o interesse da

[7] Cf. Comissão Europeia, *Comunicação ao Conselho e ao Parlamento Europeu acerca de Perspetivas para o Mercado Interno do Gás e da Eletricidade*, Bruxelas, 10.01.2007, pp. 9-10; Comissão Europeia, *Relatório ao Conselho e ao Parlamento Europeu sobre os Progressos realizados na Criação do Mercado Interno do Gás e da Eletricidade*, Bruxelas, 15.04.2008, pp 6-7.

[8] Cf. Comissão Europeia, *Comunicação ao Conselho e ao Parlamento Europeu acerca de Perspetivas para o Mercado Interno, Op. Cit*, pp. 6-8.

empresa verticalmente integrada em vez do interesse global dos utilizadores da rede, mantendo-se, portanto, a discriminação relativamente ao acesso de terceiros, mediante, por exemplo, a não disponibilização de capacidades não utilizadas[9] .

Ora, foi precisamente com o propósito de fazer erodir os conflitos de interesses sistémicos provocados por uma separação ineficiente entre as redes e as atividades do setor sujeitas à concorrência que, no setor da eletricidade, foi aprovada a Terceira Diretiva, a Diretiva n.º 2009/72/CE do Parlamento Europeu e do Conselho, de 13 de julho, através da qual foi reforçada a importância da operação das infraestruturas de rede de modo totalmente independente face aos interesses das restantes atividades da cadeia de valor. Diferentemente do que inicialmente se considerou em 2003, constatou-se que a separação patrimonial da rede de transporte seria o meio mais eficaz de promover o investimento nas infraestruturas, o acesso equitativo por parte de novos operadores e a transparência do mercado: foi, assim, consagrada a separação patrimonial do operador das redes de transporte de eletricidade (*"full ownership unbundling"*)[10].

A Diretiva do Terceiro Pacote Energético Europeu é, portanto, determinante para se compreender o modo como o legislador europeu concebeu o regime do *unbundling* no setor da eletricidade. Efetivamente, como se verá de seguida, a *ratio* subjacente à imposição das suprarreferidas regras de separação das atividades desenvolvidas neste setor retira-se facilmente da análise das considerações preambulares da Diretiva de 2009. Vejamos então.

[9] Cf. Comissão Europeia, *Comunicação ao Conselho e ao Parlamento Europeu acerca de Perspetivas para o Mercado Interno, Op. Cit*, pp. 9-10; Comissão Europeia, *Relatório ao Conselho e ao Parlamento Europeu, Op. Cit*, pp. 6-7.

[10] No que diz respeito aos operadores de distribuição, manteve-se inalterada a solução consagrada na Diretiva n.º 2003/54/CE do Parlamento Europeu e do Conselho, de 26 de junho de 2003, isto é, a separação jurídica face às restantes empresas do setor, por se considerar que *"a possibilidade de discriminação no que respeita ao acesso e ao investimento de terceiros é porém menos significativa a nível da distribuição do que a nível do transporte, no qual o congestionamento e a influência dos interesses de produção são em geral maiores do que a nível da distribuição"*. Além disso, a separação jurídica e funcional dos operadores das redes de distribuição só se tornou exigível a partir de 1 de julho de 2007, pelo que, à data de aprovação da Diretiva de 2009, os seus efeitos no mercado interno do gás natural careciam ainda de ser avaliados.

Se atentarmos no Considerando n.º 9 da Diretiva de 2009, notamos que este esclarece que *"sem a separação efetiva entre as redes e as atividades de produção e de comercialização, há um risco de discriminação, não só na exploração da rede, mas também no incentivo às empresas verticalmente integradas para investirem adequadamente nas suas redes"*.

Na ótica das instituições europeias, a neutralização dos perigos enunciados *"só poderá ser assegurada mediante a supressão do incentivo que se apresenta às empresas verticalmente integradas para discriminarem os concorrentes no acesso às redes e no investimento. A separação da propriedade, que implica a nomeação do proprietário da rede como operador da rede e a sua independência em relação a quaisquer interesses de comercialização e de produção, é claramente uma forma eficaz e estável de resolver o inerente conflito de interesses e garantir a segurança do abastecimento"*[11]. Por conseguinte, perante a insuficiência das regras de separação jurídica e funcional até então impostas pela Diretiva n.º 2003/54/CE, *"o Conselho Europeu convidou a Comissão a elaborar propostas legislativas para uma separação efetiva entre atividades de produção e abastecimento, por um lado, e atividades de rede, por outro"*[12].

Como facilmente se compreende, às considerações preambulares da Diretiva de 2009 subjaz o entendimento de que a circunstância de as infraestruturas de rede não serem multiplicáveis conduz a que a sua operação e exploração não possa senão (entre nós) ser exercida em regime de concessão de serviço público[13], pelo que a concorrência apenas pode ser assegurada mediante a garantia de acesso às infraestruturas de rede de todos os produtores e comercializadores em condição de igualdade ("*third party access*").

Ora, foi justamente esta particularidade que conduziu a União Europeia a aplicar às atividades reconhecidas como *monopólios naturais* (transporte e distribuição no setor da eletricidade), normas regulatórias

[11] Cf. o Considerando n.º 11 da Diretiva n.º 2009/72/CE, do Parlamento Europeu e do Conselho, de 13 de julho de 2009.

[12] Cf. o Considerando n.º 10 da Diretiva n.º 2009/72/CE, do Parlamento Europeu e do Conselho, de 13 de julho de 2009.

[13] Tal como sucede com o gás e as telecomunicações, as indústrias de rede de eletricidade caracterizam-se pela impossibilidade física da multiplicação das infraestruturas de rede. Tratam-se, portanto, de monopólios naturais.

destinadas à sua separação em relação às atividades passíveis de serem exercidas segundo as regras da concorrência – a produção e a comercialização. Compreende-se, por conseguinte, que as normas europeias vigentes sobre *unbundling* se dirijam exclusivamente às empresas verticalmente integradas, definidas no n.º 21 do artigo 2.º da Diretiva n.º 2009/72/CE como *"empresa[s] de eletricidade ou grupo[s] de empresas de eletricidade que exerce[m], pelo menos, uma das atividades de entre o transporte ou a distribuição e, pelo menos, uma das atividades de entre produção ou comercialização de eletricidade"*, pois é em relação a estas que se verificam os riscos de discriminação de terceiros no acesso às redes que a legislação europeia pretende prevenir por via da imposição das regras de separação.

Em síntese, a Diretiva n.º 2009/72/CE, relativa ao mercado interno da eletricidade, estabelece um conjunto de regras sobre separação entre atividades deste setor, as quais impõem, designadamente, a separação entre *i)* as atividades exercidas através das redes (transporte e distribuição) e *ii)* as atividades de produção e comercialização, mas já não a separação entre estas últimas, por tal não se revelar necessário para acautelar os objetivos de prevenção de conflitos de interesses e de discriminação no acesso às redes visado pelo regime do *unbundling*.

2.2. O Regime do *Unbundling* no Ordenamento Jurídico Nacional

Portugal, como Estado-Membro da União Europeia, acompanhou o processo de liberalização impulsionado pelo legislador europeu, tendo acolhido no ordenamento jurídico nacional as regras de separação entre as atividades desenvolvidas no setor da eletricidade mediante a aprovação do Decreto-Lei n.º 29/2006, de 15 de fevereiro, que, procedendo à transposição da Diretiva n.º 2003/54/CE, estabeleceu as bases gerais da organização e funcionamento do SEN.

Através deste diploma e dos diplomas posteriores que procederam à alteração e republicação do primeiro[14], o legislador nacional determinou, no que ora releva, a obrigação de separação dos operadores de rede

[14] Cf. o Decreto-Lei n.º 215-A/2012, de 8 de outubro, que transpôs a Diretiva de 2009.

de distribuição, "*no plano jurídico, da organização e da tomada de decisões, de outras atividades não relacionadas com a distribuição*"[15].

Para além disso, o legislador nacional esclareceu que o *unbundling* jurídico não se traduz num mecanismo meramente formal que possa ser cumprido através de uma simples multiplicação de sociedades. Pelo contrário, a independência dos ORD deve obedecer aos critérios mínimos então consagrados no n.º 2 do artigo 36.º do Decreto-Lei 29/2006[16], elevados a pressupostos essenciais à garantia da separação jurídica e à autonomia decisória dos operadores de rede em relação aos interesses subjacentes às atividades de produção e de comercialização. Assim:

i) Os gestores do ORD não podem integrar os órgãos sociais nem participar nas estruturas da empresa integrada que tenha por atividade a produção, transporte ou comercialização de eletricidade;
ii) Os interesses profissionais dos gestores do ORD devem ficar devidamente salvaguardados, de forma a assegurar a sua independência;
iii) Os ORD devem dispor de um código ético de conduta relativo à independência funcional da respetiva operação de rede e proceder à sua publicitação;
iv) Os ORD devem garantir a diferenciação da sua imagem e comunicação das restantes entidades que atuam no SEN, nos termos estabelecidos no RRC[17];
v) Os ORD não podem, diretamente ou por intermédio de empresa por si controlada, deter uma participação social em empresas que tenham por atividade a exploração da produção, transporte ou comercialização de eletricidade.

Ora, da leitura destes deveres resulta que o que se exige aos ORD verticalmente integrados é que estes garantam níveis de independência adequados, de modo a que sejam observados os requisitos da separação contabilística, jurídica e funcional. Em concreto, a separação contabilís-

[15] Cf. o artigo 36.º do Decreto-Lei n.º 29/2006, de 15 de fevereiro, na redação em vigor à data de elaboração do presente artigo.

[16] Na redação dada pelo Decreto-Lei n.º 215-A/2012, de 8 de outubro.

[17] Cf. artigo 90.º, n.º 1 do RRC, na redação em vigor.

tica implica o respeito das regras previstas no artigo 59.º-A do Decreto-Lei n.º 29/2006, de 15 de fevereiro, devendo cada empresa publicar, de forma autónoma, as suas contas anuais, ao passo que a separação jurídica impõe que as atividades sejam operadas por pessoas jurídicas distintas (embora se permita que sejam detidas por uma "*holding*"). Finalmente, a separação funcional determina que o ORD seja independente na tomada de decisões de gestão diárias relativas às atividades de operação da rede.

Neste contexto, releva ainda o disposto no n.º 4 do artigo 36.º do diploma em apreço, nos termos do qual *"o operador de rede de distribuição que pertença a uma empresa verticalmente integrada deve dispor dos recursos necessários, designadamente humanos, técnicos, financeiros e materiais, para explorar, manter e desenvolver a rede, assim como deve dispor de um poder de decisão, exercido em termos efetivos e independentes da empresa verticalmente integrada, no que respeita aos ativos necessários para manter, explorar ou desenvolver a rede"*.

Como bem se compreende, designadamente à luz dos diplomas europeus que estiveram na origem do artigo 36.º do Decreto-Lei n.º 29/2006, de 15 de fevereiro, a teleologia subjacente a esta norma é a de evitar que as entidades que desempenhem as atividades de produção e de comercialização exerçam qualquer influência sobre o operador de rede de distribuição verticalmente integrado no que diz respeito, em particular, à gestão da infraestrutura de rede, colocando-o, designadamente, numa situação de dependência face às "empresas-irmãs" que não se compagina com a independência e neutralidade que deve caracterizar a sua atuação, podendo conduzir a um desinvestimento na rede.

§ 3.º O artigo 339.º do Regulamento das Relações Comerciais

3.1. As implicações do artigo 339.º na celebração de contratos pelos ORD em benefício de outras empresas do grupo

Foi neste quadro normativo que, mais recentemente, veio a ser aprovado, pela ERSE, o RRC do setor elétrico e do setor do gás, que prevê especificamente um conjunto de especiais deveres que devem ser observados pelos ORD no seu relacionamento comercial com os respetivos clientes, bem como com todas as entidades que operam no SEN[18].

No que ora releva, e mais concretamente, no artigo 339.º do RRC, o legislador dispõe acerca da independência que os ORD devem assumir, no plano jurídico e funcional, face às restantes entidades que, diretamente ou através de empresas coligadas, exerçam atividades de produção, transporte e comercialização de energia elétrica. Indicando como e em que termos é que a independência dos ORD deve ocorrer, o n.º 4 desta norma estipula, – inovatoriamente face à sua redação do anterior, – que "*está vedado aos operadores de rede de distribuição a partilha com qualquer das restantes empresas do grupo em que se encontra verticalmente integrado dos sistemas ou equipamentos informáticos, das instalações materiais, dos sistemas de segurança, dos recursos jurídicos, contabilísticos, ou o recurso aos mesmos prestadores ou contratantes externos, sempre que suscetível de gerar conflitos de interesses ou discriminação, afetar a concorrência ou colocar em causa a salvaguarda de informação comercialmente sensível*"[19].

Note-se, contudo, que, como acima se referiu, é comum (ou era, até à aprovação do novo RRC) a prática de aquisição centralizada, por alguns operadores de rede de distribuição, de bens e serviços em benefício de outras empresas do grupo em que se encontra(va)m verticalmente integrados. Esta abordagem ao mercado encontra a sua justificação no facto de que a aquisição centralizada de bens e serviços permite às empresas beneficiar de economias de escala e de uma capacidade negocial superior à que teriam se as várias empresas integradas no grupo económico se posicionassem isoladamente no mercado. No entanto, ao optar pela aquisição centralizada de bens e serviços, os ORD recorrerão, naturalmente, a idênticos recursos e prestadores externos face às restantes empresas

[18] De facto, o RRC, logo nos seus Princípios Gerais de Relacionamento Comercial (artigo 4.º), estabelece que o relacionamento comercial entre as entidades que operam no SEN, entre estas entidades e os respetivos clientes, bem como com os demais sujeitos intervenientes, deve processar-se de modo a que sejam observados, entre outros, os princípios gerais da Igualdade de tratamento e de oportunidades, Concorrência, Transparência, Objetividade e Imparcialidade das regras e das decisões relativas ao relacionamento comercial.

[19] O respeito pelas exigências constantes do artigo 339.º do RRC deve ser aferido e acautelado pelo Programa de Conformidade que os ORD devem elaborar e submeter à aprovação da ERSE, nos termos do disposto no artigo 340.º do RCC.

do grupo em que se encontram verticalmente integrados, o que, numa primeira leitura, se encontra vedado pelo artigo 339.º do RRC. Foi precisamente por essa razão que a proposta desta norma foi recebida com elevado desagrado no setor, várias tendo sido as empresas que se manifestaram no sentido da sua eliminação nas pronúncias que apresentaram no âmbito da Consulta Pública n.º 81 a que foi sujeito o anteprojeto do RRC[20]. Note-se, inclusivamente, que a ERSE, no Documento Justificativo de que fez acompanhar a proposta de alteração do RRC, não densificou os fundamentos para a introdução do preceito normativo em análise, o que teria sido útil, atendendo aos efeitos profundos que a norma é suscetível de provocar na organização das empresas que atuam no setor da eletricidade[21].

Não obstante, e uma vez que a norma, ainda que com adaptações, foi transposta para a versão final do RRC, importa proceder à sua interpretação, por forma a perceber, em primeiro lugar, se esta veda, *em absoluto,* a celebração, pelos ORD, de contratos de aquisição de bens e de prestação de serviços que tenham como beneficiárias outras empresas do grupo em que se encontram verticalmente integrados.

Atendendo, em primeiro lugar, à letra do preceito, a sua interpretação fica facilitada se o dividirmos em duas partes: em primeiro lugar, o regulador elenca, taxativamente, as situações em que não pode haver partilha entre o ORD e as restantes empresas do grupo em que ele se encontra verticalmente integrado, tais como, "*sistemas ou equipamentos informáticos*", "*instalações materiais*", "*sistemas de segurança*", "*recursos jurídicos, contabilísticos*" e "*recurso aos mesmos prestadores ou contratantes externos*". Em segundo lugar, este "impedimento" apenas ocorre quando seja "*suscetível de gerar conflitos de interesses ou discriminação, afetar a concorrência ou colocar em causa a salvaguarda de informação comercialmente sensível*".

[20] Cf. as pronúncias da Galp Gás Natural Distribuição e da E-REDES na *Consulta Pública n.º 81*, disponíveis na página eletrónica da ERSE (https://www.erse.pt).

[21] Cf. ERSE, *Documento Justificativo da Proposta de Fusão do Regulamento das Relações Comerciais, ERSE*, dezembro de 2019 (acessível através do endereço eletrónico: https://www.erse.pt/ebooks/consultas-publicas/eletricidade/documento-justificativo-rrc-setor-eletrico-e-setor-do-gas-natural/.).

Assim sendo, a convocação da segunda parte da norma depende da demonstração objetiva de que o(s) contrato(s) a celebrar (*i.e.*, os respetivos termos e condições) são suscetíveis de "*gerar conflitos de interesses ou discriminação, afetar a concorrência ou colocar em causa a salvaguarda de informação comercialmente* sensível" – o que, desde logo, implica uma análise casuística das condições contratuais vertidas nas minutas dos contratos a celebrar ou nos cadernos de encargos dos procedimentos concorrenciais conducentes à sua celebração, consoante o caso.

Sem prejuízo, os ditames da segurança jurídica impõem que se procure preencher os conceitos indeterminados que subjazem ao impedimento da partilha dos recursos elencados no n.º 4 do artigo 339.º do RRC, à luz dos quais deverá ser aferida, caso a caso, a possibilidade de celebração, pelos ORD, de contratos de fornecimento de bens e serviços em benefício de outras empresas do grupo onde se encontram integrados. Na medida em que a norma em análise se destina a garantir a independência e a separação ("*unbundling*") dos ORD face às empresas que exercem atividades de produção e comercialização de eletricidade, esse exercício terá, naturalmente, que começar pelas normas de Direito Europeu e Nacional cujo respeito o artigo 339.º se destina a assegurar. De facto, pese embora o preceito normativo em análise não derive, *ipsis verbis*, das Diretivas Europeias ou da legislação nacional que operou a sua transposição, os impedimentos ora consagrados constituem ainda um meio destinado a assegurar, por um lado, uma efetiva liberdade de acesso às redes, em condições de transparência, igualdade e não discriminação ("*third party access*") e, por outro, a proteção dos consumidores finais.

A este respeito, recorde-se que, perante o objetivo de garantir o acesso não discriminatório dos terceiros à rede e de erradicar os conflitos de interesses das empresas verticalmente integradas, a União Europeia identificou, como meio para o seu alcance, "*a separação efetiva entre atividades de rede, por um lado, e atividades de produção e de comercialização, por outro*", a qual, por sua vez, é assegurada mediante a imposição de deveres de independência aos operadores das infraestruturas de rede.

Como explica Pedro Costa Gonçalves, "*esta conjugação – que já nos conduziu a considerar, no início do presente texto, que a liberalização possível no setor elétrico se apresenta parcial – determina, pois, a convivência com um segmento do setor, o da rede, em que atuam operadores em posição de exclusivo ou de monopólio natural. A subsistência do monopólio da transmissão entre dois segmentos competitivos (produção e comercialização) associando a rede a um "efeito de gargalo" em relação às atividades devolvidas ao mercado constitui naturalmente uma ameaça a um integral market approach. Compreende-se assim que a garantia do direito de acesso de terceiros às redes (third party access) se encontre no coração da regulação do setor"*[22].

Assim, sendo a finalidade cognoscível do artigo 339.º do RRC apenas a de regulamentar as exigências de *unbundling* decorrentes do Direito Europeu e Nacional, parece razoável concluir que a sua *ratio* é a de evitar que o recurso aos mesmos contratantes externos atue como um expediente que permita aos ORD beneficiar ou ser beneficiados por outras empresas do grupo, retirando proveito da sua integração vertical e, assim, dificultando o acesso de terceiros ao mercado.

Esta foi, de resto, a justificação apresentada pela ERSE para a inclusão da norma em apreço no RRC, expressa no Relatório Final da Consulta Pública n.º 81, no qual esclareceu que *"a separação entre as redes e as atividades de produção e de comercialização, em especial das que integram o mesmo grupo económico, é imprescindível para evitar o risco inerente de discriminação, designadamente de exploração de rede, por forma a permitir a entrada e operação de todos os agentes num quadro de level playing field"*[23]. Assim sendo, deverá ter-se por assente que a finalidade cognoscível do artigo 339.º do RRC é, justamente, a de proceder à regulamentação das exigências de separação de atividades no setor da eletricidade que decorrem das normas de direito europeu e nacional *supra* explicitadas, as quais, como se disse, impõe o *unbundling* das atividades de rede face à comercialização e à produção de eletricidade, mas já não entre estas últimas.

Atendendo, por outro lado, à história do ordenamento jurídico nacional, cumpre notar que a proibição de partilha de recursos entre empresas verticalmente integradas não surge, pela primeira vez, no RRC. Na verdade, e atendendo a outros lugares paralelos, a redação do n.º 4 do artigo 339.º é muito semelhante às medidas adicionais que foram impostas pela ERSE à REN TRADING, S.A., no contexto do processo de certificação da

[22] Cf. PEDRO COSTA GONÇALVES, *Regulação, Eletricidade e Telecomunicações – Estudos de Direito Administrativo e Regulação*, Coimbra, 2008, pp. 127.

[23] Cf. ERSE, *Relatório da Consulta Pública n.º 81, cit*, pp. 49.

REN – REDE ELÉTRICA NACIONAL, S.A. ('REN) como operador de transporte do setor elétrico[24]. A diferença está em que, no preceito normativo em análise, a ERSE fez depender a proibição de partilha de recursos dos *efeitos* que esta possa gerar no mercado, ao passo que, no caso a que *supra* se aludiu, à REN Trading foi categoricamente vedada essa possibilidade, o que, conforme é de conhecimento público, determinou que a maior parte dos serviços de *back office* passasse a ser assegurado por entidades externas autónomas, nomeadamente os serviços de informação, contabilidade e de auditoria[25].

Se atentarmos agora nos trabalhos preparatórios do RRC, verificamos que, se é verdade que, à semelhança do que foi determinado no processo de certificação da REN, a proposta inicial de redação do artigo 339.º estipulava a pura e simples proibição de partilha de recursos[26], a redação final deixou claro que esse "*impedimento*" apenas ocorre quando seja "*suscetível de gerar conflitos de interesses ou discriminação, afetar a concorrência ou colocar em causa a salvaguarda de informação comercialmente sensível*".

Em face deste enquadramento, parece dever ter-se por assente que do n.º 4 do artigo 339.º do RRC não deriva uma proibição absoluta de os ORD partilharem com as empresas do grupo os mesmos recursos e, por conseguinte, adquirirem, de forma agregada, bens ou serviços destinados a essas mesmas entidades. Isto mesmo foi reconhecido pela ERSE no Relatório da Consulta Pública n.º 81, no qual concluiu que "*a redação encontrada para o atual artigo 339.º, n.º 4 agora sujeita a uma precisão face ao proposto, que explicita em letra normativa a teleologia subjacente e estabelece em paralelo, meio que visa assegurar a sua operacionalização prática, afasta possíveis interpretações que apontem efeitos que não são determinados, nem estão no âmbito do escopo da norma.*" E acrescenta "*tal traduz-se numa solução equilibrada, que,*

[24] Cf. Decisão da ERSE (2014) sobre a certificação do ORT da RNT e do ORT da RNTGN, através da qual a entidade reguladora determinou que a "*REN Trading não poderá utilizar serviços conjuntos com a REN – Rede Elétrica Nacional, nem com a REN Gasodutos, designadamente serviços jurídicos ou contabilísticos, nem recorrer aos mesmos consultores ou contratantes externos*"(acessível através do seguinte endereço eletrónico: https://www.erse.pt/).

[25] Cf. Informação disponível na página eletrónica da REN Trading, S.A (https://www.ren.pt).

[26] Cf. Proposta de articulado do novo Regulamento das Relações Comerciais, publicada pela ERSE em dezembro de 2019 (https://www.erse.pt/ebooks/consultas-publicas/eletricidade/proposta-articulado-rrc-setor-eletrico-e-setor-do-gas-natural/.).

no essencial, mantém o quadro de deveres há muito pré-existentes, porquanto, desde logo, contrariamente ao afirmado, não tem qualquer paralelo com a separação patrimonial. Esta implicaria que os grupos económicos detentores dos operadores das redes de distribuição fossem obrigados a alienar as suas participações sociais nestas empresas"[27].

Significa isto, em rigor, que a possibilidade de partilha de recursos entre empresas do grupo será ***tendencialmente limitada (mas não absolutamente proibida)*** e, no entendimento da COMISSÃO EUROPEIA[28], deverá ser analisada casuisticamente ("*on a case-by-case basis*").

Assim, para uma resposta cabal à questão suscitada no início do presente trabalho, haverá, por conseguinte, que procurar identificar quais as situações em que se considera que a partilha de contratantes externos não é suscetível de:

i) Gerar conflitos de interesses;
ii) Gerar discriminação;
iii) Afetar a concorrência; ou
iv) Colocar em causa a salvaguarda de informação comercialmente sensível.

No que concerne ao primeiro dos critérios vindos de elencar, a partilha de recursos com as empresas comercializadoras e/ou produtoras de eletricidade, contratados de forma centralizada ou através de procedimentos concorrenciais autónomos, parece ser vedada aos ORD sempre que seja claramente demonstrado que, quer a decisão de escolha do prestador, quer as condições vertidas no(s) contrato(s) favorecerem os interesses do grupo económico em detrimento dos restantes utilizadores da rede[29]. Conforme explicitado nas "*Guidelines for Good Practice on Func-*

[27] Cf. ERSE, *Relatório da Consulta Pública n.º 81, cit,* pp. 49-50.

[28] Cf. COMISSÃO EUROPEIA, *Interpretative Note on Directive 2009/72/EC concerning Common Rules for the Internal Market in Electricity – The Unbundling Regime*", Bruxelas, 22 da janeiro de 2010, pp. 25, (tradução nossa).

[29] Pense-se, por exemplo, no caso em que se pretenda a aquisição de serviços de gestão, em que o modo de cálculo do preço contratual depende dos resultados do grupo ou, em particular, da performance das empresas responsáveis pela produção ou pela comercialização. Como é evidente, em casos como este, a partilha dos mesmos recursos impedirá que as decisões dos

tional and Informational Unbundling for Distribution System Operators"[30] elaboradas pelo EUROPEAN REGULATORS GROUP FOR ELECTRICITY & GAS ('ERGEG'), a garantia efetiva de que o ORD atue de forma independente face a quaisquer interesses externos pressupõe *"soberania e controlo efetivo do operador sobre o seu poder decisório"*. Por conseguinte, o que importa para passar o crivo da não suscetibilidade de ***"geração de conflitos de interesses"*** é que o recurso aos mesmos prestadores não gere incentivos perversos que pudessem conduzir a que as empresas com interesses na comercialização/produção de eletricidade exercessem influência no processo de "*decision making*" do operador da rede, que passaria a ser norteado pela satisfação dos interesses das empresas associadas em detrimento do interesse geral dos utilizadores da rede[31].

Intrinsecamente relacionado com as obrigações acima descritas está o dever de atuação de forma objetiva e ***não discriminatória*** dos ORD face aos terceiros com os quais se relaciona no exercício das suas competências funcionais. Este critério considerar-se-á afetado nos casos em que a partilha de recursos com as empresas do grupo implique um tratamento discriminatório de empresas que operam no mercado livre ou de utilizadores ou categorias de utilizadores – ainda que potenciais – da rede nacional de distribuição, sobretudo de clientes domésticos. O dever de não discriminação coloca-se com particular acuidade no que diz respeito aos serviços de comunicação e de atendimento ao público a que o ORD possa recorrer, visto que estes, ao serem comuns às restantes empresas do grupo, suscitam o risco de que, nos contactos realizados com os consumidores, sejam privilegiados certos utilizadores da rede a favor das empresas coligadas, assim dificultando o acesso e a permanência de outros agentes no mercado. A isto acresce que a partilha de recursos de comunicação ou de quaisquer meios de publicidade com as empresas do grupo pode con-

ORD, a nível de gestão contratual, sejam tomadas de modo independente dos interesses das empresas que integram o grupo onde se encontra verticalmente integrado.

[30] Cf. COUNCIL OF EUROPEAN REGULATORS GROUP FOR ELECTRICITY AND GAS (ERGEG), *Draft Guidelines of Good Practice on Functional and Informational Unbundling*, Bruxelas, Abril de 2007, pp. 4 (tradução nossa).

[31] Neste sentido, FILIPE MATIAS SANTOS, *Garantia de Direitos e Regulação: Perspetivas de direito administrativo – A Regulação do Setor Energético*, AAFDL Editora, Lisboa, 2020, pp. 1221.

substanciar um incentivo a que os consumidores se abstenham de mudar de comercializador, por percecionarem que aquele que integra uma empresa verticalmente integrada é mais seguro, pela proximidade que apresenta com o ORD. Repare-se, no entanto, que restrição à partilha de meios de atendimento ao público já resultaria do disposto no artigo 90.º, n.º 3, alínea c) do RRC, que prescreve que os ORD encontram-se impedidos de *"partilhar os meios de atendimento por si disponibilizados com os meios de atendimento de qualquer das restantes empresas do grupo em que se encontram verticalmente integradas"*.

Em terceiro lugar, a razão de ser da exigência de que o recurso aos mesmos bens e serviços "***não afete a concorrência***", prende-se com o facto de que *"as economias de escala influenciam o grau de concentração dos mercados ao criarem barreiras à entrada de novos concorrentes"*[32]. Tal implica, em concreto, que a contratação de recursos, de forma centralizada pelo ORD, deve garantir a participação efetiva de todos os participantes no mercado qualificados, obrigando, em especial, a que os serviços sejam prestados a preços de mercado, bem como ao estabelecimento dos requisitos técnicos dos bens e serviços que pretende adquirir com base na capacidade de todos os operadores. Pretende-se, assim, evitar que a partilha destes recursos facilite a adoção de práticas anti-concorrencias consubstanciadas em acordos de colusão entre as empresas ou na adoção de estratégias contra operadores concorrentes das empresas verticalmente integradas.

Finalmente, a partilha de bens e serviços entre empresas verticalmente integradas não pode "***colocar em causa a salvaguarda de informação comercialmente sensível***". Os operadores de rede devem, assim, assegurar que fiquem limitadas aos serviços, ou às pessoas que diretamente intervêm em cada tipo específico de atividade e operação, as informações de natureza confidencial, em particular, aquelas que possam revelar-se comercialmente vantajosas para as restantes empresas do grupo. Ora, significa isto que *"os recursos humanos empregues pelas empresas que exercem as atividades de comercialização e/ou produção não deverão dispor de acesso privilegiado a bases de dados que contenham informações que possam*

[32] Cf. Vitor Marques, *Temas da Energia, Poder de Mercado e Regulação das Indústrias na Rede, Evolução. Entidade Reguladora dos Serviços Energéticos,* junho de 2021, p. 115 (acessível através do endereço eletrónico https://www.erse.pt/).

revelar-se comercialmente vantajosas, tal como os dados sobre atuais ou potenciais utilizadores da rede"[33]. De acordo com o ERGEG, considera-se que integram o conceito de "*informação comercialmente sensível*", pelo menos, os contratos de acesso às redes, os contratos de fornecimento e os dados de identificação dos clientes[34], em relação aos quais deverá ser assegurada a confidencialidade da informação entre as várias empresas do grupo, em especial aquela que, se conhecida das restantes empresas coligadas, poderá ser utilizada de modo que estas acedam a vantagens do ponto de vista comercial.

Aqui chegados, parece-nos que o exercício de preenchimento dos critérios indeterminados que subjazem ao impedimento da partilha dos recursos elencados no n.º 4 do artigo 339.º do RRC permite, agora, ir mais além e excluir do âmbito da norma certas situações em relação às quais não se descortinam quaisquer óbices de natureza legal ou regulatória à partilha, entre os ORD e as demais empresas do grupo em que se encontram verticalmente integrados, dos mesmos bens e serviços (adquiridos de forma centralizada).

Cremos que se podem integrar neste conjunto de situações os bens e serviços que, não apresentando qualquer conexão com o *core business* das empresas verticalmente integradas e com o mercado energético – e que, por conseguinte, não são, em abstrato, suscetíveis de convocar a aplicação da segunda parte do n.º 4 do artigo 339.º do RRC – apresentam um ***caráter auxiliar e subordinado em relação à atividade principal dos operadores***, como por exemplo, **serviços de assistência médica, seguros, serviços de limpeza e serviços de segurança, assim como a aquisição de material de escritório.**

Este entendimento é também corroborado pela COMISSÃO EUROPEIA, que, na sua Nota Interpretativa sobre o regime do *unbundling* esclarece que "*este requisito de autonomia não diz respeito às atividades que não respeitam diretamente à atividade de distribuição de eletricidade ou de gás, tal como os serviços de limpeza de escritórios. No que diz respeito a estes serviços auxiliares, (...) os ORD podem celebrar contratos com terceiros sempre que considerem*

[33] Cf. COMISSÃO EUROPEIA, *Interpretative Note, Op. Cit.* pp. 27 (tradução nossa).

[34] Cf. COUNCIL OF EUROPEAN REGULATORS GROUP FOR ELECTRICITY AND GAS, *Guidelines, Op. Cit.* pp. 11. (tradução nossa).

apropriado"[35]. Também neste sentido se pronunciou a ENERGY COMMUNITY, clarificando que *"serviços de natureza geral e administrativa poderão também ser prestados por empresas associadas, seja através de um serviço centralizada criado para esse feito, seja por um segmento de outra empresa"*[36].

No extremo oposto, a proibição de partilha dos mesmos recursos parece atingir plenamente os contratos para aquisição dos ***recursos necessários à manutenção e gestão da infraestrutura de rede, em relação aos quais a aquisição de forma centralizada, pelos ORD, deve ter-se por excluída***. A este respeito, são especialmente esclarecedoras as "Guidelines" do ERGEG, segundo as quais *"o significado de recursos suficientes refere-se à funcionalidade plena do operador de rede, pelo que os critérios a cumprir incluem uma gestão dedicada à operação diária do negócio, com acesso a meios físicos e financeiros suficientes"*[37]. Com efeito, a necessária autonomia do ORD quanto aos recursos humanos, técnicos, materiais e financeiros necessários à operação, manutenção e desenvolvimento da rede implica que este não possa, no que a estes respeita, depender de serviços prestados por entidades externas contratadas de modo centralizado em benefício de outras empresas do grupo.

Tanto assim é que todas as decisões, *"mesmo as mais básicas, relativas aos mencionados recursos, deverão ser tomadas de forma independente pelo ORD, sem qualquer interferência das entidades verticalmente integradas"*[38], o que impede igualmente *"a empresa-mãe* [de dar] *instruções relativamente à exploração diária"* ou *"relativamente às decisões específicas sobre a construção ou o melhoramento das linhas de distribuição que não excedam os termos do plano financeiro aprovado ou instrumento equivalente"*[39]. Parece natural que, ao utilizar o conceito de "decisões" nos preceitos normativos vindos de transcrever, o legislador tenha pretendido incluir, não só as decisões de adjudicação de contratos

[35] Cf. COMISSÃO EUROPEIA, *Interpretative Note, Op. Cit.* pp. 27 (tradução nossa).

[36] Cf. ENERGY COMMUNITY, *Unbundling of Distribution System Operators – Guide and Requirements for Practical Implementation"*, pp. 6 (acessível através do endereço eletrónico: https://www.energy-community.org).

[37] Cf. COUNCIL OF EUROPEAN REGULATORS GROUP FOR ELECTRICITY & GAS, *Guidelines, Op. Cit*, pp. 4.

[38] Cf. COMISSÃO EUROPEIA, *Interpretativa Note, Op. Cit.* pp. 25.

[39] Cf. o Artigo 26.º, n.º 2, alínea *d)* da Diretiva n.º 2009/ 72/CE do Parlamento Europeu e do Conselho, de 13 de julho de 2009, e o artigo 36.º, n.º 6 do Decreto-Lei n.º 29/2006.

que tenham por objeto bens ou serviços que o ORD adquira com vista ao exercício das funções de gestão, manutenção e desenvolvimento da rede de distribuição, mas também as decisões relativas à execução destes contratos.

Assim sendo, parecem integrar-se neste grupo de "contratantes proibidos" – para além daqueles acima já mencionados – aqueles que ***prestem serviços ou forneçam bens destinados à gestão diária da rede de distribuição***, como por exemplo ***serviços de contabilidade, de gestão e recursos humanos ou materiais (tais como cabos elétricos ou transformadores) especificamente destinados às atividades de reparação ou desenvolvimento das infraestruturas da rede de distribuição.***

Por fim, fora dos casos acima explicitados, a partilha de recursos com as restantes empresas do grupo em que se encontra verticalmente integrado e, por conseguinte, a aquisição de bens e serviços a favor de outras empresas do grupo pelos ORD, dependerá, salvo melhor opinião, dos ***efeitos*** que esta seja suscetível de gerar no mercado, o que, como já se deixou claro, implica uma análise casuística das condições contratuais vertidas nas minutas dos contratos a celebrar para efeitos do preenchimento, em cada caso concreto, do conteúdo e da extensão dos critérios indeterminados empregues na segunda parte do n.º 4 do artigo 339.º do RRC.

Sem prejuízo do que antecede, importa deixar claro que a entidade reguladora poderá adotar uma interpretação mais exigente face ao âmbito e ao alcance dos deveres de independência impostos ao ORD através do artigo 339.º do RRC, designadamente perfilhando uma interpretação mais restritiva dos critérios respeitantes a "*conflitos de interesses*", "*discriminação*", "*afetação da concorrência*" e "*afetação de informação comercialmente sensível*". A existência deste risco infere-se dos argumentos expressos pela ERSE no Relatório da Consulta Pública a que foi submetida a proposta do RRC, os quais deixaram já transparecer um entendimento que se antecipa, no mínimo, desencorajador da celebração de contratos de fornecimento de bens ou serviços que tenham como beneficiárias várias empresas de um grupo económico onde se encontre integrado um ORD[40].

[40] Neste relatório a ERSE não pode deixar de assinalar que "*no passado, as situações detetadas em operações intragrupo conduziram a que, inclusivamente, a* ERSE *tivesse efetuado ajustamentos significa-*

3.2. Outras dúvidas de interpretação do artigo 339.º do RRC

A interpretação adotada do artigo 339.º do RRC não permite, ainda assim, dar resposta a um conjunto de hipóteses em relação às quais se antecipa que possam surgir dúvidas no seio das empresas integradas no setor elétrico: tratam-se dos casos em que se pretenda a aquisição de bens e serviços, de forma centralizada, em benefício de *i)* outros ORDs integrados no mesmo grupo económico ou de *ii)* empresas do mesmo grupo económico que operam fora do mercado energético português e, portanto, não submetidas ao poder regulatório da ERSE.

3.2.1. A celebração de contratos pelos ORD em benefício de outros operadores de distribuição integrados

Perante a forma gramaticalmente genérica como o artigo 339.º se refere *"às restantes empresas do grupo em que* [o ORD] *se encontra verticalmente integrado"*, poder-se-ia dizer que o regulador nacional pretendeu abarcar, na proibição que estabeleceu, todas e quaisquer empresas do grupo com as quais o ORD partilhe os recursos elencados no artigo 339.º do RRC, incluindo, portanto, outros operadores de rede de distribuição (a nível regional ou que operem infraestruturas de rede estrangeiras).

Sucede, porém, que qualquer processo interpretativo está sujeito à exigência – decorrente do artigo 9.º, n.º 2 do Código Civil – de que a letra ou o texto da norma constitua o ponto de partida da interpretação, mas não se confine no mesmo. Com efeito, a interpretação de normas tem sempre por base o seu elemento literal, mas pode ter de ir para além dele, sempre que, sendo possível reconstituir o pensamento normativo, ele permita afirmar que a linguagem utilizada foi demasiado genérica, compreendendo aparentemente relações que conceitualmente dela estão

tivos relativos aos custos aceites", o que, na sua ótica, *"evidencia que, além de prejuízo para o mercado, a não separação efetiva das entidades (...) conduz a uma reflexão que aconselha, evidentemente, o robustecimento da atuação da* ERSE *por forma a assegurar o level playing field, protegendo os consumidores, os agentes de mercado que operaram em concorrência e o regular funcionamento do mercado"*, *cf. Relatório da Consulta Pública n.º 81, cit,* pp. 49.

excluídas, ou demasiado restrita, não abraçando em toda a sua amplitude o pensamento visado[41]. A ponderação da *ratio* subjacente à norma interpretanda pode conduzir à verificação de que o legislador adotou um texto que atraiçoa o seu pensamento, na medida em que diz mais do que aquilo que, tendo em conta as finalidades prosseguidas, queria dizer. Sempre que tal se verificar, apesar de o elemento literal não parecer comportar nenhuma exceção, *"o espírito da lei implica que ela seja interpretada como comportando uma exceção"*[42], pelo que, nestes casos, o processo hermenêutico deve ter como resultado uma ***interpretação restritiva***.

Em face do exposto, a formulação genérica adotada pelo artigo 339.º do RRC não significa, necessária e automaticamente, que a proibição de partilha dos recursos elencados na sua primeira parte (verificadas as condições previstas na segunda parte) se verifique em relação a todas as empresas do grupo em que o ORD se encontre integrado. Cumpre, por isso, averiguar se este não será um daqueles casos em que, apesar de *"aparecer uma formulação genérica, verifica-se depois que a ratio supõe uma distinção que o texto omitiu"*, impondo-se, por conseguinte, uma interpretação restritiva da letra do preceito que a compatibilize com a sua *ratio*[43].

Feita essa apreciação, parece-nos que estamos perante um caso em que a reconstituição do pensamento legislativo permite concluir que a literalidade do preceito em que aquele pensamento se concretizou é demasiado genérica, compreendendo aparentemente uma categoria de situações jurídicas que, tendo em conta as finalidades prosseguidas com a norma em causa, dela deviam necessariamente estar excluídas. Neste contexto, não nos parece admissível que o segmento normativo *"restantes empresas do grupo em que se encontra verticalmente integrado"* possa ser interpretado por forma a nele incluir outros operadores de rede de distribuição.

Recorde-se, em particular, que o conceito de "empresa verticalmente integrada" acolhido pelas Diretivas Europeias abrange todas as entidades

[41] Cf. Francesco Ferrara, *Interpretação e Aplicação das Leis*, Tradução de Manuel de Andrade, Coimbra, 1934, pp. 33 e seguintes. Baptista Machado, *Introdução ao Direito e ao Discurso Legitimador*, Coimbra, 1987, 2.ª reimpressão, pp. 183.

[42] Cf. Miguel Teixeira de Sousa, *Introdução ao Direito*, Coimbra, 2015, pp. 378.

[43] Cf. Oliveira Ascensão, *O Direito*, Introdução e Teoria Geral, 4.ª edição, 1987, pp. 424.

ou grupos de entidades que exercem, pelo menos, e, por um lado, uma das atividades de transporte ou distribuição e, pelo menos, por outro, uma das atividades de produção ou fornecimento de eletricidade. Assim, parece-nos que a referência literal aos operadores de distribuição verticalmente integrados demonstra a intenção do regulador de que a norma do artigo 339.º do RRC deve apenas abarcar os casos em que a partilha de recursos se verifique entre o ***ORD e outras empresas do grupo que exerçam as atividades de comercialização ou de produção de energia, isto é, que operam no mercado concorrencial.***

Para além disso, os riscos de conflitos de interesses e de discriminação no acesso às redes que motivaram, justamente, a imposição das regras de separação jurídica pelo direito europeu, não se verificam nos casos em que a partilha dos recursos se verifique em relação a outros operadores de rede de distribuição. De facto, não se descortina que o recurso aos mesmos contratantes externos por parte de várias empresas distribuidoras de eletricidade suscite quaisquer conflitos de interesses que pudessem conduzir ao aproveitamento da situação de grupo em detrimento dos interesses dos utilizadores da rede. É que, nestas situações, os ORD não dispõem de qualquer interesse comercial no desempenho das atividades desenvolvidas no mercado concorrencial.

No fundo, sendo a finalidade cognoscível do n.º 4 do artigo 339.º do RRC, apenas a de regulamentar as exigências de *unbundling* decorrentes do direito europeu e nacional – as quais, por sua vez, visam assegurar a independência dos operadores das redes energéticas face aos interesses de comercialização e produção, eliminando o risco de discriminação no acesso àquelas redes –, o seu sentido interpretativo deve abranger apenas as situações que se revelem necessárias para acautelar essa finalidade. Ora, nessas situações não se incluiu a partilha de recursos com outros operadores de rede de distribuição, a qual não é coberta pela "racionalidade" que inspirou a norma interpretanda.

Assim sendo, parece-nos que n.º 4 do artigo 339.º do RRC deve ser interpretado como incluindo, no segmento "*restantes empresas do grupo*" apenas aquelas que intervém em mercados cujas regras de funcionamento são diversas, isto é, que exercem atividades de produção e de comercialização, sendo de concluir, *ergo*, que esta norma não restringe a celebração, pelos ORD, de contratos de fornecimento de bens e serviços em benefício de outros operadores de rede de distribuição.

3.2.2. A celebração de contratos pelos ORD em benefício de empresas do mesmo grupo económico que operam fora do mercado energético português

Aqui chegados, importa, finalmente, analisar a questão de saber se a norma do artigo 339.º, n.º 4 do RRC deve ser interpretada como restringindo a aquisição centralizada de bens e de serviços pelos ORD que tenham como beneficiárias empresas do grupo que, por atuarem ou disporem de uma sede fora do território português, não se encontram submetidas ao poder regulatório da ERSE.

No que a esta hipótese diz respeito, importa clarificar, antes de mais, que o âmbito subjetivo de aplicação da norma do artigo 339.º do RRC se reconduz aos operadores de rede de distribuição que, nos termos do disposto no artigo 1.º do diploma regulamentar, operem no sistema elétrico de Portugal Continental, das Regiões Autónomas dos Açores e da Madeira. Assim, são estes operadores de distribuição que devem ser independentes, não as empresas do grupo económico com as quais os primeiros partilhem instalações ou serviços. Daqui decorre, por isso, que a circunstância de as empresas coligadas com as quais se possa equacionar a partilha de contratantes externos atuarem fora do território nacional não basta para que se possa concluir, sem mais, pela conformidade da celebração de contratos em benefício dessas mesmas entidades.

Assim, em primeiro lugar, haverá que averiguar se as entidades em questão desenvolvem atividades de produção ou fornecimento de energia elétrica, ainda que fora do mercado português. Caso se conclua que a atividade exercida pelas empresas coligadas em nada se relaciona com o setor do mercado aberto à concorrência, não existirão condicionalismos que restrinjam a aquisição centralizada de bens pelos ORD, pelas mesmas razões referidas no ponto anterior, isto é, a inexistência de incentivos à discriminação no acesso às redes que caiba neutralizar mediante a imposição de deveres de independência.

Ao invés, se as empresas coligadas exercerem atividades de produção ou comercialização, a norma constante do n.º 4 do artigo 339.º será plenamente aplicável, visto que, como se disse, o seu âmbito de aplicação abstrai-se da localização geográfica na qual as empresas integradas no grupo económico desempenham as suas atividades. Haverá, por isso, que efetuar o "teste" dos efeitos que a partilha de recursos é suscetível de provocar no mercado português, em termos em tudo semelhantes ao que se expôs acima no ponto 4.1.

Todavia, se o facto de as entidades a favor das quais se possa equacionar a celebração de contratos de forma centralizada operarem nos mercados estrangeiros não é suscetível de determinar a exclusão da aplicação do preceito em análise, este contribuirá, naturalmente, para uma redução considerável dos casos em que a partilha dos recursos seja *suscetível "de gerar conflitos de interesses ou discriminação, afetar a concorrência ou colocar em causa a salvaguarda de informação comercialmente sensível"*. Parece-nos, por conseguinte, que determinante para o preenchimento do conteúdo e da extensão dos critérios indeterminados elencados no n.º 4 do artigo 339.º será averiguar se as entidades em benefício das quais se possa equacionar a aquisição agregada de bens dispõem, apesar do seu registo formal fora do território português, de qualquer acesso à rede de distribuição portuguesa.

Conforme já explicitado pela ERSE noutros lugares, *"o facto da atividade das duas empresas se situar em zonas que, dado o afastamento geográfico, impossibilitam a conexão ou interface com as redes portuguesas (...) considera-se poder concluir-se pela não existência de conflito de interesses para efeitos de aplicação das Diretivas"*[44]. Pese embora o regulador tenha adotado este critério num caso em que estava em causa aferir da independência dos órgãos de administração e fiscalização da REN SGPS, a similitude das situações em apreço justifica plenamente a sua utilização na hipótese que ora se coloca.

Assim, parece seguro concluir, coerentemente, que o risco de a partilha de recursos gerar "conflito de interesses" ou "afetar a concorrência" deverá ser aferido à luz da conexão que as entidades em questão apresen-

[44] Cf. Decisão da ERSE sobre a certificação do ORT da RNT e do ORT da RNTGN, *Op. cit*, pp. 14 e ss.

tem com as infraestruturas da rede de distribuição portuguesa, de modo que quanto menor for essa conexão, menor será a probabilidade de existência de incentivos a estas empresas para, mediante a partilha de recursos comuns com o ORD, influenciar a tomada de decisões dos operadores de rede de distribuição portugueses, favorecendo os seus interesses em detrimento dos de outros utilizadores de rede.

§ 4.º Conclusão

A prática comum de aquisição centralizada, por alguns operadores de rede de distribuição, de bens e serviços em benefício de outras empresas do grupo em que se encontram verticalmente integrados, é suscetível de ser restringida pelo disposto no n.º 4 do artigo 339.º do RRC, que veda aos ORD o recurso aos mesmos prestadores externos sempre que *"suscetível de gerar conflitos de interesses ou discriminação, afetar a concorrência ou colocar em causa a salvaguarda de informação comercialmente sensível"*. Uma vez que a ERSE não densificou os casos a que esta norma se deverá aplicar, importa proceder à sua interpretação, a fim de procurar conferir alguma segurança jurídica às empresas que operam no setor elétrico português.

Assim, uma interpretação sistemática e teleológica da norma permite sustentar que a possibilidade de partilha de recursos entre empresas do grupo será tendencialmente limitada, mas não absolutamente proibida. Por conseguinte, a possibilidade de celebração de contratos de fornecimento de bens e serviços pelos ORD em benefício de outras empresas do grupo económico em que se encontrem integrados deve ser aferida, caso a caso, à luz dos efeitos que a celebração desses contratos seja suscetível de provocar no mercado.

Não obstante, parece existir um conjunto de situações que, em abstrato, não são suscetíveis de gerar os efeitos proibidos pelo n.º 4 do artigo 339.º do RRC, por não apresentarem qualquer conexão com o *core business* das empresas verticalmente integradas e com o mercado energético: trata-se de atividades administrativas com carácter auxiliar e subordinado em relação à atividade principal dos ORD, tais como serviços de assistência médica, de limpeza e de segurança. No extremo oposto, a proibição de recurso aos mesmos prestadores externos parece atingir plenamente os contratos de aquisição dos recursos necessários para manter e gerir a infraestrutura de rede, em relação aos quais a aquisição de forma centralizada, pelos ORD, deve ter-se por excluída. Integram-se neste grupo os serviços de contabilidade e de gestão e todos os recursos materiais e humanos especificamente destinados à reparação e desenvolvimento das infraestruturas de rede.

Já no que diz respeito a outras dúvidas de interpretação suscitadas pela norma em análise, parece-nos que o sentido interpretativo do n.º 4 do artigo 339.º do RRC deve abranger apenas as situações que se revelem necessárias para acautelar a finalidade das regras do *unbundling*, nas quais não se incluiu partilha de recursos com outros operadores de rede de distribuição, a qual não é coberta pela "racionalidade" que inspirou a norma interpretanda.

Finalmente, a resposta à questão de saber se o disposto no n.º 4 do artigo 339.º do RRC deve ser interpretado como restringindo a aquisição centralizada de bens e de serviços pelos ORD que tenham como beneficiárias empresas do grupo que, por atuarem ou disporem de uma sede fora do território português, não se encontram submetidas ao poder regulatório da ERSE, depende dos efeitos que tal seja suscetível de gerar no mercado, o que, por sua vez, está intrinsecamente conexionado com a proximidade dessas entidades face às infraestruturas da rede de distribuição portuguesa.

A Fiscalidade da Energia

ISAQUE RAMOS
AFONSO MASSAPINA
JOÃO GUIA LOPES

I. Energia e os Impostos

Num Estado Fiscal, os tributos – sejam estes impostos, contribuições ou taxas – têm como finalidade primacial a arrecadação de receitas que permitam a satisfação de necessidades coletivas, correspondendo à principal fonte de financiamento da *civitas*.

Não obstante esta dimensão eminentemente financeira, não se pode ignorar que, nos dias de hoje, os tributos cumprem também uma função no que respeita à prossecução de interesses de carácter geral, "estranhos" à sua função recaudatória. Com efeito, nas sociedades contemporâneas, os tributos compreendem, de forma crescente, uma dimensão extrafiscal, configurando-se como verdadeiros instrumentos de política pública que permitem modelar os comportamentos dos indivíduos, incentivando ou penalizando certas atividades.

Também em Portugal, o legislador constituinte atribuiu aos impostos, taxas e contribuições finalidades extrafiscais, que concorrem com as finalidades financeiras nas quais se funda a sua própria existência.

De facto, da leitura do texto constitucional resulta claro que, na construção do sistema fiscal português, o legislador constituinte pretendeu que o mesmo garantisse não apenas a obtenção dos recursos necessários ao funcionamento do Estado, mas também a realização de uma justa repartição de rendimentos e a adequada prossecução de valores de justiça social.[1]

Assim sendo, considerando que nestes valores de justiça social está necessariamente compreendida a ideia de justiça intergeracional, pedra-

[1] Nesse sentido, vide o n.º 1 do artigo 103.º da Constituição da República Portuguesa ('CRP'), nos termos do qual "[o] *sistema fiscal visa a satisfação das necessidades financeiras do Estado e outras entidades públicas e uma repartição justa dos rendimentos e da riqueza*".

-basilar do Direito do Ambiente, bem se entende que o legislador constituinte tenha pretendido que o sistema fiscal contribuísse para a manutenção da integridade ecológica do planeta, condição necessária à qualidade das gerações futuras. Nesse sentido, a alínea h), do n.º 2 do artigo 66.º da CRP estabelece que "[p]*ara assegurar o direito ao ambiente, no quadro de um desenvolvimento sustentável, incumbe ao Estado, por meio de organismos próprios e com o envolvimento e a participação dos cidadãos assegurar que a política fiscal compatibilize desenvolvimento com protecção do ambiente e qualidade de vida.*"

Com base neste enquadramento constitucional, o legislador português introduziu no sistema fiscal português um conjunto de tributos, isenções e benefícios que visam, por um lado, penalizar a utilização de determinados produtos energéticos considerados poluentes, reduzindo as externalidades negativas que daí decorrem, e por outro incentivar o recurso a energias não poluentes, nomeadamente energias renováveis.

II. Imposto sobre os Produtos Petrolíferos e Energéticos

Cronologia

Em Portugal, a tributação de produtos petrolíferos remonta ao início do século XX, encontrando a sua génese numa taxa especial designada de "salvação nacional" – instituída pelo Decreto n.º 15:814, de 4 de agosto de 1928. Foi assim, por via administrativa, que se consagrou pela primeira vez um tributo sobre combustíveis líquidos provenientes de países estrangeiros e/ou das colónias portuguesas, enquanto "*programa indispensável* [para] *equilibrar o Orçamento e obter os recursos destinados a juros e amortização do empréstimo de reconstituição nacional.*"[2]

Este regime manteve-se em vigor durante várias décadas até ser substituído, em 1982, através do Decreto-Lei n.º 133/82, de 23 de abril, pelo *Imposto de consumo sobre a gasolina e outros derivados do petróleo*, uma vez que

[2] Veja-se o Decreto n.º 15:814 , de 4 de agosto, disponível em https://dre.tretas.org/, cujo redação do artigo 3.º estabelecia, à data, que "[a] *taxa criada pelo artigo 1.º será, por quilograma, de $02 ouro na gasolina, de $00(5) ouro nos óleos minerais leves próprios para iluminação*".

Portugal, nessa altura, preparava-se para aderir à então Comunidade Económica Europeia (doravante 'CEE'), e as negociações levadas a cabo para a integração do nosso país impunham uma reestruturação do quadro legal vigente nessa matéria, de forma a não "beliscar" as liberdades comunitárias.[3]

Através do referido diploma, criou-se, por via legislativa (de forma inédita), um imposto interno de consumo sobre um conjunto determinado de produtos petrolíferos, com recurso ao nome comercial e não à Nomenclatura Comum que incidia de forma indistinta sobre bens de origem e bens importados. Este regime articulava-se também com o Imposto sobre o Valor Acrescentado, com direitos aduaneiros e outras imposições cobradas pelas Alfândegas – a designada "economia dos combustíveis" – pelo que não obviava, de forma absoluta, a distorções na troca de produtos petrolífero e de outros derivados no espaço da CEE, atenta as disparidades entre sistemas fiscais dos Estados-Membros.

Só mais tarde, nos idos de 1986, com a aprovação do respetivo Orçamento do Estado, é que seria criado o *Imposto sobre Produtos Petrolíferos* (doravante 'ISP') – resvalando assim o domínio da criação deste tributo para a esfera parlamentar – passando a gasolina auto, os petróleos (iluminante e carburante), o gasóleo, os fuelóleos e outros derivados a ficar sujeitos a taxas variáveis "*correspondentes à diferença entre o preço de venda ao público desses produtos e o respectivo custo, que inclui os encargos fiscais resultantes da aplicação do imposto sobre o valor acrescentado, do imposto de consumo e dos direitos de importação*", balizados, no entanto, por intervalos e limites.[4]

Em todo o caso, seria apenas com a aprovação do Decreto-Lei n.º 261-A/91, de 25 de julho de 1991, que os produtos petrolíferos passariam a ficar sujeitos unicamente ao IVA e ao ISP – em linha com uma tendência

[3] A subsistir, a "taxa de salvação nacional" estabeleceria uma diferença de tratamento relativamente a combustíveis importados de outros Estados-Membros da Comunidade Económica Europeia, ou seja, constituiria um entrave inadmissível à liberdade de circulação de mercadorias, à luz do princípio da não-discriminação.

[4] Para efeitos do cálculo das taxas aplicáveis, fixou-se, através da Portaria n.º 573/86, de 4 de outubro, as margens de comercialização para as empresas distribuidoras e de revenda e, por via da Portaria n.º 99/87, de 12 de fevereiro, os custos de aprovisionamento, transporte e refinação.

legislativa de convergência com o conteúdo das propostas comunitárias que já se anteviam nesta matéria.[5]

De facto, o atual regime dos Impostos Especiais de Consumo (doravante 'IECs') resulta dos esforços levados a cabo no plano europeu para se criar um quadro harmonizado de tributação de determinados produtos, onde se incluem os petrolíferos, sendo esta a sua génese moderna. O primeiro quadro comunitário relativo aos IECs foi criado com a aprovação da Diretiva 92/12/CEE, de 25 de fevereiro de 1992, e transposto para o nosso ordenamento jurídico através do Decreto-Lei n.º 52/93, de 26 de fevereiro de 1993.[6]

Foi através desta diretiva – e do correspondente ato interno – que se veio a estabelecer o regime geral, bem como as regras relativas à detenção, circulação e os controlos dos produtos sujeitos aos IECs. Este instrumento jurídico europeu presidiu à criação das primeiras regras comuns ao funcionamento dos IECs (conhecido como Diretiva "horizontal").

As diretivas ditas "verticais" (Diretivas n.ºs 92/81/CEE e 92/82/CEE) que estabeleceriam as regras sobre a estrutura, tipificação, as taxas e as isenções só seriam transpostas mais tarde, corria o ano de 1994, através da aprovação do Decreto-Lei n.º 123/94, de 18 de maio, e do Decreto-Lei n.º 124/94, de 18 de maio, respetivamente.

Já no ano de 1999, com a aprovação do respetivo Orçamento do Estado, codificar-se-ia num único diploma o regime legal dos IECs (álcool, produtos petrolíferos e tabacos).[7]

Este diploma viria a sofrer diversas alterações, quer em decorrência da aprovação da Diretiva 2003/96/CE, de 27 de outubro de 2003, que veio reestruturar o quadro comunitário de tributação dos produtos ener-

[5] Vale a pena realçar que, até à aprovação do Decreto-Lei n.º 261-A/91, de 25 de julho de 1991, o modelo de tributação encontrava-se espartilhado por vários diplomas, encontrando-se os produtos petrolíferos sujeitos, cumulativamente, a ISP (cf. Lei n.º 9/86, de 30 de abril), Imposto sobre o consumo (cf. Decreto-Lei n.º 133/82, de 23 de abril), IVA e outros emolumentos.

[6] A proposta de diretiva teve por base o *Plano Scrivener* – por inspiração de Christiane Scriver, Comissária para a Fiscalidade, Alfândegas e Consumo (em exercício de funções entre 1988 e 1995).

[7] A Lei do Orçamento do Estado para 1999 constitui a lei de autorização para a codificação do regime dos IEC's num único diploma (cf. Decreto-lei n.º 566/99 de 22 de dezembro de 1999).

géticos e da eletricidade (fixando-se, entre outras coisas, taxas mínimas ao nível da União Europeia), quer por força do Decreto-Lei n.º 73/2010, de 21 de junho (através do qual se clarificaram alguns conceitos existentes, designadamente, a exigibilidade, a determinação do sujeito passivo, o momento de introdução no consumo, e se simplificaram normas e procedimentos associados).[8]

Percorrida que está a cronologia que nos leva ao atual regime legal dos IECs, resta agora recordar sucintamente os elementos principais que caracterizam o ISP.

Características essenciais

A título prévio, dir-se-á que o ISP é um tributo cuja base de legitimação se encontra alicerçada no princípio da equivalência.

Em termos simplistas, o princípio da equivalência é uma concretização do princípio da igualdade tributária, em que o critério de justa distribuição do encargo não se funda na capacidade contributiva revelada pelo contribuinte, mas antes nos benefícios que este obtém ou o custo que gera para a sociedade, em consequência do comportamento adotado.

Ou seja, contrariamente ao que sucede no âmbito dos impostos sobre o rendimento, em que o principio da capacidade contributiva encontra a sua expressão máxima, na medida em que existe uma personalização do imposto e se atende à força económica revelada de forma direta pelo contribuinte com base nos rendimentos declarados e nos custos incorridos (p.e. as despesas familiares, para efeitos de IRS), nos *impostos especiais de consumo* (onde se insere o ISP) o encargo económico do imposto repercute-se na pessoa que provoca um custo em determinado domínio ou que obtém um benefício específico.

O Estado recorre a instrumentos de política fiscal, *rectius*, à figura do imposto, para condicionar as escolhas do consumidor relativamente à utilização de determinados bens de procura inelástica que, pela sua natureza, geram um custo importante para a sociedade. No caso do ISP, este tributo visa compensar os custos sociais (as externalidades negativas)

[8] Este diploma é o fruto da transposição da Diretiva 2008/118/CE, de 16 de dezembro, relativa ao regime geral dos impostos especiais de consumo.

provocados pelo consumo de produtos petrolíferos e energéticos, assumindo uma finalidade eminentemente extrafiscal, ao arrepio da tradicional função recaudatória desempenhada pelos impostos.

O dano social que se pretende compensar é naturalmente os efeitos nocivos resultantes das emissões de CO2 e outros gases com efeito de estufa, os quais, como é consabido, contribuem para o aquecimento climático, com prejuízo inexorável para o ambiente e, do mesmo modo, para a saúde pública. Este desígnio ambiental e a função desempenhada, nesse contexto, pelo princípio da equivalência é assumidamente reconhecido no Código dos IECs (doravante 'CIEC'), desde logo, no seu artigo 2.º, ao estabelecer-se que "[o]*s impostos especiais de consumo obedecem ao princípio da equivalência, procurando onerar os contribuintes na medida dos custos que estes provocam nos domínios do ambiente e da saúde pública, em concretização de uma regra geral de igualdade tributária*".

Um caso ilustrativo será o facto do CIEC estabelecer taxas de imposto dentro de intervalos mínimos e máximos diferentes consoante as concretas características dos produtos em causa (por exemplo, o limite mínimo para a fixação da taxa unitária para a gasolina com chumbo é superior, em comparação com aquele estabelecido para a gasolina sem chumbo).[9] Concluindo, podemos adiantar então que o ISP, assumindo as características próprias dos IECs, apresenta os seguintes elementos essenciais: (i) a seletividade dos produtos que visa tributar; (ii) a existência de uma finalidade extrafiscal; e (iii) a aplicação de taxas especificas (por oposição a variáveis) como forma de quantificação do imposto a pagar.

Incidência objetiva

Os produtos abrangidos pelo âmbito de incidência objetiva do ISP são identificados em função dos códigos da Nomenclatura Combinada constantes do anexo I do Regulamento n.º 2658/87 do Conselho, de 23 de Julho de 1987.[10]

[9] Cf. o artigo 92.º do CIEC.

[10] Veja-se o n.º 5 do artigo 2.º da Diretiva 2003/96/CE, de 27 de outubro de 2003.

Esta aproximação não menosprezível com o Direito Aduaneiro é explicada pelo facto do ISP partilhar, à semelhança dos outros IECs, uma base de incidência comum com os direitos aduaneiros, *i.e.*, as mercadorias.

O próprio n.º 2 do artigo 5.º do CIEC estabelece que "*sempre que seja relevante para a determinação da incidência objetiva dos impostos especiais de consumo, são de aplicar os critérios estabelecidos para a classificação de mercadorias na Nomenclatura Combinada instituída pelo Regulamento (CEE) n.º 2658/87, de 23 de Julho, e respectivas actualizações e as regras gerais para a interpretação desta Nomenclatura, as notas das secções e capítulos da mesma, as notas explicativas do Sistema Harmonizado de Designação e Codificação de Mercadorias do Conselho de Cooperação Aduaneira, os critérios de classificação adoptados pelo dito Conselho e as notas explicativas da Nomenclatura Combinada da Comunidade Europeia.*"

Os produtos sujeitos ao ISP encontram-se previstos na parte especial do CIEC, mais concretamente, no seu artigo 88.º, cuja redação determina a sujeição a imposto dos seguintes bens:

- os produtos petrolíferos e energéticos, nomeadamente, a gasolina, o gasóleo, o gás natural, os gases de petróleo, o fuelóleo, o carvão, óleos lubrificantes, e todos aqueles qualificados como tal ao abrigo do n.º 2 do referido preceito legal;
- quaisquer outros produtos destinados a serem utilizados, colocados à venda ou a serem consumidos em uso como carburante (veja-se, a esse respeito, a definição constante do n.º 3 do referido preceito legal);
- os outros hidrocarbonetos, com exceção da turfa, destinados a serem utilizados, colocados à venda ou a serem consumidos em uso como combustível (veja-se, a esse respeito, a definição constante do n.º 4 do referido preceito legal); e
- a eletricidade.

Por fim, o n.º 6 do artigo 88.º do CIEC estabelece um nível de tributação, para efeitos de imposto, que representa "*o montante total do ISP e de outras imposições cobradas, com exclusão do IVA, calculadas, directa ou indirectamente, com base na quantidade de produtos petrolíferos e energéticos à data da sua introdução no consumo*". Estas "outras imposições" correspondem, ao Adicionamento de CO2 e à Contribuição do Serviço Rodoviário. Vale a pena realçar que esta disposição legal é exclusiva ao ISP, não sendo aplicável aos outros IECs. No entanto, como se verá, mais adiante, nem todos os produtos energéticos e petrolíferos se encontram sujeitos às mesmas imposições.

Incidência subjetiva

O artigo 4.º do CIEC estabelece categorias distintas de sujeitos passivos, entre as quais se destacam:

i. No caso da eletricidade – os comercializadores; os comercializadores para a mobilidade elétrica; os produtores que vendam diretamente ao consumidor final; os autoprodutores; e os consumidores que comprem através de operações em mercados organizados;
ii. No caso do gás natural – os comercializadores de gás natural definidos em legislação própria, quando forneçam ao consumidor final;
iii. O depositário autorizado e o destinatário registado.

Além disso, os operadores que apresentem a declaração de introdução no consumo das mercadorias ou quaisquer outros intervenientes que tenham participado na saída irregular de uma mercadoria do respetivo entreposto fiscal, ou durante a circulação em regime de suspensão de imposto, são também considerados sujeitos passivos do imposto.

Vale a pena esclarecer que o depositário autorizado é "*a pessoa singular ou colectiva autorizada pela autoridade aduaneira, no exercício da sua profissão, a produzir, transformar e deter, receber e expedir, num entreposto fiscal, produtos sujeitos a impostos especiais de consumo em regime de suspensão do imposto*", em linha com o disposto no n.º 1 do artigo 22.º do CIEC.

Por sua vez, o destinatário registado será a "*pessoa singular ou colectiva autorizada pela autoridade aduaneira, no exercício da sua profissão e nas condições estabelecidas no presente Código, a receber, não podendo deter nem expedir, produtos sujeitos a impostos especiais de consumo que circulem em regime de suspensão de imposto*", em conformidade com o preceituado no n.º 1 do artigo 28.º do CIEC.

Outros sujeitos passivos encontram-se especialmente regulados no CIEC, será este o caso do *destinatário registado temporário* (cf. n.º 1 do artigo 30.º do CIEC) ou ainda do *expedidor registado* (cf. artigo 31.º do CIEC).

Facto gerador e exigibilidade

A parte geral do CIEC contempla as regras relativas ao facto gerador do imposto e à exigibilidade dos *impostos especiais de consumo.*

No caso específico da eletricidade e do gás natural, o n.º 2 do artigo 7.º do referido diploma determina que a obrigação tributária nasce no momento do *fornecimento* ao consumidor final por comercializadores definidos em legislação própria.

Quanto aos restantes produtos sujeitos a ISP – será esse o caso, por exemplo, da gasolina e do gasóleo –, o facto gerador do imposto ocorre no momento da *produção* ou da *importação* desses bens em território nacional, bem como por ocasião da sua entrada no referido território quando provenientes de outros Estados-Membros (cfr. n.º 1 do artigo 7.º do CIEC).

No que diz respeito ao conceito de produção este encontra-se expressamente densificado na alínea d) do n.º 3 do artigo 7.º do CIEC, do qual resulta que deverá ser entendido como "*qualquer processo de fabrico, incluindo, se aplicável, de extracção, através do qual se obtenham produtos sujeitos a impostos especiais de consumo, bem como as operações de desnaturação e as de adição de marcadores e de corantes, e ainda a envolumação de tabaco manufacturado, desde que se integrem no referido processo de fabrico.*"[11]

Por sua vez, o conceito de importação encontra-se definido na alínea b) do n.º 3 do artigo 7.º do CIEC, que estabelece que esta ocorre com a introdução dos produtos em livre prática, nos termos da legislação aduaneira.

Relativamente à matéria de exigibilidade, o artigo 8.º do CIEC estabelece uma correspondência com o momento da introdução no consumo ou da constatação de perdas que devam ser tributadas.[12]

[11] Veja-se o artigo 96.º do CIEC, no qual se estabelecem regras específicas para o ISP. Ao abrigo daquele preceito legal, procede-se a uma delimitação negativa das operações incluídas no conceito de produção dos produtos petrolíferos e energéticos.

[12] Os artigos 47.º a 51.º do CIEC contemplam o regime das perdas.

Por via de regra, o momento da introdução no consumo reconduz-se, genericamente, aos casos em que os produtos petrolíferos e energéticos são colocados (ou haja essa presunção) na disponibilidade do mercado, seja ao consumidor ou a outro operador económico, fora dos condicionalismos próprios do regime da suspensão previsto nos artigo 35.º e seguintes do CIEC. O artigo 9.º do CIEC estabelece o elenco taxativo de casos em que se considera que tenha ocorrido a introdução no consumo.[13]

Quantum do imposto

O ISP caracteriza-se pela aplicação de taxas unitárias (específicas) a um determinado conjunto de produtos – a chamada *unidade tributável*.[14]

No que diz respeito aos produtos petrolíferos e energéticos, a unidade tributável é de 1000 l convertidos para a temperatura de referência de 15.º, com exclusão do fuelóleo, dos gases de petróleo, dos óleos lubrificantes, do coque de petróleo, do carvão, da lenhite e da coque de hulha cuja unidade tributável corresponde a 1000 kg[15].

Relativamente ao gás natural e à eletricidade, o artigo 91.º do CIEC prevê que a unidade tributável corresponde, respetivamente, ao gigajoule e ao *Mwh*. [16]

Quanto às taxas, como já foi oportunamente referido, a estrutura das mesmas foi moldada tendo em conta as características concretas de cada

[13] A saída de um produto petrolífero ou energético de um entreposto fiscal, ou a produção, detenção, entrada, saída ou importação de tal mercadoria fora do regime da suspensão do imposto equivalerá à introdução no consumo, sendo exigível nesse momento o ISP. A cessação ou violação dos pressupostos de um qualquer benefício fiscal também são relevadas para efeitos da exigibilidade do imposto.

[14] Convém referir que até à aprovação do Decreto-Lei n.º 124/94, as taxas de ISP estavam sujeitas ao regime dos preços máximos da venda ao público (i.e. eram aplicadas taxas variáveis que resultavam da aplicação de uma fórmula, em conformidade com o artigo 7.º do Decreto-Lei n.º 261-A/91, de 25 de julho de 1991. Quanto a esta temática, recomenda-se a leitura de Paulo Pitta e Cunha, in *O Regime Fiscal dos Produtos Petrolíferos em Portugal*, Ciência e Técnica Fiscal, pp. 26 e seguintes.

[15] Cfr. o n.º 1 do artigo 91.º do CIEC.

[16] No caso dos biocombustíveis, o n.º 3 do artigo 91.º do CIEC determina que a unidade tributável corresponde aquela estabelecida para os produtos energéticos e petrolíferos em que são incorporados.

produto petrolífero e energético sujeito a imposto, *i.e.*, consoante a nocividade do seu consumo para o ambiente e a saúde pública, em linha com o princípio da equivalência (cf. n.º 1 *in fine* do artigo 92.º do CIEC). Estas últimas são fixadas por portaria dos Membros do Governo responsáveis pela área das finanças e da economia. No que diz respeito às Regiões Autónomas, as taxas são definidas pelos próprios governos regionais.[17]

Aqui chegados, importa esclarecer o sentido do conceito de "nível de tributação" consagrado no n.º 6 do artigo 88.º do CIEC, relevante para aferir o cumprimento dos níveis mínimos de tributação Determina aquele preceito legal que, para efeitos do ISP, se considera "*nível de tributação o montante total do ISP e de outras imposições cobradas, com exclusão do IVA, calculadas, directa ou indirectamente, com base na quantidade de produtos petrolíferos e energéticos à data da sua entrada no consumo.*"

Este conceito tem por base a Diretiva 2003/96/CE do Conselho, de 27 de outubro de 2003, na qual se acolhe um conceito idêntico para efeitos da delimitação dos níveis mínimos de tributação a que os Estados-Membros têm de obedecer[18]. O n.º 2 do artigo 4.º daquele instrumento estabelece que "*entende-se por nível de tributação o montante total dos impostos indirectos cobrados (excluindo o IVA), calculados directamente ou indirectamente com base na quantidade de produtos energéticos e de electricidade à data da introdução no consumo*". O que explica a existência deste conceito? Na verdade, a adoção desta expressão tornou-se "*necessária para designar o conjunto de tributos que incidem sobre os produtos petrolíferos e energéticos que, de ano para ano, vem sendo alargado*".[19]

Além do ISP, outras imposições poderão incidir sobre os produtos petrolíferos e energéticos, como se verá de seguida.

[17] A Portaria n.º 65-B/2023, de 3 de março, que revê e fixa os valores das taxas unitárias do ISP aplicáveis no continente fixou o valor de € 459,83 por 100 litros para a gasolina com teor de chumbo igual ou inferior a 0,013g por litro e o valor de € 311,47 por 1000 litros no caso do gasóleo. Quanto à eletricidade, a taxa mantém-se em € 1 por Mwht (cf. artigo 6.º da Portaria n.º 320-D/2011).

[18] Cfr. o n.º 1 do artigo 4.º da Diretiva 2003/96/CE do Conselho, de 27 de outubro de 2003.

[19] Veja-se nesse sentido, Manuel Teixeira Fernandes, in *Breves Considerações sobre a Incidência Objectiva e as Taxas de Imposto sobre os Produtos Petrolíferos e Energéticos*, Revista de Finanças Públicas e Direito Fiscal, Ano XI, 2020, 4 – Inverno, p.282.

Contribuição do Serviço Rodoviário

A Contribuição do Serviço Rodoviário (doravante 'CSR') foi criada em 2007, através da Lei n.º 55/2007, de 31 em agosto de 2007, como mecanismo de financiamento da rede rodoviária nacional.

Compensava-se desta forma o desgaste provocado pelos meios de transporte nas infraestruturas rodoviárias, através da receita arrecadada e consignada às *Infraestruturas de Portugal, S.A.*.

Em vigor desde 1 de janeiro de 2008, o tributo incidia sobre produtos petrolíferos que fossem utilizados como combustível para utilização de veículos, sendo aplicáveis as regras do ISP em matéria de liquidação, cobrança, e pagamento.

O âmbito de incidência objetiva da CSR incluía a gasolina, o gasóleo rodoviário e, mais recentemente, o GPL auto (desde 1 de janeiro de 2014).

Com a aprovação da Lei do Orçamento do Estado para 2016, foram fixadas as seguintes taxas:

- gasolina: € 87,00/1000 litros;
- gasóleo rodoviário: € 111,00/1000 litros; e
- GPL auto: € 123/1000 kg.

Recentemente, a legalidade da CSR foi colocada em causa por parte do Tribunal de Justiça da União Europeia (doravante 'TJUE'), ao nível da sua compatibilidade com o quadro legal harmonizado nesta matéria.

Através do Despacho datado de 7 de fevereiro de 2022, proferido no âmbito do processo C-460/21, o TJUE concluiu que a CSR é contrária ao disposto no n.º 2 do artigo 1.º da Diretiva 2008/118, de 16 de dezembro, em face da ausência de um motivo específico subjacente à cobrança do referido tributo.[20]

Segundo o entendimento perfilhado pelo Tribunal a criação de imposições indiretas (impostos, taxas, contribuições, etc.) sobre produtos sujeitos a IECs é admitida contanto que se demonstre preenchido um

[20] Neste sentido, veja-se o Despacho do TJUE, datado de 7 de fevereiro de 2022, (VAPO ATLANTIC S.A.) proferido no âmbito do processo C-460/21.

duplo critério, designadamente: (i) a existência de uma motivo específico subjacente à criação do tributo (*i.e.* não deve prosseguir finalidades meramente orçamentais)[21]; e (ii) o cumprimento das demais regras do direito da União Europeia relativas à determinação da base tributável, bem como à liquidação, à exigibilidade, ao controlo do imposto (cfr. Diretiva 2003/96/CE, de 27 de outubro).

Relativamente a esta primeira condição, o TJUE esclarece que a existência de um "motivo específico" associado à cobrança do tributo é aferida pela comprovação de uma relação direta entre, por um lado, a afetação da receita cobrada, e por outro, a finalidade da imposição em causa. Sendo que, na ausência de um mecanismo predeterminado de consignação das verbas arrecadadas, esta "motivação específica" só poderia ser revelada através da própria estrutura do tributo, nomeadamente, ao nível da matéria coletável ou da taxa de tributação, em termos que se possa concluir que esta visa penalizar os consumidores dos produtos sujeitos, reorientando as suas escolhas e padrões de consumo.

Elucidada a interpretação relevante do quadro legal aplicável, o Tribunal conclui que não existe uma motivação específica associada à CSR. Na verdade, este tributo teria uma finalidade estritamente orçamental na medida em que a respetiva receita seria genericamente consignada à satisfação das necessidades financeiras reclamadas pela atividade prosseguida pela *Infraestruturas de Portugal, S.A.*, não visando desmotivar o consumo dos principais combustíveis rodoviários. Antes pelo contrário, ao financiar a requalificação da rodovia nacional – enquanto desiderato assumido pela entidade referida – incentivava-se a utilização desses mesmos combustíveis.

Em suma, o TJUE considerou que os objetivos prosseguidos pela *Infraestruturas de Portugal, S.A.* (a redução da sinistralidade e a sustentabilidade ambiental) e para os quais (alegadamente) se destinariam as verbas decorrentes da arrecadação da CSR não constituíam condição suficiente para a comprovação de um motivo específico subjacente ao tributo. Nas palavras do Tribunal a "*CSR deveria destinar-se, por si só, a assegurar os objetivos de redução da sinistralidade e de sustentabilidade ambiental que*

[21] Veja-se o n.º 2 do artigo 1.º da Diretiva 2008/118/CE, de 16 de dezembro.

foram atribuídos à concessionária da rede rodoviária nacional. Seria esse o caso, nomeadamente, se o produto deste imposto devesse ser obrigatoriamente utilizado para reduzir os custos sociais e ambientais especificamente associados à utilização dessa rede que é onerada pelo referido imposto." Além disso, a circunstância da CSR ter sido repercutida no consumidor final (de forma presumida, tendo em conta a ausência de documentos comprovativos) não deveria constituir um obstáculo à recuperação, por parte dos sujeitos passivos, dos montantes indevidamente cobrados. Entendimento que, de resto, afastaria a tese sustentada pela Autoridade Tributária de que o reembolso destas quantias levaria a uma situação de enriquecimento sem causa, em benefício dos sujeitos passivos.

Em linha com a decisão proferida pelo TJUE, a CSR foi extinta enquanto tributo autónomo, passando a estar integrada no ISP.[22]

Adicionamento sobre as Emissões de CO2

Com a reforma da tributação ambiental, através da *Lei da Fiscalidade Verde* (cf. Lei n.º 82-D/2014, de 31 de dezembro), criou-se a figura do Adicionamento sobre as Emissões de CO2 (doravante 'Adicionamento').

O Adicionamento encontra-se sujeito às mesmas regras do ISP no que concerne à matéria da liquidação, da cobrança e do pagamento.

Este tributo incide sobre um conjunto limitado de produtos petrolíferos e energéticos, designadamente, a gasolina, o gasóleo (rodoviário, colorido e marcado e de aquecimento), o GPL, o gás natural, o fuelóleo, o coque e o carvão.

No que se refere à fórmula de cálculo, o n.º 1 do artigo 92.º- A do CIEC estabelece que o valor do Adicionamento se obtém pela aplicação de uma taxa de referência aos diferentes fatores de adicionamento previstos para cada um dos produtos sujeitos.

Quanto à taxa de referência a vigorar, esta é "*calculada no ano anterior (n-1) como média aritmética do preço resultante dos leilões de licenças de emissão de gases de efeito de estufa, realizados no âmbito do Comércio Europeu de Licenças*

[22] Veja-se a Lei n.º 24-E/2022, de 30 de dezembro.

de Emissão, entre 1 de outubro do ano n-2 e 30 de setembro do ano n-1", em conformidade com o n.º 2 do artigo 92.º-A do CIEC.[23]

Os fatores de adicionamento são apurados, por sua vez, através de diferentes métricas, nomeadamente, a densidade, o poder calorífico e os fatores de emissão de CO2 – característicos de cada um dos produtos sujeitos, conforme reproduzido abaixo:

	Fator de Adicionamento
Gasolina	2,271654
Petróleo	2,453658
Gasóleo (abrange gasóleo rodoviário, gasóleo colorido e marcado e gasóleo de aquecimento)	2,474862
GPL	2,902600
Gás natural	0,056100
Fuelóleo	3,096000
Coque	2,696100
Carvão	2,265670

III. IVA – Eletricidade e Gás

Introdução

As operações de fornecimento de energia elétrica e gás natural encontram-se sujeitas ao IVA, sendo equiparadas a transmissões onerosas de bens corpóreos, em conformidade com o n.º 2 do artigo 3.º do Código do IVA.

Consideram-se localizadas em território português e aí sujeitas a tributação, as operações de fornecimento dos produtos acima referidos quando reconduzíveis a uma de três situações, designadamente:

[23] Por força da suspensão introduzida pela Portaria n.º 65-A/2023, de 3 de março, no que respeita à atualização da taxa do adicionamento sobre as emissões de CO2, mantém-se aplicável, entre o dia 1 de abril e o dia 30 de junho, a taxa de referência corresponde ao valor de € 23,921/tonelada de CO2.

i. quando o adquirente seja um sujeito passivo revendedor de gás ou de eletricidade cuja sede, estabelecimento estável ao qual são fornecidos os bens ou, na sua falta, o domicílio em território nacional;
ii. quando o adquirente seja um sujeito passivo que não seja revendedor de gás ou de eletricidade, que disponha de sede, estabelecimento estável ao qual são fornecidos os bens ou, na sua falta, o domicílio em território nacional, na parte que não se destine a utilização e consumo próprios; ou
iii. quando a utilização e consumo efetivos bens, por parte do adquirente, ocorram no território nacional e este não seja um sujeito passivo revendedor de gás ou eletricidade, que disponha de sede, estabelecimento estável ao qual são fornecidos os bens, ou na sua falta, o domicílio fora do território nacional.

Quanto às matérias da exigibilidade e do facto gerador do imposto, valem as regras previstas no artigo 7.º e 8.º do CIVA. Em conformidade, o nascimento da obrigação tributária e a determinação dos seus elementos essenciais (*quantum* e o *an*) ocorrerão em simultâneo, ou seja:[24]

- no momento em que os bens são postos à disposição do adquirente;
- no momento da emissão da fatura (contanto que seja respeitado o prazo legal); ou
- no momento do recebimento, caso haja lugar ao pagamento antes da emissão da fatura.

Nos contratos de fornecimento em que sejam estipulados pagamentos sucessivos, como tipicamente acontece com o abastecimento do gás e da eletricidade, o n.º 3 do artigo 7.º do referido Código estabelece que

[24] Não são aplicáveis as regras previstas no Regime do IVA nas Transações Intracomunitárias ('RITI') uma vez que a aquisição de eletricidade e gás natural procedente de outros Estados-Membros não é tratada como uma aquisição intracomunitária (cf. alínea d) do n.º 2 do artigo 7.º do RITI). Nesses casos, caberá ao adquirente, sujeito passivo residente em território nacional, a obrigação de liquidar e proceder ao pagamento do imposto, ao abrigo do mecanismo de reverse-charge (alínea. h) do n.º 1 do artigo 2.º do CIVA)

"considera-se que os bens são postos à disposição e as prestações de serviços são realizadas no termo do período a que se refere cada pagamento, sendo o imposto exigível pelo respectivo montante". Em todo o caso, sendo obrigatória a emissão de fatura, o IVA torna-se exigível nesse momento (admitindo que a mesma seja emitida tempestivamente).

No que se refere às taxas, assinala-se a circunstância do Código do IVA estabelecer uma diferenciação graduada de acordo com escalões de consumo. Esta distinção funciona como instrumento de conformação do comportamento dos contribuintes, em prol da mitigação do fenómeno do consumo excessivo. Apresenta-se assim justificada por preocupações de justiça e de ordem ambiental, conforme se pode depreender da lista infra descrita:

- a taxa reduzida de IVA (6%) aplica-se à componente fixa das tarifas de acesso às redes nos fornecimentos de eletricidade correspondentes a uma potência contratada que não ultrapasse 3,45 kVA e, no caso de gás natural, para consumos em baixa pressão que não ultrapassem os 10.000 m3 anuais;
- a taxa normal de IVA (23%) aplica-se ao consumo de eletricidade que exceda 100 KWh (ou 150 kWh, quando adquirida para consumo de agregados familiares constituídos por cinco ou mais pessoas) e, em qualquer caso, sempre que a potência contratada ultrapassar os 6,90 kVA.

IV. Contribuição Extraordinário Sobre o Sector Energético

Cronologia

A Contribuição Extraordinário Sobre o Sector Energético ("CESE") foi introduzida no sistema fiscal português pela Lei n.º 83-C/2013, de 31 de dezembro ("Lei do Orçamento do Estado para 2014"), visando *"financiar mecanismos que promovam a sustentabilidade sistémica do setor energético, através da constituição de um fundo que visa contribuir para a redução da dívida tarifária e para o financiamento de políticas sociais e ambientais do setor energético.*"[25] Por forma a assegurar a prossecução destes objetivos, foi também criado o Fundo para a Sustentabilidade Sistémica do Sector Energético (FSSSE)[26], ao qual foram consignadas as receitas assim obtidas.

Em face do exposto importa desde logo compreender em que consiste o défice tarifário e de que modo o mesmo justifica a criação deste tributo. Resumidamente, o défice tarifário resulta da limitação, por decisão política, dos preços da eletricidade cobrados aos consumidores, que, em resultado dessa restrição, não refletem os custos suportados pelos operadores. Se em determinado ano é vedada aos operadores económicos a possibilidade de recuperar os custos por estes suportados, cria-se um défice que se terá de pagar nos anos seguintes.

Ora, na génese do défice tarifário está o Decreto-Lei 187/95, de 27 de julho, que incumbindo a Entidade Reguladora do Sector Elétrico ("ERSE") de definir os valores das tarifas e preços a aplicar, determinava que o valor global resultante da aplicação das tarifas e preços estabelecidos a clientes finais em baixa tensão não podia, em cada ano, ter aumentos superiores à taxa de inflação esperada para esse ano. Por forma a garantir a recuperação de tais custos, o mesmo diploma estabelecia, no entanto, que o valor dos custos não refletidos nas tarifas e preços podia ser repercutido nas tarifas e preços dos cinco anos seguintes[27].

Mais tarde, em 2006, o legislador eliminou esta limitação, estabelecendo que as regras e as metodologias para o cálculo e fixação das tarifas, bem como a estrutura tarifária, deveriam ser estabelecidas por meio do Regulamento Tarifário da ERSE.[28]

[25] Cfr. o n.º 2 do artigo 1.º do Regime da CESE, aprovado pela Lei n.º 83-C/2013, de 31 de dezembro.

[26] Instituído pelo Decreto-Lei n.º 55/2014, de 9 de abril, entretanto revogado pelo Decreto-Lei 114/2021, de 15 de dezembro, que determinou a absorção deste fundo pelo Fundo Ambiental, instituído pelo Decreto-Lei n.º 42-A/2016, de 12 de agosto.

[27] Cfr. n.ºs 4 e 5 do artigo 4.º do Decreto-Lei n.º 187/95, de 27 de julho.

[28] Cfr. artigo 62.º do Decreto-Lei n.º 29/2006, de 15 de fevereiro, que transpôs para o ordenamento jurídico nacional a Diretiva n.º 2003/54/CE, do Parlamento Europeu e do Conselho, de 26 de junho, que estabelece regras comuns para o mercado interno da eletricidade.

Porém, em face da proposta de tarifas e preços para a energia elétrica apresentada pela ERSE para o ano de 2007[29], que em resultado da remoção da restrição acima referida, previa um aumento tarifário considerável, o Governo decidiu reintroduzir limitações à variação dos valores cobrados aos consumidores.[30] Esta decisão resultou num aumento do défice tarifário em 79 milhões de euros.

Mais tarde, em 2008, foram introduzidas medidas que, facilitando a repercussão nas tarifas elétricas de variações de custos, conduziram à verificação de crescentes défices tarifários[31] (cfr. Figura 1).

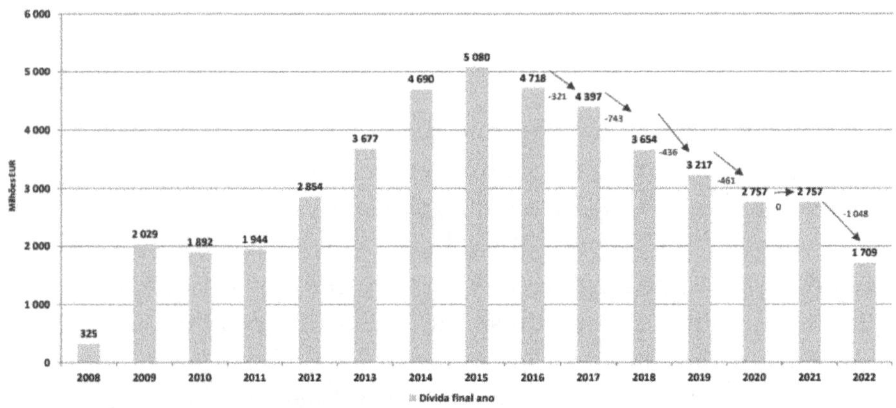

Fonte: Erse, in *Tarifas e Preços para a Energia Elétrica em 2022*, disponível em: https://www.erse.pt/media/g0gflp3m/dossier-de-imprensa_-tarifas-ee-2022_vfinal.pdf

Verificado um agravamento significativo do défice tarifário, sobre o pano de fundo do Programa de Assistência Económica e Financeira acordado com a União Europeia e com o Fundo Monetário em 2011, enten-

[29] Conferir a proposta apresentada em 16 de outubro de 2006, disponível em: https://www.erse.pt/media/xvbhqkh5/16-de-outubro-comunicado-proposta-de-tarifas-e-pre%C3%A7os-para-a-energia-el%C3%A9ctrica-e-outros-servi%C3%A7os-em-2007.pdf.

[30] Cfr. Decreto-Lei n.º 237-B/2006, de 18 de Dezembro, que estabeleceu em 6% o limite da variação das tarifas face a 2006 e determinou a possibilidade do défice tarifário acumulado ser recuperado em 10 anos.

[31] Cfr. Decreto-Lei n.º 165/2008, de 21 de agosto.

deu-se que deveriam ser tomadas medidas que reduzissem essa dívida tarifária e assegurassem a sustentabilidade do sistema elétrico nacional.

Nessa esteira, entendendo que, por um lado, os operadores económicos contribuíam para o agravamento da dívida tarifária e que, por outro lado são benificiários das políticas de sustentabilidade energética, o legislador português criou a contribuição agora sob análise. Com efeito, entendeu o legislador que pelo papel dos operadores na criação de uma externalidade negativa – o aumento da dívida tarifária – e pelo benefício por estes obtido, deveria ser paga uma contribuição[32].

Assim foi instituída a CESE, cujo regime e compatibilidade com a Constituição da República Portuguesa analisamos de seguida.

Incidência objetiva

No que concerne à incidência objetiva, determina o n.º 1 do artigo 3.ºdo Regime da CESE que a mesma incide "*sobre o valor dos elementos do ativo dos sujeitos passivos que respeitem, cumulativamente*" a ativos fixos tangíveis, ativos intangíveis, excetuando-se os elementos da propriedade industrial, ativos financeiros afetos a concessões ou atividades licenciadas, nos termos plasmados na disposição atinente ao âmbito de incidência subjetiva desta contribuição.

A este respeito a lei determina que por "*valor dos elementos do ativo*" deve entender-se os ativos líquidos reconhecidos na contabilidade dos sujeitos passivos, "*com referência a 1 de janeiro de 2015, ou no 1.º dia do exercício económico, caso ocorra em data posterior*" (cf. o n.º 5 do artigo 3.º do Regime da CESE).

Não obstante este elemento formal, importa notar que a definição da incidência objetiva não se basta com o mesmo, estando a mesma concomitantemente limitada em termos materiais, abrangendo apenas "*os ativos diretamente ligados à prossecução da atividade sujeita e não isenta, nos temos*

[32] Neste sentido SÉRGIO VASQUES, in *Manual de Direito Fiscal*, Almedina, Coimbra, 2015, pp. 260 refere: "*As contribuições, de modo diverso, dirigem-se à compensação de prestações que apenas presumivelmente são provocadas ou aproveitadas pelo sujeito passivo, constituindo, nessa medida, tributos simplesmente paracomutativos.*"

do art.º 2.º do RCESE, relevam para efeitos da determinação da base tributável da Contribuição."[33]

Incidência subjetiva

De acordo com o disposto no artigo 2.º do Regime da CESE, são sujeitos passivos da referida contribuição "*as pessoas singulares ou coletivas que integram o setor energético nacional, com domicílio fiscal ou com sede, direção efetiva ou estabelecimento estável em território português, que, em 1 de janeiro de 2015*" se encontrem numa das situações elencadas nas alíneas subsequentes, a saber:

a) sejam titulares licenças de exploração de centros electroprodutores, excecionando-se os casos em que os mesmos se localizem nas regiões autónomas dos Açores ou Madeira;
b) sejam titulares, no caso de centros electroprodutores licenciados ao abrigo do Decreto-Lei n.º 172/2006, de 23 de agosto[34], de licença de produção e consideração como estando em condições de ser autorizada a entrada em exploração, conforme relatório de vistoria elaborado nos termos do disposto no n.º 5 do artigo 21.º do sobredito Decreto-Lei, excecionados os centros localizados nas regiões autónomas dos Açores ou Madeira;
c) sejam concessionárias das atividades de transporte ou distribuição de eletricidade, nos termos definidos no Decreto-Lei n.º 29/2006, de 15 de fevereiro, alterado pelos Decretos-Leis n.ºs 104/2010, de 29 de setembro, 78/2011, de 20 de junho, 75/2012, de 26 de março, 112/2012, de 23 de maio, e 215-A/2012, de 8 de outubro;
d) sejam concessionárias das atividades de transporte, de distribuição ou de armazenamento subterrâneo de gás natural, nos termos definidos no Decreto-Lei n.º 140/2006, de 26 de julho, alterado pelos

[33] Cfr. Informação Vinculativa proferida no processo n.º 16366 e sancionada por Despacho da Diretora-Geral da Autoridade Tributária e Aduaneira, de 26 de fevereiro de 2020.

[34] Trata-se do Regime Aplicável à Produção, Transporte, Distribuição e Comercialização de Eletricidade, entretanto revogando pelo Decreto-Lei n.º 15/2022, de 14 de janeiro, com entrada em vigor no dia seguinte ao da sua publicação.

Decretos-Leis n.ºs 65/2008, de 9 de abril, 66/2010, de 11 de junho, e 231/2012, de 26 de outubro;

e) sejam titulares de licenças de distribuição local de gás natural, nos termos definidos no Decreto-Lei n.º 140/2006, de 26 de julho, alterado pelos Decretos-Leis n.ºs 65/2008, de 9 de abril, 66/2010, de 11 de junho, e 231/2012, de 26 de outubro;

f) sejam operadores de refinação de petróleo bruto e de tratamento de produtos de petróleo, nos termos definidos no Decreto-Lei n.º 31/2006, de 15 de fevereiro;

g) sejam operadores de armazenamento de petróleo bruto e de produtos de petróleo, nos termos definidos no Decreto-Lei n.º 31/2006, de 15 de fevereiro;

h) sejam operadores de transporte de petróleo bruto e de produtos de petróleo, nos termos definidos no Decreto-Lei n.º 31/2006, de 15 de fevereiro;

i) sejam operadores de distribuição de produtos de petróleo, nos termos definidos no Decreto-Lei n.º 31/2006, de 15 de fevereiro;

j) sejam comercializadores grossistas de gás natural, nos termos definidos no Decreto-Lei n.º 140/2006, de 26 de julho, alterado pelos Decretos-Leis n.ºs 65/2008, de 9 de abril, 66/2010, de 11 de junho, e 231/2012, de 26 de outubro;

k) sejam comercializadores grossistas de petróleo bruto e de produtos de petróleo, nos termos definidos no Decreto-Lei n.º 31/2006, de 15 de fevereiro;

l) sejam comercializadores grossistas de eletricidade, nos termos definidos no Decreto-Lei n.º 29/2006, de 15 de fevereiro, alterado pelos Decretos-Leis n.ºs 104/2010, de 29 de setembro, 78/2011, de 20 de junho, 75/2012, de 26 de março, 112/2012, de 23 de maio, e 215-A/2012, de 8 de outubro.

m) seja comercializador do Sistema Nacional de Gás Natural (SNGN), nos termos definidos no artigo 39.º-A do Decreto-Lei n.º 140/2006, de 26 de julho, alterado pelos Decretos-Leis n.ºs 65/2008, de 9 de abril, 66/2010, de 11 de junho, e 231/2012, de 26 de outubro.

A este respeito, pode ler-se na decisão sumária n.º 740/2021, proferida pelo Tribunal Constitucional em 15 de dezembro de 2021 no âmbito do processo n.º 1026/2021, disponível em www.tribunalconstitucional.pt "*ao lançar esta contribuição, o legislador definiu uma base de incidência subjetiva suficientemente estreita, com a preocupação de delimitar, com a certeza possível, os sujeitos passivos que virão a beneficiar da presumida prestação, em troca da sujeição a este tributo*", tendo afastado "*a solução de fazer repercutir a responsabilidade desta contraprestação em toda a comunidade, que, se assim não fosse, custearia, através dos impostos, prestações públicas de que a sociedade, no seu todo, não seria causadora ou beneficiária*".

Do mesmo modo, importa referir que se encontra estabelecida uma proibição de repercussão deste encargo na esfera dos consumidores, por via tarifária. O n.º 1 do artigo 5.º do Regime da CESE dispõe que "[a]*s importâncias suportadas pelos sujeitos passivos a título de contribuição extraordinária sobre o setor energético não são repercutíveis, direta ou indiretamente, nas tarifas de uso das redes de transporte, de distribuição ou de outros ativos regulados de energia elétrica e de gás natural, previstas nos regulamentos tarifários dos respetivos setores, não devendo a contribuição ser considerada, designadamente, para efeitos de determinação do respetivo custo de capital*".

Foi, portanto, intenção do legislador que apenas suportassem esta contribuição os sujeitos que beneficiam das prestações que este tributo visa custear. Resta, porém, saber se é possível identificar uma contraprestação pública no contexto do setor energético de que sejam efetivamente beneficiárias as entidades (pessoas coletivas ou singulares) abrangidas pelo âmbito de incidência subjetiva desta contribuição. Tal questão, por ser preponderante, será analisada mais adiante.

No que respeita à incidência subjetiva importa ainda referir que o legislador estabeleceu um conjunto de isenções aplicáveis à produção de energia a partir de fontes renováveis, aos pequenos distribuidores de eletricidade, gás natural e petróleo, e aos pequenos operadores do setor energético.[35]

[35] Cfr. artigo 4.º do Regime da CESE, aprovado pela Lei n.º 83-C/2013, de 31 de dezembro.

Taxas

Nos termos do n.º 1 do artigo 6.º do Regime da CESE, a taxa geral aplicável sobre o valor dos ativos dos sujeitos passivos é de 0,85%. O Regime da CESE prevê, no entanto, um conjunto de taxas especiais:

Produção de eletricidade por intermédio de centrais termoelétricas de ciclo combinado a gás natural	Centrais com uma utilização anual equivalente da potência instalada inferior a 1500 horas	0,285%
	Centrais com uma utilização anual equivalente da potência instalada superior ou igual a 1500 e inferior a 3000 horas	0,565%
	Centrais com uma utilização anual equivalente da potência instalada superior ou igual a 3000 horas	0,85%

Atividade de refinação de petróleo bruto	Refinarias que apresentem um índice de operacionalidade da refinaria inferior a 0	0,285%
	Refinarias que apresentem um índice de operacionalidade da refinaria superior ou igual a 0 e inferior a 1,5	0,565%
	Refinarias que apresentem um índice de operacionalidade da refinaria superior ou igual a 1,5	0,85%

Valor económico equivalente dos contratos de aprovisionamento de longo prazo em regime de *take-or-pay*	1,45%.

Excedente apurado para o valor económico equivalente dos contratos de *take-or-pay* ou de aprovisionamnento de longo prazo	1,77%.

Compatibilidade da CESE com a CRP

O modelo de tributação subjacente ao regime da CESE vem sendo discutido, desde a aprovação do Orçamento do Estado para 2014, pelas dúvidas suscitadas sobre a sua constitucionalidade, designadamente, ao nível da sua compatibilidade com o princípio da tributação do rendimento real, tal qual se encontra previsto no n.º 2 do artigo 104.º da Constituição da República Portuguesa.

Este princípio é uma manifestação (um corolário) do princípio da capacidade contributiva. O desenho dos impostos e das contribuições especiais, no que se refere à tributação das empresas, em particular, na delimitação da base tributável, deve ter em consideração os gastos suportados na esfera dos contribuintes, i.e., aquelas despesas devem ser objeto de prévia dedução para efeitos de quantificação do rendimento relevante sujeito.

Um dos argumentos que frequentemente provoca dissídio respeita à regra de não-dedutibilidade prevista no artigo 12.º do regime da CESE, bem como na alínea q) do n.º 1 do artigo 23.º-A do CIRC. Daí resulta uma proibição para os operadores sujeitos quanto à possibilidade de deduzirem o montante pago a título de CESE para efeitos da determinação do lucro tributável.

Face ao exposto, poderá colocar-se a questão de saber se o regime da CESE entra em clivagem com a função compensatória desempenhada pelo princípio da tributação do rendimento real. Afinal, a dedução de todos os gastos incorridos por uma empresa para desenvolver a sua atividade vai ao encontro ao conceito de rendimento-acréscimo e à garantia do apuramento de um rendimento líquido.

Para efeitos da quantificação da CESE, a propriedade de certos ativos constitui um critério suficiente para aferir a força económica revelada pelos operadores sujeitos e distribuir nessa medida o encargo tributário, o que se entende ser possível na medida em que existiria um nexo, por um lado, entre os custos gerados pela detenção de certos bens e o agravamento da dívida tarifária. No entanto, verifica-se que *"ao consagrar expressamente a não-dedutibilidade da CESE, o legislador acaba apenas por ampliar o efeito internalizador preconizado pelo regime do referido tributo, mas fá-lo, neste caso, num domínio que carece totalmente de justificação ou motivação intrínseca"*[36]

O regime da CESE suscita também algumas dúvidas sobre o caráter extraordinário que lhe foi imputado aquando da sua criação e a antinomia suscitada pela perpetuação da sua vigência ao longo dos anos, com todas as consequências daí decorrentes para as legítimas expetativas dos contribuintes. Suscitam-se dúvida sobre se a finalidade extrafiscal subjacente ao tributo, e que constitui a base da sua legitimação, é efetivamente

[36] Veja-se, nesse sentido, FILIPE VASCONCELOS FERNANDES, in *A Contribuição Extraordinária Sobre o Setor Energético*, Gestlegal, 2019, p. 128.

alcançada quando se sabe que a dívida tarifária tem vindo a descer, além de não serem alegadamente efetuadas todas as transferências da receita arrecadada a consignar para o Fundo Ambiental que em 2021 absorveu o Fundo para a Sustentabilidade Sistémica do Setor Energético (FSSSE), criado pelo Decreto-Lei n.º 55/2014, de 9 de abril. Por outro lado, a compatibilidade da CESE com o princípio da proporcionalidade tal e qual vem sendo densificado na Jurisprudência Constitucional pode, também, ser questionada.

As Unidades de Produção para Autoconsumo

Breves considerações

Nos termos da alínea vvv) do artigo 3.º do Decreto-Lei n.º 15/2022, de 14 de janeiro, entendem-se por Unidades de Produção para Autoconsumo ("UPAC"), as instalações de produção de energia elétrica a partir de energias renováveis destinada ao autoconsumo na instalação de utilização associada à respetiva unidade produtora, podendo ser injetado o excesso na rede elétrica pública.

No fundo, através destas instalações – que por norma compreendem a montagem de painéis fotovoltaicos – é garantida a uma entidade produzir a eletricidade de que necessita e eventualmente injetar na rede pública os excedentes desta produção mediante o pagamento de uma retribuição.

Ora, tendo em conta a crescente vulgarização deste tipo de sistemas produtores de eletricidade, importa fazer uma breve análise dos impactos fiscais que resultam da sua instalação e operação.

ISP

Na sequência da aprovação da Lei do Orçamento do Estado para o ano de 2022, o Código dos IEC passou a prever uma isenção aplicável à eletricidade produzida para autoconsumo a partir de fontes de energia renovável até ao limite de 1 MW de potência instalada.

CESE

De acordo com a alínea a) do n.º1 do artigo do Regime da CESE, estão isentos desta contribuição os centros electroprodutores que estejam que produzam eletricidade com base em fontes de energia renováveis, o que será o caso das UPAC. Deste modo os proprietários das UPAC não terão de suportar CESE.

IVA

O fornecimento de eletricidade considera-se uma operação tributável para efeitos de IVA, pelo que a injeção na rede pública de excedentes de produção realizados pelas UPAC, realizada através da sua venda a comercializadores de mercado livre, comercializadores de último recurso ("CUR") ou agregadores de eletricidade em regime de mercado, implica que o detentor das UPAC se deva considerar um sujeito passivo deste imposto.

Até 2022, não obstante o facto de que estas prestações podiam ser autofacturadas pelos comercializadores que adquiriam os excedentes, recaiam sobre os produtores titulares das UPAC, as obrigações de liquidar e entregar ao Estado o IVA sobre estas operações e entregar a respetiva declaração periódica.

Neste sentido pronunciou-se a Autoridade Tributária e Aduaneira na Informação Vinculativa n.º 16173, de 21 de fevereiro de 2020, na qual referiu que [e]*mbora a responsabilidade pela autofacturação incumba ao CUR (...), a liquidação e entrega do IVA ao Estado pela venda de energia incumbe ao produtor de energia*", na medida em que ao "*comercializador adquirente, apenas incumbe o processamento da fatura por conta do produtor – autofacturação.*"

Notamos, no entanto, que a partir de 2023, com a aprovação do Decreto-Lei n.º 85/2022, de 21 de dezembro, estas obrigações, bem como a obrigação de faturação do excedente foram transferidas para as entidades adquirentes.[37]

[37] Cfr. alínea n) do artigo 2.º do Código do IVA, bem como o n.º 15 do artigo 29.º e o n.º 13 do artigo 36.º do Código do IVA.

Imposto Municipal sobre Imóveis

O Imposto Municipal sobre Imóveis ("IMI") incide sobre o valor patrimonial tributário dos prédios rústicos e urbanos situados no território português. Coloca-se, portanto, a questão de saber em que medida as UPAC se poderão qualificar como prédios e por consequência estar sujeitos a IMI.

No passado a Autoridade Tributária e Aduaneira já se pronunciou no sentido de que parques eólicos e as centrais solares se devem considerar prédios nos termos da alínea d) do n.º 1 do artigo 6.º do Código do IMI e, portanto, devem estar sujeitos a este tributo.

No entendimento da Autoridade tributária para que se considere estar presente um prédio para efeitos de IMI, é necessário que determinada realidade compreenda os seguintes elementos estruturais:

a) O elemento físico – "*realidade física, conjugada nos seus diversos componentes estruturais, mecânicos e eletrónicos, implantada diretamente no solo, com caráter de permanência, porque afeta a um fim não transitório (exercício de uma atividade de natureza industrial factual ou titulada por licença para esse fim)*";
b) O elemento jurídico – a mencionada realidade física terá de constituir uma "*coisa corpórea composta, objeto de um direito de propriedade singular e que integra a esfera jurídica patrimonial de uma pessoa jurídica ou ente com personalidade tributária*"; e
c) O elemento económico – os centros electroprodutores, no seu todo, têm de ter valor económico que resultará do facto de "*servir de suporte à atividade de produção de um bem económico transacionável no mercado: a energia elétrica.*"[38]

Ora, em face do exposto, entendemos que as UPAC não se poderão considerar prédios para efeitos de IMI desde logo porque o conjunto de equipamentos que as compõem não estão diretamente implantados

[38] Cfr. Circular 2/2021, de 3 de março de 2021.

no solo, assentando antes sobre construções com finalidade distinta da produção de energia e que não integram a UPAC, nem compreendem o acima referido elemento económico.

Com efeito, a instalação de painéis fotovoltaicos é normalmente feita sobre os telhados de edifícios afetos a habitação e não tem por finalidade a produção de energia elétrica enquanto bem transacionável. Pelo contrário, estas unidades têm como fim a produção de energia para o autoconsumo, ocorrendo apenas a injeção de eletricidade na rede elétrica pública quando ocorram eventuais excessos de produção.

V. Benefícios fiscais à eficiência energética

Breves considerações

Em 2014, com a implementação da *Reforma da Fiscalidade Verde*, introduzida pela Lei n.º 82-D/2014, de 31 de dezembro de 2014, procedeu-se a uma reestruturação do quadro legal vigente em matéria de normas fiscais ambientais, com impacto em diferentes setores, designadamente, a área dos transportes e do património.

Este diploma constituiu o mote para a crescente promoção de políticas de desenvolvimento sustentável, atuando ao nível de diferentes impostos, e com um programa de trabalho orientado à preservação do ambiente e a utilização eficiente dos recursos energéticos.

Por um lado, ao nível da tributação automóvel, existem, desde então, diferentes benefícios fiscais destinados à promoção de veículos cuja utilização seja mais sustentável para o ambiente.

O legislador tem vindo a desonerar os consumidores que optem por viaturas menos poluentes, provendo-se ao desagravamento de taxas em função das características presentes em certos veículos, majorando-se a dedução de despesas associadas à aquisição destes bens, ou ainda, por via da criação de isenções (totais ou parciais), estes benefícios fiscais, encontrando respaldo em diferentes diplomas fiscais. São exemplo disso, além de outras medidas para a introdução no consumo destes veículos:

- a não sujeição a Imposto Sobre os Veículos ('ISV') e a isenção total de Imposto Único de Circulação ('IUC') relativamente a veículos elétricos;
- a redução de taxas de ISV consoante o nível de emissões de CO2 produzidas por veículos *plug-in*;
- a amortização fiscal dedutível em sede de IRC sobre o custo de aquisição por parte das empresas até um limite de € 62.500 para automóveis elétricos e € 50.000 no caso dos veículos híbridos *plug-in*;
- a dedução de IVA nos casos em que o custo de aquisição relevante para efeitos de IRC não exceda os limites acima referidos e os automóveis estejam conexos com uma atividade empresarial que permita a recuperação de IVA das despesas incorridas.
- a amortização e as demais despesas inerentes à utilização dos automóveis elétricos não se encontrem sujeitos a tributação autónoma em sede de IRC (automóveis *plug-in* beneficiam de redução de 50% em face das taxas normais);
- o IVA suportado com a aquisição de eletricidade para carregamento de viaturas elétricas ou híbridas *plug-in* passa a ser dedutível, sempre que estas sejam utilizadas por sujeitos passivos de IVA na sua atividade que permita a recuperação do imposto incorrido nas suas despesas.

Por outro lado, no que respeita à tributação do património, foram introduzidas diferentes medidas fiscais tendentes à promoção da eficiência energética dos prédios. É exemplo disso, a criação de uma isenção parcial de IMI relativamente a prédios urbanos que apresentem um determinado nível de eficiência energética. Neste sentido, foi atribuída aos municípios a faculdade de, por deliberação da Assembleia Municipal, fixarem uma redução de até 25% da taxa de IMI nos seguintes casos:

- quando tenha sido atribuída uma classificação energética igual ou superior a 'A', nos termos do Decreto-Lei n.º 118/2013, de 20 de agosto, o qual aprova o sistema de certificação energética dos edifícios;
- quando, em resultado da execução de obras de construção, reconstrução, alteração, ampliação e conservação de edifícios, a classe

energética atribuída ao prédio seja superior, em pelo menos duas classes, face à classe energética anteriormente certificada; ou

- quando o prédio aproveite águas residuais tratadas ou águas pluviais, nos termos definidos pelo Decreto-Regulamentar n.º 23/95, de 23 de agosto.

ÍNDICE